UML 2 – Zertifizierung:
Fundamental, Intermediate und Advanced

Tim Weilkiens (tim.weilkiens@oose.de) arbeitet bei der Firma oose Innovative Informatik GmbH als Berater und Trainer. Seine Schwerpunkte sind die Modellierung, Prozesse und Systems-Engineering. Er ist für oose Innovative Informatik GmbH Repräsentant bei der OMG, arbeitet aktiv an der UML-Spezifikation mit und ist Koautor der SysML-Spezifikation.

Dipl.-Ing. **Bernd Oestereich** (bernd.oestereich@oose.de) ist Gründer und Geschäftsführer der oose Innovative Informatik GmbH, einem Unternehmen, das auf Training, Coaching, Beratung und Projekte im Bereich objektorientierter Softwareentwicklung spezialisiert ist.

Tim Weilkiens · Bernd Oestereich

UML 2 – Zertifizierung:

Fundamental, Intermediate und Advanced

Test-Vorbereitung zum
OMG Certified UML Professional

Mit einem Geleitwort von Richard M. Soley

dpunkt.verlag

Tim Weilkiens
tim.weilkiens@oose.de

Bernd Oestereich
bernd.oestereich@oose.de

Internet: www.oose.de

Website zum Buch: www.uml-zertifizierung.de

Lektorat: Christa Preisendanz
Copy-Editing: Ursula Zimpfer, Herrenberg
Satz: Tim Weilkiens, Rondeshagen
Herstellung: Birgit Bäuerlein
Umschlaggestaltung: Helmut Kraus, Düsseldorf
Druck und Bindung: Media-Print Informationstechnologie, Paderborn

Bibliografische Information der Deutschen Nationalbibliothek
Die Deutsche Nationalbibliothek verzeichnet diese Publikation in der Deutschen Nationalbibliografie; detaillierte bibliografische Daten sind im Internet über http://dnb.d-nb.de abrufbar.

ISBN 3-89864-424-3
1. Auflage 2006

Ringstraße 19 B
69115 Heidelberg

5 4 3 2 1

Wenn die Sprache nicht stimmt, ist das, was gesagt wird, nicht das, was gemeint ist.

Konfuzius

Geleitwort von Richard M. Soley

The Unified Modeling Language (UML) is one of the biggest success stories in the Information Technology (IT) industry. Once used solely as a way to sketch the possible requirements or operations of an IT system, UML is now used in an array of ways by professionals with a wide variety of backgrounds, for example:

- Business planners use UML as a language to specify the planned operation of a business process, perhaps in concert with a business process language such as the Business Process Modeling Notation (BPMN).
- Consumer device engineers use UML as a way to outline the requirements for an embedded device and how it is to be used by an end-user.
- Software architects use UML as an overall design for major standalone software products.
- IT professionals use UML as an agreed set of models to integrate existing applications.
- Database professionals use UML to manage the integration of databases within a data warehouse, perhaps in concert with a data warehousing language such as the Common Warehouse Metamodel (CWM).
- Software developers use UML to develop systems that are flexible in the face of changing business requirements or implementation infrastructure.

These are just a few examples of ways in which UML may be used; there are many more. Since the creation of the UML standard in 1997, the language has been extended into a full systems engineering language (known as SysML) to solve the integrated development problem of systems development professionals.

Clearly, there is some utility and expressibility in a language that has many dozens of implementations, both open-source and closed, that has found its way into every major (and most not-so-major) integrated development environment. However, that is not enough for a language to be successful; an entire ecosystem is needed to make a standard such as UML successful. One must be able to find, train and evaluate modeling professionals to ensure that one's projects will actually be carried out on time, on budget, and within constraints. This means that change must be instilled in the IT organization. It's wonderful that the UML standard, and related standards like the Meta Object Facility (MOF) and XML Metadata Interchange (XMI), allow tools to share models and diagrams; this means that developers can choose and easily implement their own tool chains, integrating the correct reverse-engineering tool, with the correct model display tool, with the correct code generator. Yet, all of this technical infrastructure is pointless unless the human dimension is covered too. Development teams that rely on UML, from business analysts, to architects, to systems analysts, to programmers, must learn to speak the lingo.

While the OMG's standards specifications (found at http://www.omg.org/) define the norms, more is needed to ensure that team builders are hiring, building, and delivering quality results to their internal and external customers. In 2003, the Object Management Group teamed up with the UML Technology Institute to address this issue, resulting in the development of the OMG-Certified UML Professional (OCUP) program. The OCUP program defines UML expertise at three different professional levels (Fundamental, Intermediate, and Advanced), and it tests ability against those measures in a fair, unbiased, worldwide testing program. The OCUP UML Intermediate test taken in Bangalore is equivalent to the OCUP UML Intermediate test taken in Paris. Passing these tests clearly confirms that the test-taker is a leader in the field; one who understands the need for expertise in modeling, as well as one who has taken the time and effort to improve his or her development skills.

OCUP allows developers to show what they know. Passing the OCUP test marks you as a leader.

This ground-breaking book focuses on preparing you for the first two steps; to pass the OCUP Fundamental and Intermediate tests. This will allow you to show yourself, your peers, and your employer that you understand the value of modeling to the creation of quality systems that are delivered faster, better, and cheaper. The authors of this tome have not only proven their mettle by passing both tests themselves, but by teaching UML expertise in classroom and conference settings that led to remarkably high OCUP test passing rates – even just weeks after the OCUP Program became available worldwide. You have made the right decision in your journey to exhibit proof of your expertise, and this book will help you take this important first step!

Richard Mark Soley, Ph.D.
Chairman and Chief Executive Officer
Object Management Group, Inc.
7 August 2006

Geleitwort von Ivar Jacobson zur 1. Auflage UML 2-Zertifizierung: Intermediate-Stufe

The Unified Modeling Language (UML) can be used like any other natural language. It is spoken in several ways:

Some people use UML slang to sketch a model to communicate with colleagues or to store some notes.

Others speak a UML dialect. They use some vocabulary that is not formally defined, but which is easy to use, pragmatic, and a lot of people understand the right thing.

Most software developers speak pragmatic UML. Not perfect, some special words are rarely or never used. Sometimes the blur of their models leads to misunderstandings. However, generally speaking it works well.

Some people are real UML virtuosos. So to speak the Goethe's, Schiller's, and Lessing's of the UML. They know every detail of the UML and know how to use it.

Today it is a must for a software developer to communicate with UML. Sureley it is more important to know how to use UML instead of knowing each vocabulary or every grammar rule of the UML. However, just like in natural languages you can battle your way with basic knowledge of language formalism. Although the content is correct and good, a missing knowledge of language formalism can lead to misunderstandings, wrong or laborious models.

If you would like to use UML professionally you should well know the language. The three UML certification levels define the level of language knowledge. The fundamental level makes sense for all UML users. This book prepares you for the intermediate level. That level is important for every developer who is more than a simple UML user; like architects, instructors, coaches, tool vendors, senior developers, MDA developers, and so on.

For these persons UML diagrams are not simple pictures for communication and documentation purposes. A UML diagram is a view of a formally defined model. That is the content of the intermediate certification. It is only this formal foundation which turns the UML into something powerful.. In contrast to natural languages like Swedish or German, UML is understandable for computers. And in contrast to programming languages like C++, Java, C#, and Co. UML is easy to read by humans. A pictures is much more expressive than thousand words.

Developers who know this level can clearly, concisely, and unambiguously communicate sophisticated and complex facts. Their models are less mistakable and have less margin of interpretation. Finally they can work more effectively and efficiently.

This book is focused on preparing you to pass the OCUP intermediate exam and show yourself, your peers and your employer that you understand the value of modeling to the creation of quality software that is delivered better, faster and cheaper. The authors have proven their mettle not only by passing the tests themselves, but by teaching UML expertise in classroom settings that led to remarkably high OCUP test passing rates, just weeks after the OCUP Program became available worldwide. You have taken the right first step, to prepare yourself to show what you know – and this book is the right precursor to get you there!

Ivar Jacobson
Oktober 2004

Inhaltsverzeichnis

1

Vorweg

1.1 Einleitung

Wie ist dieses Buch entstanden? Nachdem Anfang 2004 das UML-Zertifizierungsprogramm anlief und wir die ersten Erfahrungen mit den Tests und Testvorbereitungen gesammelt hatten, haben wir das Buch zur Fundamental-Zertifizierung veröffentlicht. Nach den ersten hundert Testkandidaten, die wir in unseren Seminaren erfolgreich zertifiziert haben, entstand schon sehr bald eine Nachfrage nach dem nächsten Schritt, dem Intermediate-Test.

Wie zur Fundamental-Vorbereitung, so haben wir auch für Intermediate zunächst Schulungsunterlagen für einen Vorbereitungskurs entwickelt, diesen in kurzen Iterationen jeweils an einigen Kollegen ausprobiert, die daraufhin den Test absolviert haben, und den Kurs auf Basis der Rückmeldungen und Erfahrungen dazu in kurzen Iterationen verbessert. Danach haben wir darauf aufbauend das Vorbereitungsbuch zur Intermediate-Zertifizierung entwickelt.

Der Vorbereitungskurs zur Advanced-Zertifizierung hat mehr den Charakter eines Workshops. Die Teilnehmer haben bereits ein sehr fundiertes Vorwissen. Entsprechend fällt der Abschnitt in diesem Buch über die Advanced-Stufe kurz aus.

Dieses Buch enthält auf der einen Seite die von der OMG für die Fundamental-, Intermediate- und Advanced-Stufe genannten Wissensgebiete und Themen und berücksichtigt auf der anderen Seite wichtige praktische Erfahrungen mit der Vermittlung des Stoffes und dem Test selbst.

Warum ist dieses Buch so dünn? Während in klassischen Lehrbüchern ein Thema normalerweise sehr ausführlich und mit vielen verschiedenen Beispielen verdeutlicht und außerdem noch aus verschiedenen Blickrichtungen dargestellt wird, halten wir dies für dieses Buch nicht für angemessen.

Dieses Buch dient zur gezielten Vorbereitung auf einen Test. Es werden bestimmte allgemeine Grundlagen zur UML und zur Objektorientierung vorausgesetzt, weil sich auch der Test an Personen richtet, die hier über entsprechende Grundlagen verfügen. Hier verweisen wir auf die bestehende Standardliteratur.

Unser Ziel ist es, Ihnen die Prüfungsvorbereitung so einfach wie möglich zu machen – wer büffelt schon gerne lange für Prüfungen? Daher haben wir alle Informationen weggelassen, die zur Vorbereitung und zum erfolgreichen Absolvieren des Testes nicht notwendig sind. Welcher Stoff prüfungsrelevant ist, das herauszufinden und diesen Stoff gut und einfach darzustellen – darin haben wir unsere eigentliche Aufgabe bei der Entwicklung dieses Buches gesehen.

Wie lese ich dieses Buch? Die Kapitel sind alle nach dem gleichen Schema aufgebaut: Definition, Notation und Semantik, Metamodell und Checkliste. Englische Begriffe sind kursiv geschrieben und mit Großbuchstaben, wenn es ein Metamodellelement ist. Im Anhang finden Sie eine Übersetzungstabelle der englischen Begriffe. An den Seitenrändern stehen Nummern, die sich auf die Checkliste am Ende des Unterkapitels beziehen. Kleine runde Kreise mit Bezeichner M1 usw. verweisen auf das Metamodell. Der Hinweis „Fundamental“ im Intermediate- und Advanced-Kapitel zeigt auf Inhalte des Fundamental-Kapitels.

1.2 Was ist die UML?

Die Unified Modeling Language (UML) ist eine Sprache und Notation zur Spezifikation, Konstruktion, Visualisierung und Dokumentation von Modellen für Softwaresysteme.

Die UML deckt ein breites Spektrum von Anwendungsgebieten ab und eignet sich für technische Systeme (konkurrierende, verteilte, zeitkritische) ebenso wie für so genannte kommerzielle Systeme, d.h. sozial eingebettete Informationssysteme u.v.m.

Bei der UML handelt es sich um eine Sprache und Notation zur Modellierung, sie ist jedoch bewusst keine Methodik. Die Initiatoren und Autoren der UML verkennen nicht die Bedeutung einer Methodik, betrachten sie jedoch als etwas Eigenständiges. Eine Methodik muss die spezifischen Rahmenbedingungen des Anwendungsbereiches, des organisatorischen Umfeldes und vieles mehr berücksichtigen. Die UML kann die Basis für verschiedene Vorgehensweisen sein, denn sie stellt eine definierte Menge von Modellierungskonstrukten mit einheitlicher Notation und Semantik bereit.

1.2.1 Die Amigos

Anfang der 90er Jahre erschienen zahlreiche Buchpublikationen zur Modellierung objektorientierter Software, und es entstand eine Vielzahl grafischer Notationen. Es dauerte ein paar Jahre, bis sich die Spreu vom Weizen trennte und es zu einem Modellierungsstandard kam. Der entscheidende Fortschritt ergab sich 1995, als Grady Booch und Jim Rumbaugh die Zusammenführung ihrer Konzepte zur *Unified Method* ankündigten. Aus Unified Method wurde kurze Zeit später Unified Modeling Language (UML), was auch berücksichtigte, dass es weniger um eine Methodik oder ein Vorgehensmodell zur objektorientierten Softwareentwicklung ging als vielmehr um eine einheitliche Notation und Semantik. Neben Booch und Rumbaugh kam kurz darauf auch Ivar Jacobson dazu, die drei wurden fortan auch als „Amigos“ bezeichnet.

Weil die Bücher von Booch, Rumbaugh und Jacobson bereits sehr populär waren und einen hohen Marktanteil hatten, bildete die Zusammenführung zur *Unified Modeling Language (UML)* einen Quasistandard. Schließlich wurde 1997 die UML in der Version 1.1 bei der Object Management Group (OMG) zur Standardisierung eingereicht und akzeptiert. Seitdem erfolgt die Weiterentwicklung der UML durch die OMG. Später hat auch ISO die UML als Standard akzeptiert.

1.2.2 Die Object Management Group (OMG)

Die UML ist durch die Object Management Group (OMG) standardisiert und wird von ihr weiterentwickelt. Die OMG ist ein internationales Industriekonsortium, dem alle wichtigen Softwareunternehmen angehören. Die Mitgliedsfirmen gestehen der OMG gewisse Autorität, etwa in der Standardisierung, zu und arbeiten an diesen Standards mit. Zu ihren Mitgliedern gehören beispielsweise große internationale Unternehmen wie IBM, HP, SUN, Telelogic, Boeing, Adobe und DaimlerChrysler, aber ebenso auch mittelständische Unternehmen wie b+m Informatik und oose Innovative Informatik GmbH.

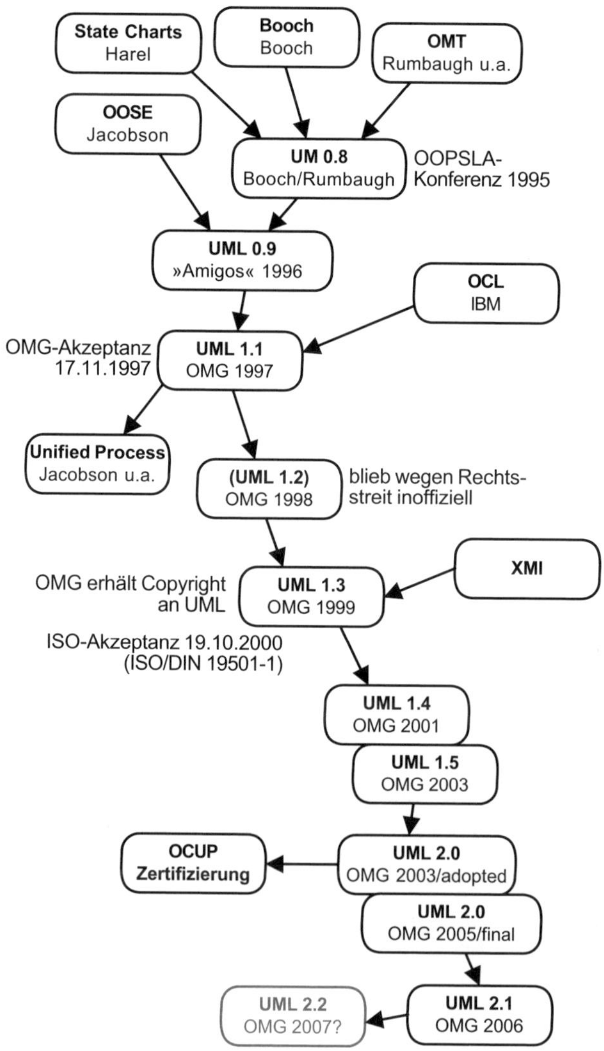

Abb. 1-1: Historische Entwicklung der UML

1.2.3 Historie der UML

Booch, Rumbaugh, Jacobson

OMG

Die UML-Versionen 1.2–1.5 enthielten jeweils einige Korrekturen und Erweiterungen. Die Version 2.0 stellt eine grundsätzliche Überarbeitung der UML dar. Die Spezifikation, das Metamodell und der Abdeckungsumfang sind weitgehend neu konzipiert. Im Juni 2003 wurden entsprechende Einreichungen zur UML 2.0 von der OMG abschließend ausgewählt und angenommen. Die offizielle Veröffentlichung der Version 2.0 war im August 2005. Aktuelle Informationen hierzu finden Sie auf den Internetseiten der OMG unter *http://www.omg.org/uml* oder auf den Internetseiten der Firma oose Innovative Informatik GmbH unter *http://www.oose.de/uml*.

Die UML ist sehr vielfältig und integriert auch interessante Ideen und Konzepte anderer Autoren. Neben den Gedanken von Booch, Rumbaugh und Jacobson finden sich zum Beispiel auch die von Harel (Zustandsdiagramme, [Harel1987]) wieder. Die neueren Versionen der UML, besonders 2.0, sind kaum noch durch die ursprünglichen Initiatoren geprägt, sondern haben viele andere Ideengeber und Mitarbeiter.

Aktuell arbeitet die OMG an der UML-Version 2.2, die voraussichtlich im Frühjahr 2007 veröffentlicht wird.

1.2.4 Vollständigkeitsebenen der UML

UML-Ebenen

Die offizielle Spezifikation der UML ist ein komplexes, über tausend engbedruckte Seiten umfassendes Werk. Die UML ist jedoch in folgende Erfüllungs- bzw. Vollständigkeitsebenen (*Compliance Levels*) eingeteilt:

- Ebene 0: *Foundation*
  Grundlegende Struktur- und Verhaltenselemente
- Ebene 1: *Basic*
  Einfache Diagramme
- Ebene 2: *Intermediate*
  Erweiterte Diagramme und Konstrukte, beispielsweise Parallelität in Aktivitätsdiagrammen
- Ebene 3: *Complete*
  Alle übrigen und fortgeschritteneren Konstrukte, beispielsweise Streaming in Aktivitätsdiagrammen

Diese Einteilung soll auch eine Hilfe für Werkzeughersteller sein, um schrittweise oder selektiv die UML 2.0 zu implementieren.

1.2.5 Teilbereiche der UML

Teilspezifikationen

Die UML 2.0 ist formal in folgende Teilspezifikationen gegliedert:

- *Infrastructure*
  Kern der Architektur, Profile, Stereotypen
- *Superstructure*
  Statische und dynamische Modellelemente
- *OCL* (Object Constraint Language)
- *Diagram Interchange*
  UML-Austauschformat

1.2.6 Das Metamodell der UML 2.0

Sprache UML

Die Sprache UML 2.0 ist zum größten Teil in einem so genannten Metamodell definiert. Meta deshalb, weil es eine Abstraktionsebene über dem Modell liegt, das der UML-Anwender modelliert. Was das Metamodell nun ist, wirkt beim ersten Mal überraschend und unlogisch. Das Metamodell ist ein UML-Klassenmodell, das die UML beschreibt. Oder kurz gesagt: Die UML wird in der UML definiert.

Wir wollen Sie nicht auf die Folter spannen und den Knoten gleich auflösen. Die UML ist eine Sprache wie auch Deutsch oder Englisch. Wie ist die englische Sprache definiert? Natürlich wieder in der englischen Sprache. So mancher wird sich an das Oxford Dictionary aus seiner Schulzeit erinnern. Da durfte man in den Prüfungen ein englisches Wörterbuch verwenden, aber jedes englische Wort wurde wieder in englischer Sprache beschrieben. Mit der UML ist es nicht anders. Jedes Wort der UML finden Sie im Metamodell als Klasse wieder. Abb. 1-2 zeigt einen vereinfachten Ausschnitt aus dem Metamodell. Sie sehen dort die drei Elemente *Class*, *Property* und *Operation* und können lesen, dass eine Klasse beliebig viele Properties (Attribute) und beliebig viele Operationen haben kann.

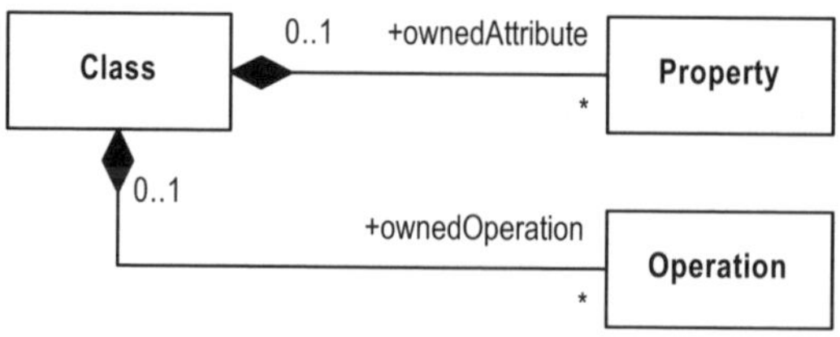

Abb. 1-2: Vereinfachter Ausschnitt aus dem Metamodell

Womit ist die UML definiert?

Für die Definition einer formalen Sprache wie die UML kommt man mit den Ausdrucksmöglichkeiten von Klassenmodellen schnell an Grenzen. In der

UML-Spezifikation sind daher neben den Metamodellen auch zu jedem Element formale Zusicherungen (meist in OCL) und textuelle Erläuterungen beschrieben, die die Semantik näher spezifizieren.

Für das Metamodell der UML werden nicht alle Modellelemente der UML benötigt, sondern nur eine minimal notwendige Teilmenge (eine Teilmenge der Klassenmodellierung). Diese Menge ist wiederum in einem eigenen Modell beschrieben, dem so genannten Meta-Metamodell.

Meta-Metamodell

Wir haben also ein Meta-Metamodell und ein Metamodell. Dann natürlich das Modell des UML-Anwenders, also Ihr Modell. Darunter befindet sich noch ein weiteres Modell, das Modell der Objekte, basierend auf Ihrem Modell. Insgesamt haben wir vier Modelle, die zusammen die 4-Schichten-Architektur der UML bilden (Abb. 1-3).

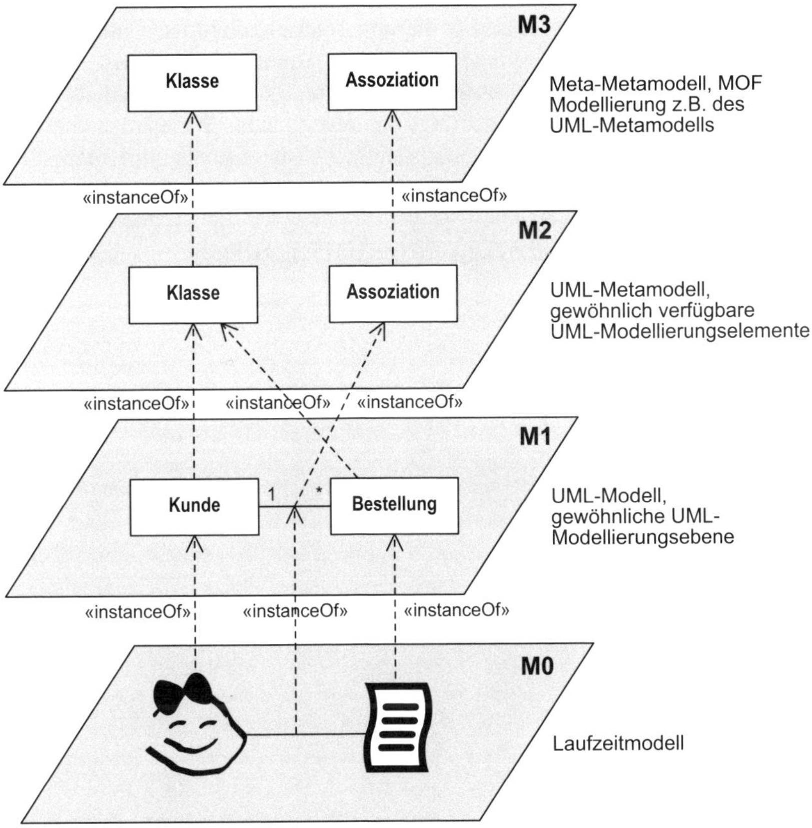

Abb. 1-3: 4-Schichten-Architektur der UML

Paketeinteilung

Sie können sich leicht vorstellen, dass das Metamodell der UML sehr groß ist. Zur Strukturierung ist es in eine Vielzahl von Paketen unterteilt. Die einzelnen Pakete werden in diesem Buch immer wieder erwähnt werden, denn sie stellen auch die Granularität des Prüfungsstoffes dar.

Die UML-Zertifizierung ist ein reiner Sprachtest, das heißt, es wird das Metamodell der UML abgefragt. Neben den Elementen wie Klasse *(Class)*, die man als UML-Anwender auch kennt, enthält das Metamodell auch viele abstrakte Klassen, die auf der Modellebene des Anwenders nicht benutzt werden (sonst müssten sie auch instantiierbar sein, was abstrakte Klassen bekanntermaßen nicht sind).

Auch die abstrakten Konzepte sind Bestandteil der UML-Zertifizierung. Ein Vorteil abstrakter Klassen ist, dass sie meist einfach sind.

Bevor wir uns nun dem Prüfungsstoff widmen, noch ein wichtiger Hinweis. Die UML ist keine Sprache, die nur zur Entwicklung von Software eingesetzt wird. Geschäftsprozessmodellierung [Oestereich2004c] und Systems Engineering [Weilkiens2006] sind ebenfalls Domänen der UML, um nur einige zu nennen. Das heißt, es gibt Konstrukte in der UML, die nicht direkt auf Programmiersprachen abgebildet werden können. Wenn man die Programmiersprachen-Brille beim Studium der UML aufhat, wird man diese Konstrukte schnell in die Schublade „Sinnlos" schieben und wieder vergessen bzw. nicht richtig verstehen. Setzen Sie also vor dem Weiterlesen diese Brille[1] ab. Es wird Ihnen das Studium der UML erleichtern.

[1] Behalten Sie aber Ihre echte Brille – sofern vorhanden – auf jeden Fall auf!

1.3 Das UML-Zertifizierungsprogramm OCUP

Neben den inhaltlichen Neuerungen der UML führte die OMG mit der Version 2.0 auch Qualifikationsstandards in Form eines dreistufigen Zertifizierungsprogramms namens OCUP (*OMG-Certified UML Professional*) ein. Dieses Zertifizierungsprogramm soll sicherstellen, dass UML-Anwender, Trainer, Berater, Werkzeughersteller u.a. ein einheitliches UML-Verständnis und eine Mindestqualifikation aufweisen. Mehr Informationen zum Zertifizierungsprogramm finden Sie auch unter *http://www.oose.de/uml-zertifizierung.htm.*

Die Fragen der Zertifizierung basieren derzeit noch auf der vorläufigen UML 2.0-Spezifikation [UML2.0zert]. Mittlerweile gibt es eine finale UML 2.0- [UML2.0] sowie eine UML 2.1-Spezifikation [UML2.1]. Die Änderungen hinsichtlich der Zertifizierung sind eher gering.

Anfang 2006 hat die OMG ihr Zertifizierungsprogramm um den *OMG-Certified Real-time and Embedded Specialist* (OCRES) erweitert. OCRES ist eine zweistufige Zertifizierung (Intermediate und Advanced), die auf der Fundamental-Stufe der UML-Zertifizierung aufbaut. Sie deckt die OMG-Spezifikationen ab, die sich mit der Entwicklung verteilter, eingebetteter Echtzeitsysteme auseinander setzen. Hierzu gehören beispielsweise das *UML Profile for Quality of Service and Fault Tolerance*, das *UML Profile for Schedulability, Performance and Time* und *CORBA for Embedded.*

1.3.1 OCUP Fundamental

In der ersten Stufe werden fundamentale UML-Kenntnisse geprüft. Hierzu zählen Grundlagen der Klassendiagramme, Aktivitätsdiagramme, Interaktionsdiagramme und Anwendungsfalldiagramme sowie diverse Elemente wie z.B. Standardstereotypen oder primitive Typen. Die Grundlagen beinhalten nicht nur die für den UML-Anwender sichtbaren Elemente, sondern auch abstrakte Konzepte der UML wie z.B. Element, die Basisklasse aller UML-Klassen im Metamodell. Diese Stufe ist für den normalen UML-Anwender geeignet.

1.3.2 OCUP Intermediate

In der zweiten Stufe werden die Kenntnisse über Aktivitätsdiagramme und Interaktionsdiagramme vertieft. Hinzu kommen Kompositionsstrukturdiagramme, Grundlagen der Komponenten- und Verteilungsdiagramme, Zustandsdiagramme, das Aktionsmodell und der Erweiterungsmechanismus der Profile. Diese Stufe ist für den intensiven UML-Anwender geeignet.

1.3.3 OCUP Advanced

In der dritten und höchsten Stufe werden fortgeschrittene Kenntnisse über Klassendiagramme, wie z.B. Assoziationsklassen, über Kompositionsstrukturdiagramme, Komponentendiagramme, Aktivitätsdiagramme, Aktionsmodellierung, Verteilungsdiagramme und Protokollautomaten abgefragt. Zusätzlich werden die Themen Object Constraint Language (OCL), UML 2.0-Architektur (u.a. Infrastruktur, Model Driven Architecture (MDA)), Informationsflussmodellierung, Modelle und Schablonen (*Templates*) abgedeckt. Diese Stufe ist für den fortgeschrittenen UML-Anwender geeignet (z.B. Designer ausführbarer Modelle, MDA-Architekten, Profildesigner, UML-Werkzeugentwickler).

1.3.4 Prüfungsablauf

Multiple-Choice-Test

Zur Erlangung des Zertifikates ist eine computerbasierte Prüfung zu absolvieren. Der Test besteht aus einer Reihe von Multiple-Choice-Fragen. Die Fragen müssen in einer vorgegebenen Zeit beantwortet werden.

Der Testraum wird per Video oder durch einen Testbetreuer persönlich überwacht. Man darf keine Hilfsmittel mitnehmen, auch Papier oder Stifte sind nicht zulässig. Das Testcenter stellt eine Notizmöglichkeit zur Verfügung, die am Ende zurückgegeben werden muss. Sollte ein Teilnehmer gegen diese Regeln verstoßen, ist er automatisch durchgefallen. Auch die Testcenter-Betreiber unterliegen ihrerseits Auflagen und Kontrollen.

Prometric Test Center (PTC)

Die Tests können in jedem autorisierten Prometric Test Center (PTC) absolviert werden. Hierzu meldet man sich an einem PTC an. Adressen gibt es unter *www.2test.com*. Der Test ist vor dem Testtermin zu bezahlen.

Wer angemeldet ist und nicht oder zu spät erscheint, muss trotzdem die Prüfungsgebühr zahlen.

Zunächst erhalten die Teilnehmer eine kurze Einweisung in die Benutzung der Testsoftware und Gelegenheit, die Bedienung anhand eines kleinen Beispiels auszuprobieren. Danach wird der echte Test gestartet, und der Countdown läuft.

Kurs- und Testanbieter

Bitte beachten Sie, dass der Test in jedem PTC möglich ist, es aber nur sehr wenige Anbieter gibt, die gleichzeitig einen Vorbereitungskurs und den Test anbieten. Während beim Fundamental-Test unserer Erfahrung nach der Vorbereitungskurs und die Prüfung innerhalb eines Tages absolviert werden können, halten wir beim Intermediate eine Dauer von mindestens zwei Tagen für angemessen.

Beim Fundamental-Test sind 80 Fragen, beim Intermediate-Test 70 und beim Advanced-Test 58 Fragen in 90 Minuten zu beantworten. Jede Frage steht auf einer Bildschirmseite, zwischen den Fragen kann vorwärts und rückwärts geblättert werden. Es ist sinnvoll, die Fragen in der gegebenen Reihenfolge zu beantworten, es können aber Fragen auch übersprungen und später beantwortet werden. Zu jeder Frage kann man sich einen kleinen Merker setzen. Aus einer aufrufbaren Übersicht kann man sehen, welche Fragen noch nicht beantwortet sind und für welche Fragen man sich einen Merker gesetzt hat.

80, 70 bzw. 58 Fragen in 90 Minuten

Die Fragen stammen aus einem größeren Pool und werden jeweils neu zusammengestellt, so dass die Tests nicht gleich sind. Die Fragen sind geheim und auch dem Testcenter nicht bekannt. Die Fragen sind in englischer Sprache.

Englisch

Am Ende sehen die Teilnehmer sofort ihr Ergebnis auf dem Monitor und erhalten vom Testcenter einen Ausdruck des Testergebnisses. Wer erfolgreich bestanden hat, erhält einige Wochen später per Post noch eine offizielle farbige Urkunde.

1.3.5 Prüfungsvorbereitung – wozu dieses Buch?

Wer mit der aktuellen Version der UML sehr gut vertraut ist, beispielsweise mehr als ein Jahr praktische Erfahrungen besitzt und auch schon mal in der offiziellen Spezifikation nachgeschlagen hat, der hat allenfalls mittlere Chancen, den Fundamental-Test auf Anhieb zu bestehen. Der Test ist nicht trivial. Wenn Sie sich auf den Intermediate-Test vorbereiten, sollten Sie natürlich den Fundamental-Test erfolgreich bestanden haben.

Vor allem sind gute UML-Kenntnisse alleine nicht unbedingt ausreichend. Der Test enthält eine Reihe von Fragen, die in der Praxis irrelevant sind und auch in den einschlägigen Büchern nicht oder nicht ausreichend behandelt werden. Das Hauptproblem ist, dass mit dem UML-Test allein die Sprache UML geprüft wird, wodurch dieses Buch leider etwas trocken und langweilig zu lesen ist. Alles, was zur praktischen Anwendung der UML, also zur Methodik, gehört und damit gewöhnlich auch interessanter ist, ist nicht Teil der Prüfung. Dies ist vielleicht vergleichbar mit der Situation, wenn Sie Englisch lernen und einen TOEFL-Test oder ein Cambridge Certificate bestehen möchten, dann gehören „English Grammar“ oder „Oxford Dictionary“ zur Vorbereitung, auch wenn es nicht gerade eine spannende Bettlektüre ist.

Gute UML-Kenntnisse reichen oft nicht ...

Viele Teilnehmer äußern nach dem Test die Ansicht, dass die UML gut zu kennen und den Test zu bestehen zwei verschiedene Dinge sind. Daher ist es sehr hilfreich und sinnvoll, sich gut vorzubereiten, beispielsweise über das Studium der offiziellen UML-Spezifikation. Da es sich hierbei um ein sehr umfangreiches und komplexes Werk handelt, ist dies ein mühevoller Weg.

Dieses Buch ist keine Ersteinführung in die UML

Einfacher ist es, dieses Buch durchzuarbeiten. Mit diesem Buch erhalten Sie keine Einführung in die UML. Im Gegenteil, wir setzen hier allgemeine und grundlegende UML-Kenntnisse voraus. Diese Grundlagen liefern andere Bücher, siehe Literaturliste im Anhang des Buches.

In diesem Buch werden systematisch die prüfungsrelevanten Wissensgebiete und Themen behandelt. Dieses Buch ist für die Vorbereitung auf die Zertifizierung gedacht und bereitet Sie genau, aber auch ausschließlich darauf vor. Themen, die im Test nicht drankommen, wurden weggelassen, auch wenn sie für die Praxis möglicherweise von großer Bedeutung sind.

Coverage-Map

Welche Themen behandelt werden, wird durch die OMG in der so genannten Coverage-Map grob vorgegeben, die Sie auf den Internetseiten der OMG finden (*www.omg.org/uml-certification/UML_Exams_Coverage_Map.pdf*). Zusätzlich haben wir als Autoren dieses Buches selbst Erfahrung mit dem Test. Tim war sogar Beta-Tester des OMG-Testprogramms in allen drei Stufen. Als erstes Unternehmen hat die oose Innovative Informatik GmbH Vorbereitungskurse angeboten. So konnten wir bereits im ersten Monat nach Start des Testprogramms in Deutschland über 60 Teilnehmer durch den Test führen – und nur einer ist durchgefallen. Wir haben die Teilnehmer vorher nach ihren Erfahrungen und Kenntnissen befragt und hinterher, was ihnen schwer fiel und was sie an der Vorbereitung besser machen würden.

Das Wissen darüber haben wir in diesem Buch zusammengestellt. Aber beachten Sie, auch wir kennen die konkreten Fragen nicht vollständig. Und selbst wenn, würden wir sie nicht weitergeben, weil sonst der Test und das Zertifikat wertlos werden würden.

Daher reicht es auch nicht, dieses Buch nur zu konsumieren, und auch auswendig lernen ist abwegig – dieses Buch soll Sie anleiten, die prüfungsrelevanten Wissensgebiete zu verstehen.

Deutsche und englische Sprache in diesem Buch

Dieses Buch ist in deutscher Sprache, der Test jedoch ist in Englisch. Um den Test zu bestehen, müssen Sie Englisch lesen und verstehen können. In diesem Buch haben wir alle UML-Begriffe daher stets zweisprachig in Deutsch und in Englisch geschrieben. Wenn Sie die in diesem Buch beschriebenen Sachverhalte verstanden haben und Ihnen die englischen UML-Begriffe geläufig sind, ist dies für den Test völlig ausreichend. Im Anhang des Buches finden Sie für alle Fälle zusammenfassend eine Übersetzungstabelle. Außerdem sind dort einige wenige englische Allgemeinwörter angegeben, die unbedingt verstanden werden sollten.

Im Anhang finden Sie eine Menge von Testfragen zur Fundamental-Zertifizierung. Damit erhalten Sie ein Gefühl für die Art der Fragen. Ein Hinweis, der Sie sicherlich erleichtert: Die Testfragen sind schwerer als die

Originalfragen. Zudem erfahren Sie hier nicht die Anzahl der richtigen Antworten, wie es in der Zertifizierung der Fall ist. Für die Intermediate- und Advanced-Stufe gibt es keine Testfragen, da Sie nach der Fundamental-Zertifizierung mit der Art der Fragen vertraut sein werden.

1.3.6 Voraussetzungen und Anmeldung

Anmeldung und Kosten

Für den Test ist eine Anmeldung in einem PTC notwendig, und die Testgebühr ist im Voraus zu entrichten. Die Kosten betragen derzeit 174 € bzw. 200 US$ exkl. MwSt.

Ausweis

30 Minuten vor Testbeginn müssen sich die Teilnehmer im PTC melden und sich dort ausweisen. Formal sind zwei Ausweise, davon einer mit Lichtbild, notwendig (z.B. Personalausweis und Führerschein). Vielen Testcentern in Deutschland reicht aber ein gültiger Personalausweis.

Durchfallen und wiederholen: Sperrfrist

Wer einmal durch einen Test durchgefallen ist, muss mindestens 21 Tage bis zur Wiederholung warten. Maximal sind drei Versuche in 12 Monaten erlaubt.

Bestimmte fachliche Voraussetzungen (Studium, Vorbereitungskurse) sind nicht notwendig.

Die drei Zertifizierungsstufen bauen aufeinander auf, d.h., ein höheres Zertifikat erhalten Sie erst, wenn Sie die darunter liegenden auch erfolgreich absolviert haben. Es ist also nicht möglich, nur den Advanced-Test zu bestehen, um das Advanced-Zertifikat zu erhalten.

Weiterführende Referenzen

- **Homepage des Buches:**
  http://www.uml-zertifizierung.de
- **OMG:**
  http://www.omg.org/uml
  http://www.omg.org/uml-certification
  http://www.omg.org/ocres
  http://www.omg.org/uml-certification/UML_Exams_Coverage_Map.pdf
- **Aktuelles OO- und UML-Glossar:**
  http://www.oose.de/glossar
- **Aktuelle UML-Notationsübersicht:**
  http://www.oose.de/uml
- **Weitere Infos zu Werkzeugen, Büchern, Neuigkeiten etc.:**
  http://www.uml-sig.de
  http://www.oose.de/uml
  http://www.omg.org/uml/
- **Deutsches UML-Diskussionsforum:**
  http://de.groups.yahoo.com/group/uml2/
- **UML-Kurzreferenz als Becher:**
  http://www.oose.de/uml/becher
- **UML-Kurzreferenz als Poster:**
  http://www.oose.de/poster

2

OCUP Fundamental

2.1 Allgemeine Grundlagen

In diesem Kapitel widmen wir uns allen grundlegenden und diagrammübergreifenden Wissensgebieten für den Fundamental-Test. Die Grundlagen des Verhaltens werden in einem eigenen Kapitel beschrieben (Kapitel 2.3).

2.1.1 Prüfungsthemen

Folgende Grundlagenthemen werden in der Fundamental-Zertifizierung behandelt:

- Primitive Typen
- Grundlagen der UML-Modellierung
  - Diagramme
  - Stereotypen
  - Glossar
- Grundlagen des Verhaltens in der UML

Der Prüfungsanteil beträgt insgesamt 10 Prozent.

2.1.2 Datentypen

In den Prüfungsbereich Grundlagen fallen nur die vordefinierten primitiven Datentypen der UML. Der allgemeinere Bereich der Datentypen, der bereits an dieser Stelle beschrieben wird, gehört zum Prüfungsthema Klassendiagramme (siehe Kapitel 2.2).

Definition und Beispiele

Die UML unterscheidet ☑ 2.1.2.1

- einfache Datentypen (*DataType*)

  wie beispielsweise Geld, Bankverbindung etc.

  Einfache Datentypen sind ein Oberbegriff für primitive Datentypen und Aufzählungstypen. Ein einfacher Datentyp ist ein Typ, dessen Werte keine Identität besitzen, d.h., zwei Instanzen eines Datentyps mit denselben Attributwerten können nicht voneinander unterschieden werden. Das ist ein wesentlicher Unterschied gegenüber Klassen. ☑ 2.1.2.3

- primitive Datentypen (*PrimitiveType*)

D2

Ein primitiver Datentyp ist ein einfacher Datentyp ohne Strukturen (D2 in Abb. 2-2). Die zum Typ gehörende Algebra ist außerhalb der UML beschrieben, z.B. die Addition ganzer Zahlen wird nicht als Operation eines primitiven Datentyps modelliert. Die UML definiert selbst folgende primitive Datentypen vor:

  - Integer
    (Unendliche) Menge ganzer Zahlen: (…, -2, -1, 0, 1, 2, …)
  - Boolean
    true, false
  - String
    Beliebige Zeichenkette, auch Umlaute u. Ä. sind zulässig.
  - UnlimitedNatural
    (Unendliche) Menge natürlicher Zahlen: (0, 1, 2, …). Das Symbol für unendlich ist „*“. Dieser Datentyp wird im Metamodell beispielsweise für die Definition von Multiplizitäten verwendet.

Multiplizität ⇨ 34

- Aufzählungstypen (*Enumeration*)

D3

wie beispielsweise Familienstand, Anrede etc.

Aufzählungstypen sind einfache Datentypen, deren Werte aus einer begrenzten Menge von Aufzählungsliteralen (*EnumerationLiteral*) stammen (D3 in Abb. 2-2).

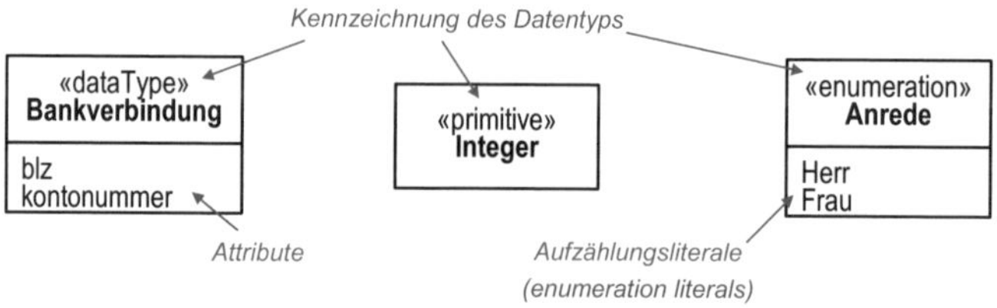

Abb. 2-1: Beispiele für Datentypen

Bei den in Abb. 2-1 gezeigten Kennzeichnungen handelt es sich um Schlüsselwörter der UML, es sind keine Stereotypen. Ein einfacher Datentyp oder primitiver Datentyp hat nichts mit einer Klasse zu tun, außer dass sie im Metamodell eine gemeinsame Oberklasse *Classifier* haben (D1 in Abb. 2-2). ☑ 2.1.2.2

Metamodell

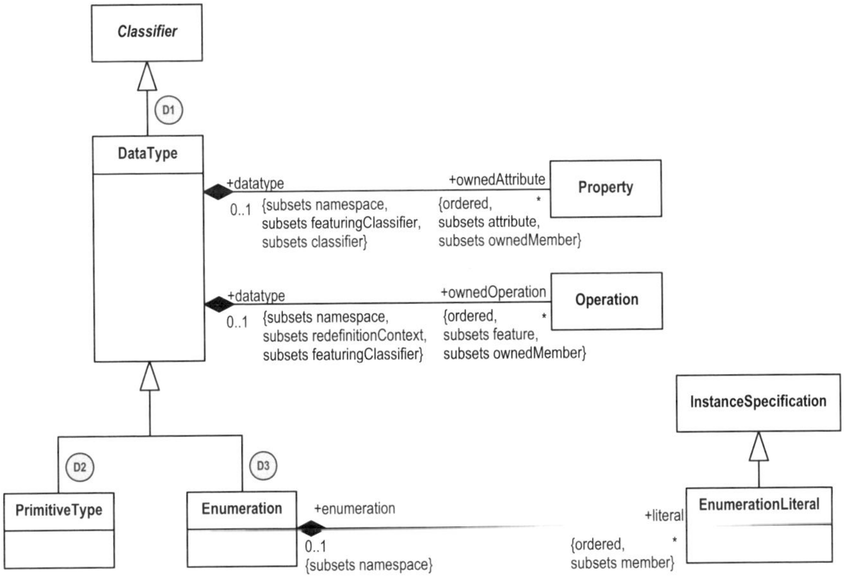

Abb. 2-2: Metamodell Datentypen

Checkliste allgemeine Grundlagen:

☑ 2.1.2.1: Welche Datentypen unterscheidet die UML und wie heißen sie?

☑ 2.1.2.2: Ist die Kennzeichnung der Datentypen (z.B. «primitive») ein Stereotyp?

☑ 2.1.2.3: Was unterscheidet ein Datentyp von einer Klasse?

2.1.3 Diagramme im Überblick

Es existiert in der UML offiziell keine Diagrammübersicht oder -kategorisierung. Während UML-Modelle und das hinter den Diagrammen stehende Repository in der UML definiert sind, können Diagramme, d.h. spezielle Sichten auf das Repository, relativ frei definiert werden.

Ein Diagramm ist in der UML eigentlich mehr eine Sammlung von Notationselementen. So beschreibt beispielsweise das Paketdiagramm das Paketsymbol, die Merge-Beziehung usw. Ein Klassendiagramm beschreibt Klasse, Assoziation usw. Trotzdem dürfen natürlich Klassen und Pakete in einem Diagramm gemeinsam dargestellt werden.

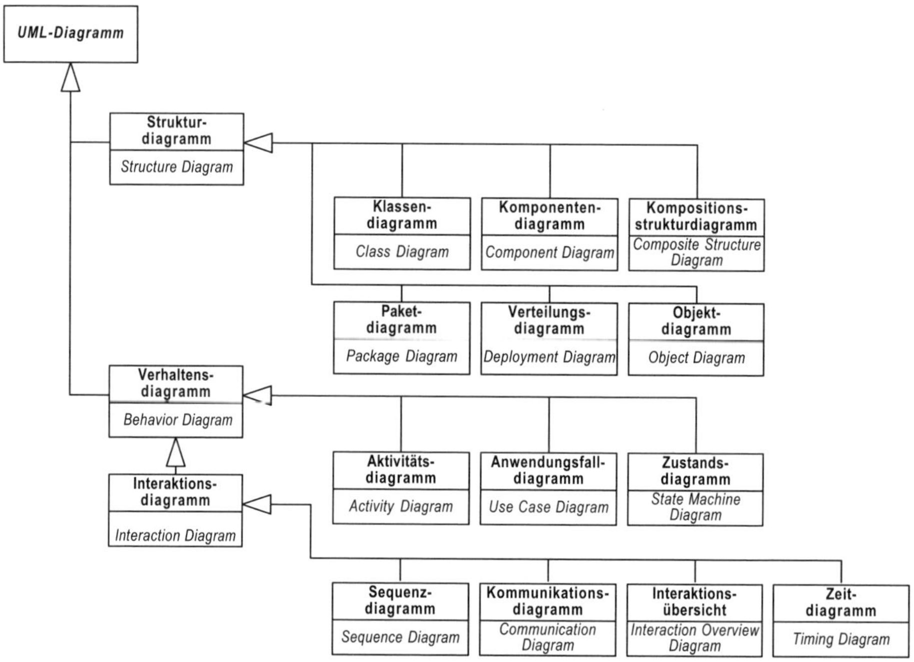

Abb. 2-3: UML-Diagramme im Überblick

Ein Anwendungsfalldiagramm ist unseres Erachtens ein Strukturdiagramm, weil das Anwendungsfalldiagramm selbst keine Abläufe und Verhaltensweisen beschreibt, sondern nur die Struktur (Beziehungen) von Anwendungsfällen und Akteuren. In der UML-Spezifikation wird das Anwendungsfalldiagramm dennoch als Verhaltensdiagramm eingestuft.

☑ 2.1.3.1
☑ 2.1.3.2

Die grundsätzliche Notation von Diagrammen ist in Abb. 2-4 zu sehen. Ein Diagramm besteht aus einer von einem Rechteck umgebenen Diagrammfläche und einem Diagrammkopf in der linken oberen Ecke. Im Diagrammkopf stehen (optional) Diagrammtyp, (obligatorisch) Diagrammname und (optional) Parameter.

Der Diagrammtyp ist beispielsweise *interaction* für Sequenzdiagramme oder *class* für Klassendiagramme. Das Parameterfeld ist für parametrisierbare Modelle wichtig.

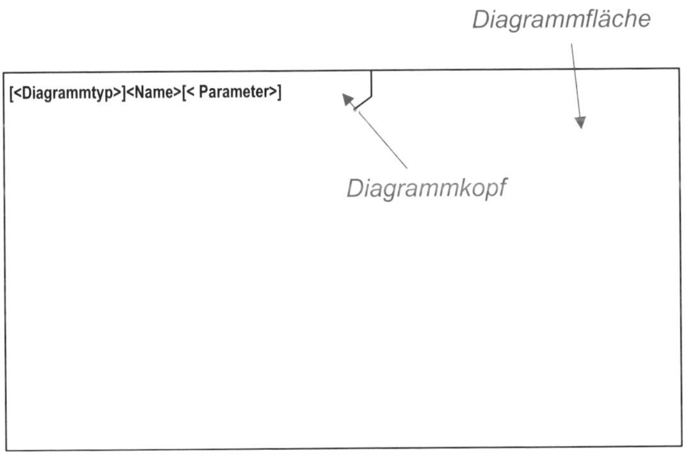

Abb. 2-4: Grundsätzliche Notation von Diagrammen

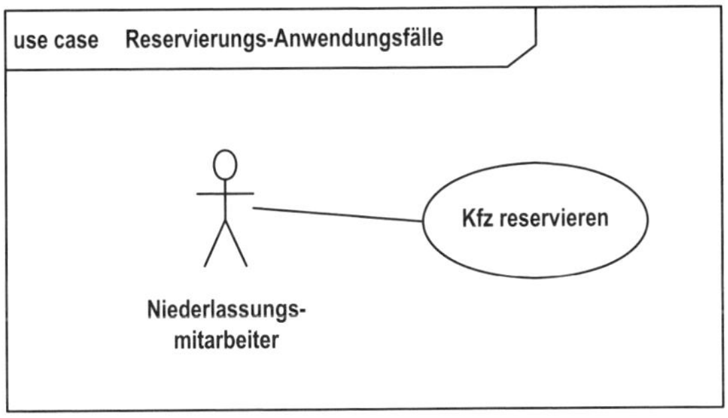

Abb. 2-5: Beispiel eines Diagramms: Anwendungsfalldiagramm

Checkliste Diagramme:

☑ 2.1.3.1: Wie sieht die grundsätzliche grafische Darstellung eines Diagramms mit Diagrammkopf aus?

☑ 2.1.3.2: Welche Informationen stehen im Diagrammkopf?

2.1.4 Stereotypen (*Stereotypes*)

Das Konzept
☑ 2.1.4.2

Das Konzept der Stereotypen ist nicht Teil der Prüfung. Der Mechanismus in der UML 2.0 ist formal auch nicht trivial. Teil der Prüfung ist lediglich ein Teil der vordefinierten Standardstereotypen der UML (Abb. 2-7). Es ist jedoch sehr hilfreich, zumindest die wichtigsten Aspekte des Konzeptes der Stereotypen zu verstehen.

Definition

Metamodellerweiterung

Stereotypen sind formale Erweiterungen vorhandener Modellelemente des UML-Metamodells. Entsprechend der mit der Erweiterung definierten Semantik wird das Modellierungselement, auf das es angewendet wird, direkt semantisch beeinflusst.

☑ 2.1.4.1

Stereotypen führen kein neues Modellelement im Metamodell ein, sondern versehen ein bestehendes mit zusätzlicher Semantik.

Notation und Semantik

Stereotypen klassifizieren die möglichen Verwendungen eines Modellelementes. Dabei handelt es sich nicht um die Modellierung von Metaklassen, vielmehr werden einem oder mehreren Modellelementen bestimmte gemeinsame Eigenheiten zugeschrieben.

Multiple Stereotypisierung
Codegenerierung

Ein Modellierungselement kann mit mehreren Stereotypen klassifiziert werden. Auch die visuelle Darstellung eines Elementes kann durch die Zuordnung von Stereotypen beeinflusst werden.

Auch Attribute, Operationen und Beziehungen können mit Stereotypen versehen werden.

Stereotypen können Attribute haben, um so zusätzliche Informationen zu speichern.

Notation

Das Stereotyp wird jeweils vor bzw. über dem Elementnamen (z.B. Klassennamen) platziert und in doppelte spitze Klammern («») eingeschlossen. Die Zeichen « und » sind jeweils nur *ein* Zeichen und nicht zu verwechseln mit zwei aufeinander folgenden Größer- oder Kleiner-Zeichen (also nicht „<<" oder „>>"). Es sind französische Anführungszeichen, so genannte Guillemets.

☑ 2.1.4.3

Nicht jedes Vorkommen dieser Notation bedeutet, dass es sich um ein Stereotyp handelt. Auch vordefinierte Schlüsselwörter der UML werden in doppelte spitze Klammern eingeschlossen.

Alternativ zu dieser rein textuellen Notation können spezielle Symbole verwendet werden, siehe die Beispiele in Abb. 2-6 mit den Stereotypen *«control»*, *«boundary»* und *«entity»*.

Außerdem steht es Werkzeugen frei, spezielle farbliche oder andere visuelle Unterscheidungen zu benutzen. Grafische Symbole

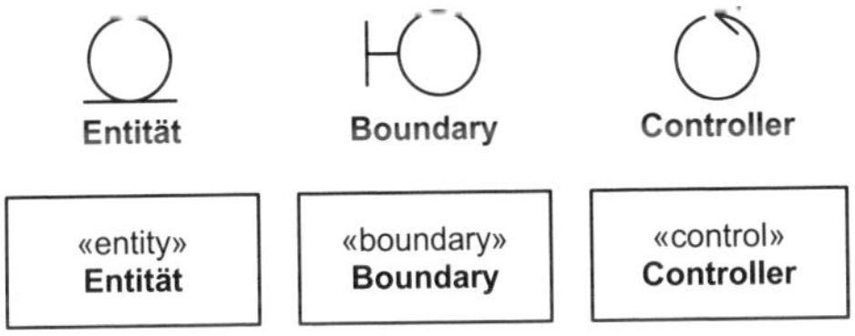

Abb. 2-6: Visuelle und textuelle Stereotypen

Checkliste Stereotypen:

☑ 2.1.4.1: Was ist ein Stereotyp? Definiert es ein neues Metamodellelement?

☑ 2.1.4.2: Welche Standardstereotypen kennt die UML und was bedeuten sie?

☑ 2.1.4.3: Gibt es Schlüsselwörter, die keine Stereotypen sind?

Standard-Stereotypen der UML

Stereotyp	UML-Element	Beschreibung
«call»	Abhängigkeit (Usage)	Aufrufabhängigkeit zwischen Operationen oder Klassen
«create»	Abhängigkeit (Usage)	Quellelement erstellt Instanzen des Zielelementes.
«instantiate»	Abhängigkeit (Usage)	Quellelement erstellt Instanzen des Zielelementes. (Achtung: Diese Beschreibung ist identisch mit der von «create».)
«responsibility»	Abhängigkeit (Usage)	Quellelement ist verantwortlich für das Zielelement.
«send»	Abhängigkeit (Usage)	Quellelement ist eine Operation, Zielelement ist ein Signal, welches von der Operation gesendet wird.
«derive»	Abstraktion	Quellelement kann bspw. durch eine Berechnung vom Zielelement abgeleitet werden.
«refine»	Abstraktion	Verfeinerungsbeziehung, z.B. zwischen einem Design- und zugehörigem Analyseelement.
«trace»	Abstraktion	zur Verfolgbarkeit von Anforderungen
«script»	Artefakt	Skriptdatei (ausführbar auf einem Computer)
«auxiliary»	Klasse	Klassen, die andere Klassen («focus») unterstützen. Fokus-Klassen enthalten die primäre Logik.
«focus»	Klasse	siehe «auxiliary»
«implementation-Class»	Klasse	Implementierungsklasse speziell für eine Programmiersprache, wobei ein Objekt nur zu einer Klasse gehören darf.
«metaclass»	Klasse	Klasse, deren Instanzen wiederum Klassen sind.
«type»	Klasse	Typen definieren eine Menge von Operationen und Attributen und sind in der Regel abstrakt.
«utility»	Klasse	Hilfsklassen sind Sammlungen von globalen Variablen und Funktionen, die zu einer Klasse zusammengefasst und dort als Klassenattribute/-operationen definiert sind.
«buildComponent»	Komponente	organisatorisch motivierte Komponente
«implement»	Komponente	Komponente, die keine Spezifikation enthält, sondern nur Implementierung.
«framework»	Paket	Paket, das Framework-Elemente enthält.
«modelLibrary»	Paket	Paket, das Modellelemente enthält, die in anderen Paketen wiederverwendet werden.
«create»	Verhaltenseigenschaft (BehavioralFeature)	Eigenschaft, die Instanzen der Klasse erzeugt, zu der sie gehört (z.B. Konstruktor).
«destroy»	Verhaltenseigenschaft (BehavioralFeature)	Eigenschaft, die Instanzen der Klasse zerstört, zu der sie gehört (z.B. Destruktor).

Abb. 2-7: Standardstereotypen der UML (Auswahl)

2.2 Klassendiagramme

In diesem Kapitel werden alle prüfungsrelevanten Sachverhalte des Wissensgebietes Klassendiagramme behandelt.

2.2.1 Prüfungsthemen

Die hier beschriebenen Sachverhalte beziehen sich auf folgende Bereiche des Metamodells:

Folgende Metamodellbereiche sind betroffen:

- Paket: *Classes::Kernel*
- Paket: *Classes::Dependencies*
- Paket: *Classes::Interfaces*

Der Anteil dieser Themen an der gesamten Prüfung beträgt 30 Prozent.

2.2.2 Basiskonzepte

Definition

Die Basis der UML ist im Paket *Kernel* des Metamodells beschrieben. Wie aus vielen objektorientierten Programmiersprachen wie Java bekannt, haben Klassenmodelle häufig eine Oberklasse, von der alle anderen Elemente direkt oder indirekt abgeleitet sind. So ist es auch in der UML. Die Oberklasse heißt Element (*Element*) und hat die Eigenschaft, andere Elemente besitzen zu können. Das bildet sich im Metamodell in einer Kompositionsbeziehung ab. ☑ 2.2.2.1

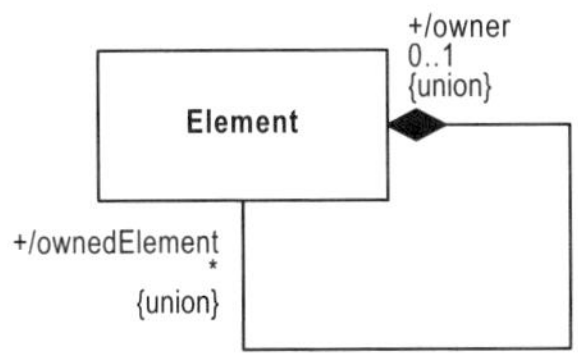

Abb. 2-8: Basisklasse der UML

Mehr Eigenschaften hat ein Element nicht. Natürlich gibt es für ein Element auch keine Notation, denn in UML-Modellen wird man niemals das Konstrukt Element einsetzen. Dafür müsste man ein Objekt der Klasse Element erzeugen, was aber nicht geht, da die Klasse abstrakt ist.

Beziehung (*Relationship*)

Als Nächstes folgt ein grundlegendes Konzept, um Elemente miteinander zu verbinden. Die Beziehung (*Relationship*) ist ein abstraktes Konzept, um Elemente in Beziehungen zueinander zu bringen. Es gibt auch hier – wie bei Element – keine weiteren Eigenschaften oder Semantik. Diese werden erst von abstrakten bzw. konkreten Unterklassen ergänzt. Ebenso gibt es für Beziehung keine Notation.

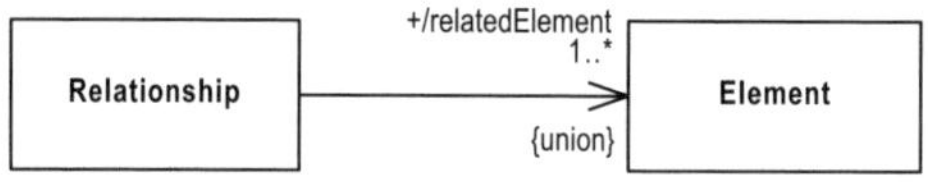

Abb. 2-9: Basisklasse Beziehung

☑ 2.2.2.3
☑ 2.2.2.4
Supplier, Client

Das Konzept der Beziehung wird im nächsten Schritt noch weiter verfeinert. Nicht in jeder Beziehung sind die Beteiligten gleichberechtigt. Oft gibt es ein Element, das etwas anbietet, und ein anderes Element, das etwas haben möchte (im Englischen heißen sie *Supplier* und *Client*). Das drückt sich in einer Richtung aus. Eine Spezialisierung der Beziehung ist die gerichtete Beziehung (*DirectedRelationship*).

Abb. 2-10: Gerichtete Beziehungen

Kommentar

☑ 2.2.2.2

Wir befinden uns im Metamodell noch ganz oben. Entsprechend haben wir es mit abstrakten und recht einfachen Konzepten zu tun. Falls Sie jetzt etwas Handfestes brauchen, können Sie sich auf das nächste Element freuen. Neben den elementaren abstrakten Konzepten gibt es hier oben auch ein ganz konkretes Element: den Kommentar (*Comment*). Ein Synonym ist Notiz.

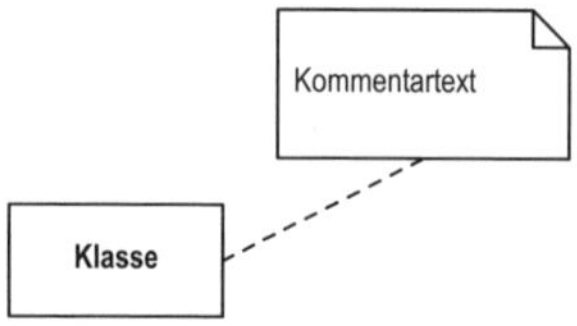

Abb. 2-11: Notation Kommentar

Der Kommentar kann an jedem UML-Modellelement notiert werden. Im Metamodell sieht man es daran, dass die Klasse *Comment* direkt mit der Basisklasse *Element* assoziiert ist.

Checkliste Basiskonzepte Klassendiagramm:

☑ 2.2.2.1: Wie heißt die oberste Basisklasse des Metamodells?

☑ 2.2.2.2: Kann ein Kommentar an jedes UML-Element gehängt werden?

☑ 2.2.2.3: Wie sind gerichtete Beziehungen definiert?

☑ 2.2.2.4: Können gerichtete Beziehungen mehr als ein Quell- bzw. Zielelement haben?

Metamodell[2]

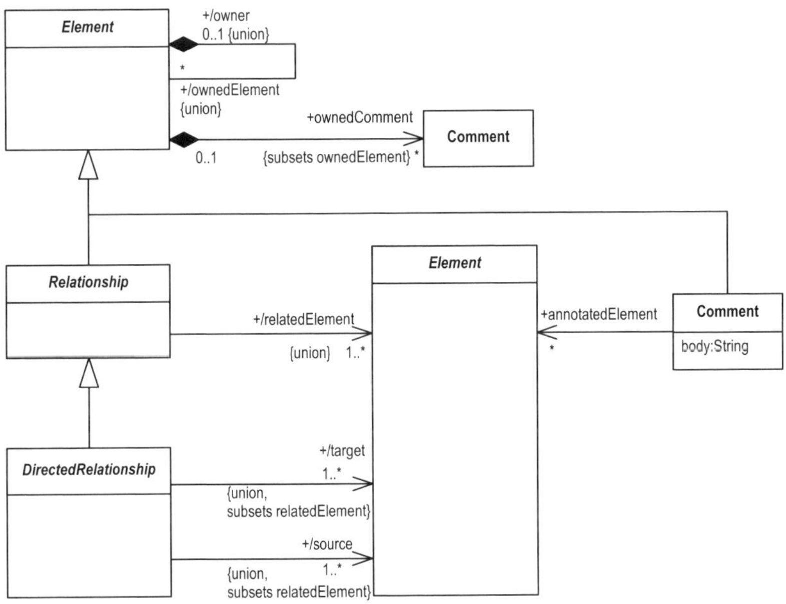

Abb. 2-12: Metamodell Basiskonzepte

[2] Mehrere gleichnamige Elemente in den Metamodellen bezeichnen dasselbe Modellelement. Aus Gründen der Übersichtlichkeit werden einige Elemente mehrfach dargestellt.

2.2.3 Namensräume (*Namespaces*)

Definition

NamedElement (NE1) (NE2)

Ein benennbares Element (*NamedElement*) ist ein Element, das einen Namen und eine definierte Sichtbarkeit (*public, private, protected, package*) (NE2 in Abb. 2-15) haben kann. Der Name des Elementes und die Sichtbarkeit sind optional (NE1 in Abb. 2-15).

Namespace

Ein Namensraum (*Namespace*) ist ein benennbares Element, das benennbare Elemente enthält, die eindeutig über ihre Namen identifizierbar sind. Zusätzlich besitzen sie einen qualifizierten Namen, der sich durch verschachtelte Namensräume ergibt, z.B. die Klasse *Kunden::Geschäftskunden::Lieferant* in Abb. 2-13. Der qualifizierte Name ist ableitbar (NE1 in Abb. 2-15).

PackageableElement (NE3)

Ein paketierbares Element (*PackageableElement*) ist ein benennbares Element, das direkt einem Paket gehören darf. Eine Operation darf beispielsweise nicht einem Paket gehören, aber einer Klasse. Die Sichtbarkeit ist für ein paketierbares Element eine Pflichtangabe (NE3 in Abb. 2-15).

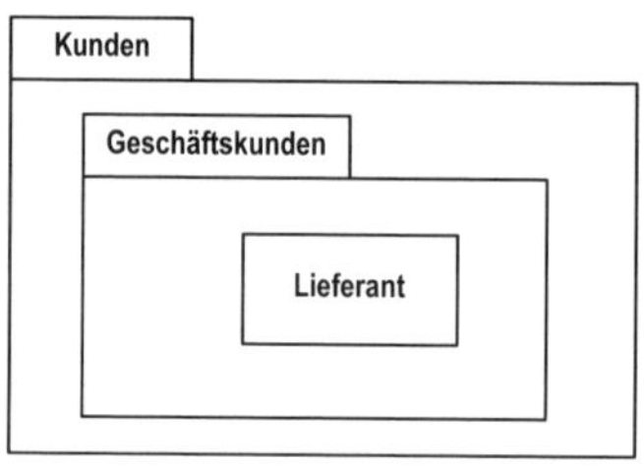

Abb. 2-13: Beispiel für verschachtelte Namensräume

ElementImport ☑ 2.2.3.3 (N1)

Das Importieren eines Elementes (*ElementImport*) ist eine Beziehung zwischen einem Namensraum und einem paketierbaren Element in einem anderen Namensraum (N1 in Abb. 2-16). Das referenzierte Element kann dann direkt über seinen (unqualifizierten) Namen angesprochen werden. Optional kann auch ein Aliasname angegeben werden.

PackageImport ☑ 2.2.3.1

Das Importieren eines Paketes (*PackageImport*) ist semantisch äquivalent mit dem Importieren jedes einzelnen Elementes des Paketes. Ein Aliasname ist hier natürlich nicht möglich.

Notation und Semantik

Sichtbarkeit ⇨ 46

Die Sichtbarkeiten werden wie folgt notiert:

„+“	*public*	„#“	*protected*
„-“	*private*	„~“	*package*

Folgende Importmöglichkeiten bestehen:

- «import»
  Sichtbarkeit ist öffentlich (*public*). In Abb. 2-14 ist beispielsweise Postanschrift in Bestellung sichtbar. Der öffentliche Import ist eine transitive Beziehung. ☑ 2.2.3.2 public
- «access»
  Nichtöffentliche Sichtbarkeit (*private*). In Abb. 2-14 ist beispielsweise Kunde nur in Bestellung sichtbar, aber nicht in Abrechnung. Der private Import ist nicht transitiv. private

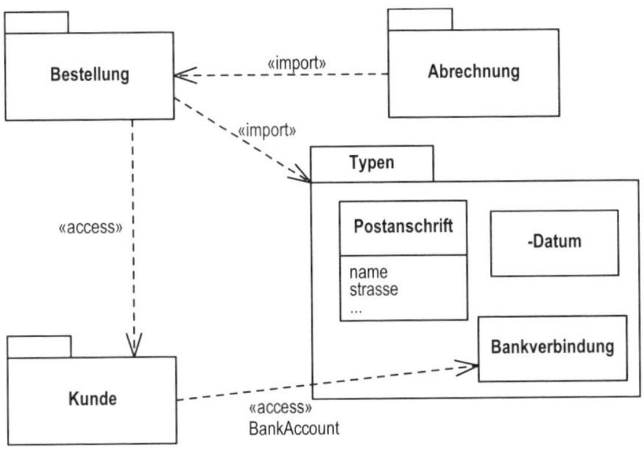

Abb. 2-14: Beispiel für Element- und Paketimportbeziehungen

Abb. 2-14 zeigt einige Element- und Paketimportbeziehungen. Folgende Aussagen können zu diesem Diagramm getroffen werden:

- *Datum* ist ein privates Element im Paket *Typen*.
- *Postanschrift* und *Bankverbindung* sind im Paket *Bestellung* sichtbar (Paketimport). *Datum* ist in *Bestellung* nicht sichtbar, da Elemente mit privater Sichtbarkeit nicht importiert werden.
- Der öffentliche Import ist transitiv. Daher sind *Postanschrift* und *Bankverbindung* auch im Paket *Abrechnung* sichtbar.
- Die Elemente des Paketes *Kunde* sind im Paket *Bestellung* sichtbar (privater Paketimport), aber nicht im Paket *Abrechnung*.
- Im Paket *Kunde* ist die *Bankverbindung* unter dem Namen *BankAccount* sichtbar (Alias).

Checkliste Namensräume:

☑ 2.2.3.1: Kann für ein Paketimport ein Alias definiert werden?

☑ 2.2.3.2: Was ist der Unterschied zwischen privatem und öffentlichem Import?

☑ 2.2.3.3: Welche Art von Elementen können mit dem Elementimport importiert werden?

Metamodell

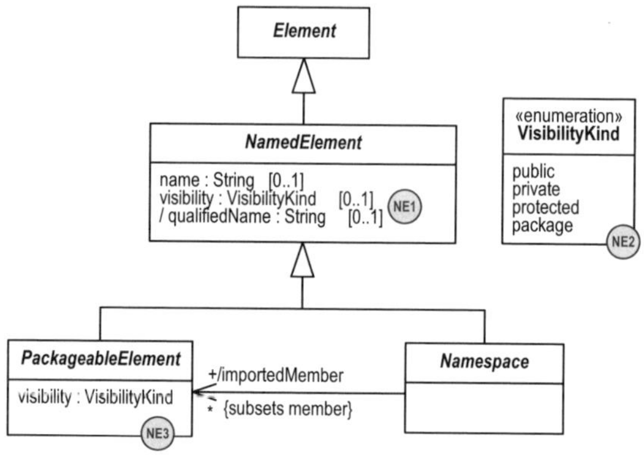

Abb. 2-15: Metamodell benennbares Element

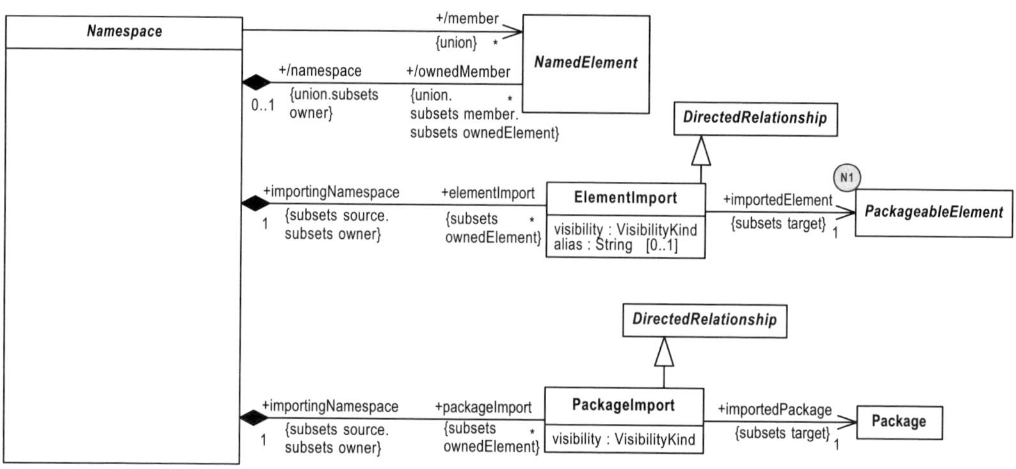

Abb. 2-16: Metamodell Namensräume

2.2.4 Typisierbare Elemente (*TypedElements*)

Definition

Ein typisierbares Element (*TypedElement*) ist ein benennbares Element (*NamedElement*), das einen Typ haben kann. Zum Beispiel sind Attribute oder Parameter typisierbare Elemente.

TypedElement
☑ 2.2.4.2

Ein Typ (*Type*) spezifiziert eine Menge von Werten eines typisierbaren Elementes. Zum Beispiel sind einfache Datentypen und Klassen Typen.

Type
☑ 2.2.4.1

Typ und typisierbares Element sind abstrakte Klassen im Metamodell. Sie haben keine weiteren Eigenschaften.

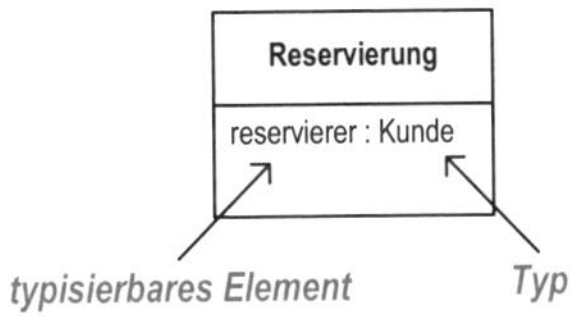

Abb. 2-17: Beispiel Typ und typisierbares Element

Checkliste typisierbares Element:

☑ 2.2.4.1: Nennen Sie ein Beispiel für einen Typ.

☑ 2.2.4.2: Nennen Sie ein Beispiel für ein typisierbares Element.

Metamodell

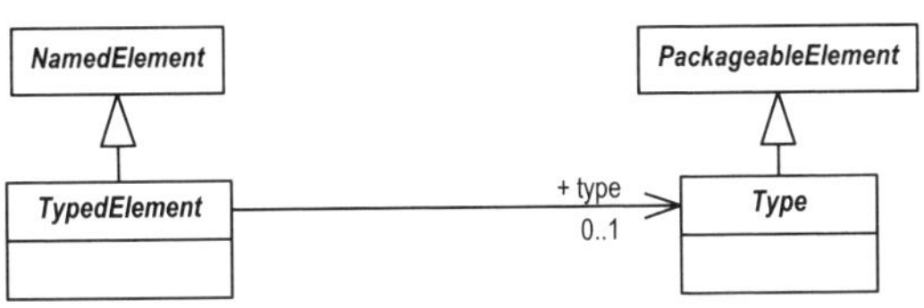

Abb. 2-18: Metamodell typisierbare Elemente

2.2.5 Multiplizitäten (*Multiplicities*)

Definition

☑ 2.2.5.1 MultiplicityElement

Eine Multiplizität (*MultiplicityElement*) ist die Definition eines Intervalls positiver ganzer Zahlen der erlaubten Kardinalitäten (*Cardinality*). Eine Kardinalität ist die Anzahl der Elemente in einer Menge.

Statt *MultiplicityElement* wird auch häufig einfach von *Multiplicity* gesprochen. Die Begriffe sind synonym.

☑ 2.2.5.2

Auch die Begriffe Multiplizität und Kardinalität werden häufig synonym verwendet. Das ist allerdings verkehrt. Das Beispiel in Abb. 2-19 macht den Unterschied deutlich.

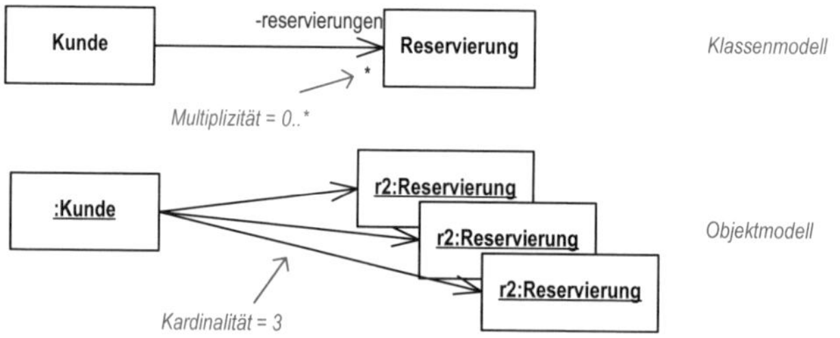

Abb. 2-19: Beispiel Multiplizität und Kardinalität

UnlimitedNatural ⇨ 20

Die Multiplizität wird als einzelne Zahl oder Wertebereich notiert. Ein Wertebereich wird durch Angabe des Minimums und des Maximums, getrennt durch zwei Punkte, notiert (z.B. *1..5*). Ein „*" bedeutet beliebig viele Elemente. Das Symbol sollte Ihnen bekannt vorkommen. Es ist das Symbol für „unendlich" des primitiven Datentyps *UnlimitedNatural*.

Wertespezifikation ⇨ 35

M1

Beispiele für Multiplizitäten:	
0..1	null oder eins
1	genau eins (Kurzschreibweise für 1..1)
*	null bis beliebig viele (Kurzschreibweise für 0..*)
1..*	eins bis beliebig viele
5..3	nicht erlaubt; der untere Wert muss kleiner gleich dem oberen Wert sein
-1..0	nicht erlaubt; die Werte müssen alle positiv sein
3+5..7+1	in der Regel sinnlos, aber erlaubt; der untere bzw. obere Wert wird durch eine Wertespezifikation (*ValueSpecification*) definiert (M1 in Abb. 2-20)

Checkliste Multiplizitäten:

☑ 2.2.5.1: Welcher Wertebereich wird von einer Multiplizität beschrieben?

☑ 2.2.5.2: Was ist der Unterschied zwischen Multiplizität und Kardinalität?

Metamodell

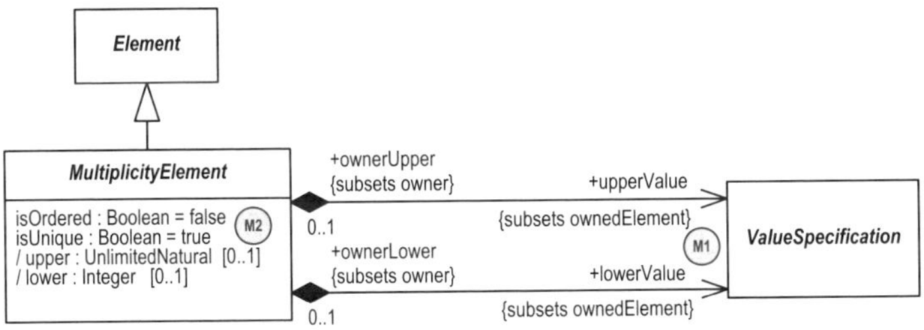

Abb. 2-20: Metamodell Multiplizitäten

2.2.6 Wertespezifikation (*ValueSpecification*)

Definition

Eine Wertespezifikation (*ValueSpecification*) spezifiziert einen oder mehrere Werte in einem Modell. ValueSpecification

Semantik

Beispiele sind einfache, mathematische Ausdrücke wie *4+2* oder Ausdrücke mit Werten des Objektmodells, z.B. *Integer::MAX_INT-1*.

Es gibt auch sprachabhängige Ausdrücke, die durch eine Sprachangabe und den zugehörigen Ausdruck in der Sprache definiert sind (*OpaqueExpression*), z.B. ein OCL- oder Java-Ausdruck. Die Sprachangabe kann auch weggelassen werden, wenn sie implizit durch den Ausdruck oder Kontext definiert ist (E1 in Abb. 2-23). ☑ 2.2.6.1 OpaqueExpression (E1)

Das Metamodell zur Wertespezifikation sieht auf den ersten Blick sehr komplex aus. Letztendlich ist es aber nur ein Klassenmodell, um baumartige Ausdrücke zu erstellen. Als Basis dient das Kompositum-Muster [Gamma2004]. ☑ 2.2.6.2

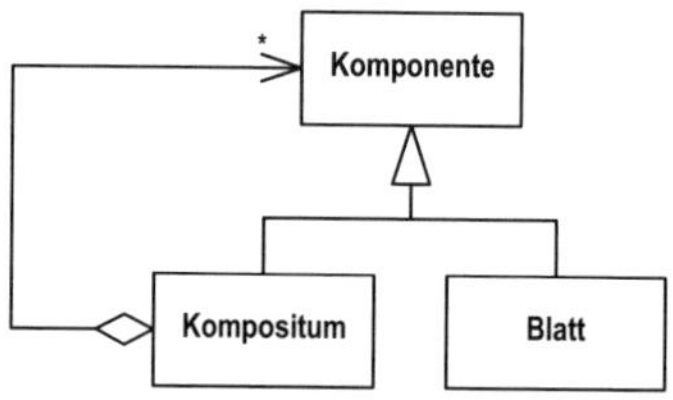

Abb. 2-21: Kompositum-Muster

Abb. 2-22 zeigt als Beispiel das Objektmodell für den Ausdruck *1+1*.

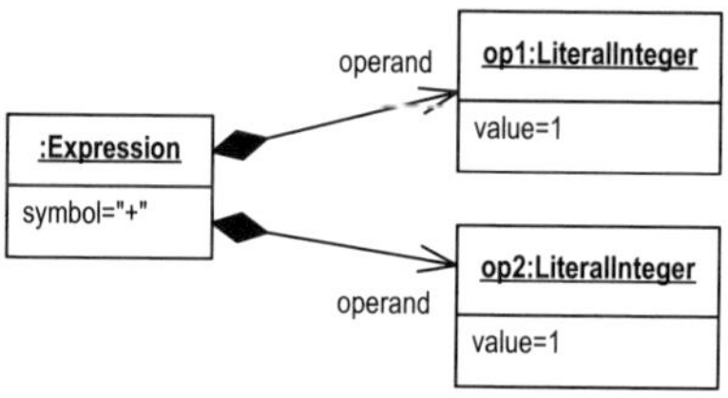

Abb. 2-22: Objektmodell für 1+1

Checkliste Wertespezifikation:

☑ 2.2.6.1: Was ist ein sprachabhängiger Ausdruck?

☑ 2.2.6.2: Was wird im komplexen Metamodell letztendlich ausgedrückt?

Metamodell

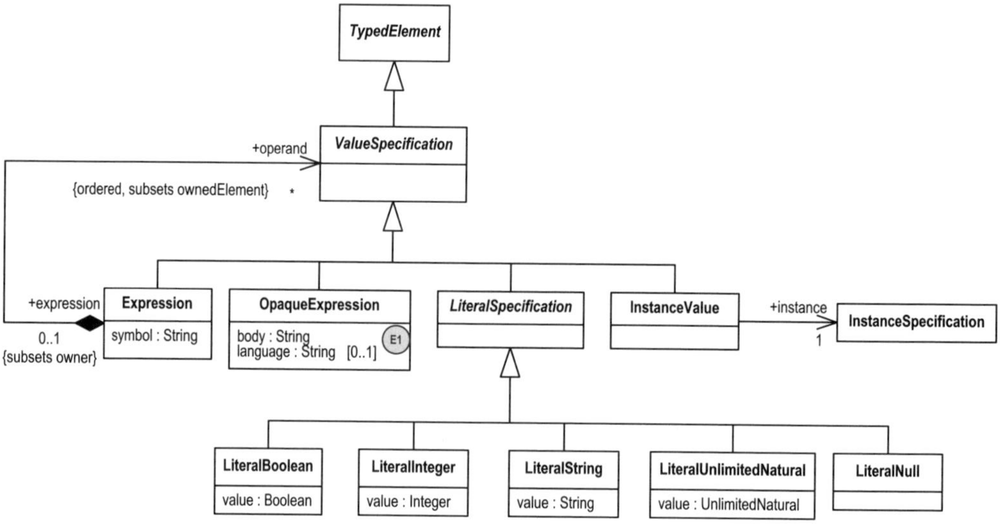

Abb. 2-23: Metamodell Wertespezifikation

2.2.7 Zusicherungen (*Constraints*)

Definition

Eine Zusicherung (*Constraint*) ist ein Ausdruck, der die Semantik eines Elementes einschränkt und der stets erfüllt sein muss. Dabei kann es sich um einen formalen Ausdruck (OCL, Object Constraint Language), eine semiformale oder natürlichsprachliche Formulierung handeln. Constraint

Notation und Semantik

Zusicherungen werden in geschweifte Klammern gefasst. Sie können direkt hinter einem textuellen Element oder innerhalb eines Kommentarsymbols stehen. Zusicherungen können einen Namen haben.

Die Syntax für Zusicherungen ist wie folgt definiert:

```
'{' [<name> ':'] < boolean expression> '}'
```

☑ 2.2.7.1

Die xor-Zusicherung ist eine in der UML vordefinierte Zusicherung, die grafisch zwischen Assoziationen notiert werden kann. ☑ 2.2.7.2

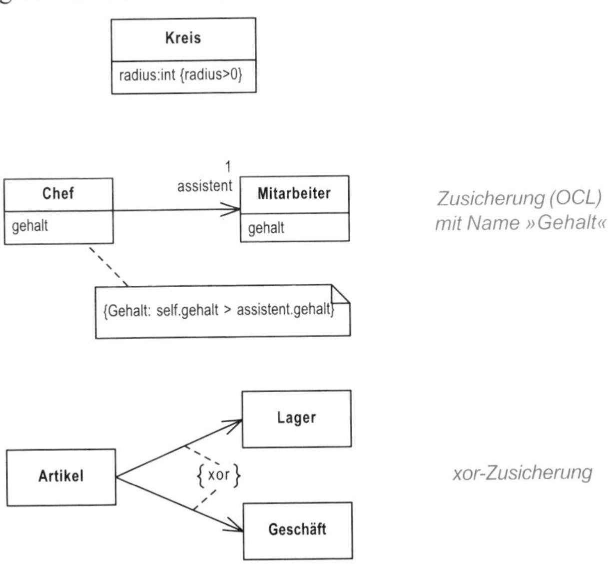

Abb. 2-24: Beispiele für Zusicherungen

Checkliste Zusicherungen:

☑ 2.2.7.1: Wie wird der Name einer Zusicherung notiert?

☑ 2.2.7.2: Welche Zusicherung ist in der UML vordefiniert?

Metamodell

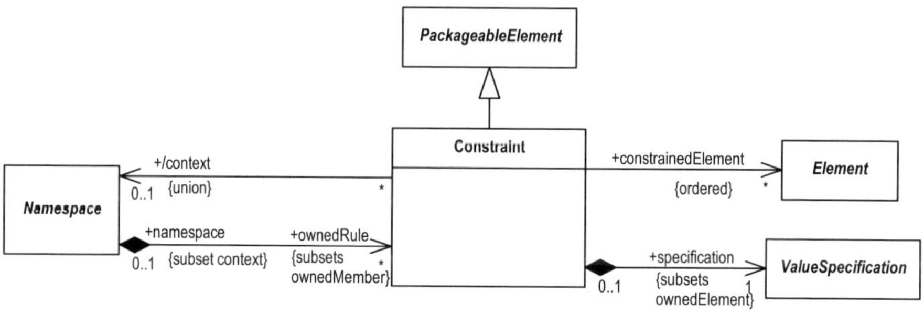

Abb. 2-25: Metamodell Zusicherungen

2.2.8 Instanzspezifikation (*InstanceSpecification*)

Definition

InstanceSpecification
Slot
☑ 2.2.8.1

Eine Instanzspezifikation (*InstanceSpecification*) repräsentiert ein konkretes Exemplar im modellierten System. Synonyme sind Instanz und Objekt. Ein Slot (*Slot*) repräsentiert Werte für ein Strukturelement einer Instanzspezifikation, z.B. ein Attributwert eines Objektes.

Notation

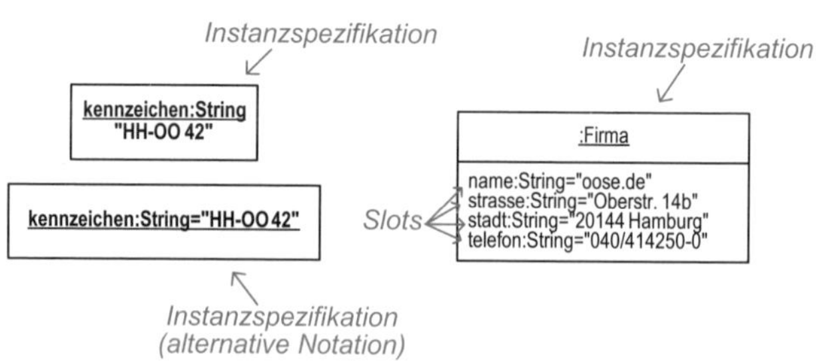

Abb. 2-26: Notation Instanzspezifikation

Eine Instanzspezifikation kann unvollständig sein, d.h., es müssen z.B. nicht alle Werte der Attribute der zugehörigen Klasse angegeben werden.

Metamodell

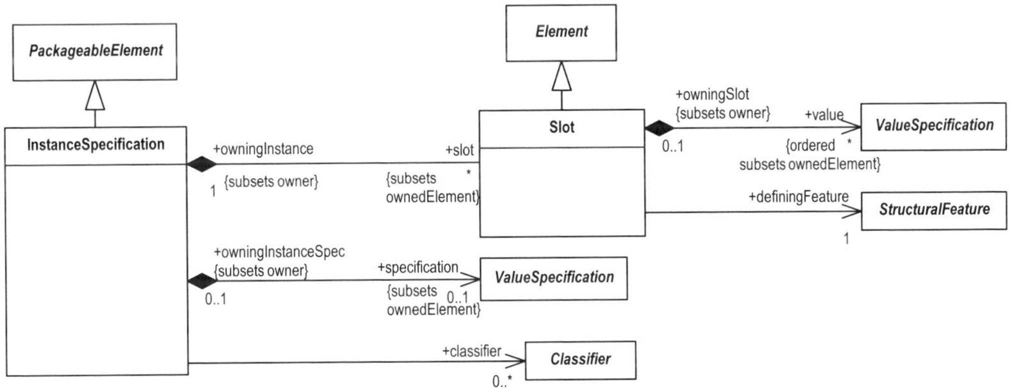

Abb. 2-27: Metamodell Instanzspezifikationen

Checkliste Instanzspezifikation:

☑ 2.2.8.1: Was unterscheidet ein Slot von einer Instanzspezifikation?

2.2.9 Classifier (*Classifier*)

Definition

Ein Classifier (*Classifier*) ist eine abstrakte Basisklasse, die Instanzen bezüglich ihrer Merkmale (*Feature*) klassifiziert. Classifier

Ein Classifier ist ein Namensraum, ein Typ, und er kann generalisiert (also vererbt) werden (C2 in Abb. 2-32). C2

Notation und Semantik

Konkrete Classifier im UML-Metamodell sind z.B. Klasse, Komponente und Anwendungsfall. ☑ 2.2.9.1

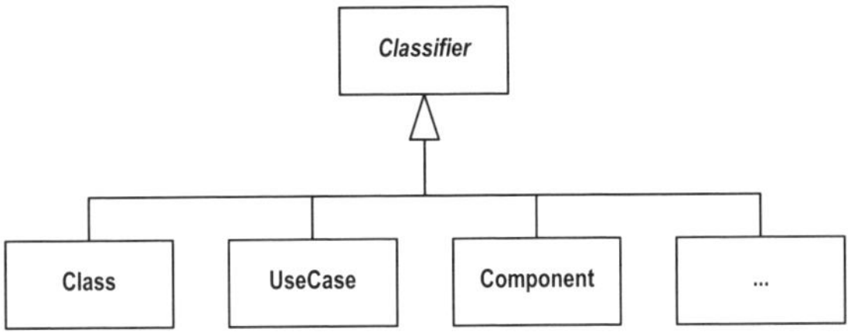

Abb. 2-28: Classifier und einige konkrete Unterklassen (vereinfachte Darstellung)

C3

Ein Classifier assoziiert eine Menge von Merkmalen (*Features*; C3 in Abb. 2-32). Konkrete Merkmale sind beispielsweise Operationen und Attribute.

Die Metamodellklasse *Classifier* ist zwar abstrakt, taucht also für den UML-Anwender nicht als Modellierungselement auf, aber dennoch ist in der Spezifikation eine Notation definiert. Die Notation wird von den Unterklassen geerbt und dort verwendet. Teilweise wird die Notation aber auch wieder überschrieben.

Die Standardnotation für Classifier ist ein Rechteck, das den Namen enthält und darüber in doppelten spitzen Klammern den Namen der konkreten Unterklasse (Abb. 2-29).

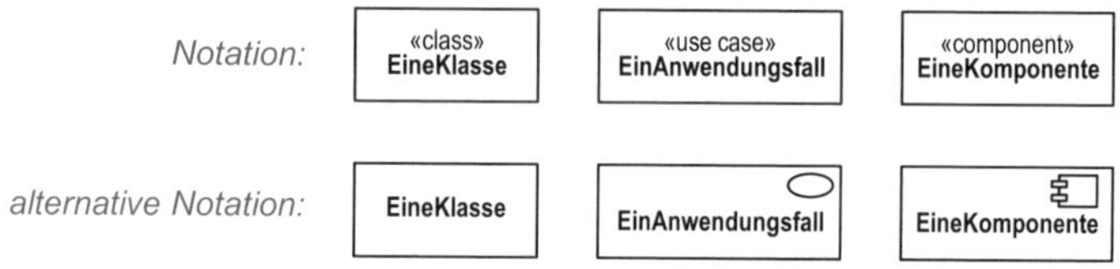

Abb. 2-29: Beispiele zur Notation von konkreten Unterklassen von Classifier

Vgl. ⇨114

Die Unterklassen bringen jeweils Varianten der Notation mit. Bei einer Klasse wird beispielsweise der Name der konkreten Metamodellklasse («class») üblicherweise weggelassen. Ein Anwendungsfall wird in der Regel in der reinen Ellipsennotation dargestellt usw.

C1

Wenn die Beschreibung des Classifiers nicht vollständig ist, wird er als abstrakt bezeichnet. Es können keine Exemplare erzeugt werden. Abstraktheit ist eine Eigenschaft des Classifiers (C1 in Abb. 2-32).

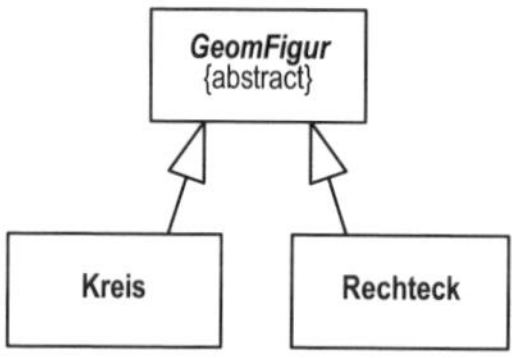

Abb. 2-30: Abstrakte Klasse GeomFigur

{abstract}

Bei abstrakten Classifiern wird der Name kursiv geschrieben. Optional kann ergänzend der Eigenschaftswert {abstract} notiert werden (Abb. 2-30).

compartments

Neben dem Notationsbereich für den Namen (die Abteilungen werden *compartments* genannt), kann es weitere geben, z.B. für die Attribute und Operationen (siehe Abb. 2-31).

Abb. 2-31: Klasse mit Bereichen für Name, Attribute und Operationen

Checkliste Classifier:

☑ 2.2.9.1: Welche Unterklassen hat Classifier?

Metamodell

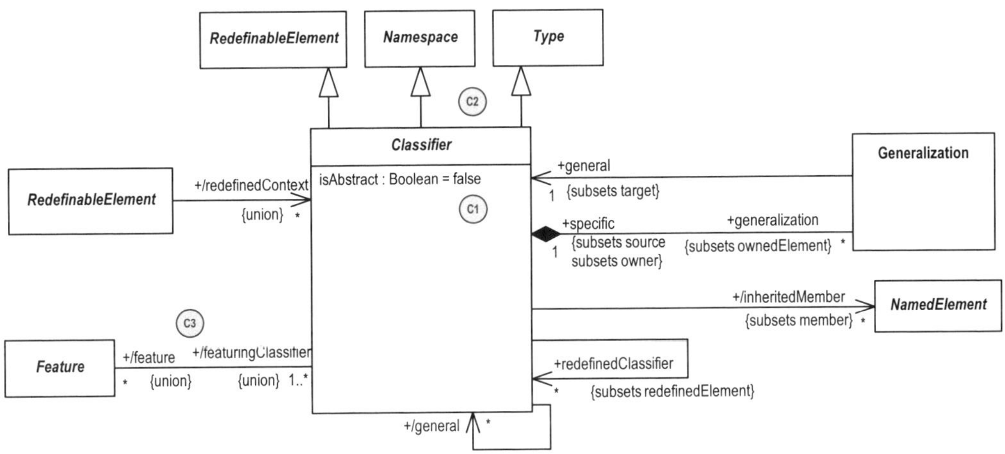

Abb. 2-32: Metamodell Classifier

2.2.10 Merkmale (*Features*)

Definition

Feature
☑ 2.2.10.1

Ein Merkmal (*Feature*) beschreibt ein Struktur- oder Verhaltensmerkmal von Instanzen eines Classifiers.

StructuralFeature

Eigenschaft ⇨ 46

Ein Strukturmerkmal (*StructuralFeature*) ist eine abstrakte Metaklasse, die eine typisierbare Struktur einer Instanz eines Classifiers beschreibt. Ein gängiges Beispiel für ein Strukturmerkmal ist die Eigenschaft (*Property*, Attribut). Ein Strukturmerkmal, das nicht veränderbar ist, kann mit {readonly} gekennzeichnet werden. Entsprechend kann ein veränderbares Strukturmerkmal mit {unrestricted} markiert werden.

BehavioralFeature

Operation ⇨ 44

Ein Verhaltensmerkmal (*BehavioralFeature*) ist eine abstrakte Metaklasse, die beschreibt, dass eine Instanz eines Classifiers auf Anfragen mit dem Aufruf von Verhalten reagieren kann. Es können Parameter übergeben und zurückgegeben werden. Das Verhalten kann auch eine Exception erzeugen. Ein gängiges Beispiel für ein Verhaltensmerkmal ist die Operation.

Parameter

(P3)

Ein Parameter (*Parameter*) ist die Spezifikation eines Argumentes, das einem Verhaltensmerkmal übergeben oder von ihm zurückgegeben wird. Ein Parameter hat einen Typ (P3 in Abb. 2-34), eine Multiplizität und eine Richtung. Optional wird ein Defaultwert und ein Name angegeben.

ParameterDirectionKind
{in, out, inout, return}
☑ 2.2.10.2
(P1) (P2)

Die Richtung eines Parameters wird mit den Schlüsselwörtern *in*, *out, inout* und *return* gekennzeichnet (*ParameterDirectionKind*; P1 in Abb. 2-34), je nachdem ob die Daten in die Operation nur hinein, nur hinaus, hinein und hinaus oder als Rückgabeparameter hinausgegeben werden. Wenn keine Richtung angegeben ist, wird der Standardwert *in* genommen (P2 in Abb. 2-34).

Die Richtungsangabe bedeutet im Einzelnen:	
in	Der Parameterwert wird vom Aufrufer an das Verhalten übergeben.
out	Der Parameterwert wird vom Verhalten an den Aufrufer gegeben.
inout	Der Parameterwert wird zunächst vom Aufrufer an das Verhalten übergeben, dann umgekehrt vom Verhalten zurück zum Aufrufer.
return	Ähnlich wie *out*, nur dass mit *return* explizit die Rückgabewerte des Verhaltens spezifiziert werden. In der aktuellen UML-Spezifikation gibt es diese Richtung nicht mehr für Operationen.

Notation

Die Syntax eines Parameters lautet:

```
[richtung] [name] : typ [multiplizität] [= standardwert] [{eigenschaftswert}]
```

Eigenschaft ⇨ 46

Als Eigenschaftswert für einen Parameter können die von den Eigenschaften (*Property*) bekannten Werte wie beispielsweise {ordered} und {nonunique} verwendet werden.

Checkliste Merkmale:

☑ 2.2.10.1: Wie hängen Merkmal, Strukturmerkmal und Verhaltensmerkmal zusammen?

☑ 2.2.10.2: Welche Richtungsangaben gibt es für Parameter?

Metamodell

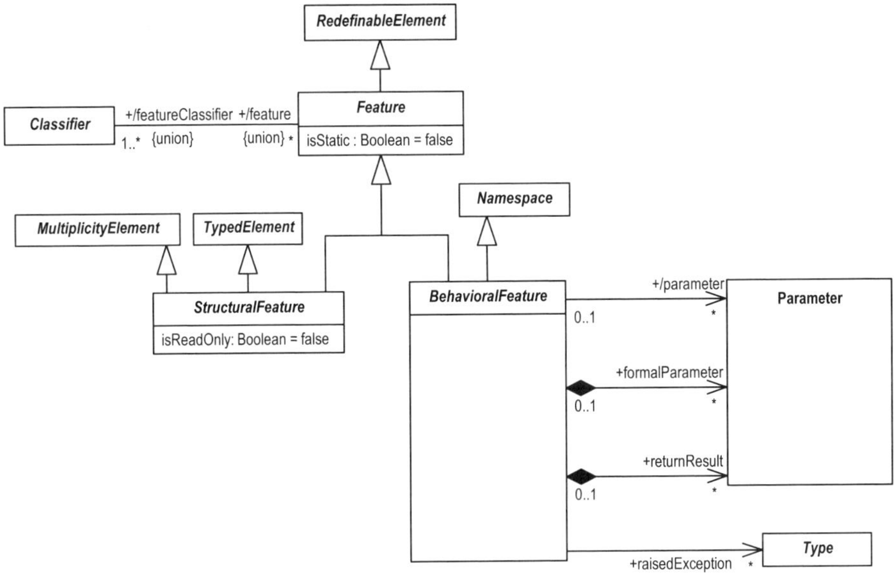

Abb. 2-33: Metamodell Merkmale

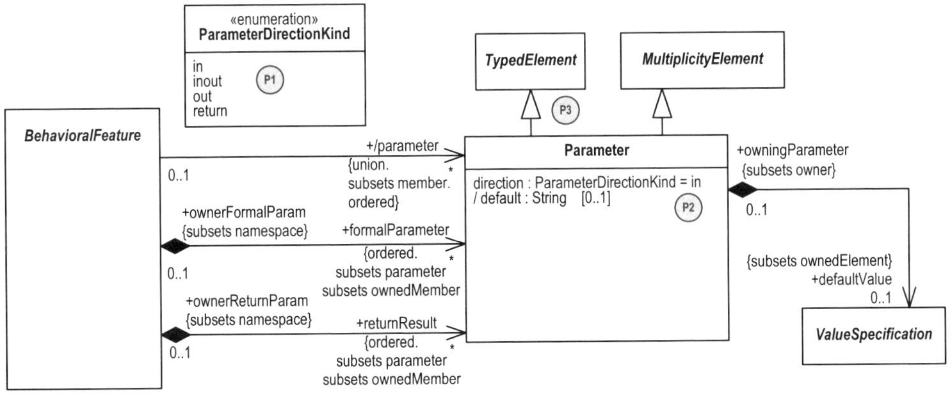

Abb. 2-34: Metamodell Parameter

2.2.11 Operationen (*Operations*)

Definition

Operation

Eine Operation (*Operation*) ist ein Verhaltensmerkmal eines Classifiers, das Name, Typ, Parameter und Zusicherungen (*Constraints*) für den Aufruf eines Verhaltens spezifiziert.

Verhaltensmerkmal ⇨ 42

Zusätzlich zu den Merkmalen, die eine Operation von ihrer Oberklasse Verhaltensmerkmal (*BehavioralFeature*) erbt, kann sie

OP1

- Vor- und Nachbedingungen sowie eine Invariante besitzen (OP1 in Abb. 2-35),

OP3

- spezifizieren, ob sie den Zustand der zugehörigen Instanz ändert (*isQuery;* OP3 in Abb. 2-35),

OP2

- einen Typ haben (OP2 in Abb. 2-35).

Notation und Semantik

Die Syntax für Operationen ist in der UML-Spezifikation [UML2.0zert] noch etwas ungenau beschrieben. Die angegebene Syntax scheint nicht ganz korrekt zu sein, und die Beispiele in der Spezifikation sind wiederum anders. Nach dem aktuellen Diskussionsstand wird die Notation folgendermaßen aussehen:

Sichtbarkeit ⇨ 46

```
[sichtbarkeit] name ( parameterliste ) [: typ] [{eigenschaftswert}]
```

Wobei die Parameterliste eine kommaseparierte Liste von Parametern ist.

Typ einer Operation
☑ 2.2.11.1
OP2

Merkwürdig mag einem erscheinen, dass eine Operation einen Typ haben kann (OP2 in Abb. 2-35). Es ist der Typ des Rückgabeparameters, sofern es nur genau einen Rückgabeparameter gibt. In diesem Fall kann der Typ des Parameters hinter der Parameterliste als Typ der Operation notiert werden.

Als Eigenschaftswert der Operation kann {query} angegeben werden. Das kennzeichnet eine Operation, die keine Seiteneffekte hat, d.h. den Zustand des Objektes oder anderer Objekte nicht verändert, z.B. get()-Operationen.

OP1
☑ 2.2.11.2
☑ 2.2.11.3

Die Vor- und Nachbedingungen sowie die Invariante werden wie Zusicherungen (*Constraints*) notiert (OP1 in Abb. 2-35). Die Vorbedingung muss immer wahr sein, bevor die Operation ausgeführt wird. Die Nachbedingung muss nach der Ausführung und die Invariante muss während der Ausführung wahr sein. Wenn während der Operationsausführung eine Exception auftritt, gilt die Ausnahme, dass die Nachbedingung nicht wahr sein muss.

Der Unterschied zwischen Invariante und Nachbedingung ist, dass die Invariante bei der Vererbung überschrieben (redefiniert) werden darf, während zur Nachbedingung nur weitere hinzugefügt werden dürfen. Letzteres gilt auch für die Vorbedingung.

Beispiele

```
getPosition(return x : int, return y : int)
vergroessern(umFaktor : Real) : GoomFigur
+addRufnummer(rufnummer : String)
einzahlen(in betrag : Betrag):Betrag
#freigeben():Vertragsstatus
«create» create()
```

Checkliste Operationen:

☑ 2.2.11.1: Was ist der Typ einer Operation?

☑ 2.2.11.2: Welche Bedeutung haben Vor- und Nachbedingungen sowie die Invariante?

☑ 2.2.11.3: Welche Rolle spielt die Exception?

Metamodell

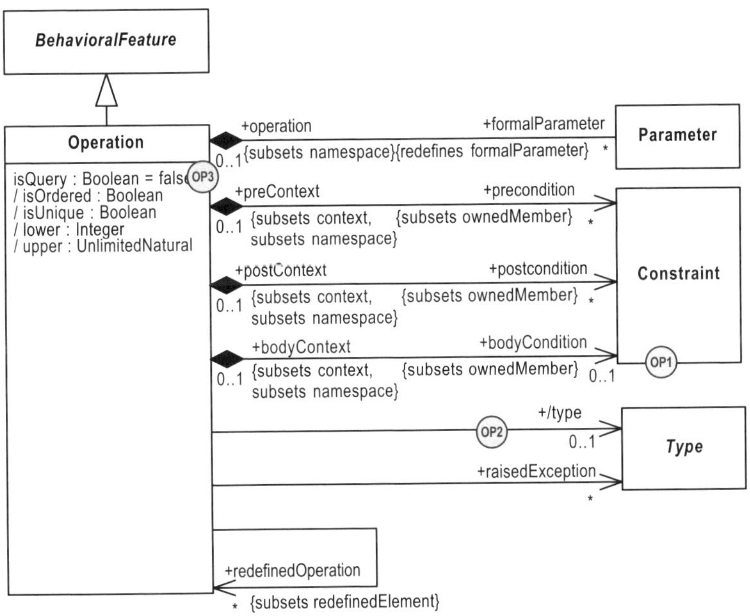

Abb. 2-35: Metamodell Operation

2.2.12 Eigenschaften (*Properties*)

Definition

Property
☑ 2.2.12.1

Eine Eigenschaft (*Property*) ist ein spezielles Strukturmerkmal (*StructuralFeature*). Wenn es zu einer Klasse gehört, dann ist es ein Attribut. Es kann aber auch zu einer Assoziation gehören. Dazu später mehr.

Notation und Semantik

Attribut

Ein Attribut ist ein (Daten-)Element, das in jedem Objekt einer Klasse gleichermaßen enthalten ist und von jedem Objekt mit einem individuellen Wert repräsentiert wird. Im Gegensatz zu Objekten haben Attribute außerhalb des Objektes, von dem sie Teil sind, keine eigene Identität. Attribute sind vollständig unter der Kontrolle der Objekte, von denen sie ein Teil sind.

Zum Attribut gibt es keine Metaklasse im Metamodell der UML. Ein Attribut ist eine Rolle, die eine Eigenschaft (*Property*) annehmen kann.

Attribut und Assoziation
☑ 2.2.12.2

Anders als in der UML 1.x wird in der UML 2.0 nicht mehr die strikte Trennung zwischen Attributen und Assoziationsenden gemacht. Das heißt, die Darstellung als Attribut in einer Klasse oder als navigierbare Assoziation ist gleichbedeutend (siehe Abb. 2-36). In beiden Fällen ist die Klasse *Kunde* der Besitzer der Eigenschaft *reservierungen*.

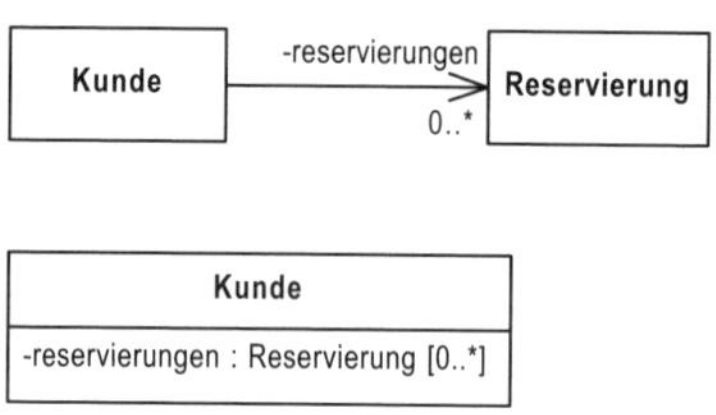

Abb. 2-36: Attribut als Assoziation oder Attributnotation

Jedes Attribut wird mindestens durch seinen Namen beschrieben. Zusätzlich können ein Typ, die Sichtbarkeit, ein Initialwert u.Ä. definiert werden. Die vollständige Syntax lautet wie folgt:

```
[sichtbarkeit][/]name[:typ][multiplizität][=initialwert][{eigenschaftswert}]
```

Wobei gilt:

visibility

- Sichtbarkeit (*visibility*)
  - \+ public:
    Für alle sichtbar und benutzbar.
  - \- private:
    Nur die Klasse selbst kommt an private Attribute heran.
  - \# protected:
    Die Klasse selbst und ihre Unterklassen haben Zugriff.

  - ~ package:
    Nur die Klassen im gleichen Paket haben Zugriff auf diese Attribute.
- / symbolisiert ein abgeleitetes Attribut (*derived*)
- Multiplizität in eckigen Klammern, z.B. [1..*]
- Initialwert des Attributes
- Eigenschaftswert[3] (*property string*) ☑ 2.2.12.4
  - {readonly}
    Eigenschaft kann nur gelesen und nicht verändert werden
  - {union}
    Eigenschaft ist Vereinigungsmenge von Teilmengen (subsets)
  - {subsets <eigenschaft>}
    Eigenschaft ist Teilmenge der <eigenschaft>
  - {redefines <eigenschaft>}
    Eigenschaft ist eine Neudefinition von <eigenschaft> (Überschreiben bei Vererbung)
  - {ordered}, {unordered}
    Geordnete bzw. ungeordnete Menge
  - {unique}, {nonunique} bzw. {bag}
    Menge, die keine gleichen {nonunique} oder mehrere gleiche Elemente enthalten darf {unique}
  - {sequence}
    Geordnete Liste (Array; gleiche Elemente sind erlaubt)
  - {composite}
    Eigenschaft ist existenzabhängiges Teil Kompositionsbeziehung ⇨ 53
  - und andere

Wenn die Multiplizität größer als 1 ist, dann stellt das Attribut eine Menge dar. Es können zusätzliche Angaben zur Ordnung (*isOrdered*) und zur Eindeutigkeit (*isUnique*) gemacht werden (Eigenschaften der Multiplizität; siehe M2 in Abb. 2-20). Je nach Kombination der beiden Angaben ergeben sich andere Sammlungsklassen:

isUnique	isOrdered	Sammlungsklasse
Ja	Ja	Geordnete Menge {ordered}
Ja	Nein	Menge (Standard)
Nein	Ja	Geordnete Liste {sequence}
Nein	Nein	{bag}

[3] Vorsicht: Mit Eigenschaftswert werden im Deutschen auch die Attribute von Stereotypen bezeichnet (*Tagged Values*). Der hier gemeinte Eigenschaftswert hat aber keinen Bezug zu Stereotypen.

☑ 2.2.12.3

Etwas Besonderes bei einer Eigenschaft sind die Besitzverhältnisse, die man an der Navigationsrichtung der Assoziation erkennen kann. In Abb. 2-37 ist noch einmal das Beispiel aus Abb. 2-36 aufgegriffen. Die Eigenschaft *reservierungen* gehört der Klasse *Kunde* und ist somit ein Attribut von *Kunde* (Navigation von *Kunde* in Richtung *Reservierung*).

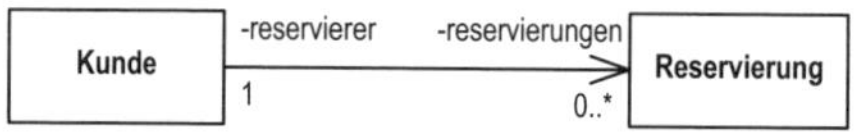

Abb. 2-37: Besitzverhältnisse bei Eigenschaften

Aber was ist mit der Eigenschaft *reservierer*? Die Klasse *Reservierung* hat keine Kenntnis von dieser Eigenschaft (siehe Navigationsrichtung). Zum besseren Verständnis hilft ein Blick in das zugehörige UML-Repository, also das Objektmodell zum UML-Metamodell. In Abb. 2-38 sieht man *Kunde* und *Reservierung* als Objekte der Klasse *Class*, die Eigenschaften *reservierer* und *reservierungen* als Objekte der Klasse *Property* und ein anonymes Objekt der Klasse *Association*.

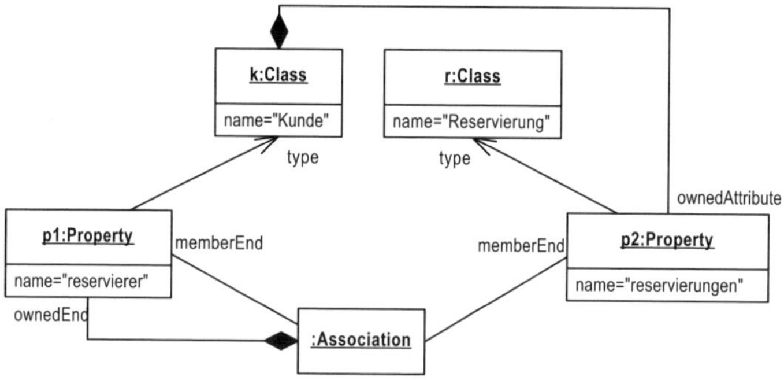

Abb. 2-38: UML-Repository zu Abb. 2-37

Tupel
☑ 2.2.12.5

Die Klassen sind die Typen der Eigenschaften (siehe auch Abb. 2-18). Die Assoziation kennt die beiden Eigenschaften jeweils als Assoziationsende (*memberEnd*). Sie beschreibt also eine Menge an Tupeln, bestehend aus Instanzen von Eigenschaften. Weiterhin kann man sehen, dass die Eigenschaft *reservierungen* der Klasse *Kunde* gehört (Attribut). Die Eigenschaft *reservierer* gehört keiner Klasse, sondern der Assoziation[4] (Pro1 und Pro2 in Abb. 2-39).

Pro1 Pro2

Assoziation ⇨ 50

Die Besitzverhältnisse sind in der Notation an der Navigierbarkeit der Assoziation zu sehen[5].

[4] Dieser Sachverhalt lässt sich in gewöhnlichen Programmiersprachen nicht abbilden.
[5] Dieser Zusammenhang wurde in der UML 2.1 geändert [UML 2.1].

Beispiele

```
name : String = 'Unbekannt'
gebDatum : Date
radius : Integer = 25 {readonly}
/alter : Integer {alter = today - gebDatum}
-versionsNr : Integer
time : DateTime::Time
dynamArray[*] {ordered}
name : String[1]
vorname : String[0..1]
vornamen : String[1..5]
```

Checkliste Eigenschaft:

☑ 2.2.12.1: Was haben eine Eigenschaft und ein Attribut gemeinsam?

☑ 2.2.12.2: Wie ist der Zusammenhang zwischen Attribut und Assoziation?

☑ 2.2.12.3: Wem gehört eine Eigenschaft?

☑ 2.2.12.4: Welche Eigenschaftswerte kann eine Eigenschaft haben?

☑ 2.2.12.5: Was bedeutet „Tupel“ im Zusammenhang mit der Assoziationsdefinition?

Metamodell

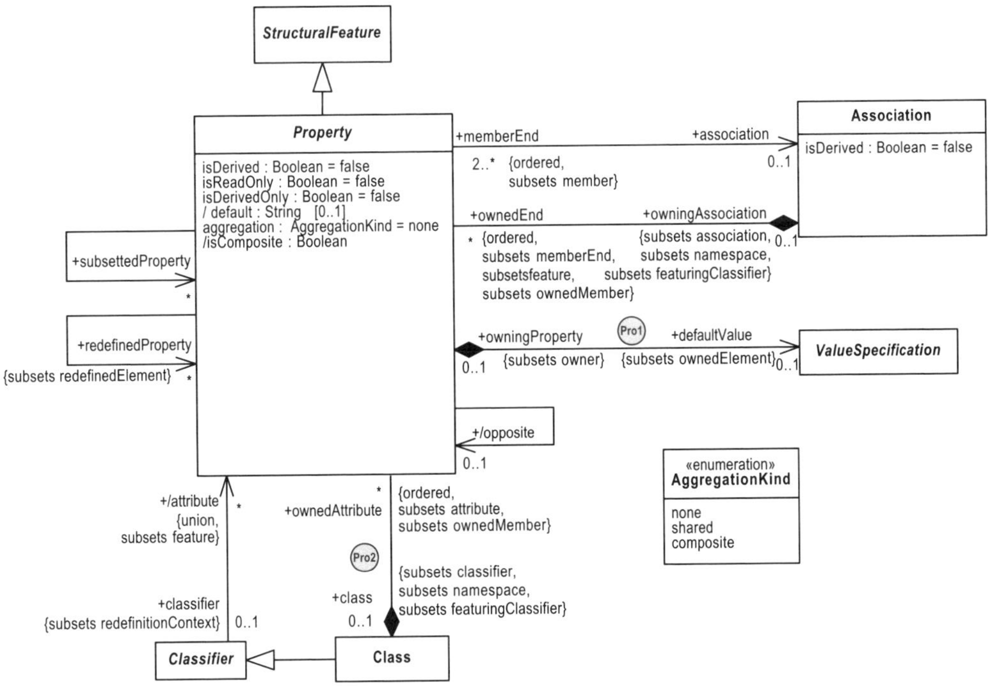

Abb. 2-39: Metamodell Eigenschaft

2.2.13 Assoziationen (*Associations*)

Definition

Association
☑ 2.2.13.1

Eine Assoziation (*Association*) beschreibt eine Menge von Tupeln typisierbarer Instanzen.

Multiplizität

Die Multiplizität (*MultiplicityElement*) einer Assoziation gibt an, mit wie vielen Objekten der gegenüberliegenden Klasse ein Objekt assoziiert sein kann. Wenn diese Zahl variabel ist, wird die Bandbreite, d.h. Minimum und Maximum, angegeben. Liegt das Minimum bei 0, bedeutet dies, dass die Beziehung optional ist (die Beziehung ist trotzdem da, aber die Anzahl der Elemente ist 0).

Notation und Semantik

Rollen, Zusicherungen
Ass1

Eine Assoziation wird durch eine durchgezogene Linie zwischen den beteiligten Eigenschaften (*Properties*) notiert. An einer Assoziation sind mindestens zwei Eigenschaften beteiligt (siehe Ass1 in Abb. 2-51).

Assoziationsname, Leserichtung, Rollenname

Jede Assoziation kann mit einem Namen bezeichnet werden, der die Beziehung näher beschreiben sollte. Der Name kann zusätzlich mit einer Leserichtung – einem kleinen ausgefüllten Dreieck – versehen werden. Diese Richtung bezieht sich nur auf den Namen und hat keinen Bezug zur Navigierbarkeit der Assoziation. Auf jeder Seite der Assoziation können Rollennamen dazu verwendet werden, genauer zu beschreiben, welche Rolle die jeweiligen Objekte in der Beziehung einnehmen. Die Rollen sind die Namen der Eigenschaften (*Properties*; also zum Beispiel Attribute), die der Assoziation oder einer der beteiligten Klassen gehören.

Außer Rollennamen können auch Sichtbarkeitsangaben auf jeder Seite der Assoziation angebracht werden. Ist beispielsweise ein Assoziationsende als privat (-) deklariert, so kann das Objekt selbst, d.h. die Operationen des Objektes, die Assoziation benutzen, benachbarte Klassen erhalten jedoch keinen Zugriff.

Abb. 2-40: Assoziation/Komposition mit Namen, Leserichtung, Multiplizitäten, Rollennamen und Sichtbarkeitsangabe

Eigenschaft ⇨ 46

Da eine Rolle eine Eigenschaft (*Property*) repräsentiert, kann bei der Rolle alles stehen, was eine Eigenschaft kann.

Assoziationen werden in Programmiersprachen in der Regel dadurch realisiert, dass die beteiligten Klassen entsprechende Attribute erhalten. In dem Beispiel in Abb. 2-40 würde die Klasse *Kunde* ein Attribut *konto* als Referenz auf ein Objekt der Klasse *Kundenkonto* erhalten und die Klasse *Kun-*

denkonto ein privates Attribut *bpos* mit einem Sammlungsobjekt (*Collection* bzw. Unterklasse davon), das die *Buchungsposition*-Objekte referenziert. Viele Modellierungswerkzeuge verwenden die Rollennamen der Beziehung für die entsprechenden automatisch erzeugten Attribute. Rollennamen korrespondieren in der UML auch formal mit den entsprechenden Attributen. Die Attributdarstellung ist eine Alternativnotation zur navigierbaren Assoziation. In der UML 1.x gab es hier noch formale Unterschiede.

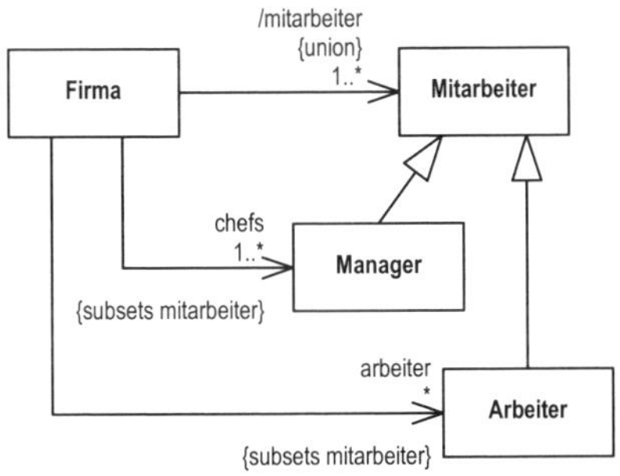

Abb. 2-41: Beispiel für Eigenschaftswerte {union} und {subsets}

Eigenschaften (*Properties*) können die Eigenschaftswerte {union} und {subsets <eigenschaft>} haben. In Abb. 2-41 ist ein einfaches Beispiel für diese Werte angegeben. Das Attribut *mitarbeiter* in der Klasse *Firma* ist eine abgeleitete Vereinigungsmenge, d.h., im Klassenmodell wird man auch die korrespondierenden Teilmengen finden. Hier sind sie im selben Diagramm notiert. Die Attribute *chefs* und *arbeiter* sind jeweils Teilmengen von *mitarbeiter* und stellen gemeinsam die Vereinigungsmenge dar.

{union}, {subsets}
Eigenschaft ⇨ 46

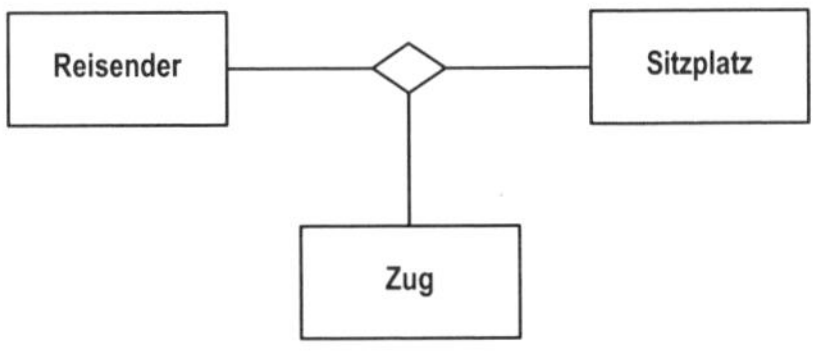

Abb. 2-42: Mehrgliedrige Assoziation (hier: ternäre Assoziation)

Eine Assoziation kann mehr als zwei Enden haben (weniger als zwei ist übrigens nicht erlaubt; siehe Ass1 in Abb. 2-51). In Abb. 2-42 ist eine ternäre Assoziation dargestellt. Um die Assoziation von sich überschneidenden Linien zu unterscheiden, wird das Rautensymbol als Verbindungspunkt verwendet. Für eine mehrgliedrige Assoziation gelten formale Einschränkungen. So ist z.B. in diesem Zusammenhang keine Aggregation oder Komposition erlaubt.

Mehrgliedrige Assoziation

Ass1

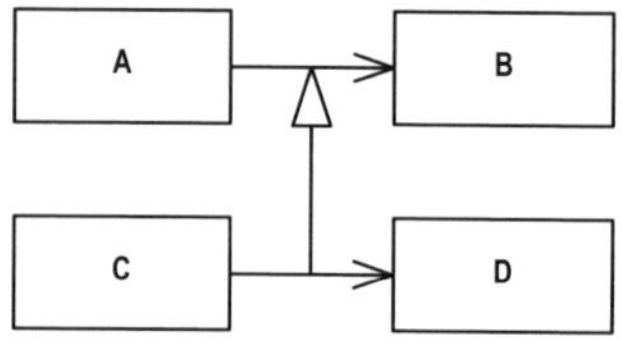

Abb. 2-43: Notation Assoziationsgeneralisierung

Assoziations-generalisierung

Ass3

Da Assoziationen spezielle Classifier sind (Ass3 in Abb. 2-51), können sie auch generalisiert bzw. vererbt werden. Die Notation ist in Abb. 2-43 dargestellt. Für die Assoziationsgeneralisierung gibt es formale Regeln. Die Anzahl der Assoziationsenden muss gleich bleiben, und die korrespondierenden Klassen müssen konform zueinander sein. Das heißt, sie müssen identisch sein oder in einer direkten bzw. indirekten Generalisierungsbeziehung zueinander stehen. Bei der Spezialisierung darf die Multiplizität der Ober-Assoziation nicht erweitert, sondern nur eingeschränkt werden. Abb. 2-44 zeigt ein Beispiel zur Assoziationsgeneralisierung.

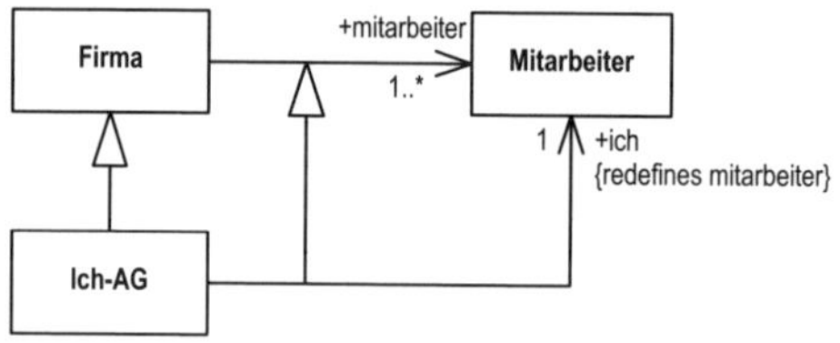

Abb. 2-44: Beispiel Assoziationsgeneralisierung

☑ 2.2.13.2

Eine Aggregation ist eine Assoziation, erweitert um den semantisch unverbindlichen Kommentar, dass die beteiligten Klassen keine gleichwertige Beziehung führen, sondern eine Ganze-Teile-Hierarchie darstellen. Eine Aggregation soll beschreiben, wie sich etwas Ganzes aus seinen Teilen logisch zusammensetzt.

☑ 2.2.13.3

Eine Komposition ist eine strenge Form der Aggregation, bei der die Teile vom Ganzen existenzabhängig sind. Sie beschreibt, wie sich etwas Ganzes aus Einzelteilen zusammensetzt.

AggregationKind

Ass2

Aggregation bzw. Komposition ist eine Eigenschaft der Metamodellklasse Property (also eine Eigenschaft der Eigenschaft). Der Typ ist eine Enumeration *AggregationKind* mit den Literalen *none*, *shared*[6] und *composite* (Ass2 in Abb. 2-51). Aggregation und Komposition sind formal also keine eigenen Beziehungsformen.

Eine Aggregation wird wie eine Assoziation als Linie zwischen zwei Klassen dargestellt und zusätzlich mit einer kleinen Raute versehen. Die Raute steht auf der Seite des Aggregats, also des Ganzen. Sie symbolisiert gewis-

6 *shared* steht für die Aggregation.

sermaßen das Behälterobjekt, in dem die Einzelteile gesammelt sind. Im Übrigen gelten alle Notationskonventionen der Assoziation.

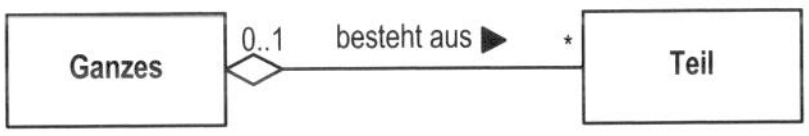

Abb. 2-45: Eine Raute symbolisiert eine Aggregation

Das Beispiel *Unternehmen-Abteilung-Mitarbeiter* zeigt, dass ein Teil (*Abteilung*) gleichzeitig auch wieder Aggregat sein kann.

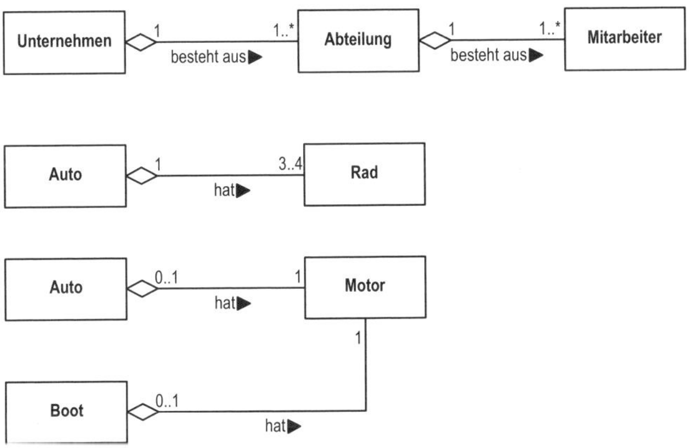

Abb. 2-46: Beispiele für Aggregationen

Die Komposition wird wie die Aggregation als Linie zwischen zwei Klassen gezeichnet und mit einer kleinen Raute auf der Seite des Ganzen versehen. Im Gegensatz zur Aggregation wird die Raute jedoch ausgefüllt.

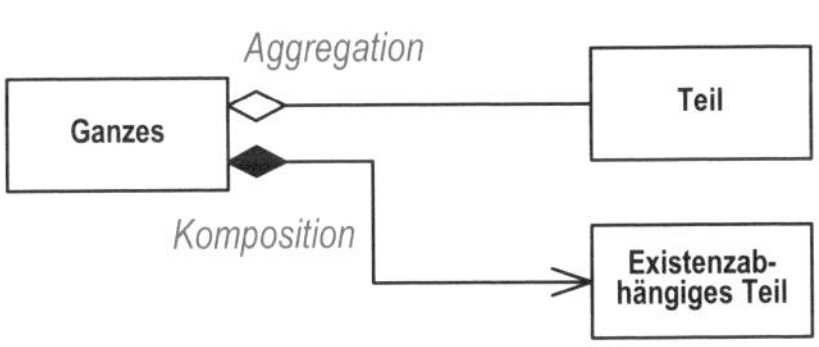

Abb. 2-47: Aggregation und Komposition

Wenn eine Klasse als Teil mehrerer Kompositionen definiert wird, wie beispielsweise in Abb. 2-48, dann bedeutet dies, dass sowohl Pkw als auch Boote einen Motor besitzen, ein konkretes Motor-Objekt aber immer nur entweder zu einem Auto oder einem Boot gehört. Das entscheidende Merkmal einer Komposition ist, dass die aggregierten Teile niemals mit anderen Objekten geteilt werden. Im entsprechenden Beispiel in Abb. 2-46 (nicht Abb. 2-48!) für Aggregationen kann es ein Motor-Objekt geben, das gleichzeitig zu einem Auto-Objekt und einem Boot-Objekt gehört.

Kompositionen sind egoistisch: Sie teilen nicht

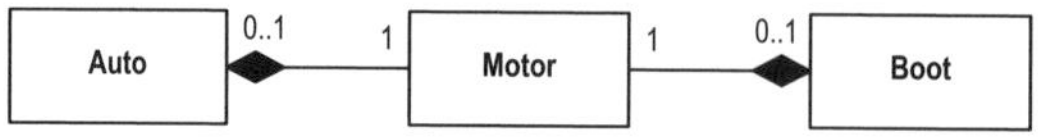

Abb. 2-48: Kompositionen teilen sich keine Instanzen

Falls eine variable Multiplizität für die Teile angegeben ist (z.B. *1..**), heißt dies, sie müssen nicht gemeinsam mit dem Aggregat erzeugt werden, sondern können auch später entstehen. Vom Zeitpunkt ihrer Erzeugung an gehören sie aber gewöhnlich sofort zum Ganzen. Genauso können sie auch jederzeit vor dem Aggregat vernichtet werden, in der Regel jedoch spätestens mit diesem. Ein Wechsel des Aggregats zur Laufzeit ist möglich. So kann beispielsweise der Motor aus dem Auto ausgebaut und in ein Boot eingebaut werden.

Kompositionsstruktur-diagramm

Die interne Struktur eines Classifiers kann mit dem Kompositionsstrukturdiagramm beschrieben werden. Das Diagramm ist neu in der UML 2.0 und nicht Bestandteil der Fundamental-Zertifizierung. Daher beschränken wir uns hier auf ein einfaches Beispiel, damit Sie das Diagramm zumindest einmal gesehen haben und einordnen können. Auf den ersten Blick kann das Diagramm leicht mit einem Kommunikationsdiagramm verwechselt werden (siehe Abb. 2-110, ⇨S. 106).

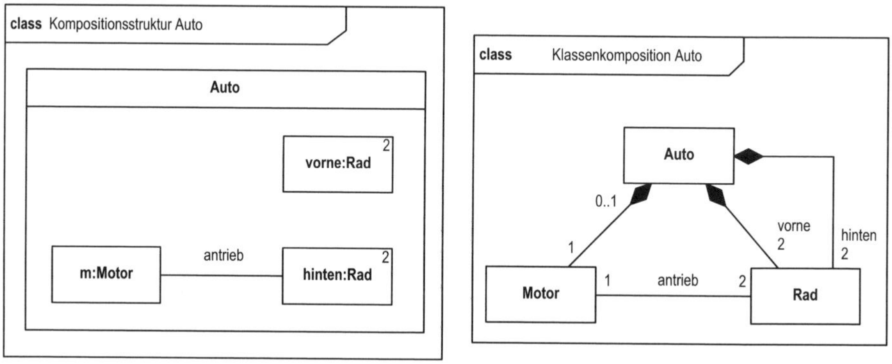

Abb. 2-49: Kompositionsstrukturdiagramm und zugehöriges Klassendiagramm mit Kompositionen

Navigationsmöglichkeit

Eine gerichtete Assoziation ist eine Assoziation, bei der von der einen beteiligten Assoziationsrolle zur anderen direkt navigiert werden kann.

Eine gerichtete Assoziation wird wie eine gewöhnliche Assoziation notiert, jedoch hat sie auf der Seite der Klasse, zu der navigiert werden kann, also in Navigationsrichtung, eine geöffnete Pfeilspitze. Multiplizität und Rollenname können theoretisch jedoch auch auf der Seite notiert werden, zu der nicht navigiert werden kann. Sie bezeichnen dann eine Eigenschaft (*Property*), die zu keiner Klasse gehört, sondern zur Assoziation.

Navigationsausschluss

Wenn eine Navigationsrichtung explizit ausgeschlossen werden soll, wird dies durch ein kleines Kreuz auf der Seite der Klasse notiert, zu der nicht navigiert werden soll (die Assoziationslinie wird auf dieser Seite also bildlich durchgestrichen).

Der Navigationsausschluss ist neu in der UML 2.0. In der UML 1.x gab es nur die geöffnete Pfeilspitze bzw. nur die Linie. Damit gab es zwei Notationsformen für drei Fälle: navigierbar, nicht navigierbar und nicht spezifiziert. Entsprechend war in der Darstellung immer eine gewisse Unschärfe. In der UML 2.0 gibt es nun für alle drei Fälle eine Notationsform: geöffnete Pfeilspitze, Kreuz und nur die Linie. Aber das Gewohnheitsrecht in der Notation schlägt hier zu, und so findet man in der Spezifikation drei mögliche Interpretationsformen für Navigierbarkeit:

☑ 2.2.13.4

1. Zeige alle Pfeile und Kreuze. Damit ist jegliche Navigationsmöglichkeit explizit notiert.
2. Zeige keine Pfeile und Kreuze. Damit gibt es keine Aussagen über die Navigierbarkeit. Insbesondere kann nicht zwischen eventuell vorhandener Navigation und nicht spezifizierter Navigation unterschieden werden.
3. Zeige Pfeile nur für Assoziationen mit einer Navigationsrichtung. Unspezifizierte Navigierbarkeit gibt es nicht, d.h., kein Pfeil ist gleichbedeutend mit der Kreuzdarstellung. Damit gibt es eine Unschärfe bzgl. Assoziationen ohne Pfeildarstellung. Nach dieser Interpretation ist es eine Assoziation mit Navigierbarkeit in jede Richtung. Dieselbe Darstellung gilt in diesem Fall auch für Navigierbarkeit in keine Richtung. Das ist jedoch eher selten der Fall.

Die dritte Option ist die übliche Interpretation der Metamodelldiagramme der UML-Spezifikation.

Uni- und bidirektionale Beziehungen

Inverse Assoziation

In der folgenden Abbildung sind verschiedene Assoziationen dargestellt. Die *Rechnung* kann in diesem Beispiel auf die *Anschrift* zugreifen, umgekehrt weiß die Anschrift jedoch nicht, in welchen Rechnungen sie assoziiert wird und kann nicht auf diese zugreifen. Zwischen *Kfz* und *Station* ist es hingegen so definiert, dass in beide Richtungen navigiert werden kann.

Leserichtung versus Navigationsrichtung

Zu beachten ist auch, dass die Navigationsrichtung (der Pfeil auf der Assoziationslinie) unabhängig von der notierten Leserichtung (ausgefülltes Dreieck, z.B. „enthält") ist. Die Navigationsrichtung trifft eine Aussage darüber, ob ein Objekt auf ein anderes zugreifen kann. Die Leserichtung soll das Verständnis des Assoziationsnamens erleichtern („Rechnung enthält Anschrift" und nicht „Anschrift enthält Rechnung").

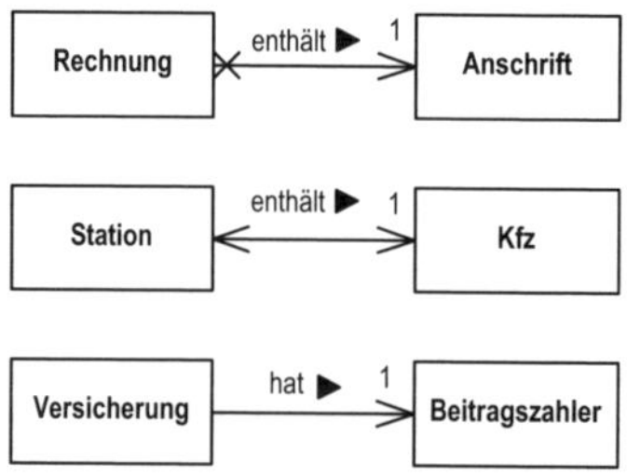

Abb. 2-50: Assoziationsrichtungen definieren

Checkliste Assoziation:

☑ 2.2.13.1: Was beschreibt eine Assoziation?

☑ 2.2.13.2: Was ist die Semantik einer Aggregation?

☑ 2.2.13.3: Was ist die Semantik einer Komposition?

☑ 2.2.13.4: Welche Interpretationsformen bzgl. der Navigierbarkeit gibt es?

Metamodell

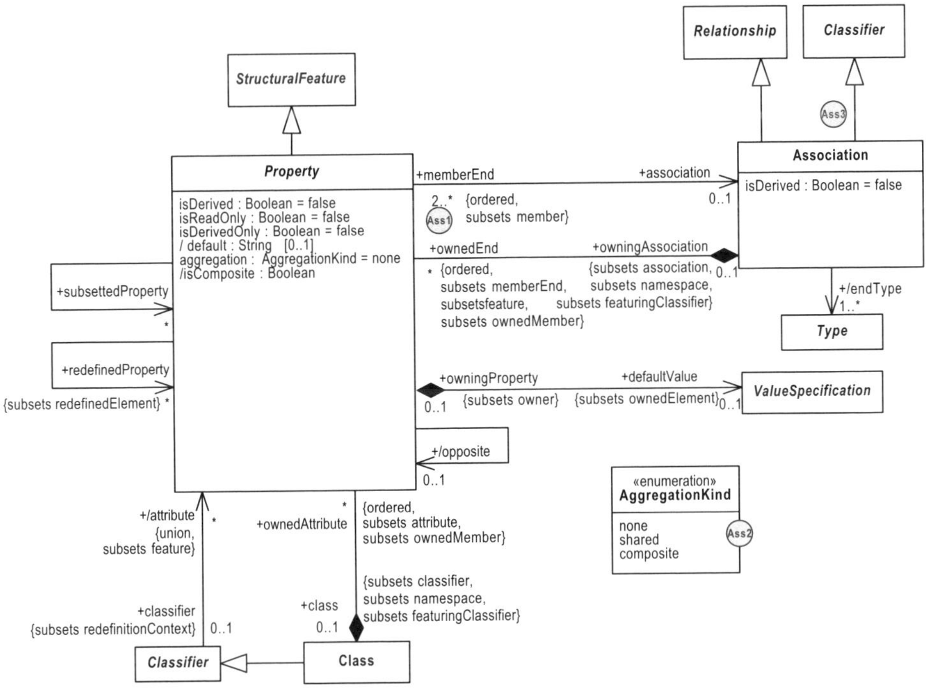

Abb. 2-51: Metamodell Assoziationen

2.2.14 Klassen (*Classes*)

Definition

Eine Klasse (*Class*) beschreibt eine Menge von Instanzen, die dieselben Merkmale, Zusicherungen und Semantik haben.

Eine Klasse ist ein spezieller Classifier. ☑ 2.2.14.1

Notation und Semantik

Klassen werden durch Rechtecke dargestellt, die entweder nur den Namen der Klasse tragen oder zusätzlich auch Attribute und Operationen. Dabei werden diese drei Abteilungen (*compartments*) – Klassenname, Attribute, Operationen – jeweils durch eine horizontale Linie getrennt. Diese Notation stammt von der Oberklasse Classifier. Klassennamen beginnen gewöhnlich mit einem Großbuchstaben und sind meist Substantive im Singular (Sammlungsklassen u.Ä. ggf. im Plural).

Classifier ⇨ 39
compartments

Attribute

Attribute werden mindestens mit ihrem Namen aufgeführt und können zusätzlich Angaben zu ihrem Typ, einen Initialwert, Eigenschaftswerte und Zusicherungen enthalten.

Operationen

Operationen werden ebenfalls mindestens mit ihrem Namen, zusätzlich durch ihre möglichen Parameter, deren Typ und Initialwerte sowie eventuellen Eigenschaftswerten und Zusicherungen notiert.

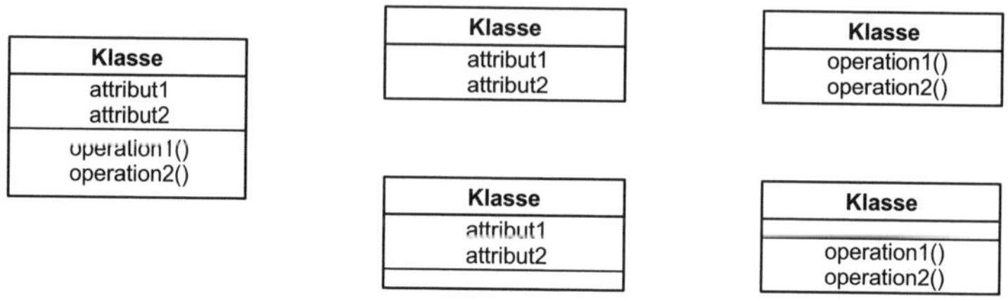

Abb. 2-52: Verschiedene Notationsvarianten für Attribute und Operationen

Abstrakte Klasse

Von einer abstrakten Klasse werden niemals Exemplare erzeugt; sie ist bewusst unvollständig und bildet somit die Basis für weitere Unterklassen, die Exemplare haben können.

Eine abstrakte Klasse wird wie eine normale Klasse dargestellt, jedoch wird der Klassenname kursiv gesetzt. Optional kann zusätzlich der Eigenschaftswert {abstract} unterhalb des Klassennamens notiert werden. Ansonsten können Attribute, Operationen, Zusicherungen usw. Bestandteil der Klasse sein.

Checkliste Klasse:

☑ 2.2.14.1: Was ist die Oberklasse von *Class* im Metamodell der UML?

Metamodell

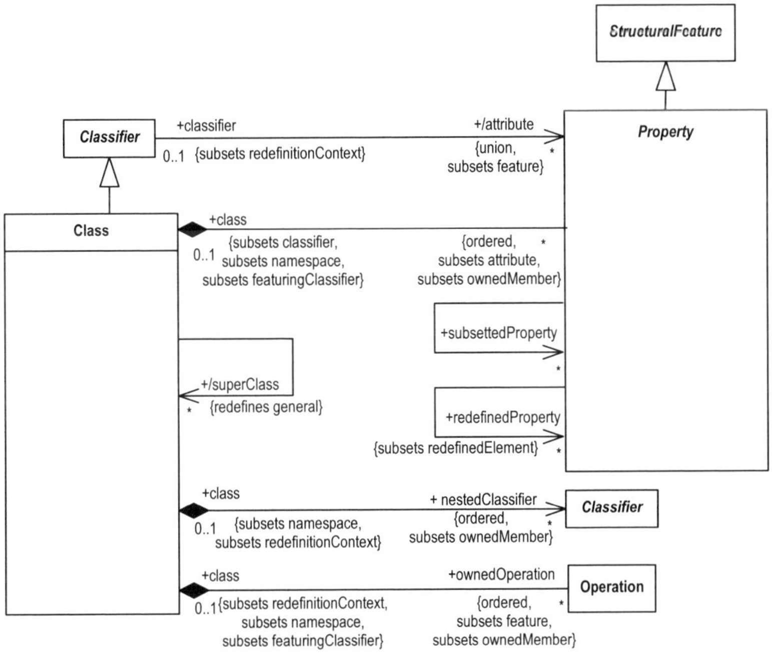

Abb. 2-53: Metamodell Klassen

2.2.15 Generalisierung (*Generalization*)

Definition

Mechanismus (Vererbung)

Strukturprinzip (Generalisierung, Spezialisierung)

Die Generalisierung (*Generalization*) ist ein Abstraktionsprinzip zur hierarchischen Strukturierung der Semantik eines Modells.

Eine Generalisierung ist eine Beziehung zwischen einem allgemeinen und einem speziellen Classifier, wobei der speziellere weitere Merkmale hinzufügt und sich kompatibel zum allgemeinen verhält.

Notation und Semantik

Ober-Classifier

Unter-Classifier

Bei der Generalisierung bzw. Spezialisierung werden Merkmale hierarchisch gegliedert, d.h., Merkmale allgemeinerer Bedeutung werden allgemeineren Classifiern zugeordnet und speziellere Merkmale werden Classifiern zugeordnet, die den allgemeineren untergeordnet sind. Die Merkmale der Ober-Classifier werden an die entsprechenden Unter-Classifier weitergegeben, d.h. vererbt. Ein Unter-Classifier verfügt demnach über die in ihm spezifizierten Merkmale sowie über die Merkmale seiner Ober-Classifier. Unter-Classifier erben alle Merkmale ihrer Ober-Classifier und können diese um weitere erweitern oder überschreiben.

☑ 2.2.15.2 *RedefinableElement*

Das Überschreiben von Merkmalen (Redefinition) wird in der UML über die Metamodellklasse *RedefinableElement* gesteuert. Alle Metamodellklassen, die Unterklassen von *RedefinableElement* sind, dürfen in einer Generalisierungsbeziehung überschrieben werden. Das überschreibende Element speichert dabei eine Referenz auf das überschriebene Element. Bei Attributen wird diese Beziehung auch in der Notation durch den Eigenschaftswert {redefines <eigenschaft>} deutlich.

☑ 2.2.15.1 *GeneralizationSet*

Die Generalisierung wird durch einen speziellen Pfeil notiert, der vom speziellen zum allgemeinen Element zeigt (Abb. 2-54). Häufig werden die Generalisierungspfeile zu einem Pfeil wie in Abb. 2-55 zusammengefasst. Die beiden Darstellungen sind aber nicht gleichbedeutend. Die zusammengefassten Pfeile stellen eine so genannte Generalisierungsmenge (*GeneralizationSet*) dar. Diese ist Bestandteil der Prüfungsthemen zur Advanced-Zertifizierung.

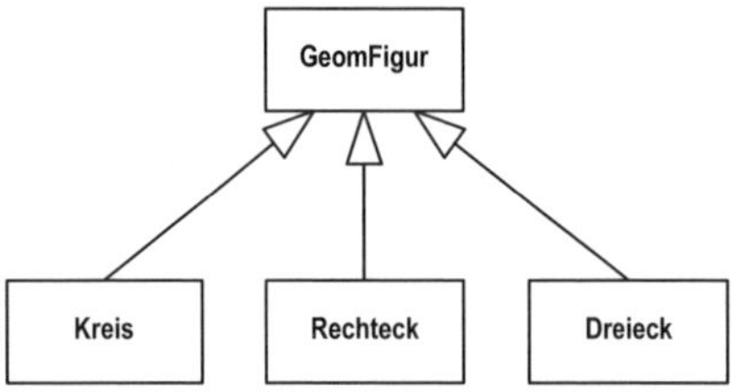

Abb. 2-54: Notation der Generalisierung (*Generalization*)

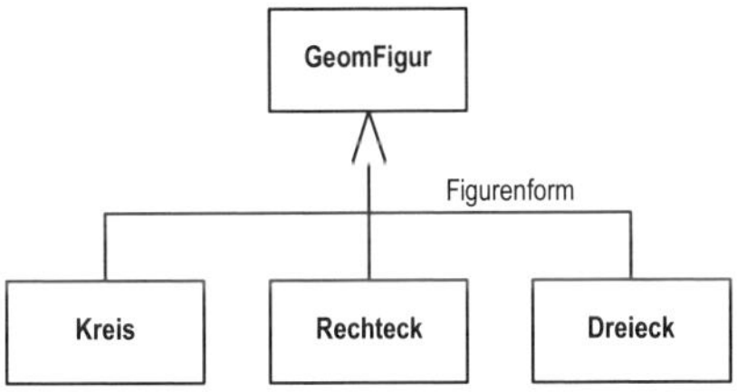

Abb. 2-55: Notation der Generalisierungsmenge Figurenform (*GeneralizationSet*)

Checkliste Generalisierung:

☑ 2.2.15.1: In welche Richtung zeigt der Generalisierungspfeil?

☑ 2.2.15.2: Was ist ein *RedefinableElement*?

Metamodell

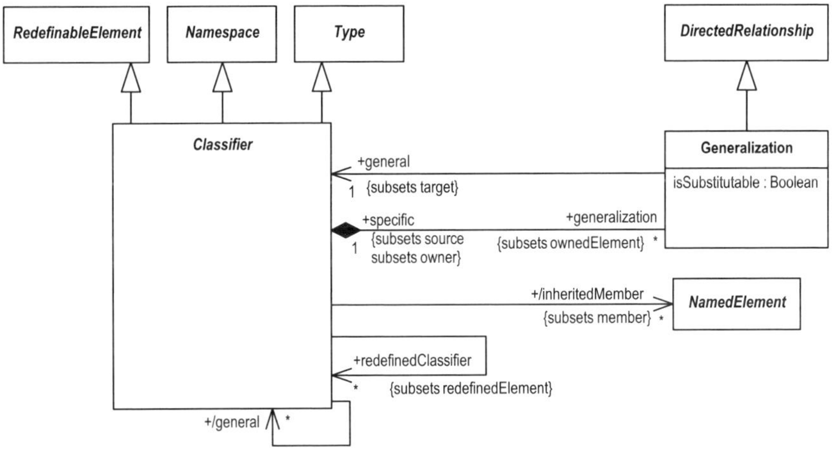

Abb. 2-56: Metamodell Generalisierung

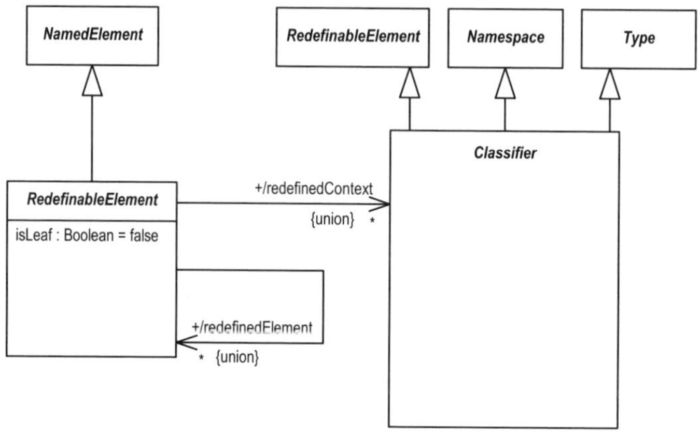

Abb. 2-57: Metamodell überschreibbares Element

2.2.16 Pakete (*Packages*)

Definition

PackageableElement (P2)

Ein Paket (*Package*) ist eine Ansammlung von Modellelementen beliebigen Typs, mit denen das Gesamtmodell in kleinere überschaubare Einheiten gegliedert wird. Pakete können all die Elemente enthalten, die von *PackageableElement* abgeleitet sind (P2 in Abb. 2-64).

☑ 2.2.16.2 (P1) (P3)

Ein Paket definiert einen Namensraum, d.h., innerhalb eines Paketes müssen die Namen der enthaltenen Elemente eindeutig sein (P3 in Abb. 2-64). Jedes Modellelement kann in anderen Paketen referenziert werden, gehört aber nur zu höchstens einem (Heimat-)Paket. Pakete können wiederum Pakete beinhalten (P1 und P3 in Abb. 2-64).

Notation und Semantik

Pakete können verschiedene Modellelemente enthalten, beispielsweise Klassen und Anwendungsfälle. Sie können hierarchisch gegliedert werden, d.h. ihrerseits wieder Pakete enthalten.

Ein Modellelement, beispielsweise eine Klasse, kann in verschiedenen Paketen benutzt werden, jedoch hat jede Klasse ihr Stammpaket. In allen anderen Paketen wird sie lediglich über ihren qualifizierten Namen

```
Paketname::Klassenname
```

zitiert. Dadurch entstehen Abhängigkeiten zwischen den Paketen, d.h., ein Paket nutzt Klassen eines anderen Paketes.

Abhängigkeit ⇨67

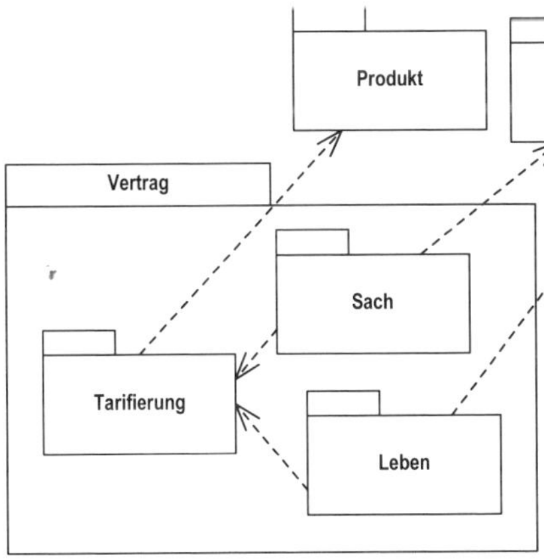

Abb. 2-58: Paketmodell (Versicherungsbeispiel)

Ein Paket wird in Form eines Aktenregisters dargestellt. Innerhalb dieses Symbols steht der Name des Paketes. Werden innerhalb des Symbols Modellelemente angezeigt, steht der Name auf der Registerlasche, anderenfalls innerhalb des großen Rechteckes. Oberhalb des Paketnamens können Stereotypen notiert werden.

Enthältbeziehung

In der Abb. 2-59 finden Sie eine weitere Notationsform für Pakete und ihre Verschachtelungen. Die baumartig zusammengefasste Beziehung mit dem durchgestrichenen Kreis auf der Vertragsseite kann als „enthält“ bzw. „besteht aus“ gelesen werden. Die Semantik aller drei Vertrags-Pakete in Abb. 2-58 und Abb. 2-59 ist in Bezug auf die Paketverschachtelung identisch. Die Mitgliedsnotation ist nicht nur auf Pakete beschränkt. Auch für andere Elemente wie beispielsweise Klassen, die sich in einem Paket befinden, kann die hierarchische Struktur mit der Mitgliedsnotation dargestellt werden.

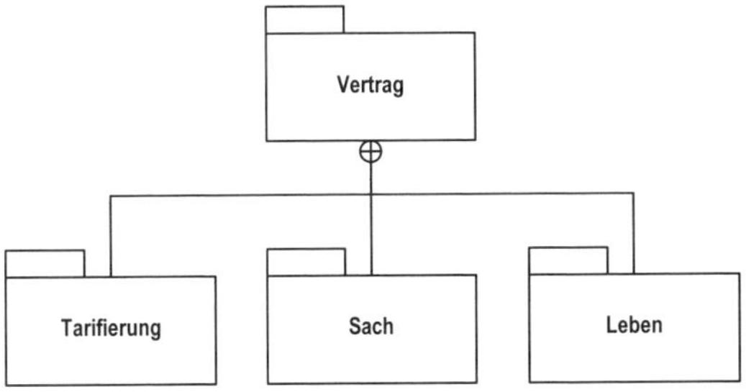

Abb. 2-59: Alternative Notationen für Paketstrukturen

Generalisierung versus Paketzusammenführung

In der UML 1.x war die Generalisierung von Paketen möglich, seit UML 2.0 wird hierfür die Paketzusammenführung verwendet.

☑ 2.2.16.1 Eine Paketzusammenführung (*PackageMerge*) ist eine Beziehung zwischen zwei Paketen, wobei der Inhalt des Zielpaketes mit dem Inhalt des Quellpaketes durch Generalisierung und Redefinition vermischt wird. Eine wichtige Annahme ist, dass gleichnamige Elemente in verschiedenen Paketen für dasselbe Konzept stehen. Warum diese Annahme wichtig ist, zeigt die Transformationsbeschreibung weiter unten.

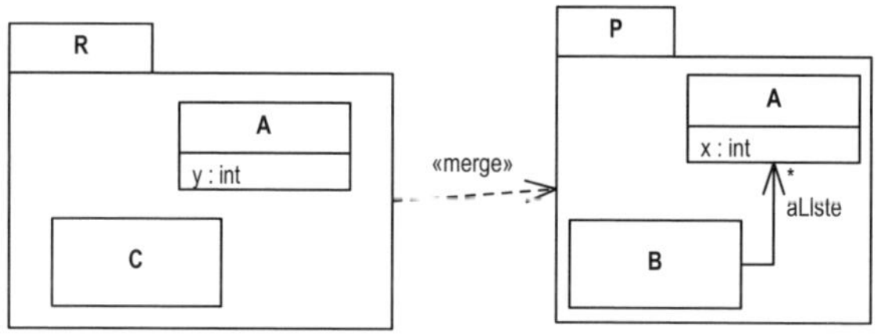

Abb. 2-60: Beispiel für eine Paketzusammenführung

☑ 2.2.16.3 In Abb. 2-60 ist eine einfache Paketzusammenführung dargestellt. Der Inhalt des Paketes P wird in das Paket R „gemergt“. Das geschieht nach formal definierten Regeln, die auch automatisierbar von einem UML-Werkzeug durchgeführt werden könnten.

1. Die Paketzusammenführung wird in eine Paketimportbeziehung umgewandelt. Das bedeutet u.a., dass private Elemente nicht in den Paket-Merge mit einbezogen werden.

2. Für jeden Classifier im Zielpaket, der nicht im Quellpaket vorhanden ist, wird ein neuer (leerer) Classifier im Quellpaket angelegt. Zwischen allen Classifiern des Quellpaketes wird nun eine Generalisierungsbeziehung zu gleichnamigen Classifiern des Zielpaketes definiert. Alle Merkmale (*Features*) des Ober-Classifiers werden im jeweiligen Unter-Classifier redefiniert. Damit befinden sich alle Merkmale im Besitz des Unter-Classifiers, d.h. des Classifiers im Quellpaket.

3. Generalisierungsbeziehungen zwischen Classifiern im Zielpaket werden auf die entsprechenden Classifier im Quellpaket übertragen.

4. Für jedes Unterpaket im Zielpaket wird ein gleichnamiges Unterpaket im Quellpaket angelegt, sofern es nicht schon vorhanden ist. Zwischen den gleichnamigen Unterpaketen vom Quellpaket und Zielpaket wird eine Paket-Merge-Beziehung definiert. Das gewährleistet eine rekursive Anwendung des Verfahrens auf Unterpakete.

5. Paket- und Elementimportbeziehungen aus dem Zielpaket werden in das Quellpaket übertragen.

6. Alle nicht generalisierbaren Elemente aus dem Zielpaket werden in das Quellpaket kopiert und mit gleichen Beziehungen zu den anderen Elementen versehen.

Wendet man diese Transformationsvorschriften auf das Beispiel in Abb. 2-60 an, erhält man das Ergebnis in Abb. 2-61. Die Paketzusammenführung ist also eigentlich nur eine Kurzschreibweise.

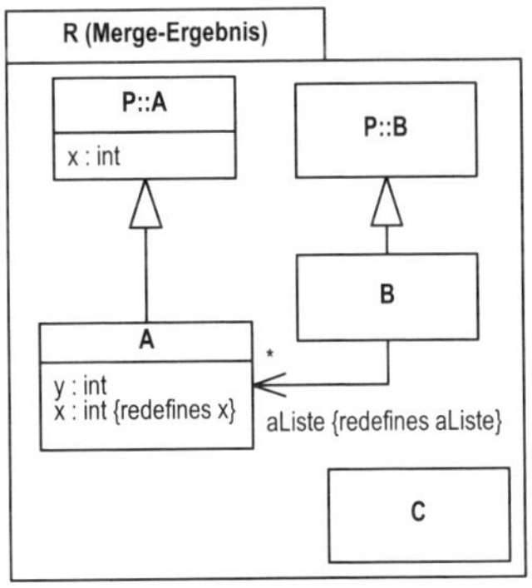

Abb. 2-61: Merge-Ergebnis aus Abb. 2-60

Die Paketzusammenführung wird intensiv zur Strukturierung des UML-Metamodells eingesetzt. Es besteht beispielsweise eine Paketzusammenführung zwischen dem Anwendungsfall- und dem Kernel-Paket (Abb. 2-62). Im Paket *UseCases* wird u.a. die Klasse *Classifier* definiert. Sie hat im Wesentlichen nur die Eigenschaft, Anwendungsfälle besitzen zu können. Im Paket Kernel befindet sich auch eine Klasse *Classifier*, die Sie bereits weiter oben kennen gelernt haben. Diese Eigenschaften werden mit den Eigenschaften der Klasse *UseCases::Classifier* vermischt (siehe auch das Metamodell der Anwendungsfälle in Abb. 2-122 ⇨115).

Abb. 2-62: Paket-Merge im UML-Metamodell

Ein anderes Beispiel aus dem UML-Metamodell ist die Paketstruktur des Aktivitätsmodells. Es ist sehr feingranular spezifiziert, um unterschiedliche UML-Werkzeuge zu unterstützen: vom einfachen Analysewerkzeug bis hin zu Werkzeugen für komplexe und ausführbare Aktivitätsmodelle.

BasicActivities

Die Paketstruktur zeigt Abb. 2-63. Die Prüfungsthemen der Fundamental-Zertifizierung umfassen nur das Paket *BasicActivities*.

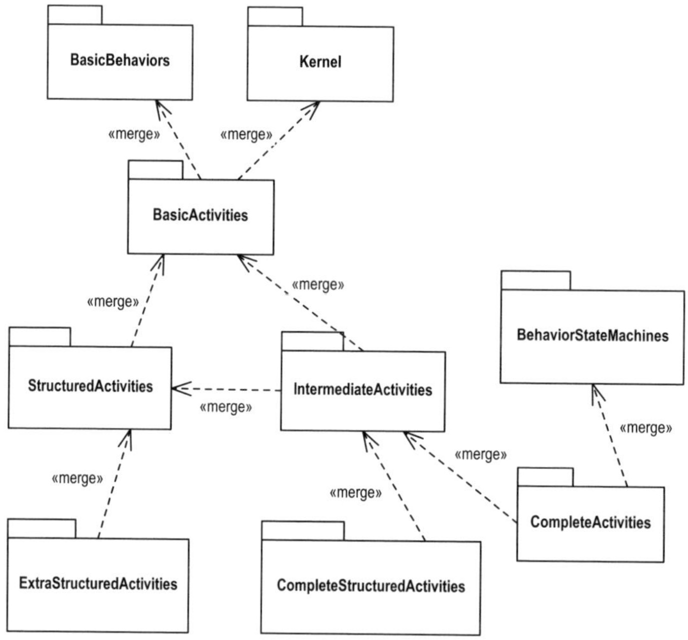

Abb. 2-63: Merge-Beziehungen im UML-Aktivitätsmodell

Checkliste Pakete:

☑ 2.2.16.1: Was hat die Generalisierungsbeziehung mit Paketen zu tun?

☑ 2.2.16.2: Welche zusätzliche Semantik zur Gruppierungseigenschaft hat ein Paket?

☑ 2.2.16.3: Wie funktioniert die Paketzusammenführung?

Metamodell

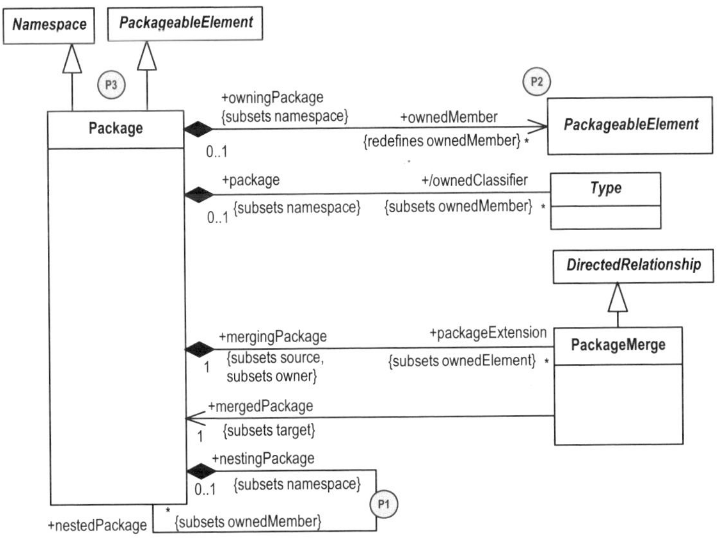

Abb. 2-64: Metamodell Pakete

2.2.17 Abhängigkeiten (*Dcpcndcncics*)

Definition

Eine Abhängigkeit (*Dependency*) ist eine Beziehung von einem (oder mehreren) Quellelementen zu einem (oder mehreren) Zielelementen.

Die Zielelemente sind für die Spezifikation oder Implementierung der Quellelemente erforderlich, d.h., die Quellelemente sind ohne die Zielelemente unvollständig. ☑ 2.2.17.1

Notation und Semantik

Dargestellt wird eine Abhängigkeit durch einen gestrichelten Pfeil, wobei der Pfeil vom abhängigen auf das unabhängige Element zeigt. Zusätzlich kann die Art der Abhängigkeit durch ein Schlüsselwort oder Stereotyp näher spezifiziert werden, siehe Abb. 2-67. ☑ 2.2.17.2

Der seltene Fall, dass eine Abhängigkeitsbeziehung mehrere Quell- oder Zielelemente hat, ist in Abb. 2-66 dargestellt. Im Metamodell findet man diesen Sachverhalt beim Marker AB2 in Abb. 2-72. (AB2)

Abb. 2-65: Notation einer Abhängigkeitsbeziehung

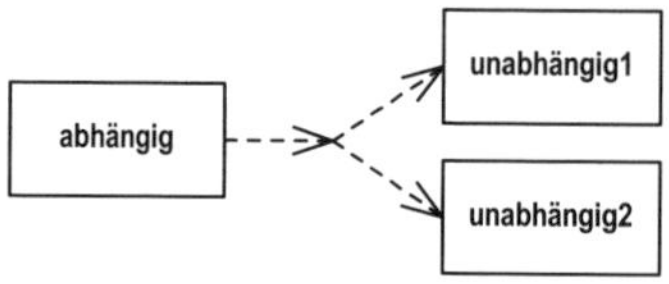

Abb. 2-66: Notation mit mehreren Zielelementen (*Supplier*)

Abhängigkeiten können unterschiedliche Ursachen haben. Einige Beispiele hierfür sind:

- Ein Paket ist von einem anderen abhängig. Die Ursache kann hierbei darin bestehen, dass eine Klasse in dem einen Paket von einer Klasse in dem anderen Paket abhängig ist.
- Eine Klasse benutzt eine bestimmte Schnittstelle einer anderen Klasse. Wenn die angebotene Schnittstelle verändert wird, sind in der schnittstellennutzenden Klasse ebenfalls Änderungen erforderlich.
- Eine Operation ist abhängig von einer Klasse, beispielsweise wird die Klasse in einem Operationsparameter genutzt. Eine Änderung in der Klasse des Parameters macht möglicherweise eine Änderung der Operation erforderlich.

Schlüsselwort/ Stereotyp	Bedeutung
«call»	Stereotyp an Verwendungsbeziehung (*Usage*) Die call-Beziehung wird von einer Operation zu einer anderen Operation definiert und spezifiziert, dass die Quelloperation die Zieloperation aufruft. Als Quellelement kann auch eine Klasse gewählt werden. Das bedeutet dann, dass die Klasse eine Operation enthält, die die Zieloperation aufruft.
«create»	Stereotyp an Verwendungsbeziehung (*Usage*) Das abhängige Element erzeugt Exemplare des unabhängigen Elementes. Die create-Beziehung wird zwischen Classifiern definiert.
«derive»	Stereotyp an Abstraktionsbeziehung (*Abstraction*) Das abhängige Element ist vom unabhängigen Element abgeleitet.
«instantiate»	Stereotyp an Verwendungsbeziehung (*Usage*) Das abhängige Element erzeugt Exemplare des unabhängigen Elementes. Die create-Beziehung wird zwischen Classifiern definiert.

«permit»	Schlüsselwort für Berechtigungsbeziehung (*Permission*) Das abhängige Element hat die Erlaubnis, private Eigenschaften des unabhängigen Elementes zu verwenden.
«realize»	Schlüsselwort für Realisierungsbeziehung (*Realization*) Das abhängige Element implementiert das unabhängige Element, beispielsweise eine Schnittstelle oder ein abstraktes Element.
«refine»	Stereotyp an Abstraktionsbeziehung (*Abstraction*) Das abhängige Element befindet sich auf einem konkreteren semantischen Niveau als das unabhängige Element.
«trace»	Stereotyp an Abstraktionsbeziehung (*Abstraction*) Das abhängige Element führt zum unabhängigen Element, um semantische Abhängigkeiten nachverfolgen zu können, beispielsweise von einer Klasse zu einer Anforderung oder von einem Anwendungsfall zu einer Klasse.
«use»	Schlüsselwort für Verwendungsbeziehung (*Usage*) Das abhängige Element benutzt das unabhängige Element für seine Implementierung.

Abb. 2-67: Verschiedene Arten von Abhängigkeitsbeziehungen

Die Abstraktionsbeziehung (*Abstraction*) ist eine spezielle Abhängigkeitsbeziehung zwischen Modellelementen auf verschiedenen Abstraktionsebenen. Die Beziehung wird wie eine Abhängigkeitsbeziehung mit Schlüsselwort «abstraction» notiert. In der Regel wird die Beziehung zusammen mit einem Stereotyp verwendet. Die UML definiert die Standardstereotypen «derive», «trace» und «refine».

☑ 2.2.17.3
Abstraction
Standardstereotypen
⇨ 26

Zu einer Abstraktionsbeziehung gehört auch immer eine Abbildungsvorschrift, wie die beteiligten Elemente zueinander stehen (*Mapping*). Die Angabe kann formal oder informal sein (AB1 in Abb. 2-72).

Eine Abstraktionsbeziehung kann trotz der Pfeilrichtung je nach Stereotyp und Abbildungsvorschrift auch bidirektional sein. Dies trifft z.B. häufig auf die «trace»-Beziehung zu.

Eine spezielle Abstraktionsbeziehung ist die Realisierungsbeziehung (*Realization*). Es ist eine Beziehung zwischen einer Implementierung und ihrem Spezifikationselement.

Realization
☑ 2.2.17.4

Die Substitutionsbeziehung (*Substitution*) ist eine spezielle Realisierungsbeziehung. Sie gibt an, dass Exemplare des unabhängigen Elementes zur Laufzeit durch Exemplare des abhängigen Elementes substituiert werden können, z.B. da die Elemente dieselben Schnittstellen implementieren.

Substitution
☑ 2.2.17.5

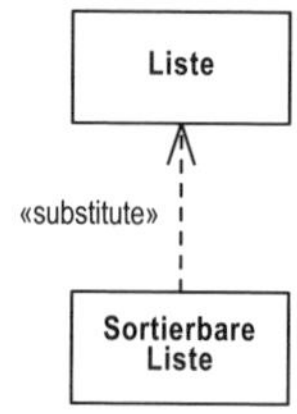

Abb. 2-68: Beispiel für eine Substitutionsbeziehung

Usage
☑ 2.2.17.6

Die Verwendungsbeziehung (*Usage*) ist eine spezielle Abhängigkeitsbeziehung. Der Unterschied zur Abhängigkeitsbeziehung besteht darin, dass die Abhängigkeit sich nur auf die Implementierung beschränkt und nicht für die Spezifikation gilt. Das heißt, das abhängige Element benötigt das unabhängige Element für seine Implementierung.

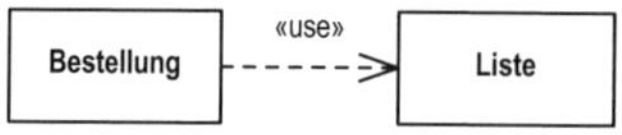

Abb. 2-69: Beispiel für eine Verwendungsbeziehung

Es kann also keine Verwendungsbeziehungen zwischen Schnittstellen geben, aber dafür die Abhängigkeitsbeziehung.

Permission
☑ 2.2.17.7

Die Berechtigungsbeziehung (*Permission*) ist eine spezielle Abhängigkeitsbeziehung, die dem abhängigen Element Zugriffsrechte auf das unabhängige Element erteilt. In Abb. 2-70 bekommt die Klasse *Chef* Zugriffsrechte für die Klasse *Mitarbeiter*. Dadurch kann die Klasse *Chef* auf das private Attribut *gehalt* von *Mitarbeiter* zugreifen.

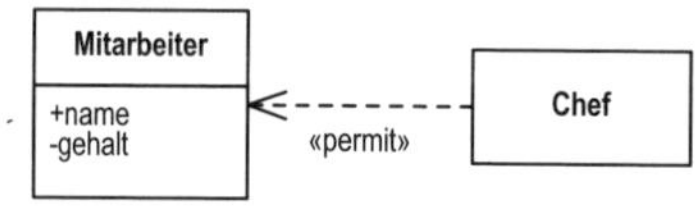

Abb. 2-70: Beispiel für eine Berechtigungsbeziehung

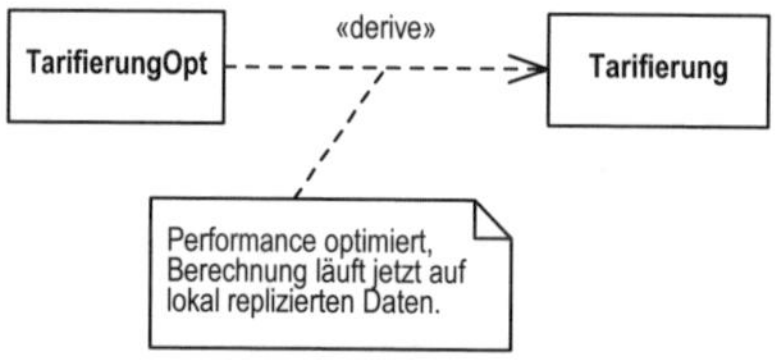

Abb. 2-71: Ableitung für eine Optimierung (Abstraktionsbeziehung)

Abb. 2-71 zeigt eine Designklasse und ihre optimierte Umsetzung. In vielen Fällen ist eine an die Verfeinerungsbeziehung angefügte Notiz mit einem entsprechenden Erläuterungstext hilfreich.

Checkliste Abhängigkeitsbeziehung:

☑ 2.2.17.1: In welchem Zusammenhang steht der Begriff „unvollständig" mit der Abhängigkeitsbeziehung?

☑ 2.2.17.2: In welche Richtung zeigt die Abhängigkeitsbeziehung zwischen abhängigen und unabhängigen Elementen?

☑ 2.2.17.3: Was ist eine Abstraktionsbeziehung?

☑ 2.2.17.4: Was ist eine Realisierungsbeziehung?

☑ 2.2.17.5: Was ist eine Substitutionsbeziehung?

☑ 2.2.17.6: Was ist eine Verwendungsbeziehung?

☑ 2.2.17.7: Was ist eine Berechtigungsbeziehung?

Metamodell

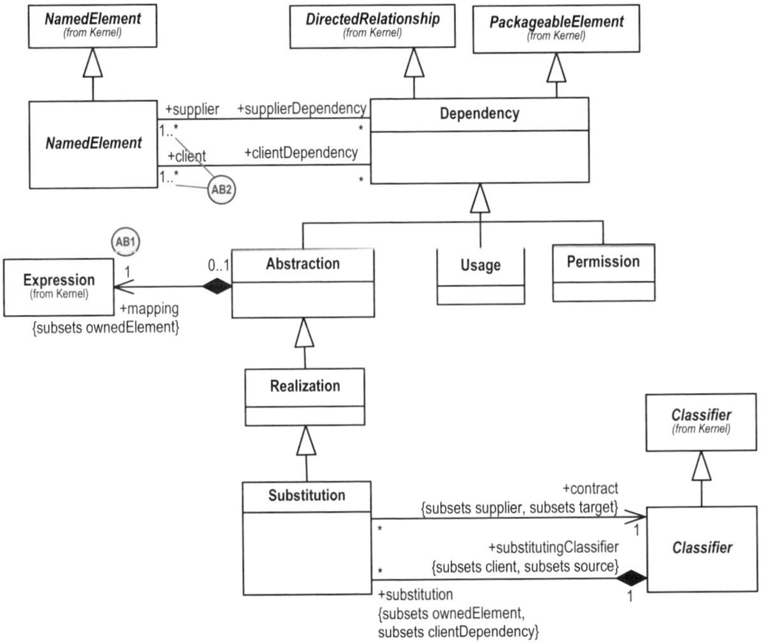

Abb. 2-72: Metamodell Abhängigkeiten

2.2.18 Schnittstellen (*Interfaces*)

Definition

Interfaces
☑ 2.2.18.1
(I3)

Schnittstellen (*Interface*) sind spezielle Classifier (I3 in Abb. 2-79), die mit einer Menge von Merkmalen (*Features*) einen ausgewählten Teil des extern sichtbaren Verhaltens von Modellelementen (hauptsächlich von Klassen und Komponenten) spezifizieren.

Implementation
☑ 2.2.18.2
(I1)

Die Implementierungsbeziehung (*Implementation*[7]) ist eine spezielle Realisierungsbeziehung (I1 in Abb. 2-79) zwischen einem Classifier und einer Schnittstelle. Der Classifier implementiert die in der Schnittstelle spezifizierten Merkmale.

Notation und Semantik

Schnittstellen werden wie Classifier notiert, sie tragen jedoch das Schlüsselwort *«interface»*.

Es werden bereitgestellte und benötigte Schnittstellen unterschieden. Eine bereitgestellte Schnittstelle wird von einem Modellelement angeboten und kann von anderen verwendet werden. Eine benötigte Schnittstelle ist eine Schnittstelle, die von einem anderen Modellelement eingefordert wird.

(I2)

Schnittstellen spezifizieren nicht nur Operationen, sondern auch Attribute. Entsprechend dürfen Schnittstellen auch Assoziationen zu anderen Schnittstellen oder Klassen haben (I2 in Abb. 2-79).

Classifier, die eine Schnittstelle implementieren wollen, müssen alle in der zugehörigen Schnittstelle definierten Operationen implementieren. Bezüglich der in der Schnittstelle definierten Attribute muss sich der implementierende Classifier so verhalten, als ob er die Attribute besitzt. Im einfachsten Fall implementiert er die Attribute wirklich. Es genügt aber auch, z.B. nur die entsprechenden *get*()- und *set*()-Operationen anzubieten.

Ein Classifier kann mehrere Schnittstellen implementieren und darüber hinaus weitere Eigenschaften enthalten oder anders ausgedrückt: Eine Schnittstelle beschreibt in der Regel eine Untermenge der Operationen und Attribute eines Classifiers.

Zwischen implementierendem Classifier und der Schnittstelle besteht eine spezielle Realisierungsbeziehung, die Implementierungsbeziehung (Schlüsselwort *«realize»*).

[7] In der finalen UML 2.0-Spezifikation [UML2.0] ist *Implementation* in den treffenderen Namen *InterfaceRealization* umbenannt worden.

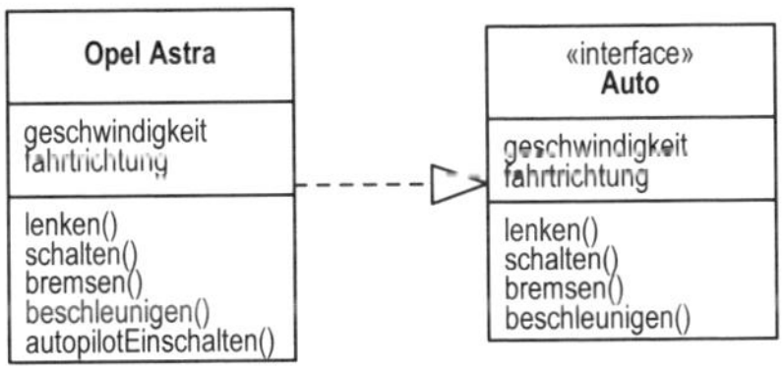

Abb. 2-73: Klasse *Opel Astra* implementiert die Schnittstelle *Auto* (Pfeilnotation)

Die Implementierungsbeziehung wird mit einem speziellen Pfeil notiert (siehe Abb. 2-73). Die andere Möglichkeit, die Implementierung einer Schnittstelle darzustellen, ist ein kleiner, nicht ausgefüllter Kreis, der durch eine Linie mit dem Classifier verbunden ist, der die Schnittstelle anbietet (siehe Abb. 2-74). Dies soll einen Stecker symbolisieren. In der UML 1.x wird die Darstellung auch als „Lolli" bezeichnet. Daneben wird der Name der Schnittstelle genannt; er entspricht dem Namen der zugehörigen Schnittstelle. Bereitgestellte Schnittstelle

Bei der Pfeilschreibweise besteht die Möglichkeit, die durch die Schnittstelle geforderten Operationen und Attribute abzulesen. Bei der Kurznotation sieht man die von der Schnittstelle geforderten Operationen und Attribute nicht, sondern nur den Namen der Schnittstelle.

Abb. 2-74: Klasse *Opel Astra* implementiert Schnittstelle *Auto* (Steckernotation)

Für eine angeforderte Schnittstelle besitzt das anfordernde Element eine Verwendungsbeziehung zu der Schnittstelle. Auch hierfür gibt es eine Kurznotation, jedoch handelt es sich hierbei um einen Halbkreis am Stiel. Dies soll eine Buchse symbolisieren (Abb. 2-75). Angeforderte Schnittstelle

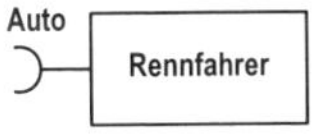

Abb. 2-75: Klasse *Rennfahrer* fordert Schnittstelle *Auto* an (Buchsennotation)

Bereitstellung und Anforderung einer Schnittstelle können ebenso durch die Kombination der beiden Kurznotationen dargestellt werden, indem man den Stecker in die Buchse steckt. ☑ 2.2.18.3

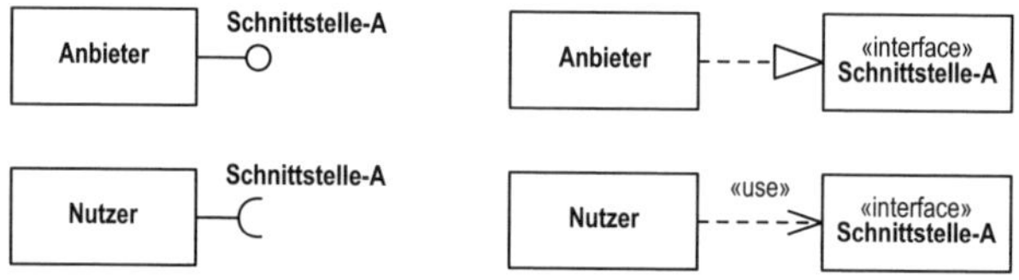

Abb. 2-76: Notationsmöglichkeiten für Schnittstellen, Schnittstellenbereitstellung und Schnittstellennutzung

Da Schnittstellen spezielle Classifier sind, gelten alle entsprechenden Regeln. Beispielsweise ist die Generalisierung zwischen Schnittstellen möglich (Abb. 2-77). Eine Schnittstelle kann mehrere andere Schnittstellen erweitern, d.h. mehrere Oberschnittstellen haben.

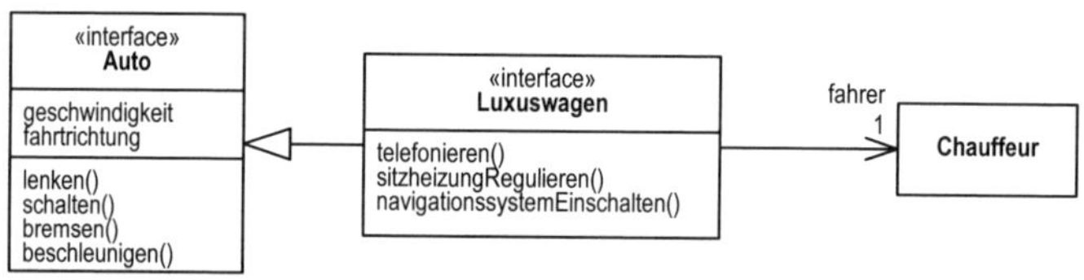

Abb. 2-77: Erweiterung von Schnittstellen

Beispiel

In Abb. 2-73 wurde gezeigt, dass die Klasse *Opel Astra* die Schnittstelle *Auto* implementiert. Die Schnittstelle *Auto* fordert vier Operationen *lenken(), schalten(), bremsen()* und *beschleunigen()* sowie zwei Attribute *geschwindigkeit* und *fahrtrichtung*. Die Klasse *OpelAstra* erfüllt die Anforderungen für diese Schnittstelle, da sie unter anderem über die vier geforderten Operationen und zwei Attribute verfügt.

In Abb. 2-78 sieht man die implementierende Klasse *Jaguar* zur Schnittstelle *Luxuswagen*, eine Erweiterung der Schnittstelle *Auto*. Der Nutzer *Rennfahrer* fordert die Schnittstelle *Auto*. Er kann somit sowohl den *Opel Astra* als auch den *Jaguar* benutzen. Der *Manager* hingegen fordert die Schnittstelle *Luxuswagen*. Er kann zwar den *Jaguar* nutzen, aber nicht den *Opel Astra*, da dieser z.B. die Sitzheizung nicht regulieren kann.

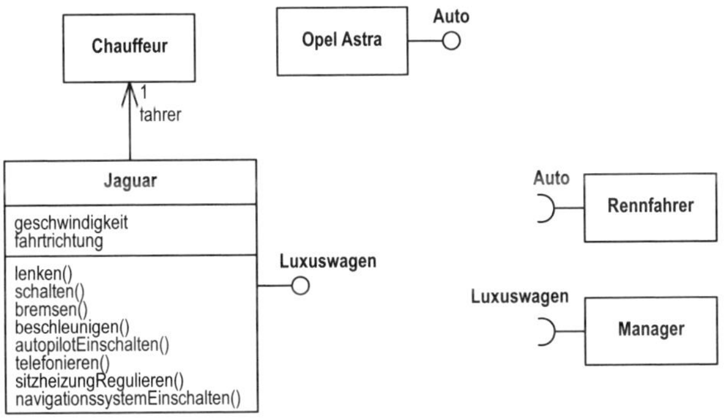

Abb. 2-78: Beispiel zur Implementierung von Schnittstellen

Die Definition von Schnittstellen ist hilfreich, um die Kopplung zwischen Klassen zu explizieren und zu reduzieren. Im obigen Beispiel etwa ist der Schnittstellennutzer *Rennfahrer* nur von vier speziellen Operationen der Klasse *Jaguar* abhängig.

Alle übrigen Operationen der Klasse *Jaguar* könnten ohne Beeinträchtigung der Klasse *Rennfahrer* verändert werden. Eine Information, die man sonst nur durch intensives Studium der Klasse *Jaguar* gewonnen hätte.

Checkliste Schnittstellen:

- ☑ 2.2.18.1: Was spezifiziert eine Schnittstelle?
- ☑ 2.2.18.2: Wie heißt die Beziehung zwischen implementierendem Classifier und der Schnittstelle?
- ☑ 2.2.18.3: Was versteht man unter der Stecker-Buchsen-Notation?

Metamodell

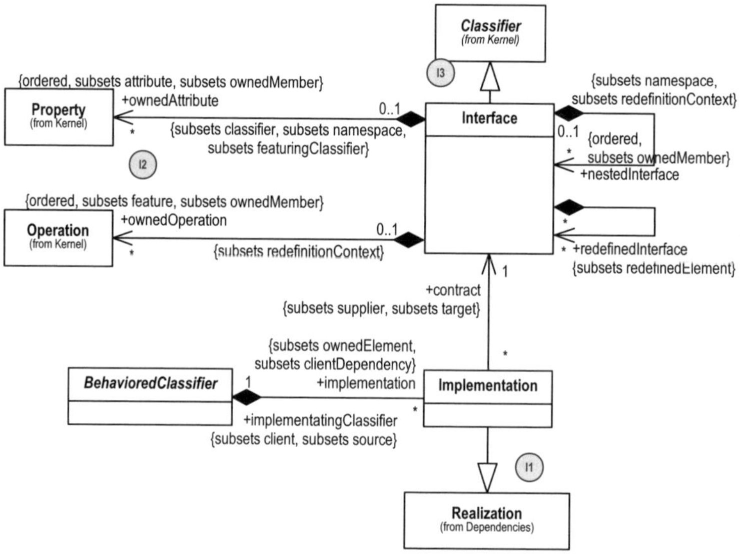

Abb. 2-79: Metamodell Schnittstelle

2.3 Grundlagen des Verhaltens

In diesem Kapitel widmen wir uns den Grundlagen für die Darstellung und Beschreibung von allgemeinem Verhalten in der UML, soweit dies für den Fundamental-Test relevant ist. In den nachfolgenden Kapiteln werden spezielle Aspekte von Verhalten im Kontext bestimmter Diagrammtypen erläutert.

2.3.1 Prüfungsthemen

Das Kapitel „Grundlagen des Verhaltens" bezieht sich auf das Paket *CommonBehaviors::BasicBehaviors* in der UML 2.0-Spezifikation.

Dieses Thema ist Teil der Kategorie Grundlagen (siehe Kap. 2.1), die insgesamt 10 Prozent der Prüfung ausmacht.

2.3.2 Einführung

Verantwortlichkeit

Bei der Modellierung von Verhalten geht es um die Beschreibung von Abläufen, zeitlichen Abhängigkeiten, Zustandsänderungen, der Verarbeitung von Ereignissen und Ähnlichem. Die UML ist objektorientiert, d.h., Verhalten ist nichts, was eigenständig existiert, sondern es betrifft immer konkrete Objekte. Die Verantwortung für ein Verhalten lässt sich im Detail immer auf ein Objekt zurückführen.

Classifier

Die Beschreibung von Verhalten bezieht sich in der UML auf das Verhalten eines *Classifiers*, wobei vier verschiedene Ausprägungen von Verhaltensbeschreibungen vorgesehen sind:

- Zustands- und Protokollautomaten (*StateMachine*)
- Aktivitäten und Aktionen (*Activity*)
- Interaktionen (*Interaction*)
- Anwendungsfälle (*UseCase*)

Im Metamodell wird dies deutlich durch die in Abb. 2-80 gezeigten Pakete.

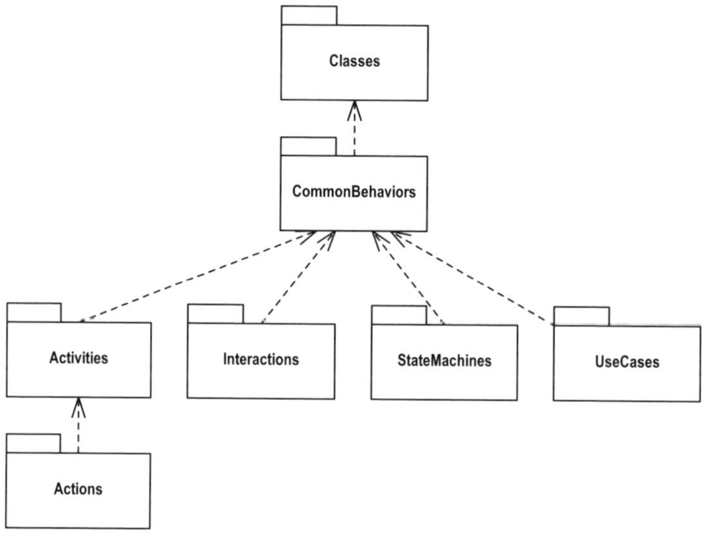

Abb. 2-80: Pakete für Dynamik-Modellierung im Metamodell

CommonBehaviors

Im Paket *CommonBehaviors* werden die grundlegenden Konzepte zur Beschreibung von Verhalten und der entsprechenden Zusammenhänge mit den Strukturelementen definiert. Jedes Verhalten resultiert aus Aktionen mindestens eines Objektes und führt zu Zustandsänderungen der beteiligten Objekte.

Es sind zwei Erscheinungsformen von Verhalten zu unterscheiden:

☑ 2.3.2.1
executing behavior

- Ausführungsverhalten (*executing behavior*)

  Dieses Verhalten ist zum einen direkt an ein Objekt gebunden, das das Verhalten abarbeitet (*host*), und zum anderen an ein weiteres Objekt, das zu diesem Verhalten geführt hat (*invoker*). Die Ausführung des Verhaltens wird durch Aufruf eines Verhaltensmerkmales eines Objektes durch ein anderes, durch ein Ereignis oder durch die Erzeugung eines Objektes angestoßen.

☑ 2.3.2.1
emergent behavoir

- Sichtbares Verhalten (*emergent behavoir*)

  Dieses bezieht sich auf die Interaktionen zwischen verschiedenen beteiligten Objekten. Es ist eine Abstraktion und Zusammenfassung des Verhaltens einzelner Objekte oder einer Menge von Objekten. Dabei wird nicht deutlich, welche konkreten Objekte etwas auslösen oder verarbeiten.

☑ 2.3.2.2
☑ 2.3.2.3

Verhalten kann direkt und eigenständig als Klasse definiert werden. In Abb. 2-81 ist *Behavior* entsprechend eine Spezialisierung von *Class*. Ebenso kann eine Verhaltensbeschreibung aber auch innerhalb eines anderen *Classifiers* definiert werden, der das Verhalten besitzt (*ownedBehavior*). Dieser andere *Classifier* (*BehavioredClassifier*) bildet dann den Kontext für das Verhalten

(*BehavioredClassifier* ist *context* von *Behavior*). Daraus folgt, dass *Behavior* auf die Struktur- und Verhaltensmerkmale des Kontext-*Classifiers* zugreifen kann. Ein *BehavioredClassifier* kann mehrere *Behavior* besitzen, jedes *Behavior* hat aber, soweit vorhanden, genau einen Kontext.

Ebenso wie Classifier ein Verhalten besitzen und Kontext für dieses Verhalten sein können, so können auch Operationen (Verhaltensmerkmale) Verhalten besitzen. In diesem Fall ist das Verhalten die Implementierung der Operation und die Operation die Spezifikation des Verhaltens. Der Kontext ist der des *Classifiers*, der diese Operation besitzt. ☑ 2.3.2.4

Checkliste Verhalten allgemein:

☑ 2.3.2.1: Welche Erscheinungsformen von Verhalten sind zu unterscheiden?

☑ 2.3.2.2: Kann Verhalten eigenständig als Klasse definiert sein?

☑ 2.3.2.3: Kann ein Classifier Verhalten besitzen?

☑ 2.3.2.4: Was ist der Kontext eines Verhaltens?

Metamodell

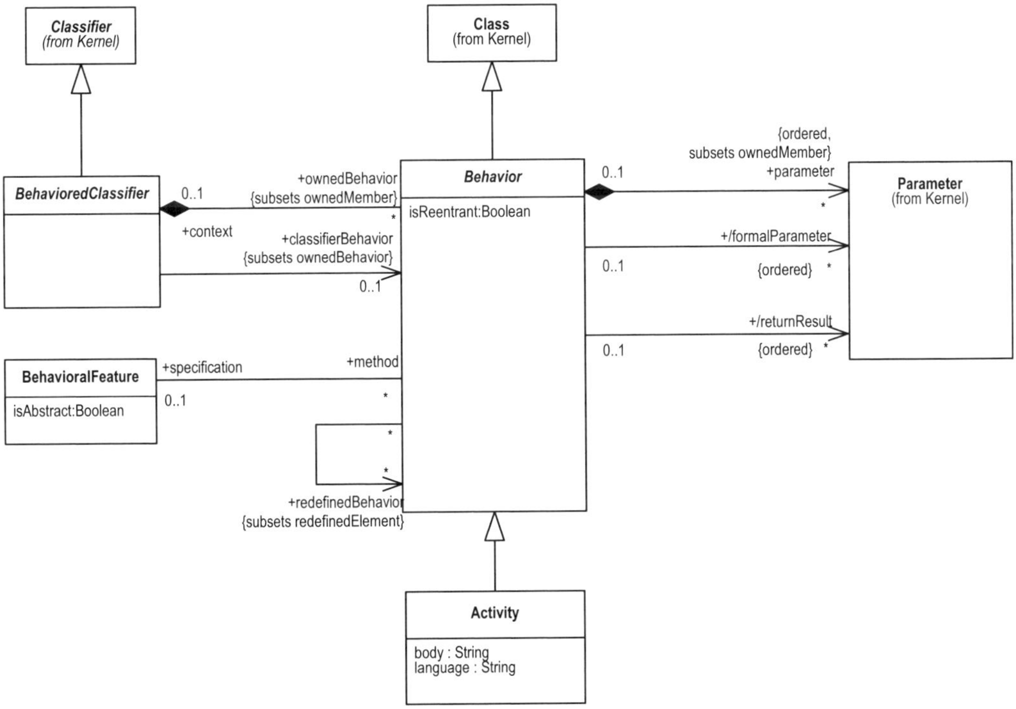

Abb. 2-81: Metamodell Grundlagen des Verhaltens

2.3.3 Aufrufmodell

Verhalten ist in der UML grundsätzlich ereignisorientiert. Die Ausführung von Verhalten wird stets durch ein Ereignis ausgelöst. Das Auftreten eines Ereignisses kann die Ausführung von Verhalten bewirken. Während jeder Verhaltensausführung kann es wiederum zu neuen Ereignissen kommen. Zwei besondere Ereignisse treten immer auf: das Startereignis und das Terminierungsereignis.

CallBehaviorEvent
☑ 2.3.3.1

Verhalten kann entweder direkt gestartet werden, dies wird Verhaltensaufrufereignis (*CallBehaviorEvent*) genannt, oder indirekt durch einen Trigger (*TriggerEvent*), wie beispielsweise das Erreichen eines Zeitpunktes (*TimeEvent*), den Nachrichtenempfang (*ReceivingEvent*) oder das Erreichen bzw. die Änderung eines bestimmten Wertes (*ChangeEvent*). Bei Trigger-Ereignissen wird das Ereignis in einem Pool (*EventPool*), der dem *Classifier* zugeordnet ist, abgelegt. Wie diese Ereignisse dann konkret verarbeitet werden, hängt von der Spezifikation des *Classifiers* und der Form der Verhaltensbeschreibung ab.

Sender, Empfänger
☑ 2.3.3.2

Aufruf und Ausführung von Verhalten sind in der UML grundsätzlich logisch getrennt. Beim Aufruf wird ein *Request*-Objekt erzeugt, das an den Empfänger, der das Verhalten ausführen soll, übertragen wird. Abb. 2-82 zeigt das entsprechende Schema. Sender und Empfänger können dabei dasselbe oder unterschiedliche Objekte sein. Über die Form der Übertragung, ihre Dauer, den Übertragungsweg und die Empfangsreihenfolge unterschiedlicher *Requests* wird keine Aussage getroffen.

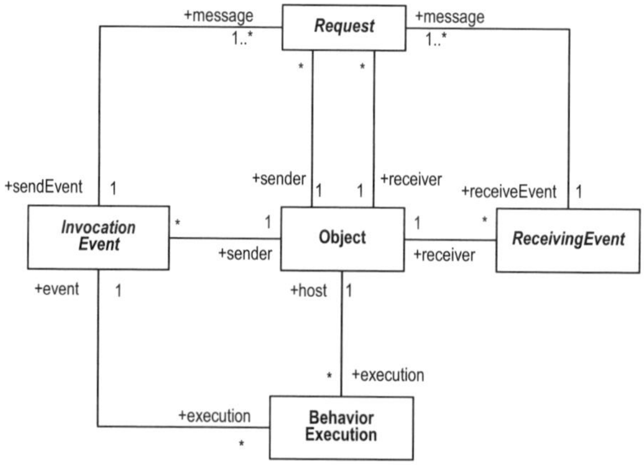

Abb. 2-82: Trennung von Sender, Empfänger, Aufruf und Verhalten

Beim Eintreffen eines Requests beim Empfänger wird dort ein Empfangsereignis erzeugt, das die Ausführung von Verhalten bewirken kann. Dieses Verhalten wird dann im Kontext des Empfängers ausgeführt (*host*). Aus dem *Request*-Objekt lässt sich die Information beziehen, wer der Absender war. host

Wenn der Aufruf eines Verhaltens nicht durch einen Operationsaufruf, sondern durch Nachrichtenempfang ausgelöst wird, wird diese Form eines Requests mit Signalen beschrieben. Signale können in einer Spezialisierungshierarchie angeordnet werden, siehe Abb. 2-83. Ausnahmen (*Exceptions*) sind eine Spezialform von Signalen. Nur aktive Objekte können Signale empfangen. Signale stellen stets ein asynchrones Aufrufverhalten dar. Für die Wahl des auszuführenden Verhaltens ist der Empfänger eines Signales verantwortlich.

Exceptions
☑ 2.3.3.3
☑ 2.3.3.4

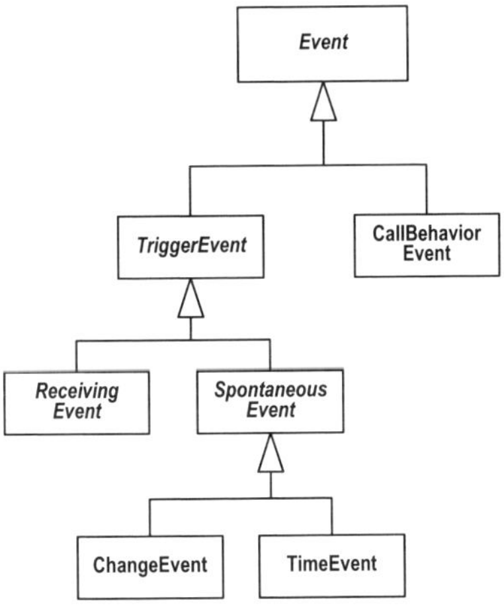

Abb. 2-83: Event-Hierarchie

Checkliste Aufrufmodell:

☑ 2.3.3.1: Auf welche Arten kann ein Verhalten gestartet werden?

☑ 2.3.3.2: Was ist das Request-Objekt?

☑ 2.3.3.3: Stellen Signale ein synchrones oder asynchrones Aufrufverhalten dar?

☑ 2.3.3.4: Ist der Sender oder der Empfänger für die Wahl des auszuführenden Verhaltens verantwortlich?

2.3.4 Verhaltensparameter

Ein Verhalten kann eine beliebige Anzahl von Parametern besitzen. Wird ein Verhalten aufgerufen, werden dem Verhalten die Eingabeparameter verfügbar gemacht. Ausgabeparameter werden bei Beendigung des Verhaltens mit Werten belegt.

isReentrant

- Über das Attribut *isReentrant* der Klasse *Behavior* kann definiert werden, ob das Verhalten mehrfach gleichzeitig aufgerufen werden kann oder vor einem neuen Verhaltensaufruf erst der vorherige beendet werden muss.

isActive
☑ 2.3.4.1

- Über das Attribut *isActive* der Klasse *Class* aus dem Paket *Communications* (nicht *Kernel*) kann definiert werden, ob Instanzen einen eigenen Kontrollfluss besitzen oder nicht. Sie werden dann auch aktive Objekte genannt. Aktive Objekte reagieren eigenständig und unabhängig von anderen Objekten auf Ereignisse.

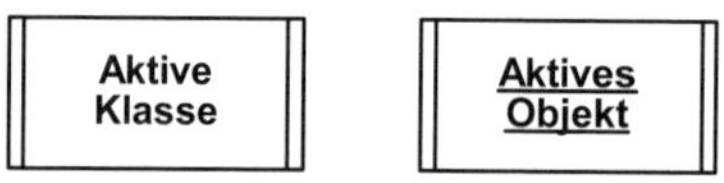

Abb. 2-84: Notation aktive Klasse und aktives Objekt

Ist ein Objekt nicht aktiv, bedeutet dies, dass sein Verhalten zusammen mit anderen Objekten in einem gemeinsamen Kontrollfluss ausgeführt wird. In diesem Fall kann angegeben werden, wie gleichzeitige Aufrufe eines Verhaltens zu behandeln sind:

concurrent

- *concurrent*: Gleichzeitige Aufrufe werden unabhängig voneinander und gleichzeitig ausgeführt.

sequential

- *sequential*: Es findet keine Koordination gleichzeitiger Aufrufe statt, beteiligte Instanzen müssen dies selbst regeln.

guarded

- *guarded*: Bei gleichzeitigen Aufrufen wird zu einem Zeitpunkt immer nur ein Verhalten aufgerufen, alle anderen bleiben so lange blockiert. Verklemmungen (*deadlocks*) müssen vom Entwickler behandelt werden.

Checkliste Verhaltensparameter:

☑ 2.3.4.1: Wie können *BehavioredClassifier* als aktive Objekte definiert werden?

2.4 Aktivitätsdiagramme

In diesem Kapitel widmen wir uns der Darstellung und Beschreibung von Verhalten speziell in Aktivitätsdiagrammen, soweit dies für den Fundamental-Test relevant ist.

2.4.1 Prüfungsthemen

Die hier beschriebenen Sachverhalte beziehen sich auf folgende Bereiche des Metamodells:

- Paket: *Activities::BasicActivities*
  - Knoten
  - Kanten (Flows)
  - Aktionen (nur Basis)
  - Kontrollknoten

Der Anteil dieser Themen an der gesamten Prüfung beträgt 20 Prozent.

2.4.2 Aktivitäten (*Activities*)

Definition

Die Aktivität (*Activity*) beschreibt auf Basis von Kontroll- und Objektflussmodellen die Ablaufreihenfolge von Aktionen. Eine Aktivität enthält Kanten und Aktivitätsknoten, speziell Aktionen (A1 in Abb. 2-88). Activity ☑ 2.4.2.1

Eine Aktion (*Action*) ist im Metamodell eine abstrakte Klasse. Die konkreten Unterklassen werden auch in der UML spezifiziert. Sie sind in den so genannten *Action Semantics* beschrieben – ein Bereich, der bereits in der UML 1.5 aufgenommen, aber erst in der UML 2.0 in Aktivitätsmodelle integriert wurde. Action ☑ 2.4.2.2

Notation und Semantik

Eine Aktivität wird durch ein Rechteck mit abgerundeten Ecken dargestellt. In dem Rechteck befinden sich die Knoten und Kanten der Aktivität. Links oben im Rechteck steht der Name der Aktivität.

Eine Aktivität ist über mehrere Generalisierungsebenen von Klasse (*Class*) abgeleitet. In Abb. 2-88, A2 sieht man die Oberklasse *Activity* aus dem Paket *BasicBehaviors*. Diese ist von *Behavior* abgeleitet und *Behavior* von *Class*. (A2)

Das bedeutet insbesondere, dass Aktivitäten selbst auch generalisiert werden können.

Generalisierung

BasicBehavior ⇨ 77

Wie jedes Verhalten (*Behavior*) in der UML kann auch eine Aktivität Parameter haben. Ein- oder ausgehende Objekte in einem Aktivitätsmodell werden als Parameter der Aktivität bezeichnet. Diese Objekte werden auf dem Rechteck der Aktivität platziert und zusätzlich unterhalb des Namens der Aktivität mit Typangabe aufgelistet.

Das Beispiel in Abb. 2-85 zeigt eine Aktivität zur Produktion von Sechserpacks. Die Aktivität hat zwei Parameter: einen Eingangsparameter *Produzierte Flaschen* im Zustand [leer] und einen Ausgangsparameter *Neues Sechserpack*. Die genaue Deklaration der Aktivitätsparameter steht links oben direkt unter dem Namen der Aktivität.

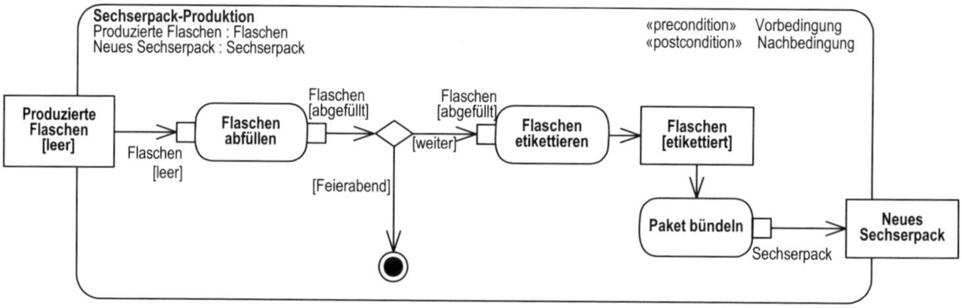

Abb. 2-85: Beispiel für eine Aktivität

Aktion, Pin
☑ 2.4.2.4

In der Aktivität befinden sich verschiedene Arten von Knoten und Kanten. Die Rechtecke mit den abgerundeten Ecken sind Aktionen. Die kleinen Rechtecke an den Aktionen sind so genannte Pins. Sie stellen die Eingangs- bzw. Ausgangsparameterwerte für die Aktionen bereit.

Vor- und Nachbedingung

Innerhalb einer Aktivität können mit den Schlüsselwörtern «precondition» und «postcondition» Vor- und Nachbedingungen für die Aktivität definiert werden. Die Vorbedingung beschreibt den vorausgesetzten Zustand beim Eintritt in die Aktivität, die Nachbedingung den Zustand beim Verlassen der Aktivität.

Entscheidung

Vom Aktivitätseingangsparameter gelangen die produzierten, leeren Flaschen zur ersten Aktion *Flaschen abfüllen*. Das Ergebnis sind Flaschen im Zustand [abgefüllt]. Nach der Aktion folgt ein Entscheidungsknoten (das Rautensymbol). Wenn Feierabend ist, wird der Aktivitätsendknoten erreicht und die gesamte Aktivität terminiert. Sonst geht es zur nächsten Aktion *Flaschen etikettieren*. Der Ausgabepin *Flaschen [etikettiert]* ist diesmal anders notiert. Diese Notation ist möglich, wenn Ausgabepin und Eingabepin der nächsten Aktion identisch sind. Zuletzt wird das Paket gebündelt, und die Aktivität kann ein neues Sechserpack zurückgeben.

Im Folgenden werden die einzelnen Knoten und Kanten sowie die Semantik näher beschrieben.

Die Art der Aktionen sind – wie bereits erwähnt – in der UML vordefiniert. Beispiele für Aktionen sind:

Aktionen

- Aufrufe von Verhalten, z.B. eine andere Aktivität
- Aufruf einer Operation
- Senden und Empfangen von Signalen
- Objekte erzeugen, löschen oder verändern

Beispiel für eine konkrete Aktion ist die *CallBehaviorAction*. Diese Aktion ruft ein anderes Verhalten auf. Das kann z.B. eine andere Aktivität oder ein Zustandsautomat sein. In unserem Beispiel aus Abb. 2-85 handelt es sich nur um *CallBehaviorActions*. Ein anderes Beispiel für eine Aktion ist *CreateObjectAction*.

CallBehaviorAction
CreateObjectAction

Die Kenntnis der einzelnen Aktionen, ihrer Ein- und Ausgabeparameter und Semantik ist erst Bestandteil der Zertifizierungsstufen Intermediate und Advanced. Wir werden sie daher hier nicht weiter behandeln.

Die Kanten (*ActivityEdge*) in einer Aktivität werden in Kontrollfluss- und Objektflusskanten unterschieden (*ControlFlow* bzw. *ObjectFlow*; Aka2 in Abb. 2-93). Der Unterschied wird in den folgenden Abschnitten deutlich. In der Notation sind beide Kanten gleich: eine durchgezogene Linie mit offener Pfeilspitze.

ActivityEdge
☑ 2.4.2.5
Aka2

In Aktivitätsdiagrammen kann es vorkommen, dass eine Kante quer durch das ganze Diagramm gezeichnet werden muss. Damit das Diagramm übersichtlich bleibt, können so genannte Konnektoren eingeführt werden. Sie splitten eine Kante auf und haben nur Auswirkungen auf das Diagramm und nicht auf das zugrunde liegende Modell.

Connector edge

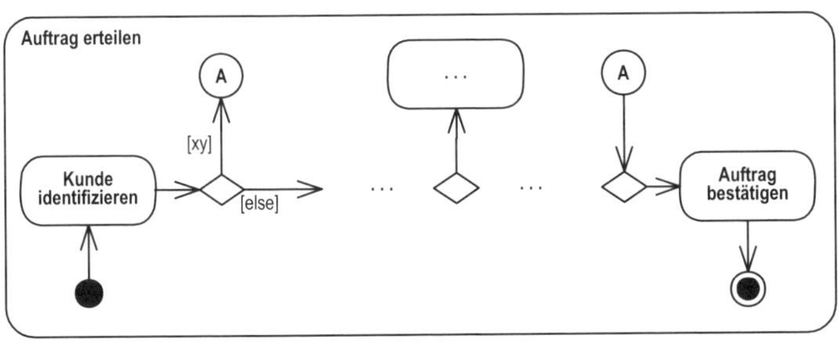

Abb. 2-86: Notation Konnektor

Ein Konnektor ist ein Kreis, der einen frei wählbaren Namen enthält. Das Element tritt immer paarweise auf. In Abb. 2-86 ist ein Konnektor A zu sehen. In diesem Diagramm darf es keinen weiteren Konnektor mit diesem Namen geben.

Knoten

In Abb. 2-87 ist ein vereinfachter Ausschnitt aus dem UML-Metamodell dargestellt, der die verschiedenen Arten von Aktivitätsknoten zeigt.

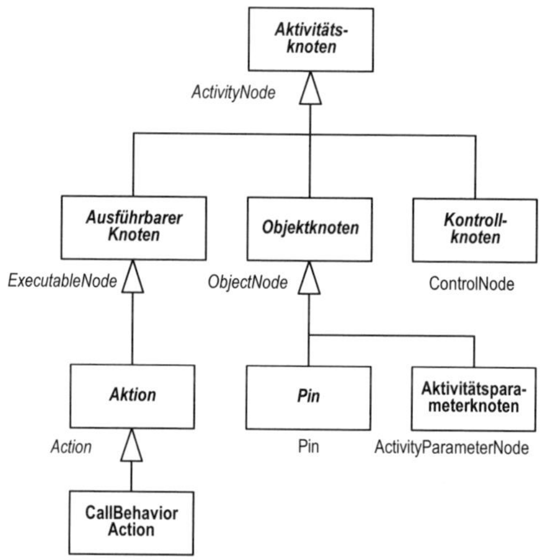

Abb. 2-87: Arten von Aktivitätsknoten

☑ 2.4.2.3
Objektknoten ⇨ 94
Kontrollknoten ⇨ 91

Der linke Zweig zeigt die Aktionen, der mittlere die Objektknoten und der rechte die Kontrollknoten. Wie Sie sehen, sind die meisten der gezeigten Metamodellklassen abstrakt. Für Aktionen haben wir die konkreten Unterklassen schon kennen gelernt. Bei den Objektknoten sind für die abstrakte Metamodellklasse Pin die Klassen Eingabepin *(InputPin)* und Ausgabepin *(OutputPin)* konkrete Unterklassen. Konkrete Kontrollknoten sind die Entscheidung *(DecisionNode)*, die Zusammenführung *(MergeNode)*, der Endknoten *(ActivityFinalNode)* und der Startknoten *(InitialNode)*.

Praxis

Mit Aktivitätsdiagrammen können Abläufe, wie sie beispielsweise in Anwendungsfällen beschrieben sind, grafisch dargestellt werden. Mit natürlicher Sprache werden gewöhnlich nur sehr einfache Abläufe verständlich beschrieben, mit Aktivitätsdiagrammen hingegen ist es möglich, auch sehr komplexe Abläufe mit vielen Ausnahmen, Varianten, Sprüngen und Wiederholungen noch übersichtlich und verständlich darzustellen.

Checkliste Aktivitäten:

☑ 2.4.2.1: Was stellt eine Aktivität dar?

☑ 2.4.2.2: Was stellt eine Aktion dar?

☑ 2.4.2.3: Welche Arten von Aktivitätsknoten gibt es?

☑ 2.4.2.4: Was sind Pins?

☑ 2.4.2.5: Welche Arten von Kanten gibt es?

Metamodell

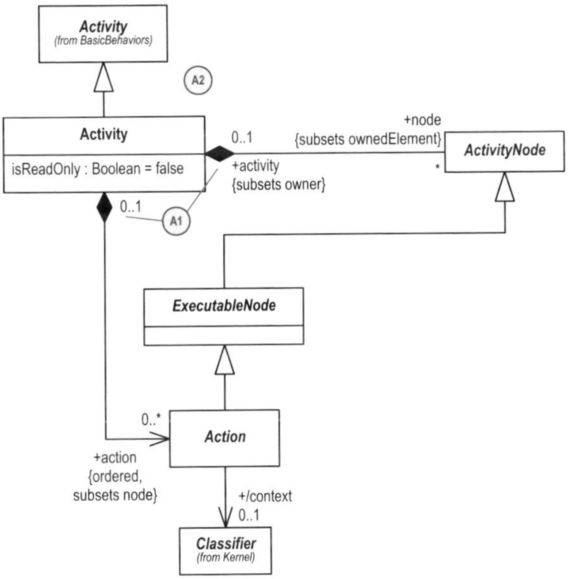

Abb. 2-88: Metamodell Aktivität

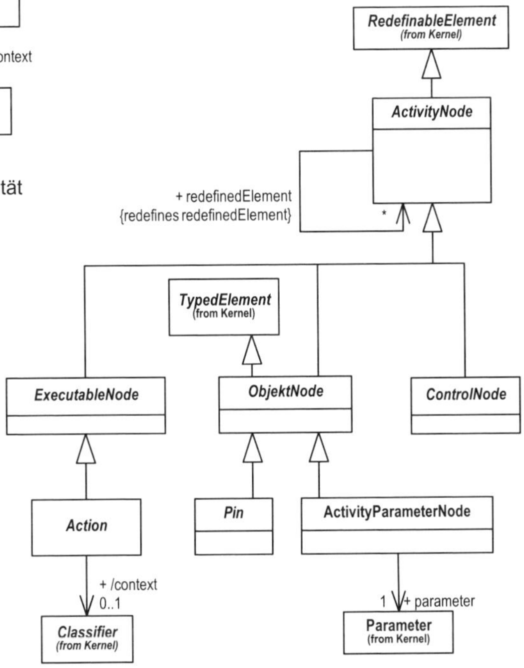

Abb. 2-89: Metamodell Aktivitätsknoten

2.4.3 Token-Fluss (*Token flow*)

Notation und Semantik

Die Semantik einer Aktivität basiert auf dem Token-Fluss. Zwischen den Knoten fließen über die Kanten Kontroll- oder Objekt-Token. Dabei gelten folgende elementare Regeln:

☑ 2.4.3.1

- Eine Aktion kann erst starten, wenn an allen eingehenden Kanten Token zur Verfügung stehen (implizite Synchronisation; Und-Semantik).

☑ 2.4.3.2

- Wenn eine Aktion terminiert, wird an allen ausgehenden Kanten ein Token zur Verfügung gestellt (implizites Splitting; Und-Semantik).
- Ein Token fließt von einer Aktion zur nächsten, wenn
  - an der ausgehenden Aktion ein Token zur Verfügung gestellt wird,
  - die hinführende Aktion bereit ist, das Token aufzunehmen, und
  - wenn die Regeln der Kante den Token-Fluss zulassen.

Aka1

Eine Kante kann Regeln spezifizieren, die den Token-Fluss steuern. Die meisten Regeln sind erst Bestandteil der weiteren Zertifizierungsstufen. Eine Möglichkeit sieht man im Metamodell (Aka1 in Abb. 2-93). Jede Kante hat eine Bedingung (*Guard*), die erfüllt sein muss, um Token transportieren zu können. Der Standardwert ist *true*.

Aka2

Es gibt zwei Arten von Kanten: Kontrollfluss- und Objektflusskanten (Aka2 in Abb. 2-93). Sie sind in der Notation identisch und können nur über ihren Kontext zugeordnet werden.

Kontrollfluss

Abb. 2-90 zeigt zwei unabhängige Ausschnitte aus einer Aktivität mit Kontrollfluss. Es liegt kein Objektfluss vor, da die Kanten direkt mit Aktionen verbunden sind. Es sind also keine Pins oder Aktivitätsparameter beteiligt.

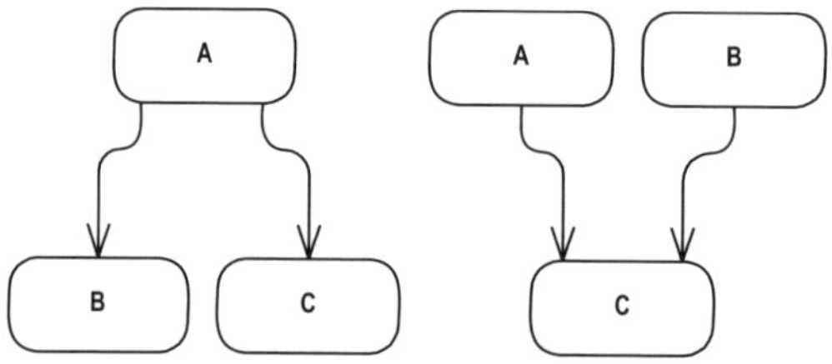

Abb. 2-90: Und-Semantik bei Kontrollflüssen

Implizites Splitting

Auf der linken Seite wird nach Beendigung der Aktion A an beiden ausgehenden Kanten ein Kontroll-Token zur Verfügung gestellt, das heißt, nach Aktion A starten nebenläufig die Aktionen B und C.

Implizite Synchronisation

Auf der rechten Seite startet die Aktion C erst, wenn an beiden eingehenden Kanten Token zur Verfügung stehen, d.h., die Aktionen A und B müssen beide beendet worden sein.

Ähnlich wie beim Kontrollfluss sieht es beim Objektfluss aus. In Abb. 2-91 ist derselbe Sachverhalt mit Objektfluss dargestellt, d.h., die Aktionen haben Eingangs- bzw. Ausgabepins. Ansonsten gelten hier dieselben Regeln. Objektfluss

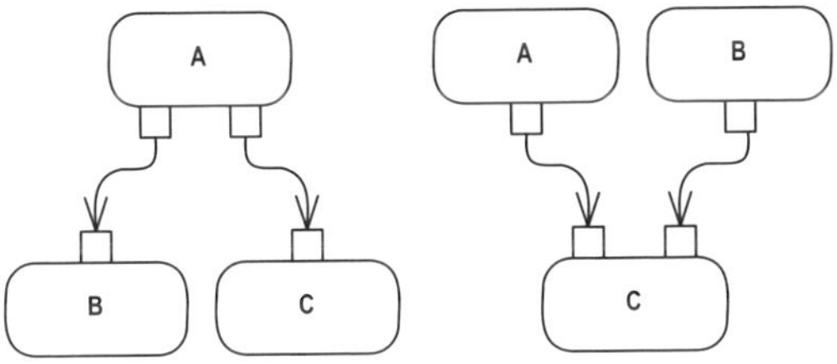

Abb. 2-91: Und-Semantik bei Objektflüssen

Beim Objektfluss gibt es allerdings eine Ausnahme. Die Und-Semantik gilt genau genommen nur für ein- und ausgehende Kanten von Aktionen. Beim Objektfluss ist die Quelle bzw. das Ziel der Kante keine Aktion, sondern ein Objektknoten. Hier gilt die Oder-Semantik, wie in Abb. 2-92 dargestellt. Beachten Sie den feinen, aber wichtigen Unterschied zu Abb. 2-91. Auf der linken Seite hat die Aktion nur einen Ausgabepin, das heißt, die Aktion stellt ein Objekt-Token zur Verfügung. Ausgehend von dem Pin gibt es zwei Kanten. Welche Kante das Objekt-Token wählt, ist nicht definiert. Das Verhalten des Modells ist nicht vorhersagbar. Über Bedingungen an den Kanten könnte hier das Modell wieder vorhersagbar werden. In der Regel ist aber ein expliziter Entscheidungsknoten zu bevorzugen. ☑ 2.4.3.3

Auf der rechten Seite wird der Sachverhalt noch etwas komplizierter. Die Aktionen A und B stellen jeweils ein Objekt-Token zur Verfügung. Die Aktion C hat aber nur einen Eingabepin. In diesem Fall würde die Aktion C also zweimal aufgerufen werden. In der Regel ist das nicht das Verhalten, das der Modellierer hier haben möchte.

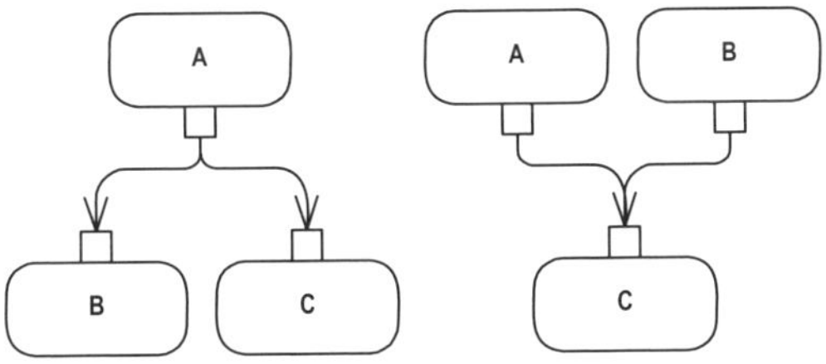

Abb. 2-92: Oder-Semantik bei Objektflüssen

Der Token-Fluss kann natürlich auch noch mit anderen Mitteln beeinflusst werden. Neben den Aktionen und Objektknoten gibt es noch Kontroll-Token, die den Token-Fluss beeinflussen.

Checkliste Token-Fluss:

☑ 2.4.3.1: Welche Voraussetzung muss erfüllt sein, damit eine Aktion ausgeführt werden kann?

☑ 2.4.3.2: An welchen ausgehenden Kanten werden Token zur Verfügung gestellt, wenn eine Aktion terminiert?

☑ 2.4.3.3: Wann gilt beim Objektfluss die Oder-Semantik?

Metamodell

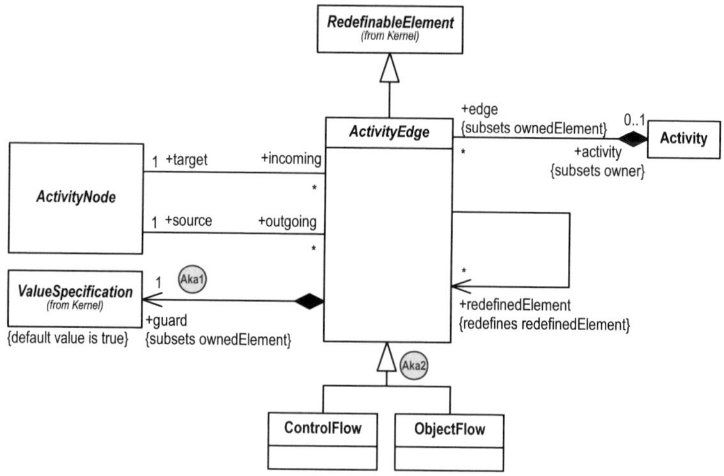

Abb. 2-93: Metamodell Aktivitätskanten

2.4.4 Kontrollknoten (*ControlNodes*)

Definition

Ein Startknoten (*InitialNode*) ist ein Startpunkt eines Ablaufes in einer Aktivität.

Ein Endknoten (*ActivityFinalNode*) beendet den beschriebenen Ablauf, d.h. alle Aktionen und Token-Flüsse in der Aktivität.

Eine Entscheidung (*DecisionNode*) ist ein Kontrollknoten mit einer oder mehreren ausgehenden Kanten, an denen aufgrund von Bedingungen entschieden wird, an welcher von den weiterführenden Kanten der Token-Fluss fortgesetzt werden soll.

Eine Zusammenführung (*MergeNode*) ist ein Kontrollknoten, bei dem jeder von mehreren eingehenden Token-Flüssen sofort zu einem gemeinsamen ausgehenden Token-Fluss führt.

Mancher von Ihnen wird hier das Splitting und die Synchronisation vermissen (Notation: schwarze Balken). Diese Kontrollknoten gibt es auch in der UML 2.0. Sie sind aber erst Bestandteil der Intermediate-Zertifizierungsstufe.

Notation und Semantik

Ein Startknoten (*InitialNode*) wird durch einen ausgefüllten Kreis dargestellt. Er hat ausgehende, aber keine eingehenden Kanten. Beim Aufruf einer Aktivität wird auf jeden Startknoten ein Kontroll-Token platziert. Das heißt, wenn eine Aktivität mehrere Startknoten besitzt, existieren unmittelbar nach dem Aufruf der Aktivität mehrere nebenläufige Abläufe. *InitialNode* ☑ 2.4.4.2

Ein Startknoten kann mehrere ausgehende Kanten haben. Hier gilt die Und-Semantik. An jeder ausgehenden Kante wird ein Kontroll-Token zur Verfügung gestellt. ☑ 2.4.4.1

Es ist nicht zwingend erforderlich, dass eine Aktivität einen Startknoten besitzt. In Abb. 2-97 ist beispielsweise keiner vorhanden.

Abb. 2-94: Notation Start- und Endknoten

Ein Endknoten (*ActivityFinalNode*) wird ebenfalls durch einen ausgefüllten Kreis dargestellt, hat aber zusätzlich einen äußeren Ring. Er hat mindestens eine eingehende, aber keine ausgehenden Kanten. Sobald ein Token einen Endknoten erreicht, terminiert die gesamte Aktivität. Das ist unabhängig davon, wie viele andere Token sich noch in der Aktivität befinden. *ActivityFinalNode*

☑ 2.4.4.3

Ein Endknoten kann mehrere eingehende Kanten haben. Hier gilt die Oder-Semantik. Sobald an einer der Kanten ein Token zur Verfügung gestellt wird, wird der Endknoten aktiviert und die Aktivität terminiert. Es ist nicht zwingend erforderlich, dass eine Aktivität einen Endknoten besitzt.

Ak2

Im Metamodell fällt auf, dass sich zwischen der abstrakten Klasse *ControlNode* und der Klasse *ActivityFinalNode* noch eine Ebene mit der abstrakten Klasse *FinalNode* befindet (siehe Ak2 in Abb. 2-96). Der Grund ist, dass es neben dem Aktivitätsendknoten noch eine weitere Variante gibt: das Ablaufende (*FlowFinalNode*). Es beendet nur das aktuelle Token und nicht die gesamte Aktivität. Das Ablaufende wird erst in der Zertifizierungsstufe Intermediate gefragt.

DecisionNode

Eine Entscheidung (*DecisionNode*) wird durch eine nicht ausgefüllte Raute dargestellt, die eine eingehende und mehrere ausgehende Kanten hat. Wenn ein Token über die eingehende Kante zur Verfügung gestellt wird, werden die Bedingungen (*Guards*) an den ausgehenden Kanten ausgewertet. Eine Auswertungsreihenfolge ist nicht definiert. Sobald eine Bedingung wahr ist, traversiert das Token entlang der zugehörigen ausgehenden Kante.

DecisionInput
☑ 2.4.4.4
Ak1

Eine Entscheidung kann auch ein Verhalten definieren (*DecisionInput*; siehe Ak1 in Abb. 2-96). Jedes Token, das über die eingehende Kante kommt, wird erst dem Verhalten übergeben, bevor die Bedingungen ausgewertet werden. Das Verhalten kann beispielsweise eine komplexe Berechnung sein. Auf das Ergebnis der Berechnung kann in den einzelnen Bedingungen zugegriffen werden, und die Berechnung muss nicht bei jeder Auswertung einer Bedingung neu durchgeführt werden. Das Verhalten darf keine Seiteneffekte haben, d.h., es dürfen keine Werte im Objektmodell verändert werden. Notiert wird das Verhalten in einem Notizsymbol mit dem Schlüsselwort «decisionInput».

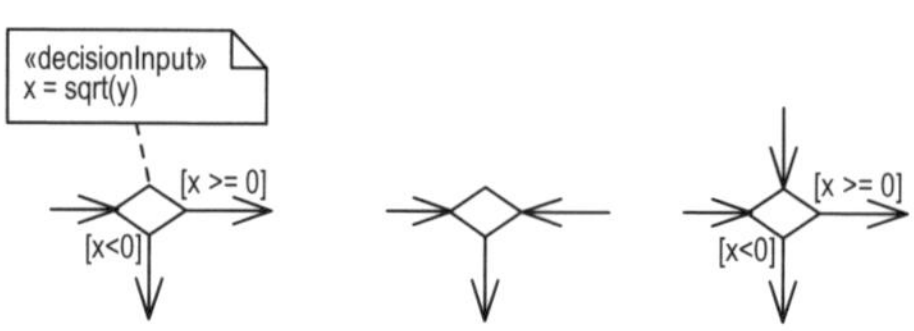

Abb. 2-95: Entscheidung und Zusammenführung

MergeNode

Eine Zusammenführung wird ebenfalls wie die Entscheidung durch eine nicht ausgefüllte Raute dargestellt, aber mit mehreren eingehenden und einer ausgehenden Kante.

Die einzige Bedeutung einer Zusammenführung ist das Zusammenführen von eingehenden Kanten auf eine ausgehende Kante. Es wird nichts berechnet, auf niemanden gewartet o.Ä.

Entscheidung und Zusammenführung können kombiniert werden, die Raute hat dann mehrere eingehende und mehrere ausgehende Kontrollflüsse.

Wobei die implizierte Reihenfolge wichtig ist: Erst kommt es zur Zusammenführung, dann zur Entscheidung.

Checkliste Kontrollknoten:

☑ 2.4.4.1: Was bedeuten mehrere ausgehende Kanten aus einem Startknoten?

☑ 2.4.4.2: Wie viele eingehende Kanten darf ein Startknoten haben?

☑ 2.4.4.3: Was bedeuten mehrere eingehende Kanten in einen Endknoten?

☑ 2.4.4.4: Was bedeutet das Verhalten, das eine Entscheidung spezifizieren kann?

Metamodell

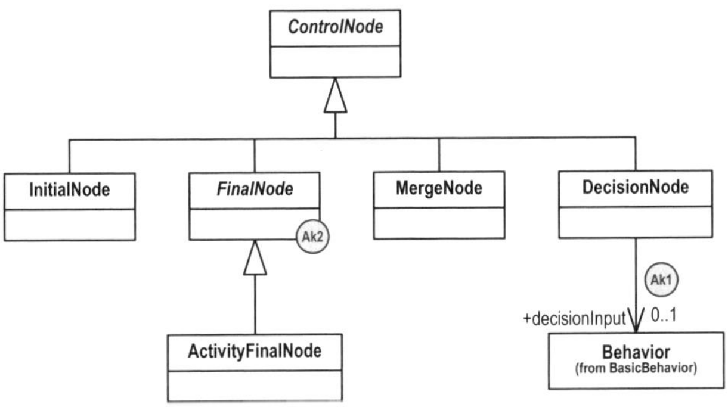

Abb. 2-96: Metamodell Kontrollknoten

2.4.5 Objektknoten (*ObjectNodes*)

Definition

ObjectNode

Ein Objektknoten (*ObjectNode*) gibt an, dass ein Objekt oder eine Menge von Objekten zu einem bestimmten Zeitpunkt in einem Ablauf vorhanden ist. Sie können als ein- oder ausgehende Parameter in Aktivitäten (Aktivitätsparameter (*ActivityParameterNode*)) oder als ein- oder ausgehende Parameter von Aktionen (Pin) verwendet werden.

Objektfluss ⇨ 89

Ein *Objektfluss* (*ObjectFlow*) ist wie ein Kontrollfluss eine spezielle Kante, bei der jedoch Objekte (*Objekt-Token*) transportiert werden.

Notation und Semantik

Mit dem Objektfluss wird ausgedrückt, dass die entsprechenden Objekte von den Aktionsknoten vorausgesetzt bzw. erzeugt oder verändert werden. Eine Aktion startet erst dann, wenn die benötigten Objekte vorliegen. Am Ende der Aktion werden die neuen oder geänderten Objekte bereitgestellt.

Aktivitätsparameter werden durch Rechtecke dargestellt, die den Namen des Objektes und optional in eckigen Klammern den Objektzustand enthalten (Abb. 2-97).

☑ 2.4.5.3

Eine Aktivität kann beliebig viele Aktivitätsparameter besitzen. Wenn die Aktivität aufgerufen wird, liegt an allen Eingangsparametern ein Objekt-Token an. Bei mehr als einem Eingangsparameter besteht somit von Anfang an Nebenläufigkeit in der Aktivität.

Ein Startknoten wird meist nicht benötigt, wenn Eingangsparameter vorhanden sind.

☑ 2.4.5.4
Null-Token

Wenn die Aktivität terminiert, liegt an allen Ausgangsparametern ebenfalls ein Objekt-Token an. Ist das entsprechende Objekt nicht vorhanden, wird ein so genanntes Null-Token angelegt, das für jeden Objekttyp zutrifft.

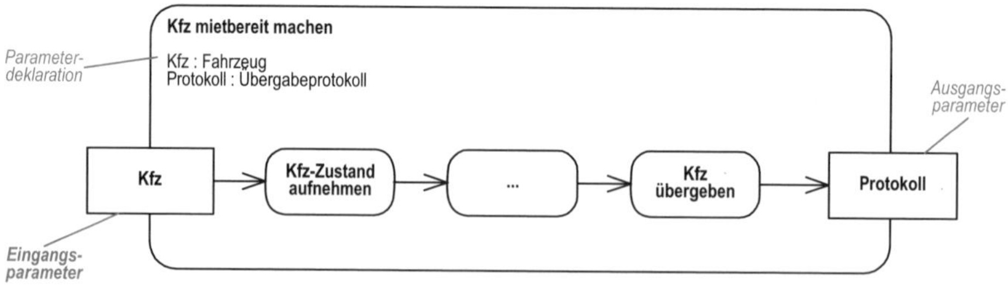

Abb. 2-97: Notation von Aktivitätsparametern

Pin
☑ 2.4.5.2
Ap1 Ap2

Ein Pin ist immer einer Aktion zugeordnet (siehe Ap2 in Abb. 2-103). Es wird zwischen Eingangs- und Ausgabepin unterschieden (*InputPin*, *OutputPin*). Eine Aktion kann beliebig viele Pins haben (siehe Ap1 in Abb. 2-103).

Pins werden durch kleine, am äußeren Rand eines Aktionsknotens anliegende Quadrate dargestellt. Objektname und -zustand werden neben dem Pin notiert.

Abb. 2-98 zeigt Varianten zur Pin-Notation. Die oberste Form ist der Standard. Die Darstellung in der Mitte ist eine Kurzschreibweise für den Fall, dass Ausgabepin und Eingabepin dasselbe Objekt im gleichen Zustand bezeichnen und zwischen beiden Pins nur eine Kante ist, also z.B. keine Kontrollknoten. ☑ 2.4.5.1

In der unteren Darstellung ist der Objektfluss unterdrückt. Es wird nur angezeigt, dass ein Objektfluss vorhanden ist, aber ohne Detailangaben. Das ist z.B. sinnvoll, wenn man eine Sicht auf ein komplexes Aktivitätsmodell haben möchte, in der die Ablaufreihenfolge im Vordergrund stehen soll und der Objektfluss nur von sekundärer Bedeutung ist.

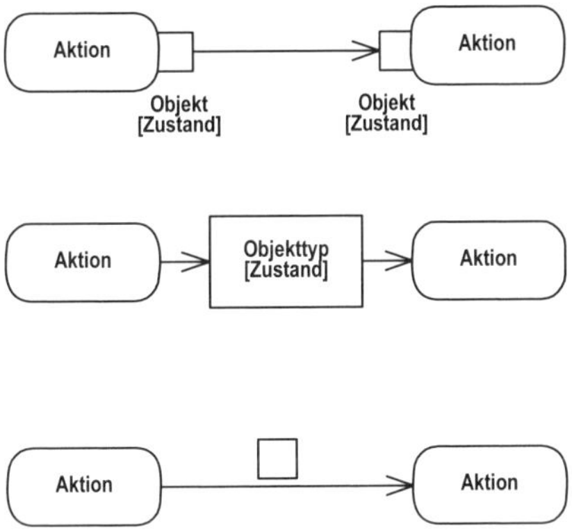

Abb. 2-98: Pin-Notationen

Pin-Beschriftung

Die Objekttypen und -zustände von Ausgangs- und korrespondierenden Eingabepins müssen nicht identisch sein, wie Abb. 2-99 zeigt. Der Objekttyp am Eingabepin muss aber aus den eintreffenden Objekttypen abgeleitet werden können.

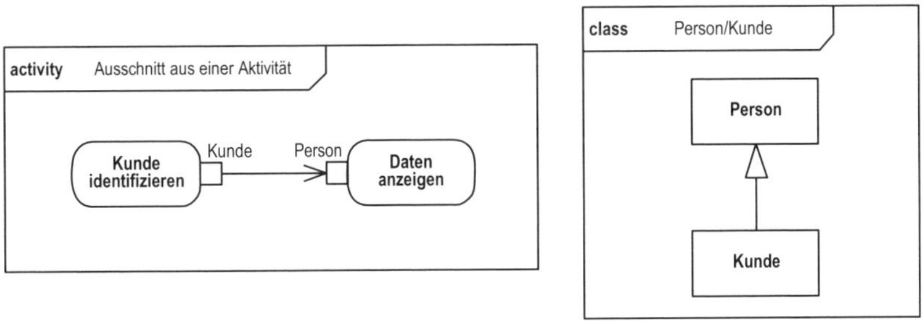

Abb. 2-99: Unterschiedliche Objekttypen

Ein Objektknoten kann sowohl mit dem Namen des Objekttyps als auch mit dem Objektnamen und der zusätzlichen Angabe des Typs versehen werden (Abb. 2-100).

Zustände von Objekten müssen nicht modelliert werden; die Notation von Objektzuständen ist lediglich eine Möglichkeit, solche Sachverhalte hervorzuheben, soweit dies von besonderer Bedeutung ist.

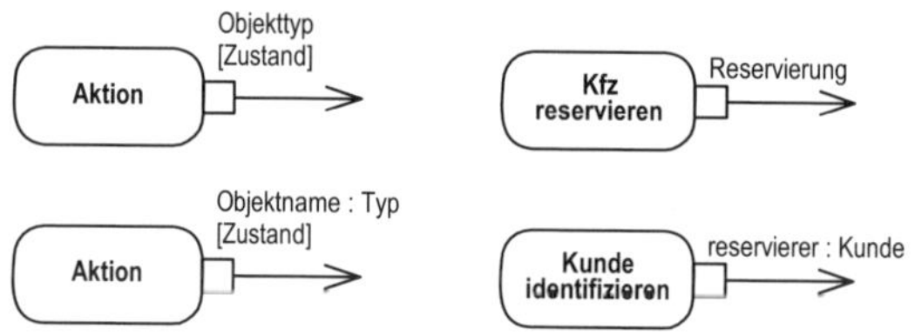

Abb. 2-100: Beschriftung von Objektknoten

Es ist nicht zwingend erforderlich, dass ein Eingabepin eingehende Kanten und ein Ausgabepin ausgehende Kanten hat. Ein Ausgabepin ohne weiterführende Kanten drückt aus, dass die zugehörige Aktion einen Ausgabeparameter hat, der aber für den weiteren Ablauf der Aktivität keine Rolle spielt. Wenn Pins nicht mit Kanten verbunden sind, dann kann man nicht mehr zwischen Ein- und Ausgabepins unterscheiden. Daher wird die Pin-Notation in diesem Fall um kleine Pfeile ergänzt (siehe Abb. 2-101).

Abb. 2-101: Ein- und Ausgabepins ohne Kanten

ValuePin
Wertespezifikation ⇨ 35
Ap3

Eine spezielle Form des Eingabepins ist der Wertepin (*ValuePin*; siehe Ap3 in Abb. 2-103). Neben dem Pin wird eine Wertespezifikation (*ValueSpecification*) notiert, die einen Wert im Modell beschreibt. Wertepins werden beispielsweise eingesetzt, um Konstanten in Aktivitäten zu modellieren.

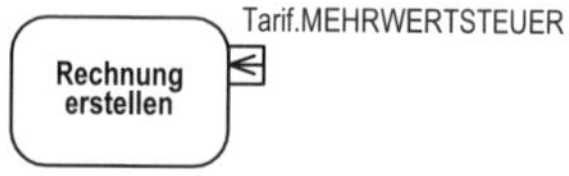

Abb. 2-102: Wertepin (*ValuePin*)

Checkliste Objektknoten:

☑ 2.4.5.1: Wann dürfen Pins alternativ als große Rechtecke mit ein- und ausgehenden Kanten modelliert werden?

☑ 2.4.5.2: Wie viele Pins kann eine Aktion besitzen?

☑ 2.4.5.3: Was geschieht an den Eingangsparametern einer Aktivität, wenn diese aufgerufen wird?

☑ 2.4.5.4: Was geschieht an den Ausgangsparametern einer Aktivität, wenn diese terminiert?

Metamodell

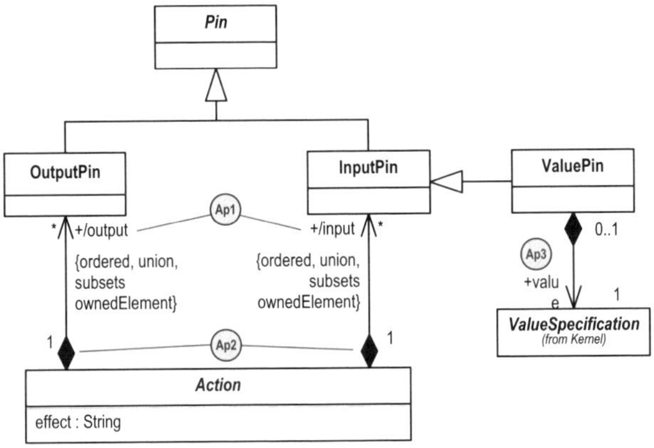

Abb. 2-103: Metamodell Pin

UML-Versionshinweis

Bis UML 1.x waren Aktivitätsdiagramme als Mischung von Zustandsdiagrammen, Petrinetzen und Ereignisdiagrammen definiert, was zu allerlei theoretischen und praktischen Problemen führte. Eine der wichtigsten Neuerungen in UML 2.0 ist die komplette Neudefinition der Aktivitätsdiagramme. In diesem Bereich hat sich sehr viel geändert: 1.x

- Die einzelnen Schritte im Ablauf heißen nicht mehr *Aktivitäten*, sondern *Aktionen*.
- Eine Menge von Schritten, also letztendlich ein Ablaufdiagramm bzw. Teilablauf, wird nun *Aktivität* genannt.
- Aktivitätsdiagramme verfügen jetzt über eine Petrinetz-ähnliche Semantik.
- Während bis UML 1.x jede eingehende Transition einen Ablaufschritt gestartet hat, ist jetzt eine implizite Synchronisation vorhanden, d.h., alle eingehenden Objekt- und Kontrollflüsse müssen vorliegen, damit die Aktion startet.

- Ebenso wird ein Aktionsknoten erst dann verlassen, wenn alle ausgehenden Kanten feuern können. In UML 1.x war es genau umgekehrt, wenn mehrere ausgehende Kanten (dort auch noch Transitionen genannt) notiert waren, musste über entsprechende Bedingungen sichergestellt werden, dass stets nur eine Kante feuern kann. Jetzt wird gewartet, bis alle Bedingungen für alle ausgehenden Kanten erfüllt sind, bevor gefeuert wird.
- Es existieren einige neue Elemente:
  - Aktivitäten können Objektknoten als Ein- und Ausgangsparameter haben.
  - Es können Vor- und Nachbedingungen für Aktivitäten definiert werden.
  - Anfangs- und Endzustand heißen jetzt *Startknoten* und *Endknoten*.
  - Kontrollflüsse, die im Diagramm sehr weite Entfernungen zurücklegen, können mit Hilfe von Konnektoren vereinfacht dargestellt werden.

2.5 Interaktionsdiagramme

In diesem Kapitel widmen wir uns der Darstellung und Beschreibung von Verhalten speziell in Interaktionsdiagrammen, soweit dies für den Fundamental-Test relevant ist.

2.5.1 Prüfungsthemen

Die hier beschriebenen Sachverhalte beziehen sich auf folgende Bereiche des Metamodells:

- Paket: *Interactions::BasicInteractions*
  - Interaktion (*Interaction*)
  - Lebenslinie (*Lifeline*)
  - Nachrichten (*Messages*)

Der Anteil dieser Themen an der gesamten Prüfung beträgt 20 Prozent.

2.5.2 Interaktionen (*Interactions*)

Definition

Eine Interaktion beschreibt eine Reihe von Nachrichten, die eine ausgewählte Menge von Beteiligten in einer zeitlich begrenzten Situation austauscht. Interaktion

Zur Darstellung von Interaktionen definiert die UML 2.0 vier unterschiedliche Diagramme:

- Sequenzdiagramme (*sequence diagram*) betonen die Reihenfolge des Nachrichtenaustausches.
- Kommunikationsdiagramme (*communication diagram*) betonen die Beziehungen zwischen den Beteiligten.
- Zeitdiagramme (*timing diagram*) betonen die Zustandswechsel der Beteiligten in Abhängigkeit von der Zeit und den ausgetauschten Nachrichten.
- Interaktionsübersichtsdiagramme (*interaction overview diagram*) zeigen die sachlogische Reihenfolge von Interaktionen mit einer Notation ähnlich der Aktivitätsdiagramme.

Für die Fundamental-Zertifizierung sind vorwiegend die Sequenzdiagramme relevant.

Notation und Semantik

Lebenslinien

Beim Sequenzdiagramm steht der zeitliche Verlauf der Nachrichten im Vordergrund. Die Beteiligten werden durch ein Rechteck und eine senkrechte gestrichelte Linie repräsentiert. Beides zusammen wird Lebenslinie (*Lifeline*) genannt. Nachrichten (*Message*) werden durch Pfeile zwischen den Lebenslinien dargestellt. Die Zeit verläuft von oben nach unten. Der zeitliche Verlauf der Nachrichten wird dadurch hervorgehoben.

☑ 2.5.2.11

Das Sequenzdiagramm in Abb. 2-104 zeigt eine Interaktion mit drei Lebenslinien. Beachten Sie, dass das ganze Diagramm eine Interaktion repräsentiert und eine Interaktion nicht nur ein einzelner Nachrichtenaustausch ist.

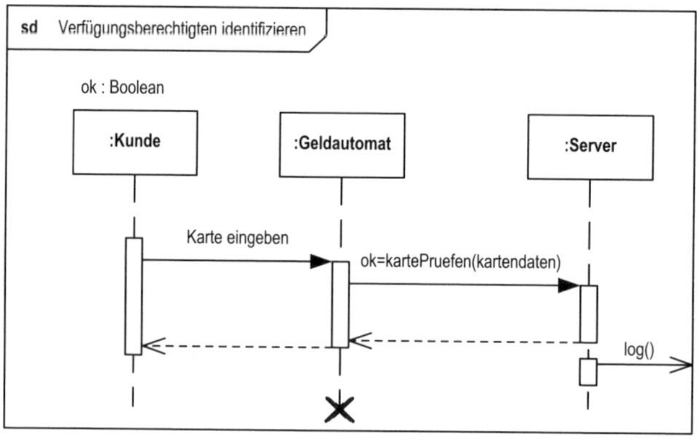

Abb. 2-104: Einfaches Beispiel eines Sequenzdiagramms

☑ 2.5.2.7 *ConnectableElements*

IL1

Wer mit den Sequenzdiagrammen der UML 1.x vertraut ist, dem wird eventuell auffallen, dass der Name im Kopf der Lebenslinie nicht unterstrichen ist. In der UML 2.0 repräsentieren die Lebenslinien keine Objekte, sondern Rollen (*ConnectableElement*) (siehe IL1 in Abb. 2-114).

Rollen sind eigentlich erst in den fortgeschritteneren Zertifizierungsstufen im Zusammenhang mit dem Kompositionsstrukturdiagramm von Bedeutung. Zum Verständnis daher hier nur der Hinweis, dass sie Instanzen beschreiben, die sich im Kontext des Classifiers befinden, zu dem die Interaktion gehört. Dort spielen sie eine bestimmte Rolle. Wenn Sie beim Lesen der Sequenzdiagramme die Lebenslinien wie in der UML 1.x gedanklich mit einem Objekt des angegebenen Typs verbinden, liegen Sie nicht verkehrt.

Multiobjekte

IL2

Im Kopf der Lebenslinie steht der (optionale) Elementname mit dem zugehörigen Classifier in der üblichen Deklarationsnotation: name : typ. Eine Lebenslinie repräsentiert immer nur genau ein Element. Multiobjekte wie in der UML 1.x sind nicht erlaubt. Natürlich kann eine Lebenslinie ein Element einer Sammlungsklasse repräsentieren. Falls Sie nur ein bestimmtes Element aus einer mengenwertigen Struktur wünschen, müssen Sie einen Selektor angeben (siehe Abb. 2-105 und IL2 in Abb. 2-114).

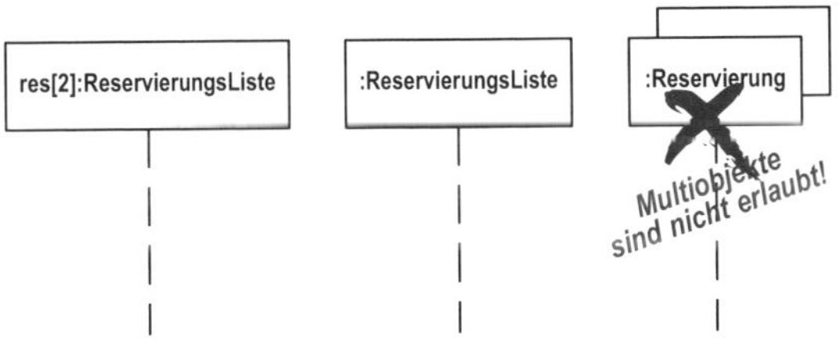

Abb. 2-105: Lebenslinien und mengenwertige Typen

Im Kopf einer Lebenslinie kann auch das Schlüsselwort *self* stehen. Die Lebenslinie repräsentiert dann ein Exemplar des Classifiers, zu dem die Interaktion gehört. ☑ 2.5.2.8

Wenn zwischen Lebenslinien Nachrichten ausgetauscht werden, muss auch ein Verhalten in den zugehörigen Elementen ausgeführt werden. Das wird durch die länglichen Rechtecke auf der Lebenslinie dargestellt. Die Rechtecke repräsentieren den so genannten Ausführungsfokus (*ExecutionOccurrence*). Anfang und Ende des Ausführungsfokus sind durch so genannte Ereignisauftritte definiert. Einfacher gesagt, das Senden und Empfangen von Nachrichten bestimmt Anfang und Ende des Ausführungsfokus (siehe IE1 und IE4 in Abb. 2-116). Ausführungsfokus (ExecutionOccurrence) ☑ 2.5.2.3 (IE1) (IE4)

Die Übertragung einer Nachricht wird mit Pfeilen notiert. Hier kennt die UML verschiedene Arten von Nachrichten, die durch unterschiedliche Pfeilnotationen dargestellt werden. In Abb. 2-106 werden die verschiedenen Nachrichtenarten und zugehörige Notationsformen gezeigt. ☑ 2.5.2.4

- Asynchrone Nachrichten (*asynchronous messages*) haben eine offene Pfeilspitze. Asynchron bedeutet, dass der Aufrufer nicht wartet, sondern unmittelbar nach dem Aufruf fortfährt. Entsprechend gibt es auf asynchrone Aufrufe auch keine Antwortpfeile. Asynchron
- Synchrone Nachrichten (*synchronous messages*) haben eine gefüllte Pfeilspitze. Synchron bedeutet, dass der Aufrufer wartet, bis das aufgerufene Verhalten beendet wurde. Die Antwort (*Reply Message*) auf einen synchronen Aufruf wird mit einer gestrichelten Linie und offener Pfeilspitze dargestellt. Synchron
- Verlorene Nachrichten (*lost messages*) haben eine offene Pfeilspitze, die auf einen ausgefüllten Kreis zeigt. Der Kreis ist nicht mit einer Lebenslinie verbunden. Bei einer verlorenen Nachricht ist der Sender der Nachricht bekannt, aber nicht der Empfänger. Lost
- Gefundene Nachrichten (*found messages*) haben eine offene Pfeilspitze. Die Linie geht von einem ausgefüllten Kreis aus. Der Kreis ist nicht mit einer Lebenslinie verbunden. Bei einer gefundenen Nachricht ist der Empfänger der Nachricht bekannt, aber nicht der Sender. Found
- Eine Nachricht, die ein neues Exemplar erzeugt, wird mit einer gestrichelten Linie und offener Pfeilspitze dargestellt. Die zu dem Exemplar Create

gehörende Lebenslinie beginnt erst an dieser Stelle im Diagramm, d.h., der Pfeil zeigt auf den Kopf der Lebenslinie.

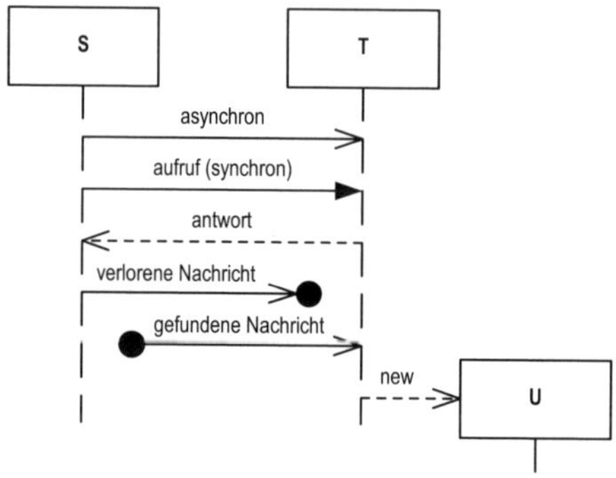

Abb. 2-106: Notationsformen der verschiedenen Nachrichtenarten

Auf den Nachrichtenpfeilen wird die Nachricht notiert. Die Syntax lautet:

```
[attribut =] name [(argumente)] [:rückgabewert] | ´*´
```

Wobei gilt:

- `attribut` kann eine lokale Variable der Interaktion oder ein Exemplar einer Lebenslinie sein. Die Attributzuweisung wird nur bei synchronen Nachrichten mit Rückgabewert verwendet.
- `name` ist der Name der aufzurufenden Nachricht oder der Name des Signals, das gesendet wird. Das Senden eines Signals hat immer asynchronen Charakter.
- `argumente` ist eine kommaseparierte Liste der Parameterwerte, die der Nachricht übergeben werden. Ein Argument hat die Syntax

  ```
  [parameter=]wert
  ```

  oder

  ```
  attribut=ausgabeparameter[:ausgabewert]
  ```

  oder

  ```
  ´-´
  ```

  Der Bindestrich wird verwendet, wenn der Wert unbekannt ist und für die Interaktion keine Rolle spielt. Die Notation mit dem Ausgabeparameter gilt für Parameter mit der Richtung *out*, *inout* bzw. *return*. Die erste Darstellung ist für Parameter mit der Richtung *in*. Optional kann zu dem Parameterwert der Name des Parameters zum besseren Verständnis angegeben werden.

Beispiele für Nachrichten:

```
nachricht(4,-,2,„HalloWelt!")
x=berechne(17,bpos):42
nachricht(arg=2003)
```

Alternativ kann für eine Nachricht auch nur „*“ angegeben werden. Es ist ein Platzhalter für eine x-beliebige Nachricht.

Lokale Attribute

Lokale Attribute, die beispielsweise als Schleifenzähler o.Ä. verwendet werden können, werden oben links im Diagramm deklariert. In Abb. 2-104 wird das lokale Attribut *ok* verwendet.

Konstruktion und Destruktion (*Stopp*)
☑ 2.5.2.2
IE2

Neben dem Erzeugen (Objektkonstruktion) kann in Sequenzdiagrammen auch das Entfernen (Objektdestruktion) von Objekten dargestellt werden. Die Destruktion eines Objektes wird durch ein Kreuz auf der Lebenslinie angezeigt. In der UML 2.0-Spezifikation wird die Destruktion als Stopp (*Stop*) bezeichnet. Der Stopp ist ein spezieller Ereignisauftritt (*EventOccurrence*) (siehe IE2 in Abb. 2-116)[8].

☑ 2.5.2.5
☑ 2.5.2.6
IN1

Für die Zertifizierung wichtiger als der Stopp sind die Ereignisauftritte, die unmittelbar beim Senden und Empfangen von Nachrichten auftreten. Das Senden ist ein Ereignis, ebenso wie das Empfangen (siehe IN1 in Abb. 2-115). Hierüber definiert sich die Semantik einer Interaktion, die sich mit zwei Mengen beschreiben lässt. Eine Menge enthält gültige Abfolgen von Sende- und Empfangsereignissen. Die andere Menge enthält ungültige Abfolgen. Übrig bleiben die Abfolgen, die ignoriert werden.

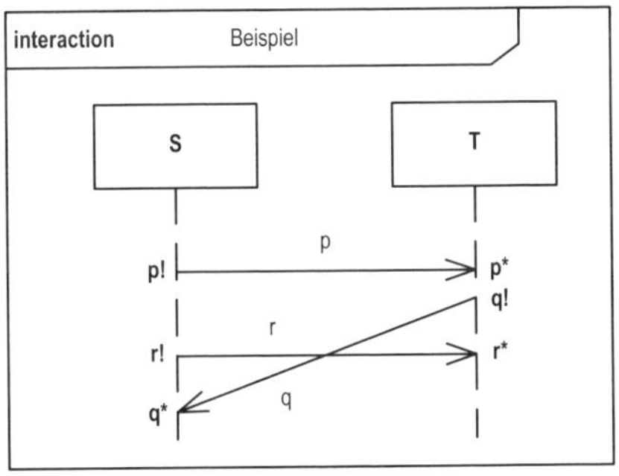

Abb. 2-107: Beispiel für Abfolgen

☑ 2.5.2.9

In Abb. 2-107 ist eine Interaktion mit zwei Lebenslinien und drei (asynchronen) Nachrichten *p*, *q* und *r* dargestellt. Ein Sendeereignis wird in diesem Beispiel mit einem Ausrufezeichen, ein Empfangsereignis mit einem Stern notiert. Beachten Sie bitte, dass das keine UML-Notation ist. Eine gültige Abfolge der Interaktion in Abb. 2-107 ist z.B. <p!,p*,q!,r!,r*,q*>. Was so

[8] In der finalen UML 2.0-Spezifikation [UML2.0] wird das Ereignis passender *DestructionEvent* genannt. Die Zertifizierung basiert auf einer älteren Version [UML2.0zert], die es noch als Stopp bezeichnet.

manchen Modellierer beim ersten Mal überrascht: Es kann mehr als eine gültige Abfolge in einer Interaktion geben. Eine weitere in unserem Beispiel ist diese hier: <p!,r!,p*,q!,r*,q*>.

☑ 2.5.2.10 Zum Ermitteln gültiger Abfolgen muss man nur zwei einfache Regeln beachten:

1. Vor einem Empfangsereignis kommt immer zuerst das zugehörige Sendeereignis.
2. Die Reihenfolge entlang <u>einer</u> Lebenslinie ist relevant. Nicht von Bedeutung ist dagegen die relative Position eines Ereignisses gegenüber eines Ereignisses auf einer anderen Lebenslinie. In Abb. 2-107 liegt beispielsweise das Ereignis r! unterhalb des Ereignisses q!, trotzdem kann es aber vorher stattfinden.

GeneralOrdering ☑ 2.5.2.1 (IE3) Als Modellierer kann man mit einer Ordnungsbeziehung (*GeneralOrdering*) die Ereignisreihenfolge beeinflussen. Die Ordnungsbeziehung ist eine Beziehung zwischen zwei Ereignissen und bringt diese in eine zeitliche Reihenfolge (siehe IE3 in Abb. 2-116). Die Beziehung wird als gepunktete Linie mit einem mittig angeordneten ausgefülltem Dreieck als Richtungsangabe zwischen zwei Ereignissen gezeichnet. Das Dreieck zeigt auf das spätere Ereignis.

In Abb. 2-108 ist unserem obigen Beispiel eine Ordnungsbeziehung hinzugefügt. Dadurch wird die oben noch gültige Abfolge <p!,p*,q!,r!,r*,q*> ungültig, da das Ereignis r! vor p* auftreten muss.

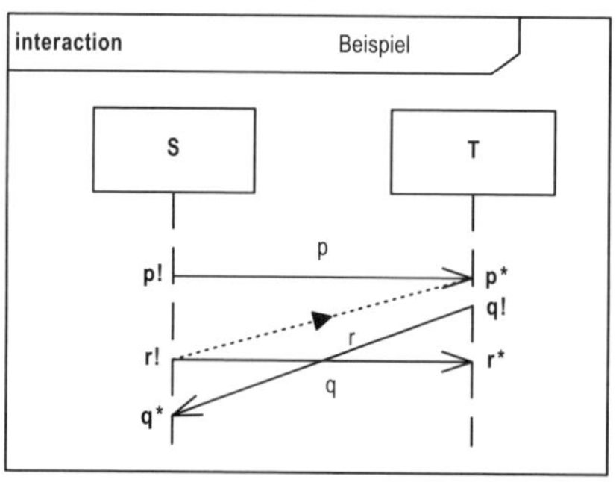

Abb. 2-108: Beispiel für eine Ordnungsbeziehung

Eine besondere Rolle spielen in diesem Zusammenhang gefundene und verlorene Nachrichten. Hier fehlt jeweils ein Ereignis: das Empfangsereignis bei der verlorenen Nachricht und das Sendeereignis bei der gefundenen (IN2) (IN1) Nachricht. Wie im Metamodell zu sehen (IN2 in Abb. 2-115) ist diese Kategorisierung von Nachrichten auch abgeleitet (ableitbar von den Assoziationen IN1 in Abb. 2-115).

☑ 2.5.2.12 Der Austausch von Nachrichten kann die Zustände der Exemplare verändern, die von den Lebenslinien repräsentiert werden. Das kann mit so genannten Zustandsinvarianten (*StateInvariant*) notiert werden (siehe I2 in Abb. 2-113). Auf der Lebenslinie wird ein entsprechendes Zustandssymbol notiert oder direkt eine Zusicherung bzw. eine Zusicherung in einem Notizsymbol. Die verschiedenen Notationsformen sind in Abb. 2-109 dargestellt. I2

Die Zustandsinvarianten werden unmittelbar vor dem nächsten Ereignisauftritt ausgewertet. In einer gültigen Abfolge muss die Invariante erfüllt sein.

☑ 2.5.2.13

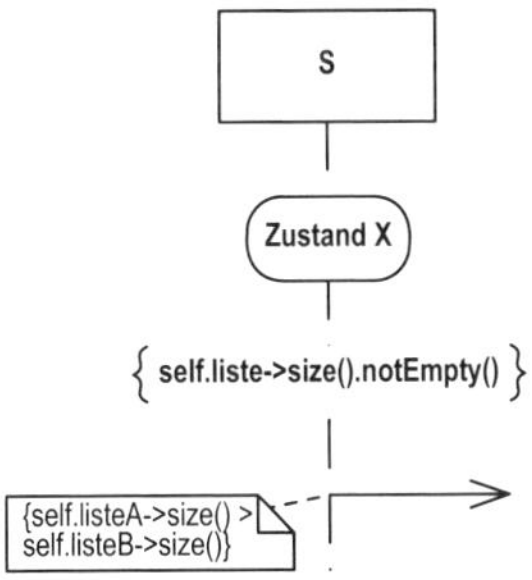

Abb. 2-109: Zustandsinvarianten auf einer Lebenslinie

Struktur einer Interaktion

Abschließend widmen wir uns noch kurz der allgemeinen Struktur einer Interaktion. Die Metamodellklasse *Interaction* besitzt per Komposition die Elemente *Message* und *Lifeline*. Die abstrakte Oberklasse von *Interaction* und anderen Elementen wie z.B. *EventOccurrence* ist *InteractionFragment*. Die Gesamtstruktur einer Interaktion wird mittels des Kompositum-Musters gebildet (siehe I1 in Abb. 2-113). I1

Checkliste Interaktionsdiagramme:

☑ 2.5.2.1: Was drückt die Ordnungsbeziehung (*GeneralOrdering*) aus?
☑ 2.5.2.2: Was ist ein Stopp?
☑ 2.5.2.3: Was ist ein Ausführungsfokus?
☑ 2.5.2.4: Welche Arten von Nachrichten gibt es?
☑ 2.5.2.5: Welche Ereignisse werden durch Nachrichtenaustausch ausgelöst?
☑ 2.5.2.6: Wie ist die Semantik einer Interaktion definiert?
☑ 2.5.2.7: Was stellt eine Lebenslinie dar?
☑ 2.5.2.8: Was bedeutet *self* in einer Lebenslinie?
☑ 2.5.2.9: Wie viele gültige Ereignisabfolgen kann eine Interaktion haben?
☑ 2.5.2.10: Welche Regeln bestimmen gültige Ereignisabfolgen?
☑ 2.5.2.11: Was ist eine Interaktion?
☑ 2.5.2.12: Was ist eine Zustandsinvariante?
☑ 2.5.2.13: Wie werden Zustandsinvarianten notiert?

2.5.3 Weitere Interaktionsdiagramme

Für die Prüfung sind vor allem die Sequenzdiagramme und das Interaktionsmodell relevant. Dennoch sollten Sie die anderen Interaktionsdiagramme einmal gesehen haben.

Kommunikationsdiagramm (früher Kollaborationsdiagramm)

Das Kommunikationsdiagramm entspricht dem Kollaborationsdiagramm der UML 1.x. Es ist umbenannt worden, da der Name Kollaborationsdiagramm irreführend ist. Es gibt in der UML auch das Modellelement Kollaboration, das aber nichts mit Kollaborationsdiagrammen zu tun hat.

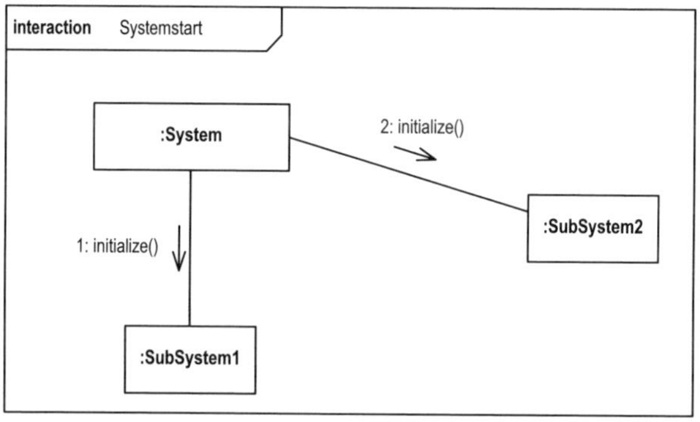

Abb. 2-110: Beispiel Kommunikationsdiagramm (*communication diagram*)

In Abb. 2-110 ist gut zu sehen, dass das Kommunikationsdiagramm die Beziehungen zwischen den Beteiligten in den Vordergrund stellt und nicht wie beim Sequenzdiagramm die zeitliche Abfolge des Nachrichtenaustausches.

Auf den ersten Blick kann das Kommunikationsdiagramm mit dem Kompositionsstrukturdiagramm (siehe Abb. 2-49) verwechselt werden, insbesondere, wenn man mit der neuen Notation der UML 2.0 noch nicht vertraut ist.

Zeitdiagram (timing diagram)

Das Zeitdiagramm (*timing diagram*) ist eine weitere spezielle Sicht auf das Interaktionsmodell. Im Vordergrund steht die Zeit. Genauer gesagt, die Änderung der Zustände einer Lebenslinie entlang einer echten linearen Zeitachse. Die Zustände sind Zustandsinvarianten (*StateInvariant*) im Interaktionsmodell. Abb. 2-111 zeigt ein Zeitdiagramm.

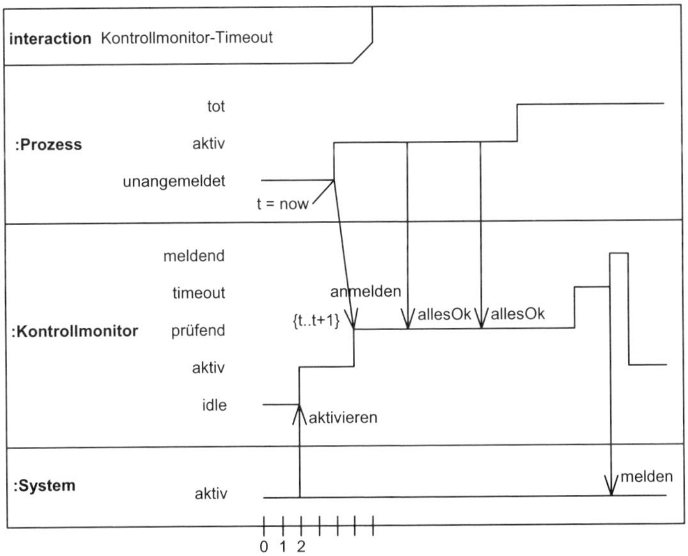

Abb. 2-111: Beispiel Zeitdiagramm (*timing diagram*)

Interaktionsübersichtsdiagramm (*interaction overview diagram*)

Das Interaktionsübersichtsdiagramm (*interaction overview diagram*) sieht aus wie ein spezielles Aktivitätsdiagramm. Es ist aber ein Interaktionsdiagramm, das lediglich die Notation der Aktivitätsdiagramme verwendet. Die Knoten sind Interaktionen oder Interaktionsreferenzen. Das Diagramm beschreibt eine Ablaufreihenfolge für die Interaktionen, die jeweils nur ein Szenario, also den Ausschnitt eines Ablaufs, zeigen.

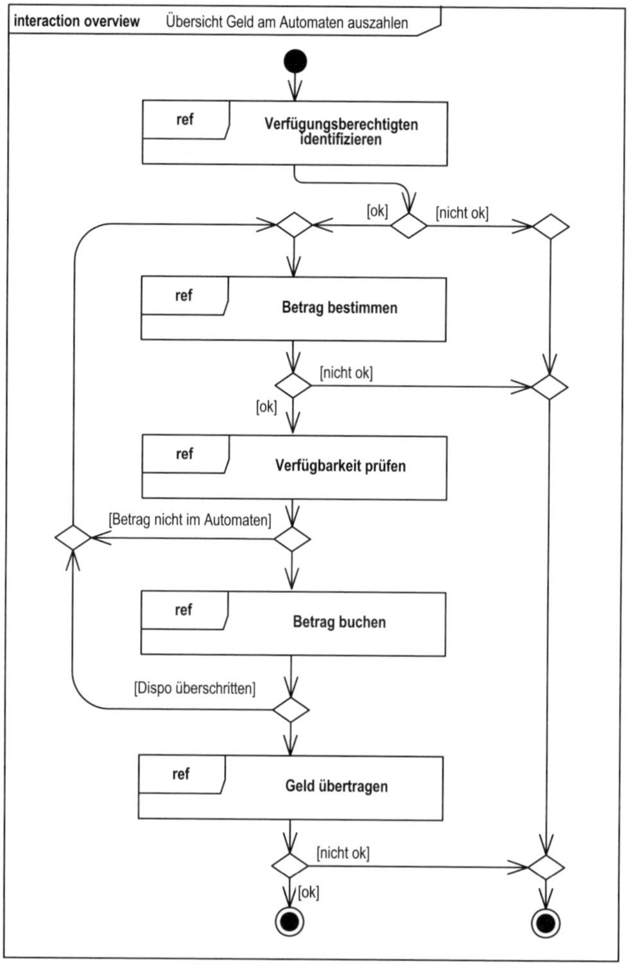

Abb. 2-112 Beispiel Interaktionsübersichtsdiagramm (*interaction overview diagram*)

Metamodell

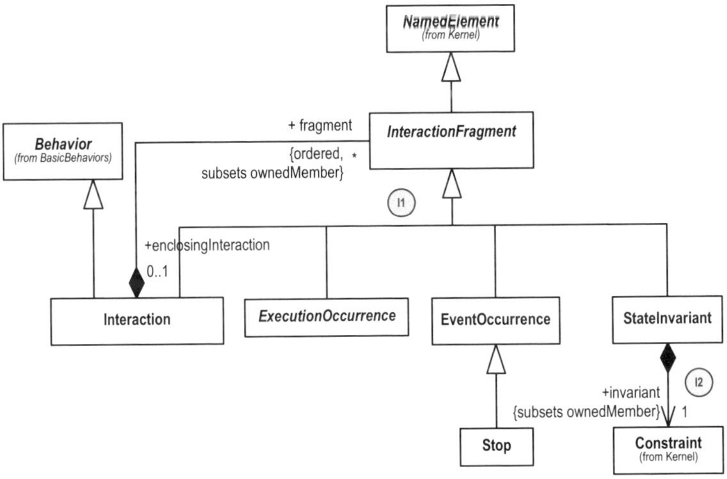

Abb. 2-113: Metamodell Interaktion

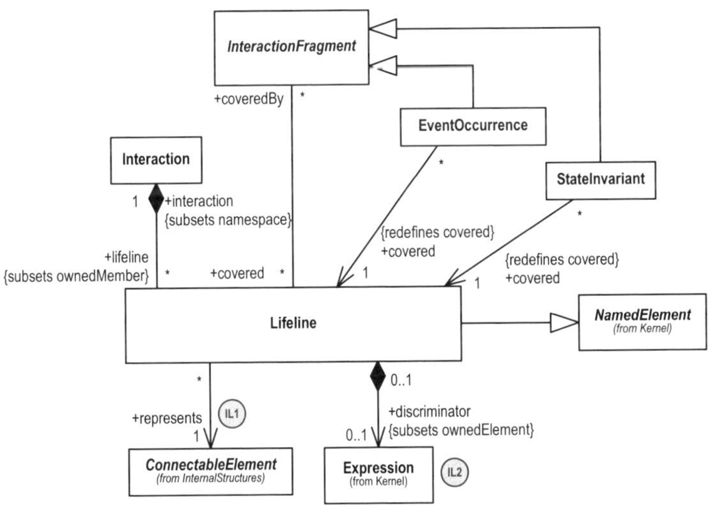

Abb. 2-114: Metamodell Lebenslinie

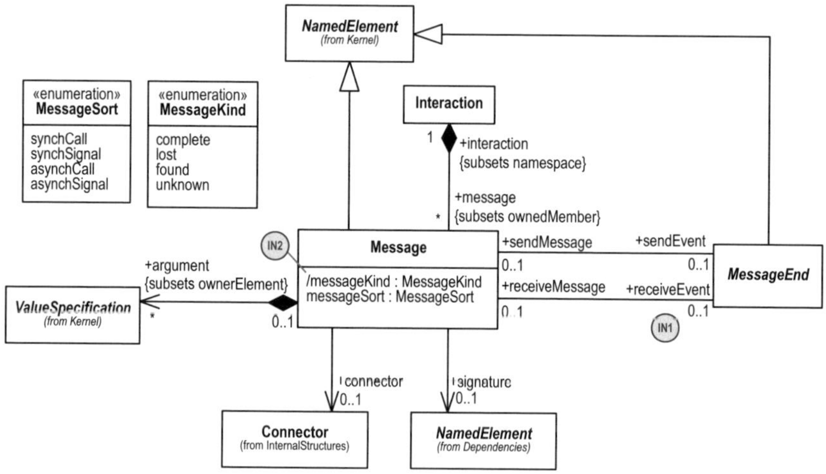

Abb. 2-115: Metamodell Nachrichten

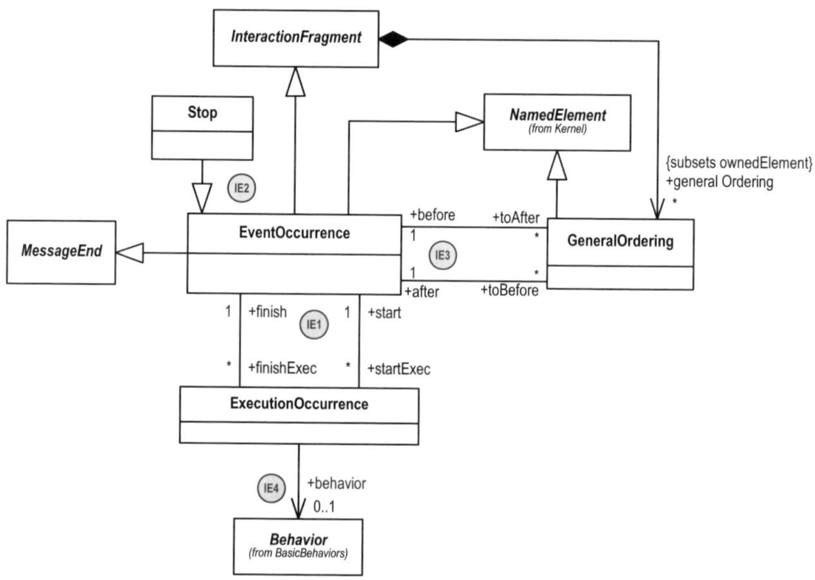

Abb. 2-116: Metamodell Ereignisauftritte

2.6 Anwendungsfälle

In diesem Kapitel widmen wir uns der Darstellung und Beschreibung von Verhalten speziell in Anwendungsfällen.

2.6.1 Prüfungsthemen

Die hier beschriebenen Sachverhalte beziehen sich auf folgende Bereiche des Metamodells:

- Paket: *UseCases*
  - Akteur
  - Enthält- und Erweiterungsbeziehung (*include/extend*)
  - Classifier eines Anwendungsfalles
  - weitere Anwendungsfallkonzepte

Der Anteil dieser Themen an der gesamten Prüfung beträgt 20 Prozent.

2.6.2 Anwendungsfälle und Akteure (*Use Cases, Actors*)

Definition

Ein Anwendungsfall (*UseCase*) spezifiziert eine Menge von Aktionen, die von einem System (*subject*) ausgeführt werden und zu einem Ergebnis führen, das üblicherweise von Bedeutung für einen Akteur oder Stakeholder ist.

Der Akteur (*Actor*) ist definiert als eine Rolle, die sich außerhalb des Systems (*subject*) des zugehörigen Anwendungsfalles befindet und mit dem System im Kontext des Anwendungsfalles interagiert.

Notation und Semantik

Ein Anwendungsfalldiagramm beschreibt die Zusammenhänge zwischen einer Menge von Anwendungsfällen und den daran beteiligten Akteuren.

Keine Ablaufdiagramme

Zu beachten ist, dass Anwendungsfalldiagramme selbst kein Verhalten und keine Abläufe beschreiben, sondern nur die Zusammenhänge der an Anwendungsfällen beteiligten Modellelemente zeigen und zur Anforderungsanalyse und -verwaltung verwendet werden können.

Das Anwendungsfalldiagramm in Abb. 2-117 zeigt zwei Anwendungsfälle und zugehörige Akteure.

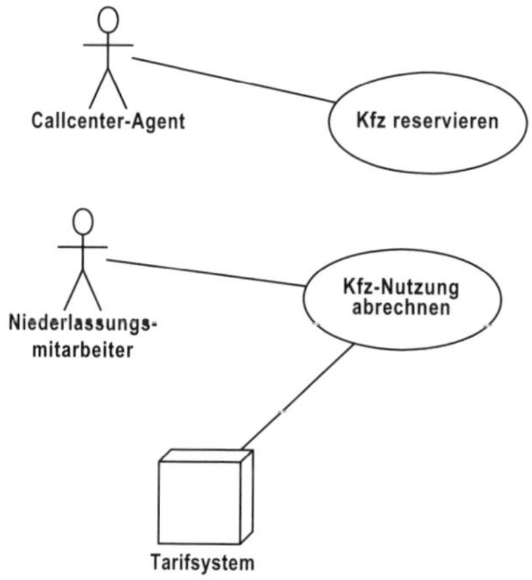

Abb. 2-117: Beispiel Anwendungsfalldiagramm

Aktivitätsdiagramme ⇨83

Die zwei Anwendungsfälle von oben nach unten gelesen suggerieren zwar eine Reihenfolge, diese ist aber seitens der UML weder gegeben noch vorgesehen. Sollten Sie es dennoch versuchen, werden Sie höchstwahrscheinlich auf die Nase fallen. Das Diagramm beschreibt nur, welche Anwendungsfälle es gibt und wer daran beteiligt ist. Wie Abläufe und Reihenfolgen dargestellt werden, ist im Kapitel 2.4 über Aktivitätsdiagramme beschrieben.

Die Definition des Anwendungsfalles enthält einige Begriffe, die noch näher erläutert werden müssen:

☑ 2.6.2.4

(A4)

Das System ist kein direktes Modellelement der UML. Mit System ist der Kontext des Anwendungsfalles gemeint, es beschreibt einen Classifier, in dem die vom Anwendungsfall spezifizierten Aktionen ausgeführt werden (siehe A4 in Abb. 2-122). Dabei kann der konkrete Classifier z.B. eine Klasse oder eine Komponente sein, die die gesamte Anwendung repräsentiert. Synonyme für das System in diesem Zusammenhang sind oft Anwendungsfallkontext, Subjekt, Modellierungsfokus oder Kontext.

Stakeholder

Der Stakeholder ist kein Modellelement der UML. Es ist ein Allgemeinbegriff, der im Deutschen auch mit Anforderungsbeitragender oder Interessenhalter übersetzt wird. Gemeint ist eine Person, die Anforderungen oder ein Interesse am System hat und entsprechend an den Ergebnissen interessiert ist.

☑ 2.6.2.7

Abb. 2-118 zeigt verschiedene Notationen eines Akteurs. Die UML gibt die Strichfigur als Akteursymbol vor. Der Name des Akteurs steht unter oder über der Figur. Es ist zulässig, ein beliebiges benutzerspezifisches Symbol zu verwenden[9]. Der rechte Quader ist beispielsweise kein Symbol der UML.

[9] ohne den Stereotypmechanismus zu verwenden

Es ist weit verbreitet, ein Quadersymbol o.Ä. für Fremdsysteme zu verwenden, da man mit der Strichfigur immer menschliche Benutzer verbindet.

Ein Akteur ist im Metamodell ein spezieller Classifier (siehe A1 in Abb. 2-122). Vom Classifier erbt der Akteur die zweite Darstellung von rechts. ☑ 2.6.2.1 (A1)

☑ 2.6.2.6

Abb. 2-118: Notation von Akteuren

Ein Akteur wird mittels einer einfachen Assoziation mit Anwendungsfällen verbunden. Es repräsentiert einen Kommunikationspfad zwischen Akteur und Anwendungsfall. Wie bei Assoziationen im Klassendiagramm sind auch hier Multiplizitäten möglich.

Die Multiplizität auf Seite des Anwendungsfalles gibt an, wie oft dieser Anwendungsfall von dem Akteur gleichzeitig ausgeführt werden darf. Wenn keine Angabe gemacht wird, ist die Standardmultiplizität 0..1. Multiplizität

Auf der Seite des Akteurs bedeutet die Multiplizität, wie viele Akteure der angegebenen Rolle am Anwendungsfall beteiligt sein müssen bzw. können. Wenn keine Angabe gemacht wird, ist die Standardmultiplizität 1.

Üblicherweise verwendet man keine Navigationsangaben. Gerichtete Assoziationen sind aber erlaubt. Die UML gibt hier keine spezifische Semantik vor. Verbreitet ist die Interpretation, dass die Richtung den Initiator der Kommunikation zwischen Akteur und Anwendungsfall angibt.

Akteure dürfen untereinander keine Assoziationen haben.

Wenden wir uns nun wieder dem Anwendungsfall selbst zu. Abb. 2-119 zeigt verschiedene Notationsformen von Anwendungsfällen. Links ist die Standardnotation. Es ist aber auch erlaubt, den Namen des Anwendungsfalles unterhalb der Ellipse zu notieren. Das hat den Vorteil, dass die Größe der Ellipse nicht mit der Länge des Anwendungsfallnamens skalieren muss. Interessanterweise ist es im Gegensatz zur Akteurnotation bei Anwendungsfällen verboten, den Namen oberhalb der Ellipse zu notieren.

Ein Anwendungsfall ist ein spezieller Classifier, genau genommen ein *BehavioredClassifier* (siehe A2 in Abb. 2-122). Die rechte Notation in Abb. 2-119 ist ein solcher Fall. Diese Darstellung eignet sich dann, wenn z.B. viele Erweiterungspunkte definiert worden sind. ☑ 2.6.2.2 (A2)

☑ 2.6.2.5

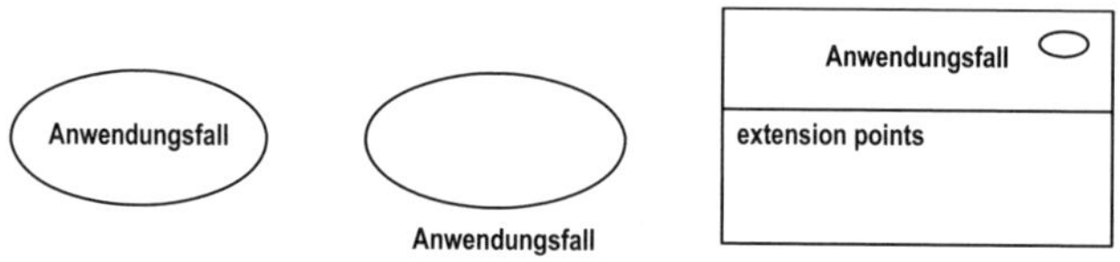

Abb. 2-119: Notation von Anwendungsfällen

☑ 2.6.2.4

Das Subjekt zu einem Anwendungsfall kann im Diagramm wie in Abb. 2-120 dargestellt werden. Hier ist es ein Subsystem.

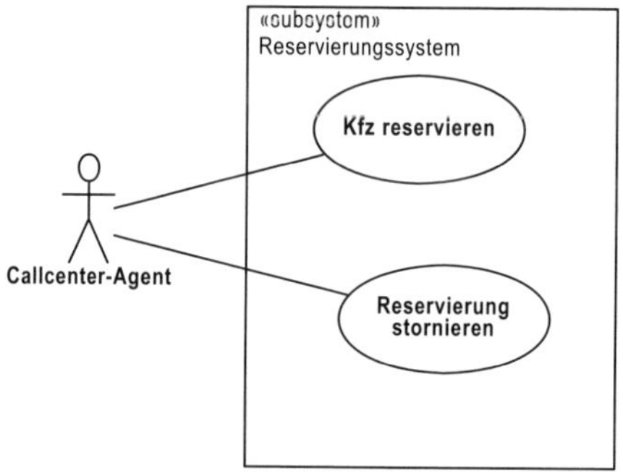

Abb. 2-120: Anwendungsfallkontext

Das Reservierungssystem ist eine Komponente mit Stereotyp «subsystem». Eine Komponente ist ein spezieller Classifier. Sie ist nicht Bestandteil der Prüfungsthemen zur Zertifizierungsstufe Fundamental, sondern erst in der Stufe Intermediate relevant.

☑ 2.6.2.3

(A3)

Neben einem Classifier, auf den sich der Anwendungsfall bezieht, kann der Anwendungsfall auch einem Classifier gehören (siehe A3 in Abb. 2-122). Das muss nicht zwingend derselbe Classifier sein. Das Modellelement Classifier wird im Paket *UseCase* um die Eigenschaft, Anwendungsfälle zu besitzen, erweitert und erhält eine spezielle Notation. Neben den Abteilungen (*compartments*) für Name, Attribute und Operationen können die Anwendungsfälle in einem weiteren Bereich dargestellt werden (Abb. 2-121).

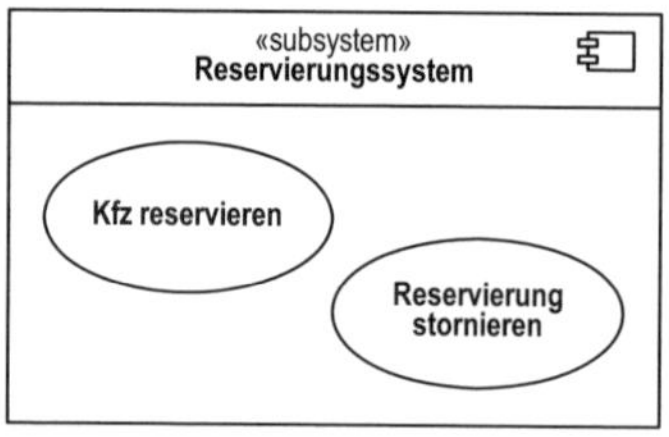

Abb. 2-121: Komponente mit zugehörigen Anwendungsfällen

Checkliste Akteure und Anwendungsfälle:

☑ 2.6.2.1: Was ist die Oberklasse eines Akteurs?
☑ 2.6.2.2: Was ist die Oberklasse eines Anwendungsfalles?
☑ 2.6.2.3: Wer kann der Besitzer eines Anwendungsfalles sein?
☑ 2.6.2.4: Was ist das Subjekt eines Anwendungsfalles?
☑ 2.6.2.5: Welche Notationsformen gibt es für einen Anwendungsfall?
☑ 2.6.2.6: Welche Notationsformen gibt es für einen Akteur?
☑ 2.6.2.7: Kann nur der menschliche Benutzer ein Akteur sein?

Metamodell

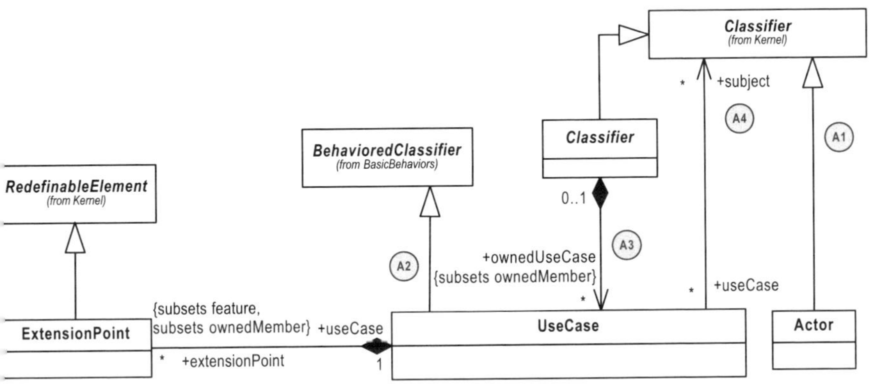

Abb. 2-122: Metamodell Anwendungsfall und Akteur

2.6.3 Anwendungsfallbeziehungen (*Include*, *Extend*)

Definition

Include

Mit einer Enthältbeziehung (*Include*) wird ein Anwendungsfall in einen anderen Anwendungsfall eingebunden und logischer Teil von diesem.

Extend

Mit einer Erweiterungsbeziehung (*Extend*) hingegen lässt sich ausdrücken, dass ein Anwendungsfall unter bestimmten Umständen und an einer bestimmten Stelle (dem sog. Erweiterungspunkt, engl. *ExtensionPoint*) durch einen anderen erweitert wird.

Generalisierung

Da Anwendungsfälle spezielle Classifier sind, können Anwendungsfälle auch generalisiert werden. Es gelten die allgemeinen Regeln. Ebenso können Anwendungsfälle abstrakt sein und erst durch Unter-Anwendungsfälle konkretisiert werden.

Semantik und Notation

Teile von Anwendungsfällen, die in mehreren Anwendungsfällen in identischer Weise vorkommen, können in einen eigenen Anwendungsfall ausgelagert und per Enthältbeziehung wieder eingebunden werden, um so eine redundante Beschreibung der identischen Teile zu vermeiden. Durch die Enthältbeziehung werden anders als bei der Generalisierungsbeziehung keine Eigenschaften weitervererbt.

☑ 2.6.3.2

Die Enthältbeziehung wird dargestellt durch einen gestrichelten Pfeil mit offener Pfeilspitze, der in Richtung auf den enthaltenen Anwendungsfall zeigt. An dem Pfeil wird das Schlüsselwort «include» notiert.

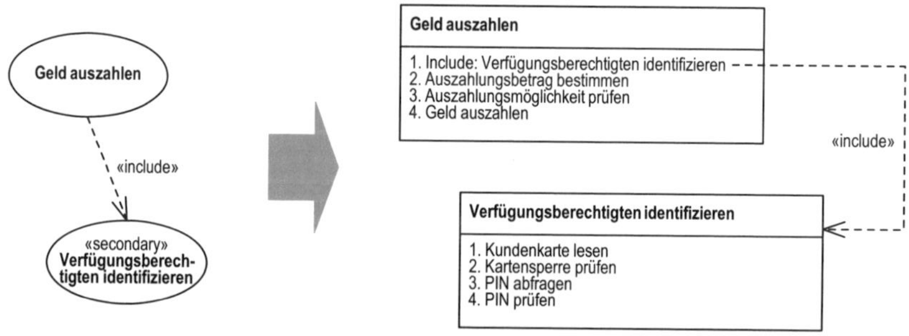

Abb. 2-123: Die Enthältbeziehung im Anwendungsfalldiagramm und ihre Bedeutung in der Anwendungsfallbeschreibung (Hinweis: rechte Seite ist kein UML)

Der eingebundene Anwendungsfall in Abb. 2-123 ist mit dem Stereotyp «secondary» versehen. Das gehört nicht zum UML-Standard und wird insofern nicht in der Zertifizierungsprüfung erscheinen. Es ist aber üblich, eingebundene Anwendungsfälle zu kennzeichnen, da sie in der Regel unvollständig sind (Anwendungsfallfragmente) und von den primären (normalen) Anwendungsfällen unterschieden werden müssen.

Mit dem eingebundenen Anwendungsfall muss nicht zwingend ein Akteur verbunden sein. ☑ 2.6.3.5

Kennen Sie Eclipse? Mit dem Konzept, das hinter Eclipse steht, kann man sich die Funktionsweise der Erweiterungsbeziehung zwischen Anwendungsfällen gut veranschaulichen. Der Kern von Eclipse bietet relativ wenig Funktionen, dafür aber etliche Erweiterungspunkte, an denen die Funktionalität durch Plugins erweitert werden kann. Ein Eclipse-Plugin verbindet sich mit einem Erweiterungspunkt und fügt dort neue Funktionen hinzu. Dabei hat der Kern von Eclipse natürlich keine Kenntnis von den Plugins, sondern definiert nur die Erweiterungspunkte. www.eclipse.org

Die Erweiterungsbeziehung zwischen Anwendungsfällen enthält genau dieses Konzept. In Abb. 2-124 wird der Anwendungsfall A durch den Anwendungsfall B am Erweiterungspunkt P unter einer bestimmten Bedingung erweitert. Die Erweiterungsbeziehung zeigt also auf den Anwendungsfall, der erweitert wird, und geht von dem Anwendungsfall aus, der das Verhalten der Erweiterung beschreibt. ☑ 2.6.3.1

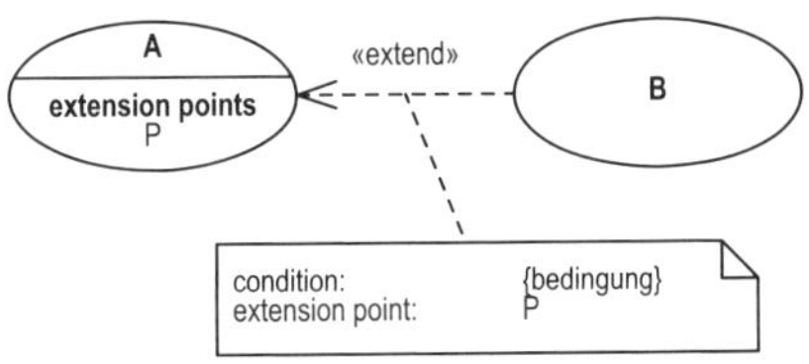

Abb. 2-124: Notation der Erweiterungsbeziehung

Die Erweiterungsbeziehung hat nichts mit der Generalisierungsbeziehung gemeinsam. Das Schlüsselwort *extend* ist allerdings ähnlich zum Schlüsselwort der Generalisierung in der Programmiersprache Java (*extends*). Der Unterschied ist nur das „s“. Die Enthältbeziehung wird übrigens auch ohne „s“ am Ende geschrieben (*include*).

Ein Anwendungsfall kann beliebig viele Erweiterungspunkte definieren (siehe AB3 in Abb. 2-126). Wenn es sehr viele sind, bietet sich die Classifier-Notation an (siehe Abb. 2-119). Umgekehrt kann eine Erweiterungsbeziehung sich auch auf mehr als einen Erweiterungspunkt beziehen (siehe AB1 in Abb. 2-126). ☑ 2.6.3.3 AB3 AB1

Die Bedingung der Erweiterungsbeziehung ist optional (siehe AB2 in Abb. 2-126). Wenn keine Bedingung angegeben wird, findet die Erweiterung immer statt. ☑ 2.6.3.4 AB2

Gegenüber der UML 1.x hat sich die Notation der Beziehung geändert. In der UML 1.x standen die Erweiterungsbedingung und die Erweiterungspunkte frei neben dem Erweiterungspfeil. Jetzt werden sie kompakt in einem Notizsymbol notiert.

Mit dem erweiternden Anwendungsfall (B) muss nicht zwingend ein Akteur verbunden sein. ☑ 2.6.3.6

Beispiele

In Abb. 2-125 wird ein Anwendungsfalldiagramm mit Anwendungsfällen, Akteuren, Generalisierungsbeziehungen und Enthält- und/oder Erweiterungsbeziehungen gezeigt, die ohne Schlüsselwort notiert sind. Obwohl das Diagramm keinen konkreten Sachverhalt darstellt, lassen sich einige Aussagen treffen.

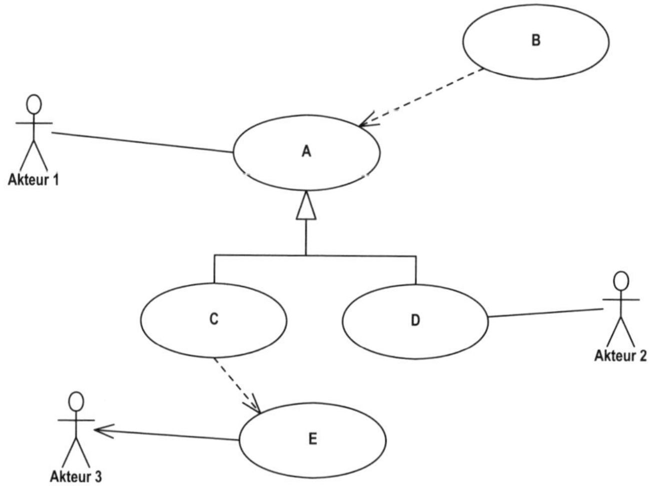

Abb. 2-125: Beispiel für ein Anwendungsfalldiagramm mit Anwendungsfallbeziehungen

Der Anwendungsfall A könnte abstrakt sein. Er wird von den Anwendungsfällen C und D konkretisiert, so dass z.B. C mit Akteur 1 konkret ausgeführt werden könnte.

Man fragt sich natürlich, ob die gestrichelten Pfeile Enthält- oder Erweiterungsbeziehungen sind. Das kann man sich aus dem Diagramm herleiten.

Der Anwendungsfall E hat einen Akteur. Die Beziehung ist gerichtet, d.h., nach der gängigen Interpretation ist der Akteur passiv und initiiert nicht den Anwendungsfall. Wäre die Beziehung zwischen C und E eine Erweiterungsbeziehung, so würde für Anwendungsfall E der auslösende Akteur fehlen. Es muss sich also um eine Enthältbeziehung handeln.

Der Anwendungsfall B hat ebenfalls keinen Akteur. Wäre die Beziehung zwischen A und B eine Enthältbeziehung, so würde auch hier für Anwendungsfall B der auslösende Akteur fehlen. Es muss sich also hier um eine Erweiterungsbeziehung handeln.

Checkliste Anwendungsfallbeziehungen:

☑ 2.6.3.1: In welche Richtung zeigt die Erweiterungsbeziehung?

☑ 2.6.3.2: In welche Richtung zeigt die Enthältbeziehung?

☑ 2.6.3.3: Wie viele Erweiterungspunkte kann ein Anwendungsfall definieren?

☑ 2.6.3.4: Muss eine Erweiterungsbeziehung eine Bedingung angeben?

☑ 2.6.3.5: Muss der enthaltene Anwendungsfall einen Akteur haben?

☑ 2.6.3.6: Muss der erweiternde Anwendungsfall einen Akteur haben?

Metamodell

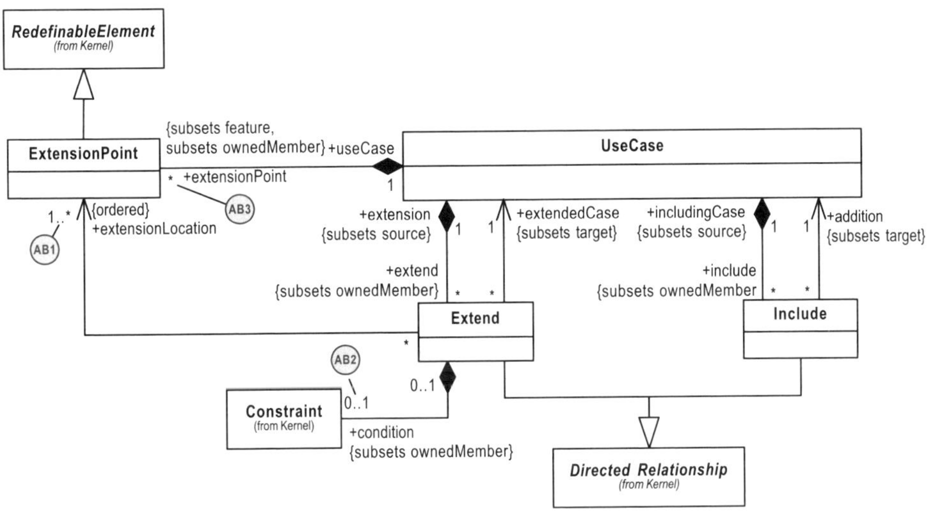

Abb. 2-126: Metamodell Anwendungsfallbeziehungen

3

OCUP Intermediate

3.1 Kompositionsstrukturdiagramme

In diesem Kapitel widmen wir uns einer Diagrammform der UML 2.0, die es in der UML 1.x noch nicht gegeben hat.

Das Kompositionsstrukturdiagramm (*composite structure diagram*) beschreibt die interne Struktur von beispielsweise Klassen oder Komponenten. Die UML ist eine sehr umfangreiche Sprache, und Sie fragen sich sicherlich: Wieso wird noch eine weitere Diagrammform benötigt?

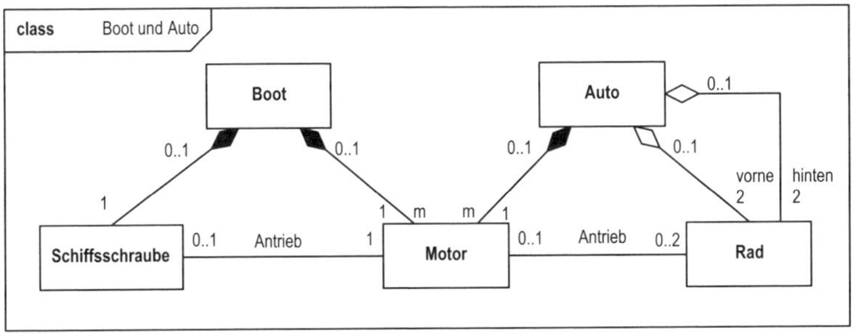

Abb. 3-1: Klassendiagramm Boot und Auto

Betrachten wir zunächst einmal das Klassendiagramm in Abb. 3-1. Das Klassendiagramm zeigt vereinfacht die Zusammensetzung eines Bootes und eines Autos. Das Boot besteht aus einer Schiffsschraube und einem Motor, der die Schiffsschraube antreibt. Das Auto besteht ebenfalls aus einem Motor, der aber statt einer Schiffsschraube zwei Räder antreibt. Insgesamt besitzt das Auto vier Räder, zwei vorne und zwei hinten.

Das sieht zunächst alles recht plausibel aus. Aber betrachten Sie die folgenden Objektmodelle in Abb. 3-2, die sich aus dem Klassendiagramm ergeben können.

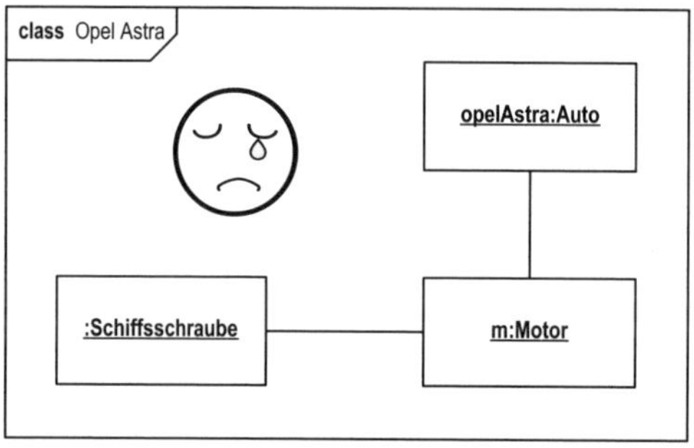

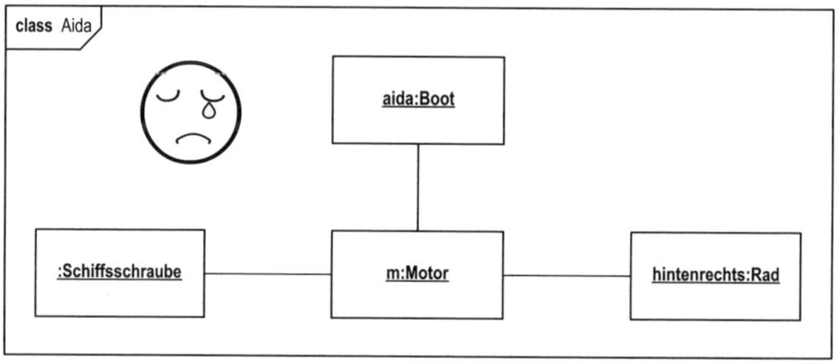

Abb. 3-2: Objektdiagramme Boot und Auto (unglückliche Konstellationen)

Es sei dem verspielten Leser überlassen, sich weitere unglückliche Konstellationen zu überlegen (z.B. ein Auto mit einem Motor, der die beiden linken Räder antreibt).

Wie kann das verhindert werden? Wie kann der Modellierer ausdrücken, welche Objektbeziehungen zulässig sind und welche nicht? In der UML 1.x ist das textuell mit der Angabe von Zusicherungen (*Constraint*) möglich. Natürlichsprachlich formuliert gewährleisten sie aber keine Eindeutigkeit, und z.B. als OCL-Ausdruck sind sie zwar eindeutig, aber kaum lesbar. Die Visualisierung von Strukturen ist eine Stärke von grafischen Sprachen wie UML gegenüber rein textuellen Sprachen.

Genau hier kommt das Kompositionsstrukturdiagramm ins Spiel. Jetzt ist der Name der Diagrammform auch verständlich. Es ist ein Diagramm, das die Struktur von Kompositionen, d.h. Ganzes-Teil-Beziehungen, darstellt.

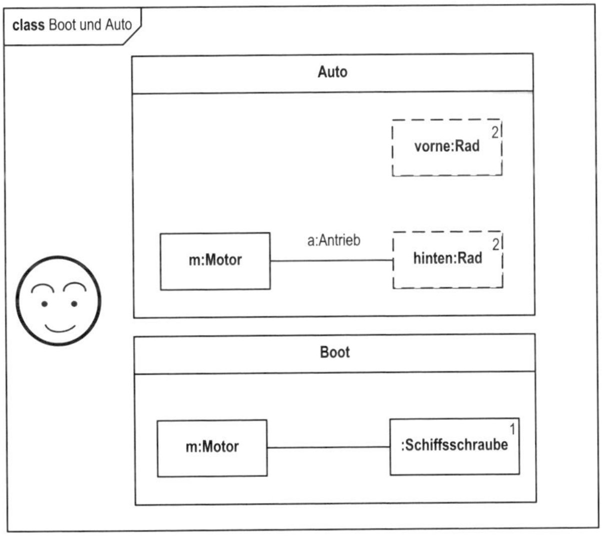

Abb. 3-3: Kompositionsstrukturdiagramm Boot und Auto (gute Konstellation)

In Abb. 3-3 sieht man die interne Zusammensetzung der Klassen Auto und Boot. Das Auto besitzt einen Motor *m*, der die beiden hinteren Räder antreibt. Des Weiteren gibt es noch zwei Räder vorne. Im Kontext des Bootes treibt der Motor keine Räder an, sondern eine Schiffsschraube.

Aggregation, Komposition: Fundamental

Der Rahmen um *vorne:Rad* und *hinten:Rad* ist gestrichelt, da das Auto die Räder nicht per Komposition, sondern nur per Aggregation assoziiert (Abb. 3-1).

Das Kompositionsstrukturdiagramm ist nicht nur eine neue Diagrammform, sondern auch ein neues Modell. Die UML 2.0-Spezifikation definiert in einem eigenen Kapitel die hierzu notwendigen Metaklassen und Konzepte, die Bestandteil der Intermediate-Zertifizierung sind.

Die Abb. 3-4 zeigt die Pakete des Metamodells im Bereich Kompositionsstrukturen, die in der Intermediate-Zertifizierung betrachtet werden.

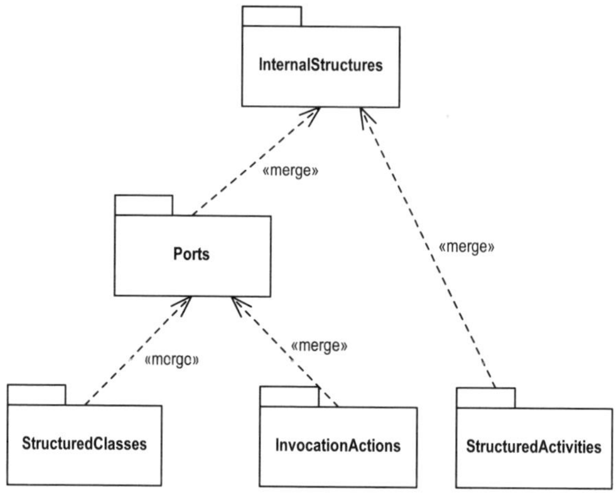

Abb. 3-4: Paketstruktur Kompositionsstrukturen

3.1.1 Prüfungsthemen

Folgende Themen werden im Intermediate-Test behandelt:

- Strukturierter Classifier (*StructuredClassifier*)
- Rolle (*ConnectableElement*), Konnektor (*Connector*), Konnektorende (*ConnectorEnd*), Eigenschaft (*Property*)
- Port (*Port*), Klasse (*Class*)
- Aufrufaktion (*InvocationAction*), Auslöser (*Trigger*)
- Kollaboration (*Collaboration*)
- Variable (*Variable*)

Der Prüfungsanteil beträgt insgesamt 15 Prozent.

3.1.2 Strukturierter Classifier (*StructuredClassifier*)

Definition

Der strukturierte Classifier (*StructuredClassifier*) ist eine abstrakte Metaklasse, die Classifier repräsentiert, deren Verhalten ganz oder teilweise durch das Zusammenspiel der enthaltenen oder referenzierten Instanzen beschrieben werden kann. ☑ 3.1.2.1 Classifier: Fundamental

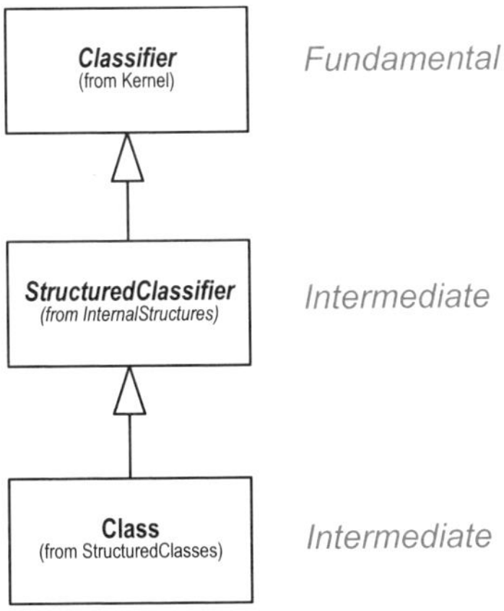

Abb. 3-5: Einordnung strukturierter Classifier (*StructuredClassifier*)

Notation und Semantik

Die Basisklasse des strukturierten Classifiers (*StructuredClassifier*) ist der Classifier aus dem Paket *Kernel*. Konkrete Unterklasse ist beispielsweise die Klasse *(Class)*, die im Paket *StructuredClasses* beschrieben wird (Abb. 3-4). ☑ 3.1.2.2 Paket *Kernel*: Fundamental

Ein strukturierter Classifier wird wie ein gewöhnlicher Classifier notiert. Er besitzt jedoch eine zusätzliche Abteilung (*compartment*), in der die interne Strukur notiert wird (siehe Abb. 3-3).

Ein strukturierter Classifier besitzt oder referenziert Eigenschaften (*Property*) und Konnektoren (*Connector*). Eigenschaften, die zu ihm gehören (per Kompositionsbeziehung), werden auch Teil (*part*) des strukturierten Classifiers genannt. Der Begriff Teil (*part*) ist im Metamodell ein Assoziationsende und keine eigene Metaklasse. Er spielt aber eine wichtige Rolle und wird häufig verwendet. ☑ 3.1.2.3 SC1

Checkliste Strukturierter Classifier:

☑ 3.1.2.1: Was unterscheidet den strukturierten Classifier (*StructuredClassifier*) vom Classifier?

☑ 3.1.2.2: Ordnen Sie den strukturierten Classifier (*StructuredClassifier*) in die Generalisierungshierarchie des Metamodells ein. Nennen Sie die unmittelbaren Basis- und Unterklassen.

☑ 3.1.2.3: Erläutern Sie den Begriff „Teil" (*part*).

Metamodell

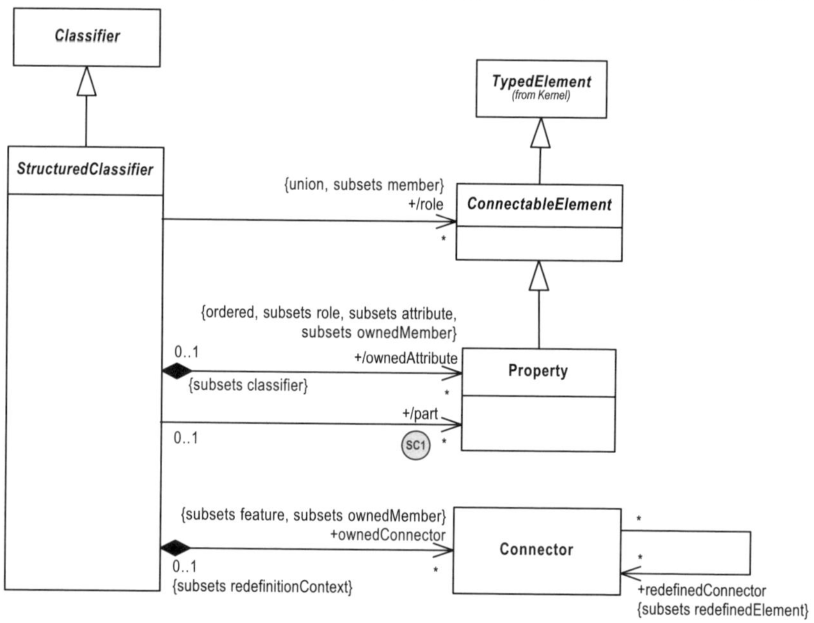

Abb. 3-6: Metamodell strukturierter Classifier

3.1.3 Rolle (*ConnectableElement*)

Definition

Die Rolle (*ConnectableElement*) ist eine abstrakte Metaklasse, die eine Menge von Instanzen repräsentiert, die einem strukturierten Classifier (*StructuredClassifier*) gehören. Eine Rolle kann mit einem Konnektor verbunden werden.

Der Konnektor (*Connector*) spezifiziert eine Verbindung zwischen Rollen.

Das Konnektorende (*ConnectorEnd*) verbindet einen Konnektor mit einer Rolle.

Die Eigenschaft (*Property*) beschreibt eine Menge von Instanzen, die der Instanz eines Classifiers gehören. Im Kontext der Kompositionsstrukturdiagramme wird das Modellelement aus dem Paket *Kernel* dahingehend erweitert (über eine Paketzusammenführung (*PackageMerge*)), dass es eine Generalisierungsbeziehung zur Rolle (*ConnectableElement*) erhält.

Paketzusammenführung: Fundamental

Das Teil (*part*) ist die Bezeichnung für eine Eigenschaft, die per Kompositionsbeziehung einem Classifier gehört. *Part* ist keine Metamodellklasse, sondern ein Assoziationsende im Metamodell.

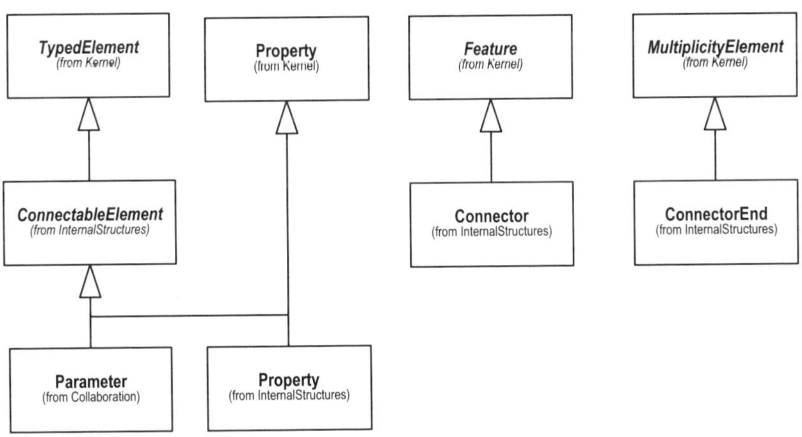

Fundamental

Intermediate

Intermediate

Abb. 3-7: Einordnung Rolle, Konnektor, Konnektorende (*ConnectableElement*, *Connector*, *ConnectorEnd*) und Eigenschaft (*Property*)

Notation und Semantik

☑ 3.1.3.1 Eine Rolle (*ConnectableElement*) ist eine abstrakte Metaklasse und besitzt selber keine Notation. Eine konkrete Unterklasse ist die Eigenschaft (*Property*). Die Notation einer Eigenschaft als Rolle ist ähnlich der eines Objektes. Auf den ersten Blick besteht Verwechslungsgefahr. Ein markanter Unterschied ist auf den zweiten Blick aber sofort erkennbar: Der Name wird im Gegensatz zum Objekt nicht unterstrichen. Die Syntax lautet:

```
name ':' [classifier]
```

wobei

- `name` der Name der Eigenschaft ist und
- `classifier` der Name des Typs ist. Die Angabe des Classifiers darf im Diagramm weggelassen werden.

Die Multiplizität der Eigenschaft kann in der rechten oberen Ecke angegeben werden. In Abb. 3-3 hat Auto beispielsweise hinten und vorne jeweils zwei Räder.

Die Syntax einer Instanzspezifikation einer Rolle lautet:

```
{name ['/' rolle] | '/' rolle} [':' Classifier [','Classifier]*]
```

wobei

- `name` der Name der Instanzspezifikation,
- `rolle` der Name der Rolle und
- `classifier` der Name des zugehörigen Classifiers ist. Beachten Sie, dass mehrere Classifier möglich sind.

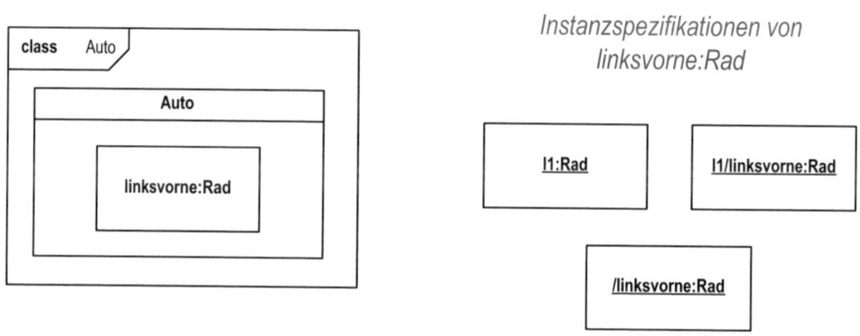

Abb. 3-8: Syntax einer Instanzspezifikation

☑ 3.1.3.2 Der Konnektor (*Connector*) kann als Instanz einer Assoziation realisiert sein, aber auch eine andere Möglichkeit ausdrücken, dass die verbundenen Rollen miteinander kommunizieren können.

Die Basisklasse ist das Merkmal (*Feature*). Der Konnektor ist bereits eine konkrete Klasse. Weitere Unterklassen existieren nicht.

Das Konnektorende (*ConnectorEnd*) verbindet den Konnektor mit der Rolle. ☑ 3.1.3.3
Wenn der Konnektor durch eine Assoziation typisiert ist, darf an den Konnektorenden all das stehen, was das jeweilige Assoziationsende beschreibt. Ko1

Die Basisklasse ist die Multiplizität (*MultiplicityElement*). Das Konnektorende ist eine konkrete Klasse. Weitere Unterklassen existieren nicht.

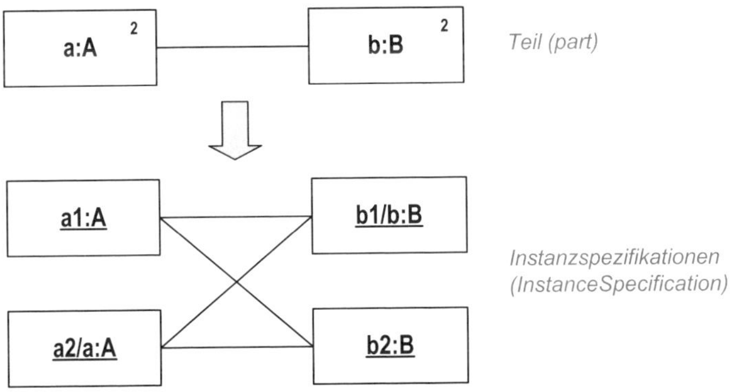

Abb. 3-9: *Star Connector Pattern* [UML2.0]

Die Multiplizitäten am Konnektorende und an der Rolle haben Auswirkungen auf die Instantiierung der internen Strukturen. In Abb. 3-9 sind zwei Eigenschaften über einen Konnektor miteinander verbunden. Beide Eigenschaften haben die Multiplizität 2. Wenn an den Konnektorenden keine Multiplizitäten angegeben sind, gilt die Multiplizität der jeweiligen Rolle. In Abb. 3-9 ist das so genannte *Star Connector Pattern* dargestellt. Bei der Instantiierung ist jedes *a* mit genau zwei *b* verbunden und umgekehrt. ☑ 3.1.3.4

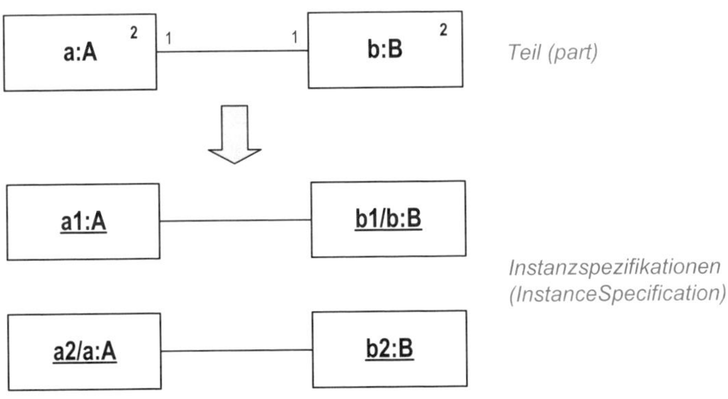

Abb. 3-10: *Array Connector Pattern* [UML2.0]

In Abb. 3-10 sind Multiplizitäten am Konnektorende angegeben. Das heißt, jedes *a* ist mit genau einem *b* verbunden und umgekehrt. Daraus ergibt sich das so genannte *Array Connector Pattern*.

Das Minimum der Multiplizität einer Rolle gibt an, wie viele Instanzen initial erzeugt werden, das Maximum gibt an, wie viele Instanzen maximal erzeugt werden.

☑ 3.1.3.5 Beachten Sie den Unterschied zwischen einer Rolle, einer Instanzspezifikation und einem Classifier. Eine Rolle kann eine Eigenschaft (*Property*) sein, deren Typ ein Classifier ist. Konkret beispielsweise ein Attribut einer Klasse. Die Instanzspezifikation ist ein Exemplar der Eigenschaft.

Die Konzepte Rolle, Konnektor und Konnektorende entsprechen den UML 1.x-Konzepten Classifier-Rolle, Assoziationsrolle und Assoziationsenderolle (Stichwort: Kollaboration) [UML1].

Checkliste Rolle, Konnektor, Konnektorende:

☑ 3.1.3.1: Nennen Sie die Eigenschaften und konkrete Unterklassen einer Rolle (*ConnectableElement*).

☑ 3.1.3.2: Nennen Sie die Eigenschaften eines Konnektors (*Connector*).

☑ 3.1.3.3: Erklären Sie den Zusammenhang zwischen einem Konnektorende (*ConnectorEnd*) und einer Assoziation (*Association*).

☑ 3.1.3.4: Erläutern Sie die Bedeutung der Multiplizität am Konnektorende (*ConnectorEnd*) und an der Rolle (*ConnectableElement*).

☑ 3.1.3.5: Erklären Sie den Unterschied zwischen einem Classifier, einer Instanzspezifikation (*InstanceSpecification*) und einem Teil (*part*).

Metamodell

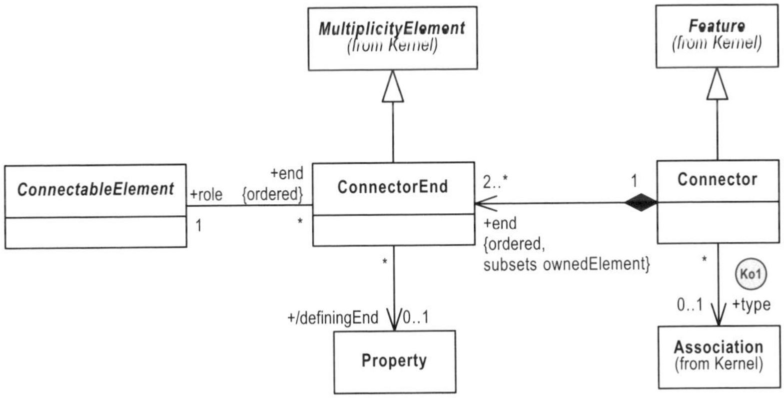

Abb. 3-11: Metamodell Konnektor

3.1.4 Port (Port), Klasse (Class)

Definition

Ein Port (*Port*) ist eine spezielle Eigenschaft (*Property*) eines Classifiers, die einen einzelnen Interaktionspunkt zwischen dem Classifier und seiner Umgebung oder zwischen dem Classifier und seiner internen Teile spezifiziert.

Ein gekapselter Classifier (*EncapsulatedClassifier*) ist ein spezieller strukturierter Classifier (*StructuredClassifier*), erweitert um die Eigenschaft, Ports besitzen zu können.

Ein Klasse (*Class*) im Kontext der Kompositionsstrukturen ist eine spezielle Klasse, erweitert um die Eigenschaften, interne Strukturen und Ports zu besitzen.

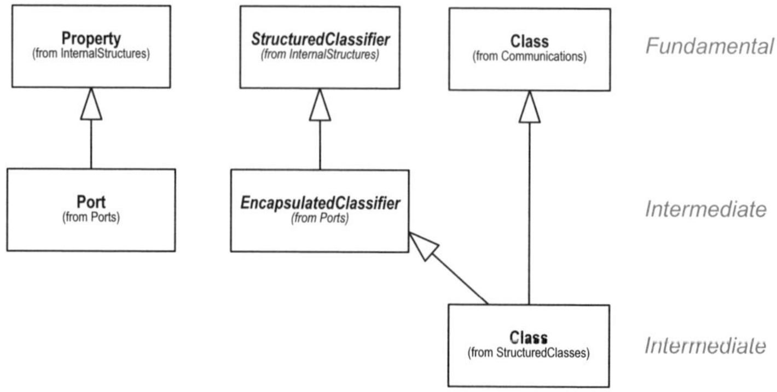

Abb. 3-12: Einordnung Port (*Port*), gekapselter Classifier (*EncapsulatedClassifier*) und Klasse (*Class*)

Notation und Semantik

☑ 3.1.4.1
☑ 3.1.4.2
Po2

Der Port (*Port*) ist ein Interaktionspunkt zwischen dem zugehörigen Classifier und seiner Umgebung. Das heißt, Anfragen an den Classifier werden an den Port gerichtet, der die Anfrage dann an die entsprechenden Teile des Classifiers weiterleitet. Das Ganze verläuft umgekehrt bei Anfragen vom Classifier an die Umgebung. Wenn der Port Anfragen nicht an Teile des Classifiers leitet, sondern an den Classifier selbst, wird er Verhaltensport (*behavioral port*) genannt. Ein Verhaltensport ist keine neue Metaklasse, sondern eine Eigenschaft des Ports (*isBehavior*).

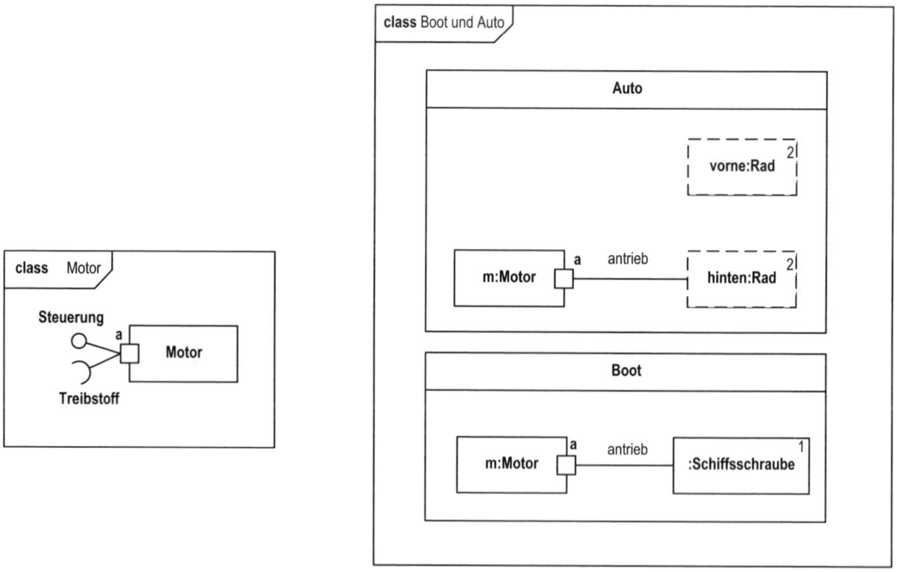

Abb. 3-13: Ports im Kompositionsstrukturdiagramm

Ein Port ist eine spezielle Eigenschaft (*Property*). Der Port kann also selbst keine Schnittstellen realisieren. Die Schnittstellen, die dem Port zugeordnet sind, werden von den Classifiern realisiert, die Typ bzw. Obertypen des Ports sind. Daher sind die Schnittstellen auch abgeleitete Eigenschaften des Ports. Über die Generalisierung zur Eigenschaft ist der Port auch eine Rolle (*ConnectableElement*) und kann mit Konnektoren verbunden werden. ☑ 3.1.4.3 (Po1)

Ein Port wird als kleines Rechteck an dem zugehörigen Classifier notiert. Neben dem Rechteck stehen der Name und der Typ des Ports (Abb. 3-14). Die Angabe im Diagramm ist oft unvollständig, d.h. ohne Typ oder ohne Typ und Name.

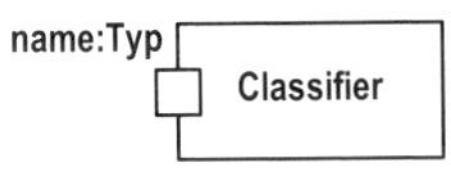

Abb. 3-14: Notation eines Ports

Die Schnittstellen, die über den Port angeboten werden, werden direkt am Port notiert (Abb. 3-15). Es können beliebig viele Schnittstellen (*provided/required Interface*) an einem Port definiert werden.

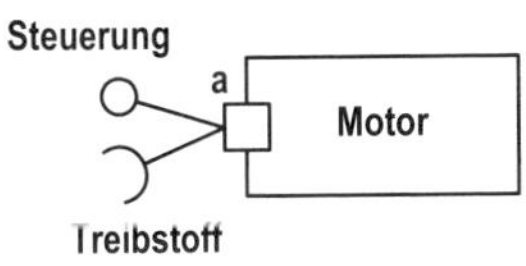

Abb. 3-15: Schnittstellen an einem Port

Ein Verhaltensport ist mit einer kleinen Ellipse im Inneren des Classifiers verbunden (Abb. 3-16).

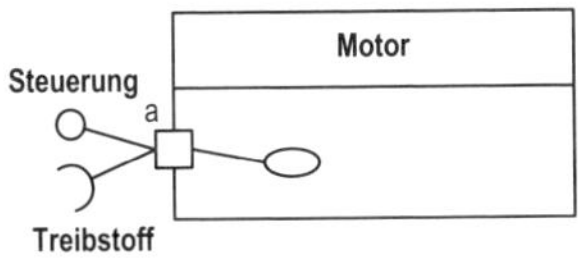

Abb. 3-16: Verhaltensport (*behavioral port*)

Als weitere Eigenschaft eines Ports ist im Metamodell *isService* aufgeführt. Standardmäßig ist ein Port eine Dienstleistung. Wenn *isService* auf *false* gesetzt ist, bedeutet das, dass der Port zur Implementierung des Classifiers gehört und nicht öffentlich sichtbar ist. Er stellt also keine Dienstleistung nach außen dar. Nicht sichtbare Ports werden nicht mittig auf dem Rechteck des zugehörigen Classifiers notiert, sondern vollständig im Inneren.

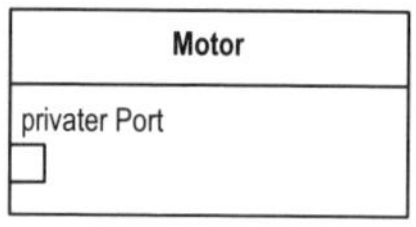

Abb. 3-17: Nicht öffentlich sichtbarer Port

Kernel-Paket:
Fundamental
☑ 3.1.4.4

Der Classifier aus dem *Kernel*-Paket bzw. der strukturierte Classifier (*StructuredClassifier*) haben beide keine Kenntnisse von Ports. Damit ein Classifier einen Port besitzen kann, muss das Metamodell erweitert werden. Der gekapselte Classifier (*EncapsulatedClassifier*) ist eine Spezialisierung des strukturierten Classifiers und genau um die eine Eigenschaft, Ports besitzen zu können, erweitert.

Der gekapselte Classifier (*EncapsulatedClassifier*) ist eine abstrakte Metaklasse. Eine konkrete Spezialisierung ist die Klasse (*Class*) (Abb. 3-19).

Checkliste Port:

☑ 3.1.4.1: Nennen Sie die Eigenschaften eines Ports (*Port*).

☑ 3.1.4.2: Erklären Sie den Unterschied zwischen einem normalen Port und einem Verhaltensport (*behavioral port*).

☑ 3.1.4.3: Wie viele Schnittstellen kann ein Port haben? Welche Schnittstellen gehören zu einem Port?

☑ 3.1.4.4: Benennen Sie Modellelemente, die einen Port besitzen dürfen.

Metamodell

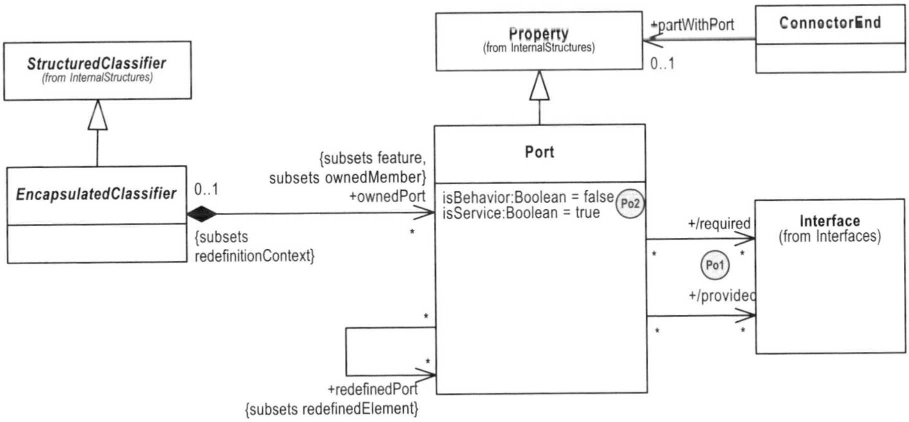

Abb. 3-18: Metamodell Port

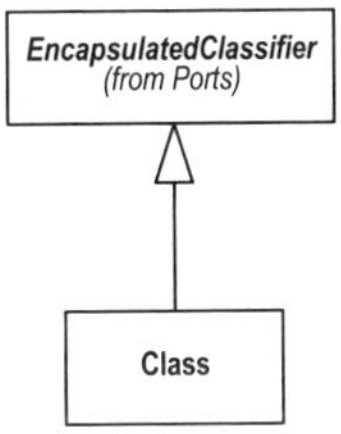

Abb. 3-19: Metamodell Klasse

3.1.5 Aufrufaktion, Auslöser, Variable

Das Port-Konzept hat Auswirkungen auf andere Bereiche in der UML 2.0-Spezifikation, die hier im Kontext der Kompositionsstrukturen entsprechend erweitert werden (Abb. 3-4).

Definition

Die Aufrufaktion (*InvocationAction*) kann Verhalten an einem Port aufrufen oder angeben, dass ein Aufruf über einen Port geleitet wird.

Der Auslöser (*Trigger*) kann den Port beschreiben, an dem das Ereignis aufgetreten ist.

Die Variable (*Variable*) wird um die Eigenschaft der Rolle (*ConnectableElement*) erweitert.

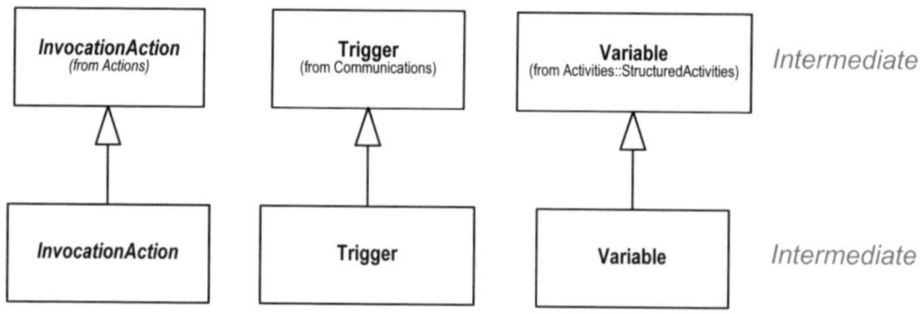

Abb. 3-20: Einordnung Aufrufaktion (*InvocationAction*), Auslöser (*Trigger*) und Variable (*Variable*)

Notation und Semantik

☑ 3.1.5.1 Aufrufaktionen werden detailliert im Kapitel 3.4.3 erläutert. Allgemein handelt es sich um eine Aktion, die eine Operation oder ein Verhalten wie z.B. einen Zustandsautomaten aufruft. Der Aufruf kann an einem Port geschehen. Hierzu muss die Metamodellklasse *InvocationAction* erweitert werden.

Ein Aufruf, der über einen Port geleitet wird, wird mit `(via <port>)` gekennzeichnet (Abb. 3-21).

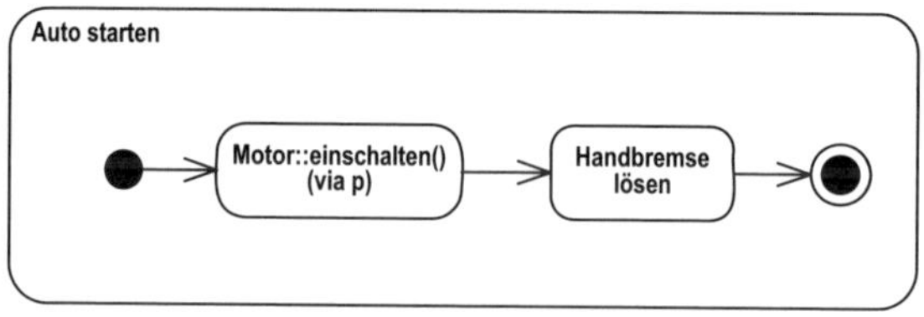

Abb. 3-21: Aufruf einer Operation über einen Port

Ebenso wie Aufrufe können auch Auslöser (*Trigger*) über einen Port eintreffen. Hierzu wird die Metamodellklasse *Trigger* erweitert (Abb. 3-22). Es wird diesmal nicht die „via“ Notation verwendet, da diese im Zustandsdiagramm eine andere Bedeutung hat (Ein-/Ausgangspunkt). ☑ 3.1.5.2

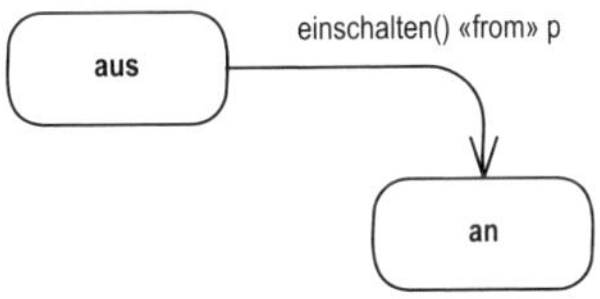

Abb. 3-22: Ausschnitt eines Zustandsdiagramms: Ereignis an einem Port

Im Kontext von Strukturknoten (*StructuredActivityNode*) in Aktivitätsmodellen (siehe Kapitel 3.5.5) sind Variablen definiert. Sie werden hier um die Eigenschaft der Rolle (*ConnectableElement*) erweitert. ☑ 3.1.5.3

Checkliste Aufrufaktion, Auslöser, Variable:

☑ 3.1.5.1: Erläutern Sie die Eigenschaften, um die die Aufrufaktion (*InvocationAction*) hier erweitert wird.

☑ 3.1.5.2: Erläutern Sie die Eigenschaften, um die der Auslöser (*Trigger*) hier erweitert wird.

☑ 3.1.5.3: Benennen Sie die Eigenschaft, um die die Variable (*Variable*) hier erweitert wird.

Metamodell

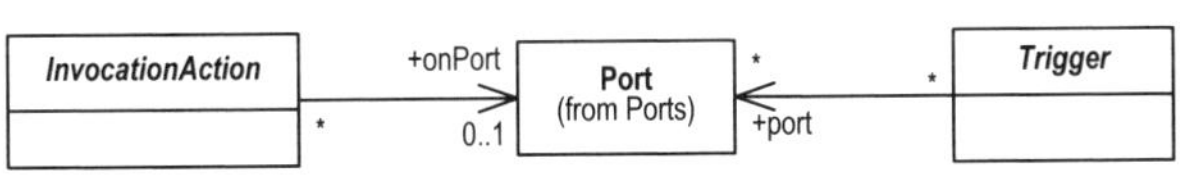

Abb. 3-23: Metamodell Aufrufaktion und Auslöser

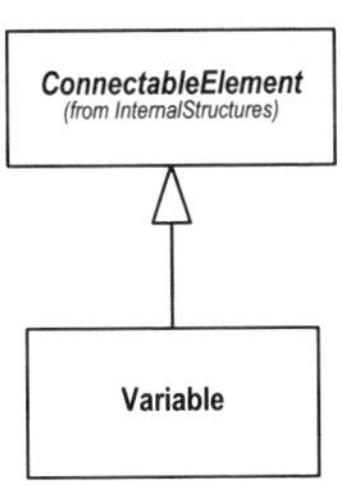

Abb. 3-24: Metamodell Variable

3.1.6 Kollaboration (*Collaboration*)

Die Kollaboration der UML führt leider bisher ein Schattendasein. Obwohl es das Element auch in der UML 1.x gibt, wird es nur selten angewendet und von wenigen UML-Tools unterstützt.

Der Zweck der Kollaboration ist die Modellierung von Elementen, die zusammenarbeiten, um eine bestimmte Funktionalität umzusetzen. Beispielsweise das Zusammenspiel von Klassen, um das Verhalten eines Anwendungsfalles zu realisieren. Ein Synonym der Kollaboration ist die Anwendungsfallrealisierung (*use case realization*), obwohl es nicht das einzige Anwendungsgebiet der Kollaboration ist.

Definition

Die Kollaboration (*Collaboration*) ist ein spezieller strukturierter Classifier (*StructuredClassifier*), der die Struktur von Elementen beschreibt, die gemeinsam ein bestimmtes Verhalten umsetzen.

Die Kollaborationsanwendung (*CollaborationUse*) beschreibt die Verwendung einer Kollaboration in einer konkreten Situation.

Der Parameter (*Parameter*) wird im Kontext der Kollaboration um die Eigenschaft der Rolle (*ConnectableElement*) erweitert.

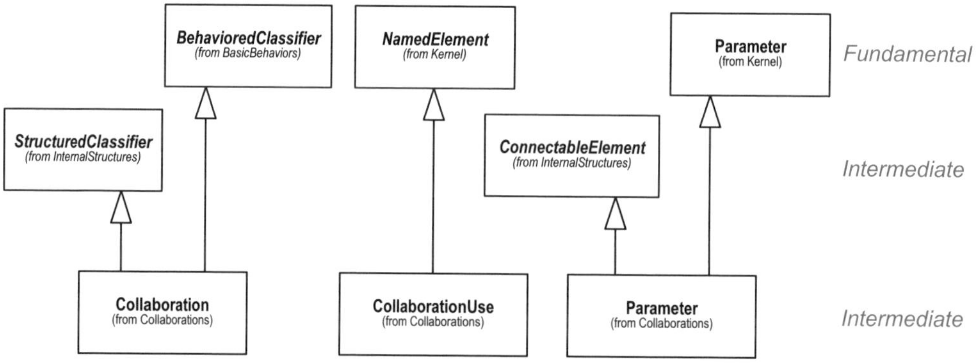

Abb. 3-25: Einordnung Kollaboration (*Collaboration*), Kollaborationsanwendung (*CollaborationUse*) und Parameter (*Parameter*)

Notation und Semantik

Die Kollaboration (*Collaboration*) ist eine spezielle Sicht auf eine Menge von Elementen hinsichtlich der Umsetzung eines spezifizierten Verhaltens. Die Elemente sind die Eigenschaften (*Property*) der Kollaboration und haben hinsichtlich der Umsetzung des Verhaltens eine bestimmte Rolle (*role*). Die in der Kollaboration enthaltenen Konnektoren (*Connector*) sind die Kommunikationspfade zwischen den Rollen. ☑ 3.1.6.1

Mehrere Kollaborationen können dieselbe Menge an Elementen referenzieren. Sie repräsentieren verschiedene Sichten auf die Elemente.

Die Kollaboration wird als gestrichelte Ellipse notiert. Innerhalb der Ellipse gibt es eine Abteilung (*compartment*) für den Namen und eine für die interne Struktur.

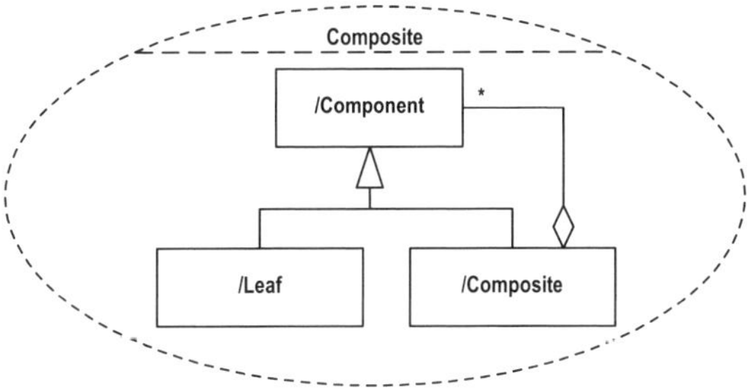

Abb. 3-26: Notation und Beispiel Kollaboration (*Collaboration*)

Die Kollaborationsanwendung (*CollaborationUse*) repräsentiert die Umsetzung des durch eine Kollaboration beschriebenen Musters in einer konkreten Situation. Die Rollen der Kollaboration werden durch konkrete Elemente gebunden (*role binding*). ☑ 3.1.6.2 ☑ 3.1.6.3 Ko1

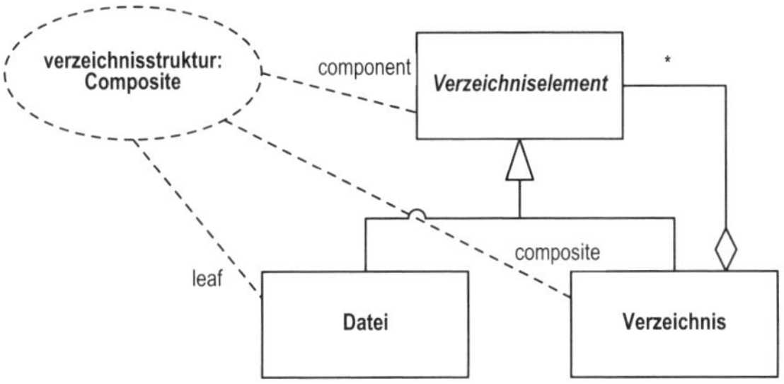

Abb. 3-27: Notation und Beispiel Kollaborationsanwendung (*CollaborationUse*)

Checkliste Kollaboration:

☑ 3.1.6.1: Nennen Sie die Eigenschaften einer Kollaboration (*Collaboration*).

☑ 3.1.6.2: Was ist der Unterschied zwischen einer Kollaboration (*Collaboration*) und einer Kollaborationsanwendung (*CollaborationUse*)?

☑ 3.1.6.3: Erläutern Sie den Begriff Rollenbindung (*role binding*).

Metamodell

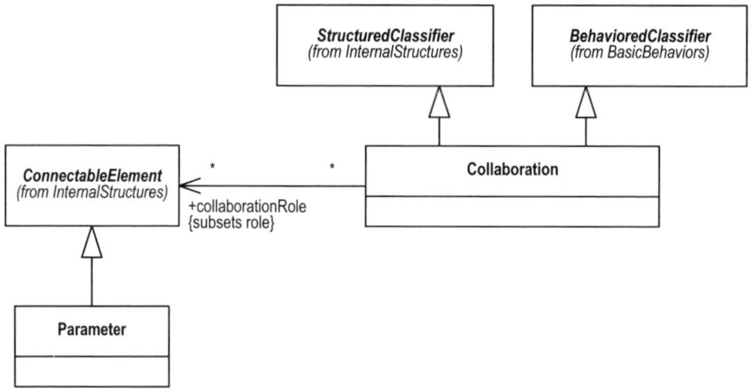

Abb. 3-28: Metamodell Kollaboration

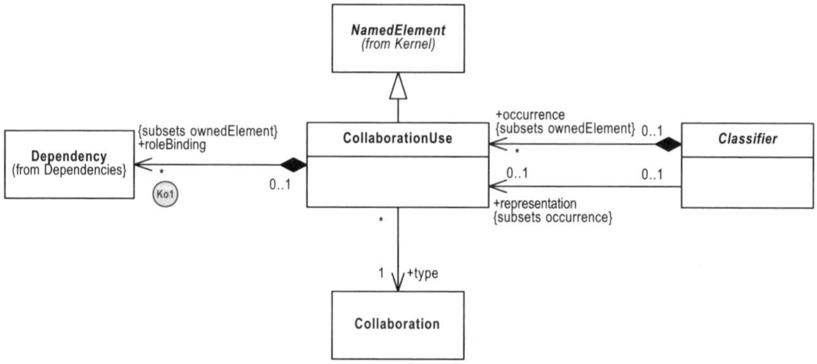

Abb. 3-29: Metamodell Kollaborationsanwendung

3.2 Komponentendiagramme

In diesem Kapitel widmen wir uns einer Diagrammform und einem Modell, die für die UML 2 stark überarbeitet worden sind. Die UML 1.x hat Komponenten anders definiert als die UML 2. Wie Sie im Folgenden sehen werden, entspricht die neue Definition dem heutigen, allgemeinen Komponentenverständnis. Die Bedeutung des Komponentendiagramms in der Praxis wird daher zunehmen.

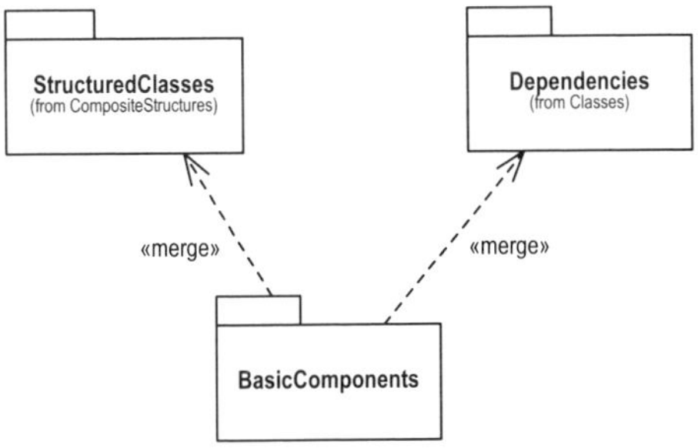

Abb. 3-30: Paketstruktur Komponenten

3.2.1 Prüfungsthemen

Folgende Themen werden im Intermediate-Test behandelt:

- Komponente (*Component*)
- Konnektor (*Connector*)
- Realisierung (*Realization*)

Der Prüfungsanteil beträgt insgesamt 15 Prozent.

3.2.2 Komponente (*Component*)

Der Begriff Komponente gehört zu den Unwörtern in Projekten, die in der Regel nicht eindeutig definiert sind, aber vielfach benutzt werden. In Projekten, die UML 1.x verwenden, wird das Problem dadurch verschärft, dass die Komponentendefinition in der UML 1.x vom allgemeinen Komponentenverständnis abweicht.

Von der UML 1.x zur UML 2 ist die Komponentendefinition überarbeitet worden, so dass die Komponente der UML 2 entsprechend des gängigen Komponentenverständnisses eingesetzt werden kann.

Definition

Die Komponente (*Component*) ist eine spezielle Klasse (*Class*), die eine austauschbare Einheit in einem System repräsentiert, deren Bestandteile gekapselt sind.

Eine Komponente stellt ihre öffentliche Funktionalität über Schnittstellen (*Interface*) nach außen zur Verfügung. Funktionalität, die von außen benötigt wird, wird ebenfalls über Schnittstellen definiert.

Die Realisierungsbeziehung (*Realization*) spezifiziert die Classifier, die den Vertrag einer Komponente – gegeben durch angebotene und eingeforderte Schnittstellen – realisieren.

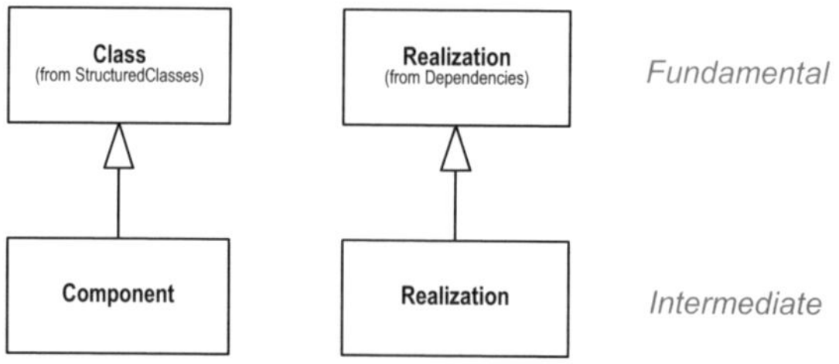

Abb. 3-31: Einordnung Komponente (*Component*) und Realisierungsbeziehung (*Realization*)

Notation und Semantik

Was macht eine Komponente aus? Was eine austauschbare Einheit? Woraus besteht eine Komponente?

☑ 3.2.2.1 Realisierungsbeziehung: Fundamental

Eine Komponente (*Component*) besteht aus Classifiern, d.h., genau genommen wird sie von Classifiern realisiert. Sie ist eine Abstraktion der realisierenden Classifier, aber kein Gruppierungselement in dem Sinne, dass die Classifier in der Komponente enthalten sind. Abb. 3-32 zeigt die Beziehung im Metamodell. Die Realisierungsbeziehung (*Realization*) aus dem Abhängigkeitspaket wird im Kontext der Komponenten erweitert, um die Realisierung auf Classifier einzuschränken.

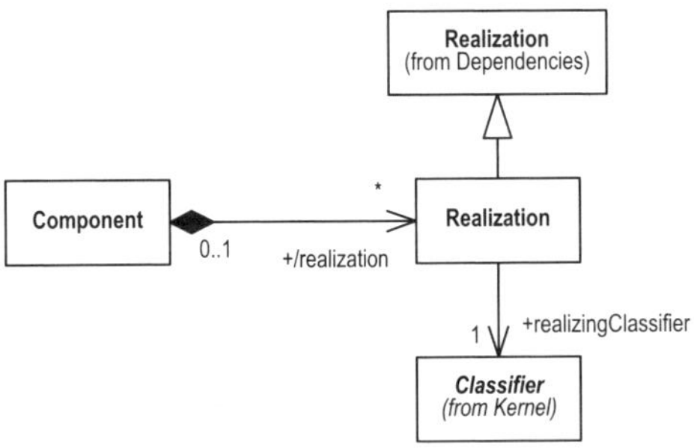

Abb. 3-32: Metamodellausschnitt Classifier realisieren Komponenten

Eine Komponente ist eine spezielle strukturierte Klasse (*Class*). Sie kann also auch Attribute und Operationen besitzen. Die interne Struktur ihrer Eigenschaften (*Property*) wird in einem Kompositionsstrukturdiagramm (*composite structure diagram*) modelliert. Beachten Sie, dass die realisierenden Classifier einer Komponente nicht zwingend eine Eigenschaft (*Property*) der Komponente sein müssen, d.h., sie können nicht in einem Kompositionsstrukturdiagramm modelliert werden.

Die Notation einer Komponente hat sich in UML 2 gegenüber UML 1.x geändert. In UML 1.x wurde die Komponente als „Legostein" notiert.

In UML 2 erbt die Komponente die Notation von ihrer Basisklasse, der (strukturierten) Klasse (*Class*). Um eine gewisse Wiedererkennung zur UML 1.x zu gewährleisten, kann das alte Symbol optional in der rechten oberen Ecke notiert werden. Über dem Namen der Komponente steht das Schlüsselwort *component*. Die Notation einer UML 2-Komponente ist in Abb. 3-33 zu sehen.

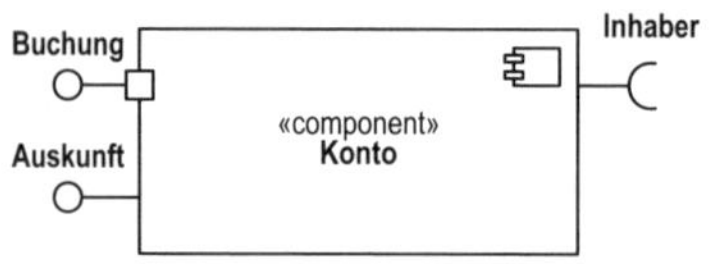

Abb. 3-33: Notation Komponente in UML 2 mit Schnittstellen

Die Notation der erweiterten Realisierungsbeziehung (*Realization*) ist ein gestrichelter Pfeil wie in Abb. 3-34 dargestellt.

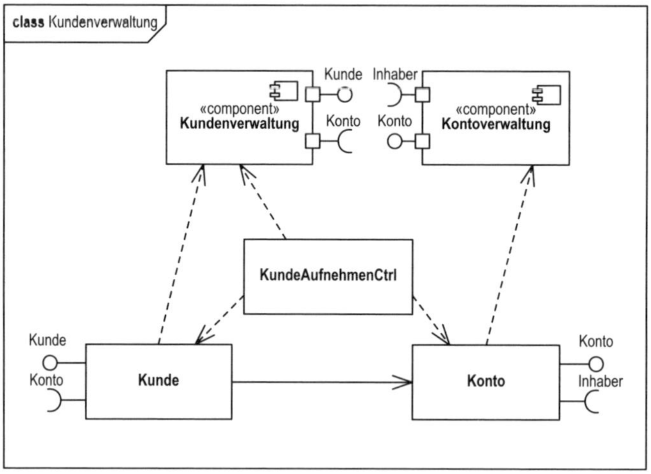

Abb. 3-34: Realisierungsbeziehung zwischen Classifier und Komponente

☑ 3.2.2.2 Alternativ können die realisierenden Classifier auch innerhalb der Komponente dargestellt werden (Abb. 3-35). Diese Darstellung ist sehr intuitiv. Es besteht allerdings die Gefahr, sie auf den ersten Blick mit einem Kompositionsstrukturdiagramm zu verwechseln.

Diese Darstellung heißt Strukturdiagramm (*structure diagram*). Es zeigt die normalen Beziehungen zwischen den realisierenden Classifiern (Assoziation (*Association*), Generalisierung (*Generalization*) usw.) sowie Abhängigkeitsbeziehungen für die Abbildung der externen Sicht (*external view*; *black box view*) auf die interne Sicht (*internal view*; *white box view*).

Das Kompositionsstrukturdiagramm ist ausdrucksstärker als das Strukturdiagramm, da Teile (*part*) und Konnektoren (*Connector*) verwendet werden können. Das Kompositionsstrukturdiagramm ist ebenfalls eine interne Sicht auf die Komponente.

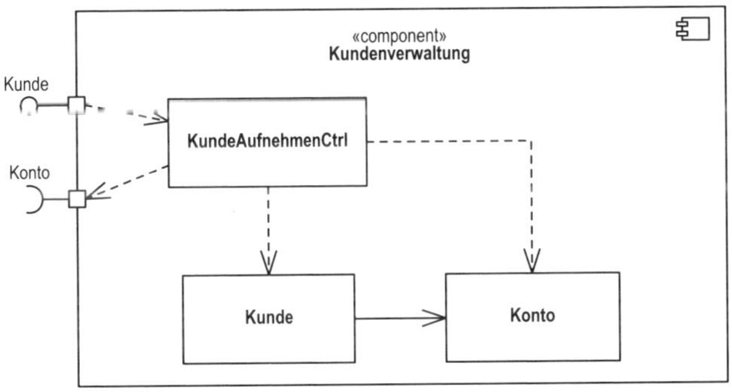

Abb. 3-35: Strukturdiagramm: Komponente mit realisierenden Classifiern

Die angebotenen Schnittstellen der Komponente werden von der Komponente selbst oder den realisierenden Classifiern implementiert, oder sie sind der Typ eines Ports, die der Classifier anbietet. Entsprechend sind eingeforderte Schnittstellen entweder der Typ eines Ports oder werden von der Komponente oder einer ihrer realisierenden Classifier benutzt (Verwendungsbeziehung (*Usage*)). Die Schnittstellen einer Komponente können somit abgeleitet werden, was man auch im Metamodell an dem vorangestellten „/" erkennen kann (Abb. 3-39).

Verwendungsbeziehung: Fundamental
☑ 3.2.2.3

Ko1

Eine kompaktere Darstellung der Komponente ist die „Tabellennotation". Die realisierenden Classifier und die Schnittstellen werden in entsprechenden Abteilungen (*compartment*) des Classifier-Symbols aufgeführt (Abb. 3-36). Ebenso werden Artefakte (*Artifact*) in einer eigenen Abteilung (*compartment*) aufgelistet (Kapitel 3.8.2).

Abb. 3-36: „Tabellennotation" einer Komponente

Was ist eine Komponente zur Laufzeit? Wie würden Sie eine Komponente in Java oder C++ umsetzen? Die direkte Umsetzung einer Komponente in eine gängige Programmiersprache ist nicht möglich, da die Programmiersprachen das Konzept Komponente nicht kennen. Der größte Baustein ist hier die Klasse bzw. das Objekt. UML 2 ist eben nicht nur für die Softwareentwicklung vorgesehen, sondern auch für andere Domänen wie beispielsweise Systems-Engineering [Weilkiens2006] oder Geschäftsprozessmodellierung [Oestereich2004c].

☑ 3.2.2.4

UML 2 sieht zwei Varianten bei der Instantiierung von Komponenten vor: die direkte und die indirekte Instantiierung. Eine indirekt instantiierte Komponente wird zur Laufzeit nur durch ihre realisierenden Classifier bzw. deren Instanzen repräsentiert. Das entspricht der möglichen Umsetzung in Programmiersprachen. Bei der direkten Instantiierung ist zur Laufzeit neben den Instanzen der realisierenden Classifier auch eine Instanz der Komponente vorhanden. Das ist mit gängigen Programmiersprachen nicht möglich. Die Art der Variante wird in der Eigenschaft *isIndirectlyInstantiated* der Komponente spezifiziert. Der Standardwert ist *true*, d.h. die indirekte Instantiierung.

(Ko2)

Paketierbares Element: Fundamental

Die Komponente kann auch als ein Gruppierungselement verwendet werden. Sie darf jedes paketierbare Element (*PackageableElement*) besitzen. Diese Eigenschaft wird im Paket *PackagingComponents* beschrieben, ist aber erst Bestandteil der Advanced-Zertifizierung.

☑ 3.2.2.5

UML 2 definiert einige Standardstereotypen für Komponenten. Der bedeutendste Standardstereotyp ist *«subsystem»*. In UML 1.x gibt es die Metaklasse *Subsystem*, eine Spezialisierung von Paket und Classifier. In der Praxis wird das UML 1.x-Subsystem nur selten eingesetzt. Die praktische Abgrenzung zum Paket und zur Komponente ist unklar und wird vielfach diskutiert.

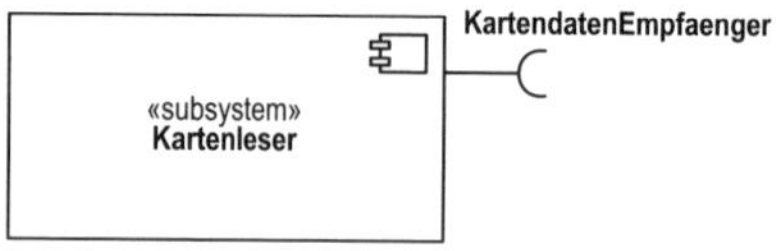

Abb. 3-37: Subsystem

In UML 2 gibt es die Metaklasse *Subsystem* nun nicht mehr. Stattdessen ist es ein vordefinierter Standardstereotyp der Komponente. Er beschreibt eine Komponente, die eine Einheit der hierarchischen Dekomposition eines großen Systems ist. Große Systeme werden häufig in der Hierarchie System – Subsysteme – Komponenten strukturiert. Das heißt, ein Subsystem ist die erste Hierarchieebene nach System. Die genaue Verwendung lässt UML 2 aber bewusst offen.

☑ 3.2.2.6

Ein Subsystem wird in der Regel indirekt instantiiert und in Spezifikations- und Realisierungselemente unterteilt. Letzteres ist aus der Definition des UML 1.x-Subsystems übernommen. Hierzu sind auch Standardstereotypen definiert: *«specification»* und *«realization»*. Diese Stereotypen beziehen sich nicht nur auf Komponenten, sondern ganz allgemein auf Classifier.

Ein Spezifikations-Classifier besitzt nur Spezifikationen und keine Implementierung. Umgekehrt besitzt ein Realisierungs-Classifier implementierende Elemente.

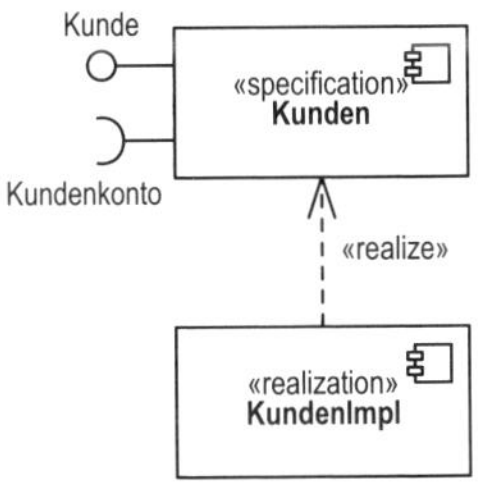

Abb. 3-38: Spezifikations- und Realisierungskomponente

Checkliste Komponente:

☑ 3.2.2.1: Woraus besteht eine Komponente (*Component*)?

☑ 3.2.2.2: Erläutern Sie den Zusammenhang zwischen Komponente (*Component*), Struktur- und Kompositionsstrukturdiagramm (*composite structure diagram*).

☑ 3.2.2.3: Erläutern Sie den Zusammenhang zwischen Komponente (*Component*), Schnittstelle (*Interface*) und Port (*Port*).

☑ 3.2.2.4: Erläutern Sie die Eigenschaft *isIndirectlyInstantiated* der Komponente (*Component*).

☑ 3.2.2.5: Nennen Sie die Eigenschaften eines Subsystems (*Subsystem*).

☑ 3.2.2.6: Erklären Sie die Stereotypen *«specification»* und *«realization»*.

Metamodell

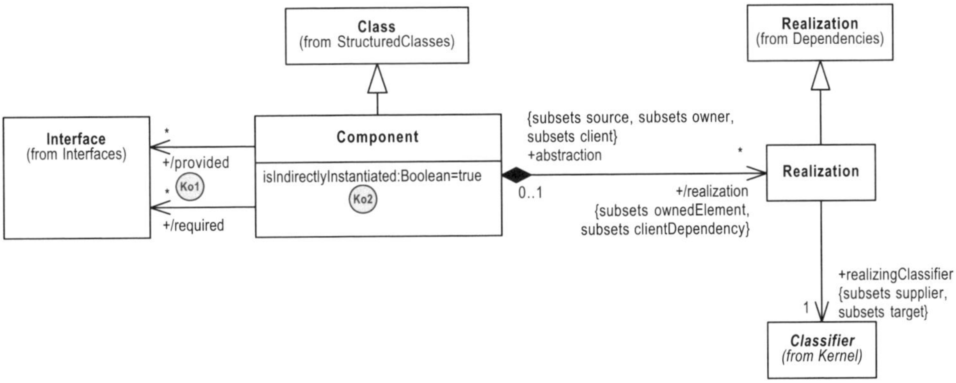

Abb. 3-39: Metamodell Komponente

3.2.3 Konnektor (*Connector*)

Das Konnektorkonzept aus Kapitel 3.1.3 wird im Kontext der Komponenten erweitert.

Definition

Der Delegationskonnektor (*delegation connector*) verbindet einen extern sichtbaren Port mit einem internen Teil (*part*) oder allgemein Rolle (*ConnectableElement*) der Komponente, der die angebotenen bzw. eingeforderten Schnittstellen (*Interface*) realisiert bzw. nutzt.

Der Kompositionskonnektor (*assembly connector*) verbindet zwei Komponenten, wobei eine Komponente eine Schnittstelle einfordert und die andere diese anbietet.

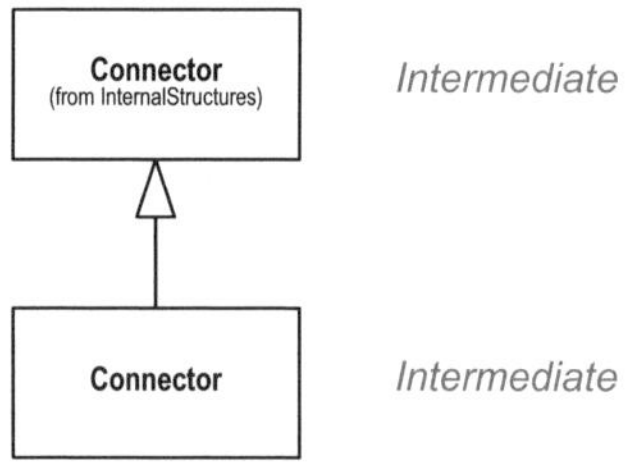

Abb. 3-40: Einordnung Konnektor (*Connector*)

Notation und Semantik

Eine Komponente ist eine spezielle strukturierte Klasse (*Class*), d.h., sie kann Teile besitzen, deren Zusammensetzung in Kompositionsstrukturdiagrammen spezifiziert werden kann.

Das Konnektorkonzept ist für Komponenten erweitert worden. Die neue Metaklasse Konnektor (*Connector*) liegt im Paket *BasicComponents*. Sie definiert zwei Arten von Konnektoren: den Delegationskonnektor (*delegation connector*) und den Schnittstellenkonnektor (*assembly connector*). Die Art des Konnektors wird in der Eigenschaft *kind* der Metaklasse *Connector* spezifiziert (Abb. 3-43).

☑ 3.2.3.1 Der Delegationskonnektor (*delegation connector*) leitet einen Aufruf an einem Port weiter an den entsprechenden Teil der Komponente. Umgekehrt werden Aufrufe von Teilen über den Delegationskonnektor an Ports weitergeleitet und von dort an die Umgebung der Komponente geführt.

Wenn der Delegationskonnektor einen Aufruf an mehr als eine Komponente weiterleitet, ist es nicht deterministisch, welche Delegation gewählt wird. Die Entscheidung muss im Verhalten des Ports modelliert werden.

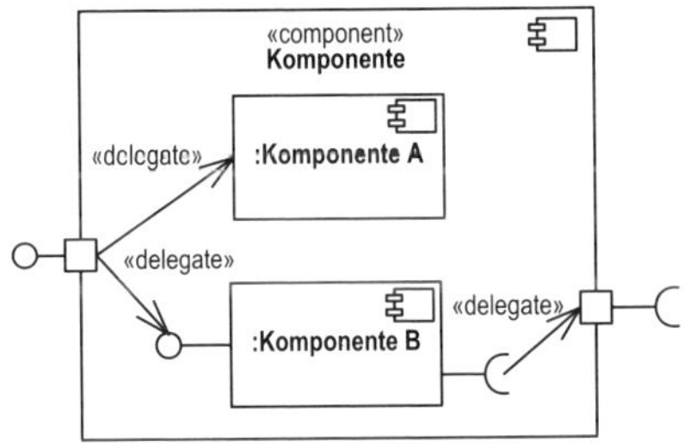

Abb. 3-41: Notation Delegationskonnektor (*delegation connector*)

Ein Delegationskonnektor wird als durchgezogener Pfeil vom Port zum realisierenden Teil bzw. umgekehrt notiert. An dem Pfeil wird das Schlüsselwort «*delegate*» angegeben.

Der Kompositionskonnektor (*assembly connector*) verbindet zwei Teile (*part*), wobei ein Teil eine Dienstleistung anbietet und der andere Teil dieselbe Dienstleistung einfordert. Die Art der Dienstleistung ist in den Schnittstellen der zugehörigen Classifier spezifiziert. Der Kompositionskonnektor kann auch zwischen einem Port und einem Teil modelliert werden. ☑ 3.2.3.2

Die Notation des Kompositionskonnektors ist eine angebotene und eine eingeforderte Schnittstelle, die ineinander greifen. Beachten Sie, dass es sich hierbei wirklich um einen Konnektor handelt und nicht um zwei Schnittstelle, wie die Notation zunächst vermuten lässt. ☑ 3.2.3.3

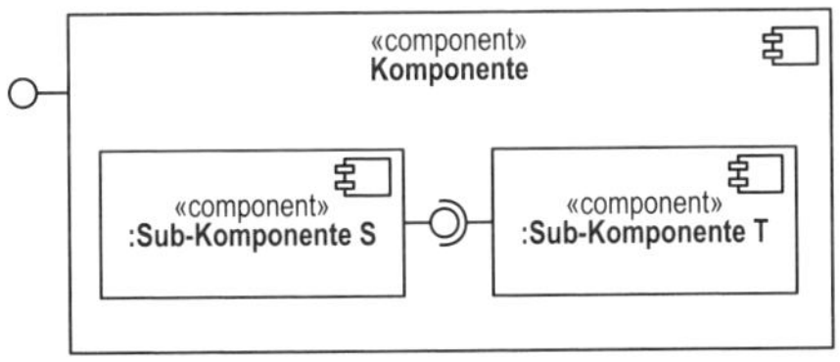

Abb. 3-42: Kompositionskonnektor (*assembly connector*)

Checkliste Komponentenkonnektor:

☑ 3.2.3.1: Nennen Sie die Eigenschaften des Delegationskonnektors (*delegation connector*). Welche Elemente verbindet ein Delegationskonnektor?

☑ 3.2.3.2: Nennen Sie die Eigenschaften des Kompositionskonnektors (*assembly connector*). Welche Elemente verbindet ein Kompositionskonnektor?

☑ 3.2.3.3: Das Symbol einer angebotenen und einer angeforderten Schnittstelle, die ineinander greifen: Wie viele Modellelemente sind es und wie heißen sie?

Metamodell

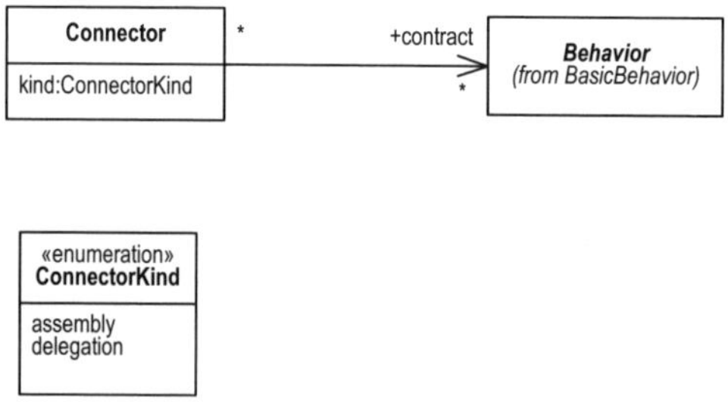

Abb. 3-43 Metamodell Komponentenkonnektoren

3.3 Grundlagen des Verhaltens

In diesem Kapitel widmen wir uns den Grundlagen für die Darstellung und Beschreibung von allgemeinem Verhalten in der UML, soweit dies für den Intermediate-Test relevant ist. In den nachfolgenden Kapiteln werden spezielle Aspekte von Verhalten im Kontext bestimmter Diagrammtypen erläutert.

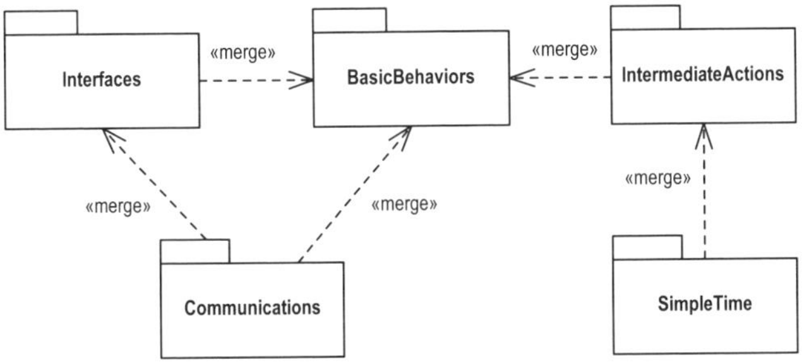

Abb. 3-44: Paketstruktur Verhalten (*CommonBehaviors*)

3.3.1 Prüfungsthemen

Folgende Themen werden im Intermediate-Test behandelt:

- Kommunikation (Paket *Communications*)
- Zeitmodell (Paket *SimpleTime*)

Die Themen gehören nicht offiziell zu den Prüfungsthemen (siehe Coverage-Map). Sie sind aber ein wichtiges Hintergrundwissen, und ein grundlegendes Verständnis sollte vorhanden sein. Teilweise sind diese Themen Thema der Fundamental-Zertifizierung (siehe auch Kap. 2.3).

3.3.2 Kommunikation (*Communications*)

Das Paket *Communications* enthält Konzepte zur Kommunikation zwischen Objekten und zum Aufrufen von Verhalten.

Definition und Semantik

☑ 3.3.2.1

Verhalten ist in der UML grundsätzlich ereignisorientiert. Die Ausführung von Verhalten wird stets durch ein Ereignis (*Event*) ausgelöst. Das Auftreten eines Ereignisses kann die Ausführung von Verhalten bewirken (*Trigger*). Während jeder Verhaltensausführung kann es wiederum zu neuen Ereignissen kommen. Zwei besondere Ereignisse treten immer auf: das Startereignis (*StartOccurrence*) und das Terminierungsereignis (*TerminationOccurrence*).

Aufrufmodell
☑ 3.3.2.2

Verhalten kann entweder direkt gestartet werden, dies wird Verhaltensaufrufereignis (*CallBehaviorOccurrence*) genannt, oder indirekt durch einen Auslöser (*TriggerOccurrence*), beispielsweise Erreichen eines Zeitpunktes (Zeitereignis (*TimeEvent*)), Signalempfang (Signalereignis (*SignalEvent*)) oder Erreichen bzw. Änderung eines bestimmten Wertes (Änderungsereignis (*ChangeEvent*)). Bei indirekten Verhaltensaufrufen wird das Ereignis in einem Pool (*EventPool*), der dem Classifier zugeordnet ist, abgelegt. Wie diese Ereignisse dann konkret verarbeitet werden, hängt von der Spezifikation des *Classifiers* und der Form der Verhaltensbeschreibung ab.

Sender, Empfänger

Aufruf und Ausführung von Verhalten ist in der UML grundsätzlich logisch getrennt. Beim Aufruf wird ein *Request*-Objekt erzeugt, das an den Empfänger, der das Verhalten ausführen soll, übertragen wird. Abb. 3-45 zeigt das entsprechende Schema. Sender und Empfänger können dabei dasselbe oder unterschiedliche Objekte sein. Über die Form der Übertragung, ihre Dauer, den Übertragungsweg und die Empfangsreihenfolge unterschiedlicher *Requests* wird keine Aussage getroffen.

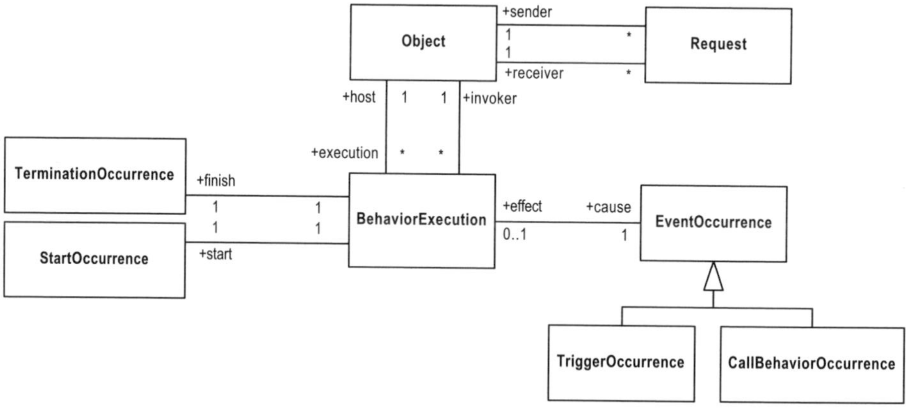

Abb. 3-45: Begriffsmodell Verhaltensausführung

Beim Eintreffen eines Requests beim Empfänger wird dort ein Empfangsereignis (*ReceiveOccurrence*) erzeugt, das die Ausführung von Verhalten bewirken kann. Dieses Verhalten wird dann im Kontext des Empfängers ausgeführt (*host*). Aus dem *Request*-Objekt lässt sich die Information beziehen, wer der Absender war. *host*

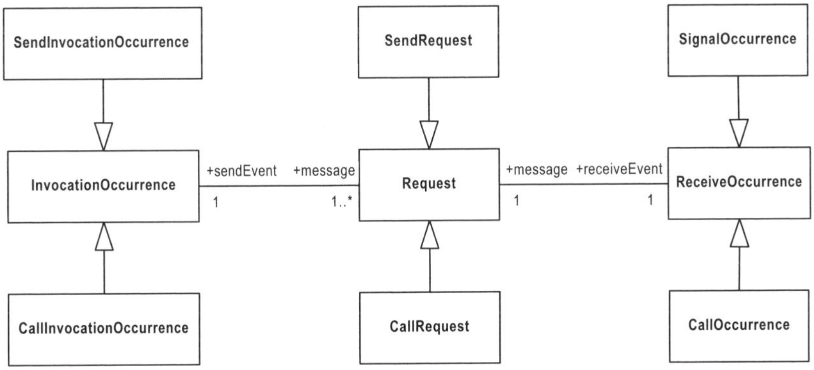

Abb. 3-46: Begriffsmodell Verhaltensaufruf

Im Paket *Communications* wird die Klasse (*Class*) um die Eigenschaft erweitert, Signale (*Signal*) zu empfangen. Ein Signal ist die Spezifikation eines Kommunikationsobjektes, z.B. *MausSignal* mit Attributwerten zur aktuellen Bildschirmkoordinate, linke Taste gedrückt? usw. Die Metaklasse Signalempfang (*Reception*) ist eine Deklaration, dass ein Classifier bereit ist, Signale zu empfangen.

Eine Klasse, die Signale empfangen kann, ist häufig eine aktive Klasse. Das bedeutet, dass die Klasse ihren eigenen Ausführungsfokus besitzt (*thread of control*). ☑ 3.3.2.3

Abb. 3-47: Notation aktive Klasse

Die Klasse Signalempfang (*Reception*) ist eine Spezialisierung der Verhaltenseigenschaft (*BehavioralFeature*). Diese wird um die Eigenschaft erweitert, nebenläufige Ausführungen näher zu spezifizieren. Die Aufzählungsklasse *CallConcurrencyKind* definiert drei Kategorien. Keine Verwaltung der Nebenläufigkeit wird durch *sequential* angegeben. Wenn die Verhaltenseigenschaft nebenläufig ausgeführt werden kann, gibt man *concurrent* an. *guarded* bedeutet, dass gleichzeitige Aufrufe der Verhaltenseigenschaft möglich sind, aber nur eine zurzeit starten kann. Verhaltenseigenschaft:: Fundamental

☑ 3.3.2.4 Im Paket *Communications* werden auch die Ereignisse (*Event*) definiert. Die UML kennt fünf verschiedene Ereignisse, die im Folgenden kurz erläutert werden.

Das *AnyReceiveEvent* bezieht sich auf einen Transitionsauslöser (Kapitel 3.7.2). Es tritt immer beim Empfang einer Nachricht ein, wenn diese Nachricht keine andere Transition auslöst, die von demselben Zustandsknoten ausgeht.

Das Aufrufereignis (*CallEvent*) tritt ein, wenn die spezifizierte Operation aufgerufen wird.

Das Änderungsereignis (*ChangeEvent*) tritt ein, wenn sich etwas im System ändert. Die Änderung wird mit einem booleschen Ausdruck formuliert, der bei der spezifizierten Änderung wahr wird.

Das Signalereignis (*SignalEvent*) tritt ein, wenn das spezifizierte Signal empfangen wird.

Das Zeitereignis (*TimeEvent*) bezieht sich auf eine absolute oder auf eine relative Zeitangabe. Das relative Zeitereignis bezieht sich immer auf einen Auslöser (*Trigger*) und misst die Zeit ab der Aktivierung des Auslösers. Die Syntax einer relativen Angabe ist `after <ausdruck>`.

Das absolute Zeitereignis wird aktiviert, sobald der spezifizierte Zeitpunkt eintritt. Die Syntax lautet `at <ausdruck>`.

Checkliste Kommunikation:

☑ 3.3.2.1: Wie wird die Ausführung von Verhalten (*Behavior*) ausgelöst?

☑ 3.3.2.2: Welche zwei Möglichkeiten gibt es, Verhalten (*Behavior*) aufzurufen?

☑ 3.3.2.3: Was ist eine aktive Klasse (*active class*)?

☑ 3.3.2.4: Erläutern Sie die verschiedenen Ereignisse (*Event*) der UML.

Metamodell

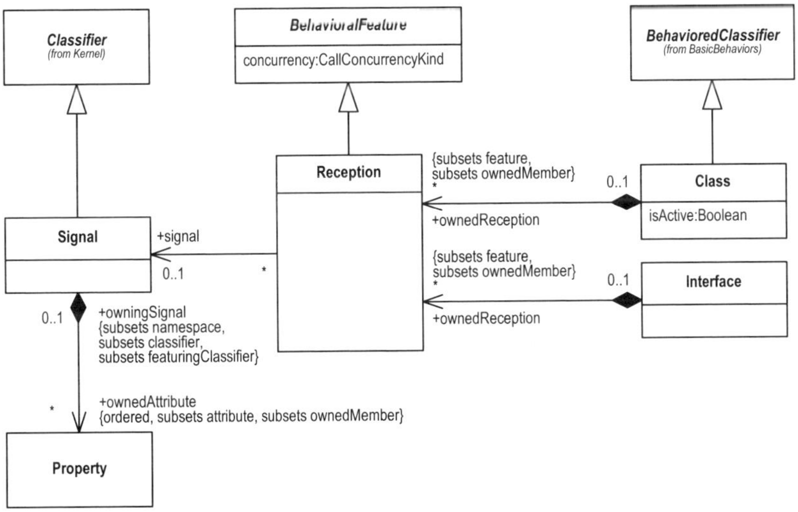

Abb. 3-48: Metamodell Signalempfang

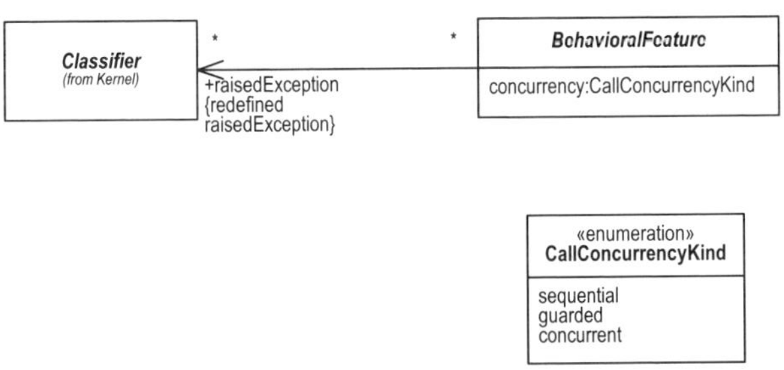

Abb. 3-49: Erweiterung der Verhaltenseigenschaft

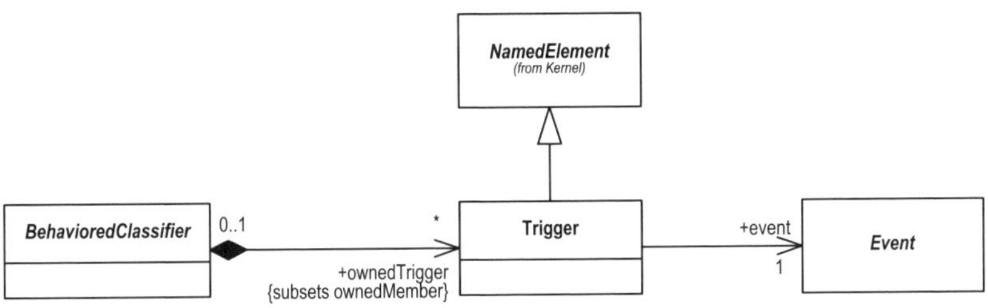

Abb. 3-50: Metamodell Auslöser

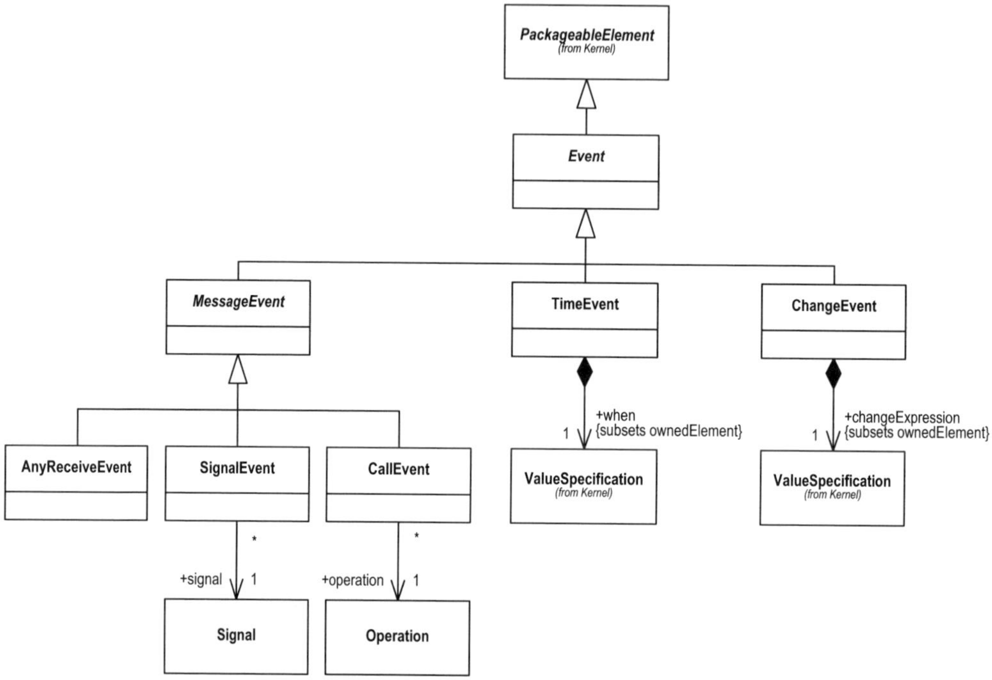

Abb. 3-51: Metamodell Ereignisse

3.3.3 Zeitmodell (*SimpleTime*)

Das Zeitmodell der UML ist einfach gehalten und behandelt keine Themen wie beispielsweise Uhren mit begrenzter Auflösung. Solche spezifischen Anforderungen müssen von UML-Profilen für die entsprechenden Anwendungsgebiete unterstützt werden (z.B. Echtzeitanwendungen).

Definition und Semantik

Das einfache Zeitmodell der UML 2 enthält Elemente zur Beschreibung der Zeit, für zeitliche Zusicherungen (*Constraint*) und für Zeitmessungen. Zusicherung: Fundamental

Das zentrale Element ist der Zeitausdruck (*TimeExpression*), der einen absoluten Zeitwert beschreibt. Es ist eine Spezialisierung der Wertespezifikation (*ValueSpecification*). Der Zeitwert kann beispielsweise durch eine implementierungsspezifische Zeichenkette definiert werden. Des Weiteren besteht die Möglichkeit, ein Ereignis zu referenzieren, dessen Anfang oder Ende der Zeitausdruck beschreibt (Attribut *firstTime*). Auf ähnliche Art und Weise wird auch die Zeitdauer (*Duration*) beschrieben. ☑ 3.3.3.1 Wertespezifikation: Fundamental

Für beide Elemente besteht die Möglichkeit, ein Intervall zu beschreiben: Zeitintervall (*TimeInterval*) und Zeitdauerintervall (*DurationInterval*). Auf die Intervalle beziehen sich auch die Zusicherungen des Zeitmodells, die eine bestimmte Intervallgröße zusichern. ☑ 3.3.3.2

Die beiden Aktionen im Zeitmodell können einen Zeitpunkt (*TimeObservationAction*) bzw. eine Zeitdauer (*DurationObservationAction*) messen. ☑ 3.3.3.3

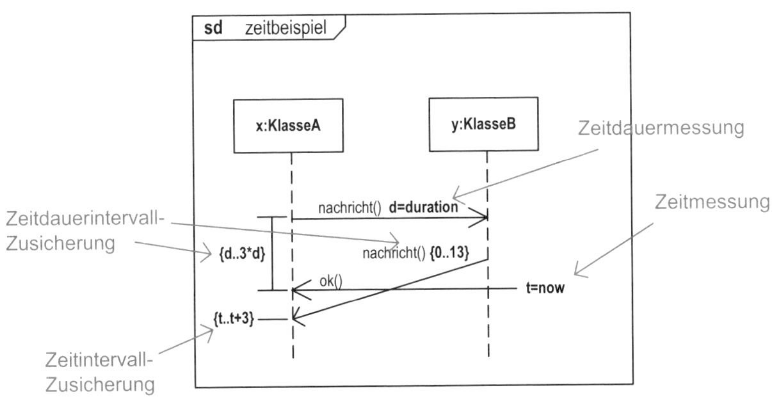

Abb. 3-52: Beispiel für Zeitmessungen und Zeitzusicherungen

Checkliste Zeitmodell:

☑ 3.3.3.1: Wie wird die Ausführung von Verhalten (*Behavior*) ausgelöst?

☑ 3.3.3.2: Welche zeitlichen Intervalle können spezifiziert werden?

☑ 3.3.3.3: Erläutern Sie die Aktionen im Zeitmodell.

Metamodell

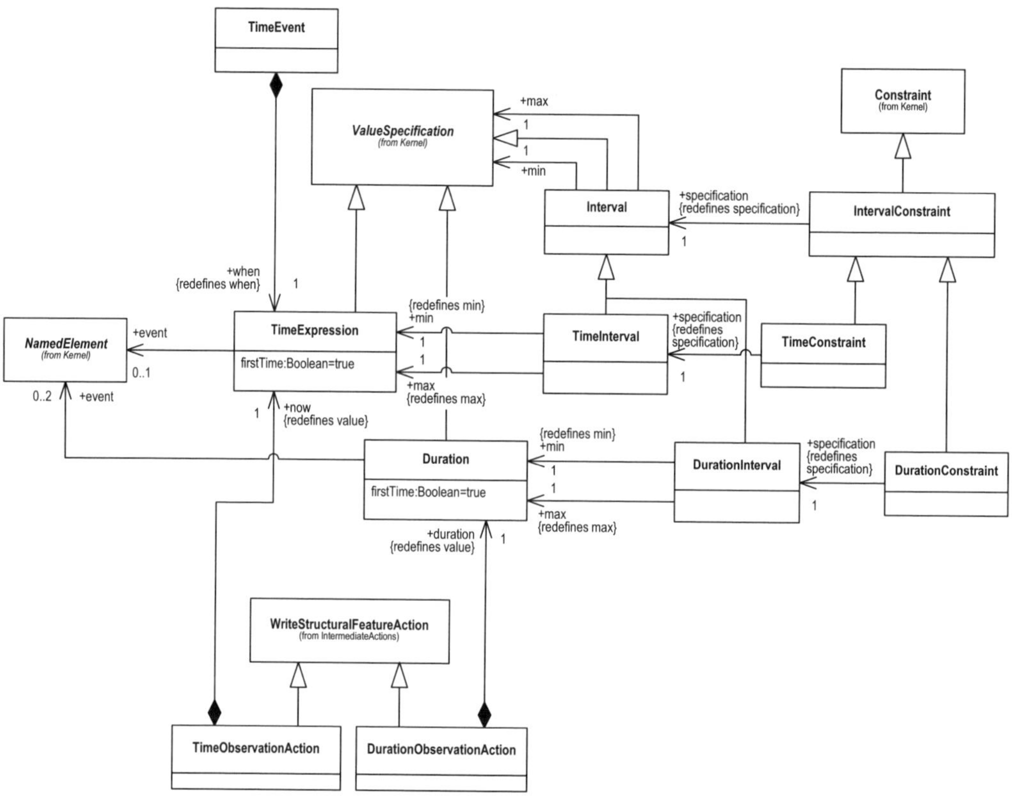

Abb. 3-53: Metamodell Zeit

3.4 Aktionsmodell

In diesem Kapitel widmen wir uns dem Aktionsmodell (*Action Semantic*). Diesmal fehlt im Namen das Wort „Diagramm“. Und in der Tat handelt es sich nur um ein reines Modell. Es ist bereits in der UML 1.5 in die UML-Spezifikation aufgenommen worden. Allerdings hat es nur wenig Aufsehen erregt und nur geringe Anwendung in der Praxis gefunden, da es zu dem Modell keine definierte Notation gab.

In UML 2 ist das Aktionsmodell überarbeitet worden. Insbesondere gibt es nun eine definierte Notation dafür. Die Aktionen sind in das Aktivitätsmodell integriert. Die einzelnen Aktionen einer Aktivität sind die hier definierten Aktionen aus dem Aktionsmodell.

Da sich die Definition der einzelnen Aktionen weniger in Diagrammen, sondern primär im Metamodell widerspiegelt, zeigen wir in diesem Kapitel vermehrt Abbildungen aus dem Metamodell, um die Aktionen zu erläutern.

Es erscheint nicht sinnvoll, die Namen der elementaren Aktionen zu übersetzen, deshalb gibt es nur für die jeweiligen Oberbegriffe deutsche Bezeichnungen.

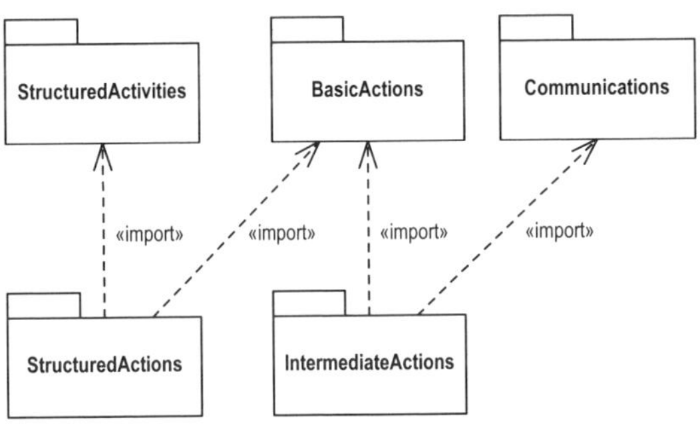

Abb. 3-54: Paketstruktur Aktionsmodell (*Action*)

3.4.1 Prüfungsthemen

Der Intermediate-Test deckt nicht alle Aktionen ab, die die UML 2 definiert. Die hier nicht erwähnten Aktionen sind Bestandteil der Advanced-Zertifizierung.

Das Paket *BasicActions* gehört zum ersten *Compliance Level* der UML 2 und ist zum Teil auch Bestandteil der Fundamental-Zertifizierung.

Folgende Themen werden im Intermediate-Test behandelt:

- Aufrufaktion (*InvocationAction*)
- *OpaqueAction*
- Objektaktion (*ObjectAction*)
- Strukturaktion (*StructuralFeatureAction*)
- Linkaktion (*LinkAction*)
- Variablenaktion (*VariableAction*)
- weitere Aktionen aus dem Paket *IntermediateActions*

Der Prüfungsanteil beträgt insgesamt 10 Prozent.

3.4.2 Aktion (*Action*)

Aktion: Fundamental

Die Aktion ist eigentlich Bestandteil der Fundamental-Zertifizierung. Da sie aber die Basisklasse aller Aktionen bildet und somit ihr Verständnis von hoher Bedeutung ist, wird die Metaklasse hier noch einmal wiederholt.

Definition

Eine Aktion (*Action*) ist eine elementare Einheit zur Beschreibung von ausführbarem Verhalten.

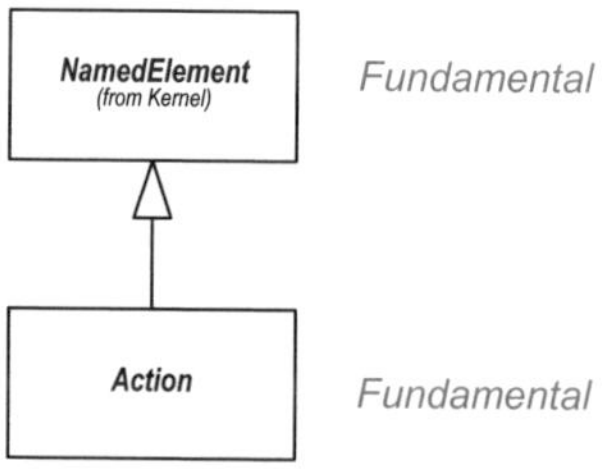

Abb. 3-55: Einordnung Aktion (*Action*)

Notation und Semantik

Die Aktion (*Action*) ist die abstrakte Basisklasse aller Aktionen. Eine Aktion wird als Rechteck mit abgerundeten Ecken notiert. Ein- und Ausgabepins (*InputPin, OutputPin*) spezifizieren die Ein- und Ausgabeargumente der Aktion. In Abb. 3-56 ist eine Aktion mit einem Ausgabepin dargestellt. Es ist ein Ausschnitt aus einer Aktivität. Die dargestellte Aktion ist eine *CallBehaviorAction* (Kapitel 3.4.3). ☑ 3.4.2.1

Abb. 3-56: Aktion mit Ausgabepin (*OutputPin*)

Checkliste Aktion:

☑ 3.4.2.1: Nennen Sie die Eigenschaften und Notation einer Aktion (*Action*).

Metamodell

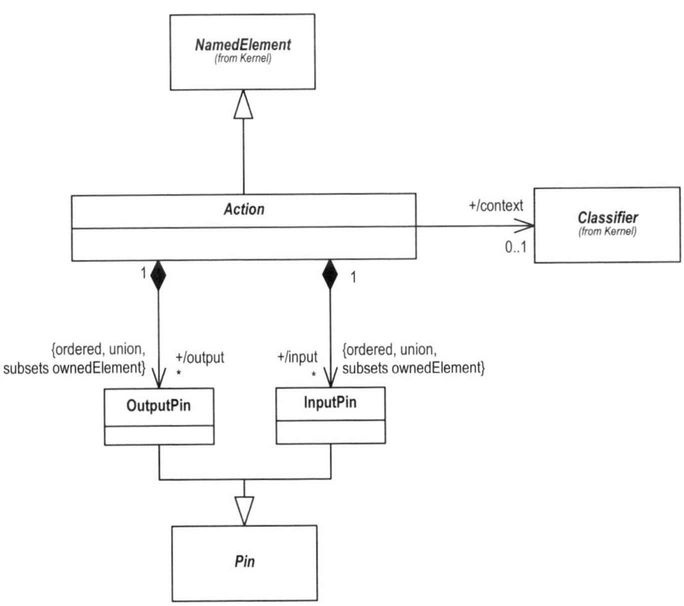

Abb. 3-57: Metamodell Aktion (*Action*)

3.4.3 Aufrufaktion (*InvocationAction*)

Aufrufaktionen lösen die Ausführung von Verhalten aus. Das Verhalten wird entweder aufgerufen (*CallAction*) oder durch das Senden von Signalen bzw. Objekten ausgelöst.

Definition

Die Aufrufaktion (*InvocationAction*) ist abstrakte Oberklasse für Aktionen, die Verhalten oder Operationen aufrufen oder Signale bzw. Objekte senden.

Die *CallAction* ist abstrakte Oberklasse für Aktionen, die ein Verhalten oder eine Operation aufrufen.

Die *CallBehaviorAction* ruft ein Verhalten direkt auf. Die Argumente der Aktion werden dem aufgerufenen Verhalten übergeben. Die *CallOperation-Action* ruft eine Operation an einem spezifizierten Objekt auf. Die Argumente der *CallOperationAction* werden der Operation übergeben.

Die *SendSignalAction* erzeugt aus den Eingabeparametern eine Signalinstanz und sendet diese an das spezifizierte Objekt.

Die *BroadcastSignalAction* erzeugt aus den Eingabeparametern eine Signalinstanz und sendet diese an viele Objekte (*Broadcast*).

Die *SendObjectAction* sendet ein Objekt an das spezifizierte Objekt.

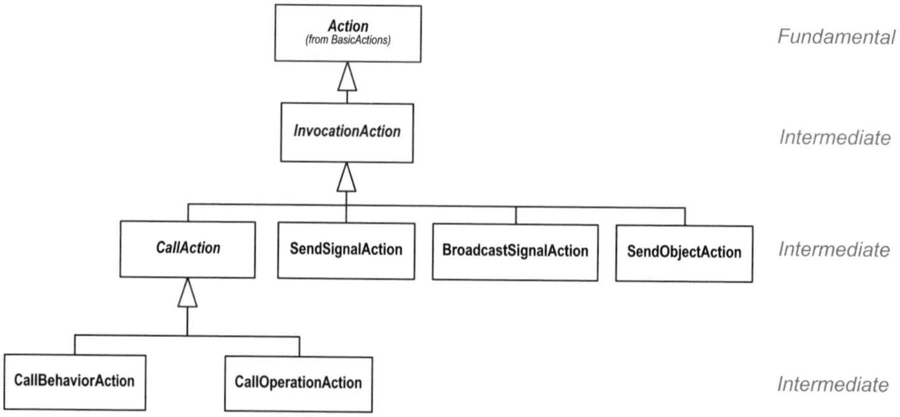

Abb. 3-58: Einordnung Aufrufaktionen (*InvocationAction*)

Notation und Semantik

Die Aufrufaktion (*InvocationAction*) ist abstrakte Oberklasse und hat nur die Eigenschaft, eine Menge von Eingabepins für die Eingangsargumente zu besitzen. ☑ 3.4.3.1

Eine Hierarchieebene darunter befindet sich noch eine weitere abstrakte Oberklasse. Die abstrakte *CallAction* steht für Aktionen, die direkt ein Verhalten oder eine Operation aufrufen. Eine *CallAction* kann synchron oder asynchron sein und besitzt eine Menge von Ausgabepins, die die Rückgabeparameter aufnehmen. Eine asynchrone *CallAction* hat keine Rückgabeparameter. ☑ 3.4.3.2

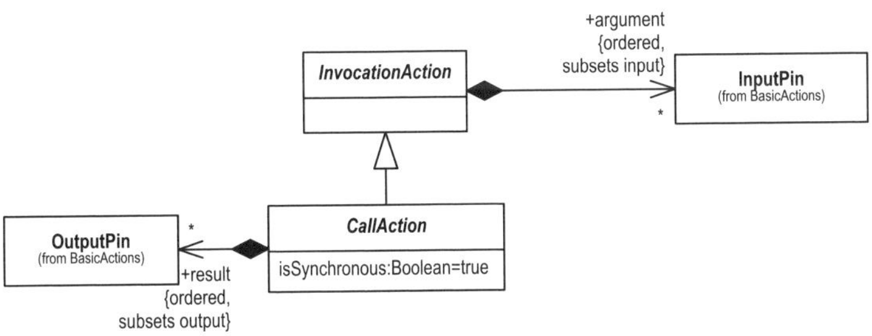

Abb. 3-59: Metamodell *CallAction*

Die *CallBehaviorAction* ist eine konkrete Spezialisierung der *CallAction*. Sie ruft ein Verhalten (*Behavior*) auf, beispielsweise eine Aktivität (*Activity*) oder einen Zustandsautomaten (*StateMachine*). Im Gegensatz zur gleich näher erläuterten *CallOperationAction* wird das Verhalten direkt aufgerufen ohne die Verwendung eines Verhaltensmerkmales (*BehavioralFeature*) wie beispielsweise einer Operation. ☑ 3.4.3.3 Verhalten, Verhaltensmerkmal: Fundamental

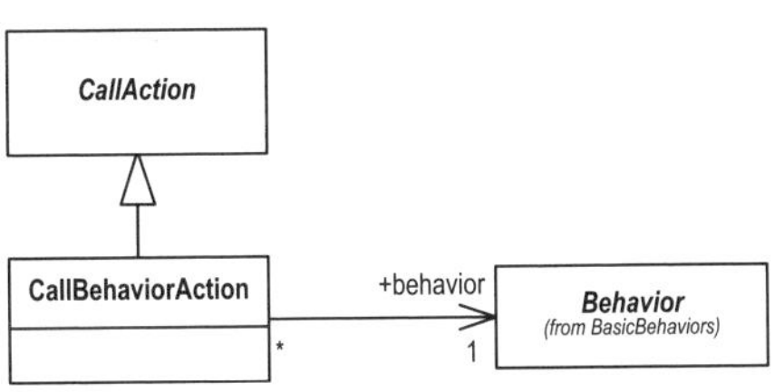

Abb. 3-60: Metamodell *CallBehaviorAction*

Die Notation erbt die *CallBehaviorAction* von ihrer Oberklasse *Action*. Im abgerundeten Rechteck steht der Name des Verhaltens, das aufgerufen wird.

Abb. 3-61: Notation *CallBehaviorAction*

☑ 3.4.3.4 Ein Besonderheit stellt der Aufruf einer Aktivität dar. In diesem Fall wird in der rechten unteren Ecke eine Forke notiert. Sie symbolisiert eine hierarchische Struktur. Der Aufruf einer Aktivität von einer Aktion, die sich selbst auch in einer Aktivität befindet, ist eine Art der Dekomposition. Die Notation stammt aus UML 1.x, wo sie eine ähnliche Bedeutung hat.

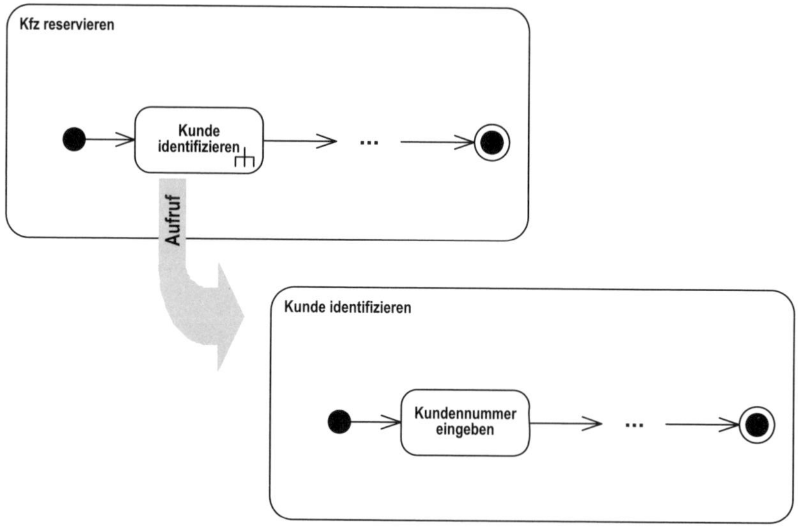

Abb. 3-62: Aufruf einer Aktivität

☑ 3.4.3.5 Die *CallOperationAction* ruft im Gegensatz zur *CallBehaviorAction* nicht direkt ein Verhalten auf, sondern ein Verhaltensmerkmal (*BehavioralFeature*), genau genommen eine Operation. Von der abstrakten Basisklasse *CallAction* erbt *CallOperationAction* die Eigenschaften, Ein- und Ausgabeparameter zu haben. Zusätzlich spezifiziert eine *CallOperationAction* die aufzurufende Operation und erhält über einen Eingabepin das zugehörige Objekt, an dem die Operation bei der Ausführung aufgerufen wird.

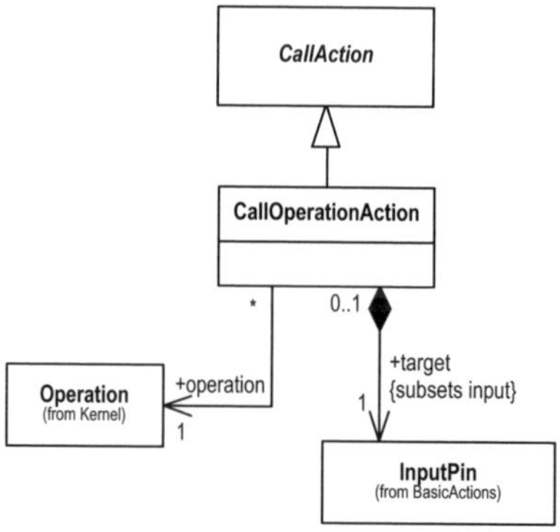

Abb. 3-63: Metamodell *CallOperationAction*

Die Notation einer *CallOperationAction* ist ähnlich einer *CallBehaviorAction*. Statt des Verhaltens steht in dem Aktionssymbol der Name der aufzurufenden Operation und gegebenenfalls der Name des zugehörigen Classifiers. Es ist auch möglich, der *CallOperationAction* einen von der Operation unabhängigen Namen zu geben (Abb. 3-64).

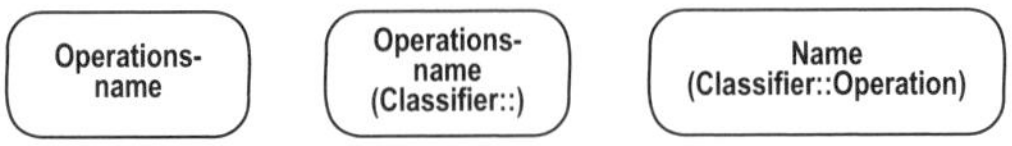

Abb. 3-64: Notation *CallOperationAction*

Als Classifier ist derjenige anzugeben, innerhalb dessen Kontext die Operation definiert ist. Das Objekt, das die *CallOperationAction* über den Eingabepin erhält, muss einen zum Classifier kompatiblen Typ haben.

Die *CallActions* rufen direkt ein Verhalten oder eine Operation auf. Anders ist es bei den übrigen drei Aufrufaktionen. Das Senden eines Signals oder eines Objektes ruft indirekt ein Verhalten auf. Der Sender kann nicht die Art des Verhaltens bestimmen. Dafür ist nur der Empfänger selbst verantwortlich.

Signal: Fundamental
Vgl. Abb. 3-58

Die *SendSignalAction* sendet ein Signalobjekt an ein spezifiziertes Empfängerobjekt. Das Signalobjekt wird von der *SendSignalAction* aus den Eingabeargumenten erzeugt. Das Empfängerobjekt wird über ein Eingabepin bekannt gegeben (Assoziationsende *target* in Abb. 3-65). Das Senden des Signals ist immer asynchron und hat deshalb keine Rückgabeparameter.

☑ 3.4.3.6

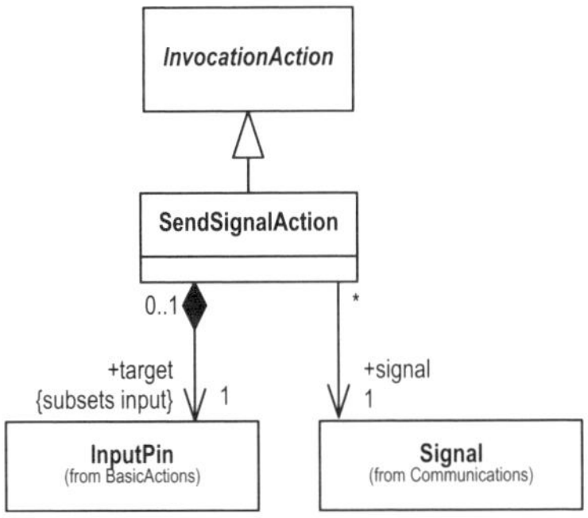

Abb. 3-65: Metamodell *SendSignalAction*

Die Notation der *SendSignalAction* ist ein Pfeil, der das Senden andeutet. In dem Pfeil steht der Name des Signals (Abb. 3-66). Das Symbol gibt es auch in UML 1.x, wo das Senden von Signalen in Aktivitätsmodellen ebenfalls möglich ist.

Abb. 3-66: Notation *SendSignalAction*

☑ 3.4.3.7
☑ 3.4.3.8
Semantischer Variationspunkt

Die *BroadcastSignalAction* sendet ein Signalobjekt nicht an ein spezifiziertes Empfängerobjekt, sondern an eine Vielzahl von Objekten (*Broadcast*). An welche Objekte das Signalobjekt gesendet wird, ist nicht spezifiziert. Es ist ein so genannter semantischer Variationspunkt (*semantic variation point*). Davon gibt es einige in UML 2. Es bedeutet, dass UML 2 die Semantik an diesem Punkt bewusst offen lässt. Die Interpretation wird der Umgebung überlassen, in der das Modell eingesetzt wird.

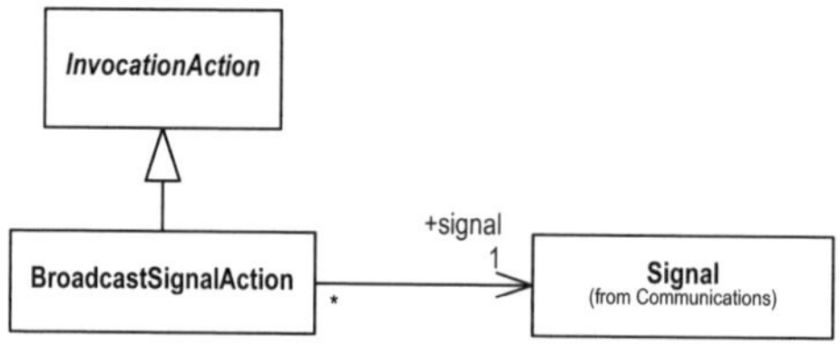

Abb. 3-67: Metamodell *BroadcastSignalAction*

Die *BroadcastSignalAction* hat keine besondere Notation. Sie wird also wie eine normale Aktion in einem abgerundeten Rechteck dargestellt.

☑ 3.4.3.9
☑ 3.4.3.10

Die *SendObjectAction* ist ähnlich der *SendSignalAction*. Sie sendet ein Objekt an ein spezifiziertes Empfängerobjekt. Der Unterschied besteht darin, dass das gesendete Objekt kein Signalobjekt sein muss, sondern ein beliebiges Objekt sein kann, und dass das Objekt nicht von der Aktion erzeugt wird, sondern an einem Eingabepin der *SendObjectAction* übergeben wird.

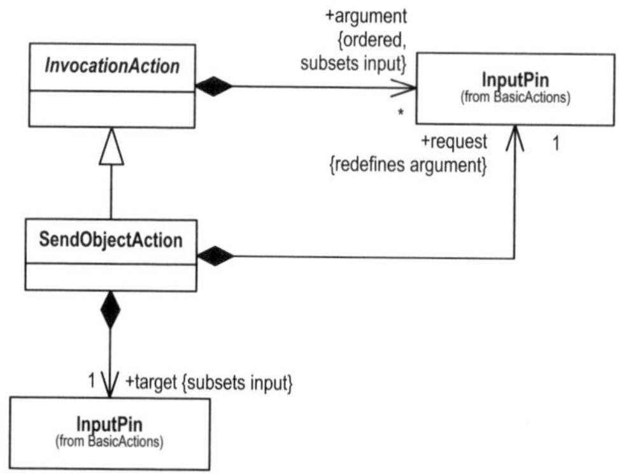

Abb. 3-68: Metamodell *SendObjectAction*

Die *SendObjectAction* hat keine spezielle Notation. Es gibt allerdings einen Sonderfall. Wenn alle Objekte, die versendet werden, Signalobjekte sind, dann darf auch die Notation der *SendSignalAction* verwendet werden. Hier ist Vorsicht geboten. Die Aktion sieht in dem Fall genauso aus wie eine *SendSignalAction,* und sie sendet auch Signalobjekte, aber die Signalobjekte müssen am Eingabepin übergeben werden und können nicht von der Aktion erzeugt werden.

Checkliste Aufrufaktion:

☑ 3.4.3.1: Nennen Sie die Eigenschaften der Aufrufaktion (*InvocationAction*).

☑ 3.4.3.2: Nennen Sie die Eigenschaften der *CallAction*. Stellen Sie den Bezug zum Aufrufmodell der UML her (Kapitel 3.3.2).

☑ 3.4.3.3: Nennen Sie die Eigenschaften der *CallBehaviorAction*.

☑ 3.4.3.4: Was bedeutet die Forke in der Notation einer *CallBehaviorAction*?

☑ 3.4.3.5: Nennen Sie die Eigenschaften der *CallOperationAction*.

☑ 3.4.3.6: Nennen Sie die Eigenschaften der *SendSignalAction*. Stellen Sie den Bezug zum Aufrufmodell der UML her (Kapitel 3.3.2).

☑ 3.4.3.7: Nennen Sie die Eigenschaften der *BroadcastSignalAction*.

☑ 3.4.3.8: Erläutern Sie die Bedeutung des semantischen Variationspunktes (*semantic variation point*) der *BroadcastSignalAction*.

☑ 3.4.3.9: Nennen Sie die Eigenschaften der *SendObjectAction*.

☑ 3.4.3.10: Erläutern Sie den Unterschied der *SendObjectAction* zur *SendSignalAction*.

Metamodell

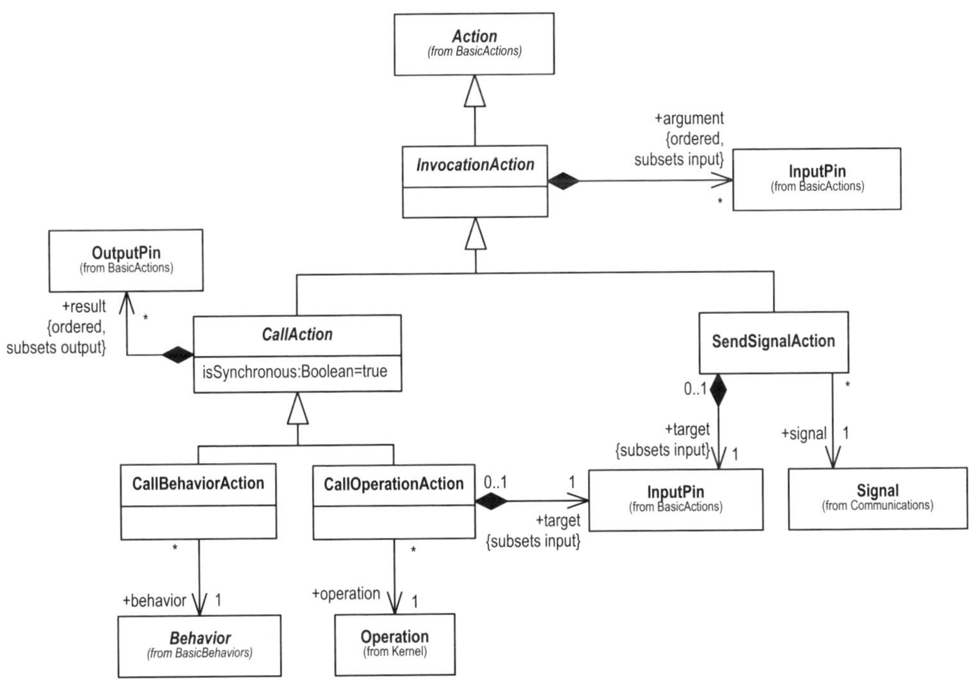

Abb. 3-69: Metamodell Aufrufaktionen (*InvocationAction*) aus dem Paket *BasicActions*

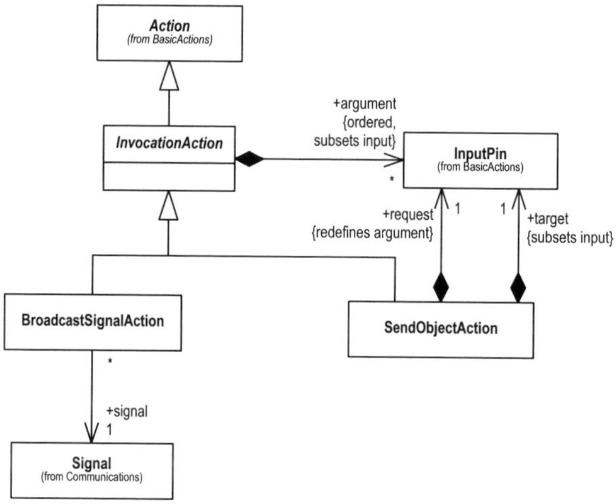

Abb. 3-70: Metamodell Aufrufaktionen (*InvocationAction*) aus dem Paket *Intermediate-Actions*

3.4.4 *OpaqueAction*

Definition

Die *OpaqueAction* führt implementierungsspezifische Anweisungen aus.

Notation und Semantik

☑ 3.4.4.1 Die OpaqueAction spezifiziert eine Menge von sprachspezifischen Anweisungen. Die zugehörigen Sprachen (Java, C#, OCL, natürliche Sprache usw.) werden ebenfalls angegeben.

Die Aktion ist eingeführt worden, um implementierungsspezifische Anweisungen ausführen zu können oder um einen temporären Platzhalter setzen zu können, bis man sich für eine endgültige Aktion entschieden hat.

Die *OpaqueAction* hat keine spezielle Notation.

Hier hat es eine größere Änderung zwischen der finalen UML 2.0-Spezifikation [UML2.0] und der vorläufigen Version [UML2.0zert], auf der die Zertifizierung basiert, gegeben. In der vorläufigen Version gibt es eine so genannte *PrimitiveFunction,* die eine Funktion in beliebiger Sprache beschreibt. Sie ist nur berechnend und kann keine Änderungen am Modell bewirken. Die *ApplyFunctionAction* bringt die *PrimitiveFunction* zur Ausführung. Beide Modellelemente werden in der finalen Spezifikation von der *OpaqueAction* abgelöst.

Checkliste *OpaqueAction*:

☑ 3.4.4.1: Nennen Sie die Eigenschaften und die Motivation der *OpaqueAction*.

Metamodell

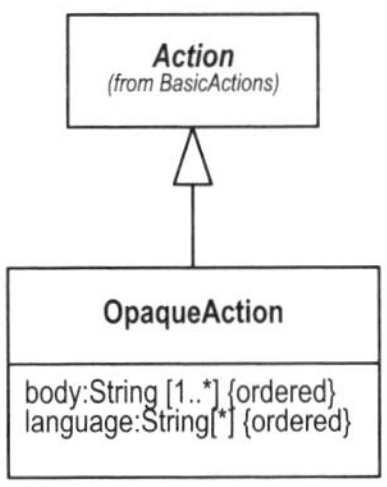

Abb. 3-71: Metamodell *OpaqueAction*

3.4.5 Objektaktion

Objektaktionen erzeugen und zerstören Objekte. Des Weiteren gibt es Objektaktionen, die Objektidentitäten prüfen und das Objekt *self* ermitteln.

Definition

Die *CreateObjectAction* erstellt ein Exemplar des statisch spezifizierten Classifiers und gibt es am Ausgabepin zurück.

Die *DestroyObjectAction* zerstört das am Eingabepin übergebene Objekt.

Die *TestIdentityAction* prüft, ob zwei Objekte dieselbe Identität haben.

Die *ReadSelfAction* liefert das Objekt, zu dem die Aktion gehört.

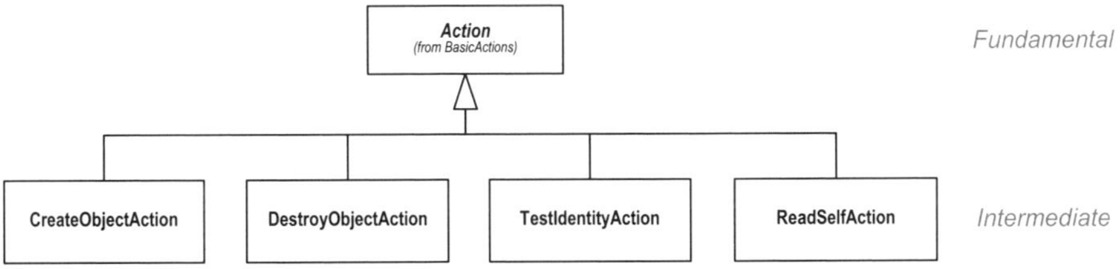

Abb. 3-72: Einordnung Objektaktionen

Notation und Semantik

Die *CreateObjectAction* erzeugt ein Exemplar des spezifizierten Classifiers und stellt das Ergebnisobjekt am Ausgabepin zur Verfügung. Die Aktion hat keine weiteren Auswirkungen. Es werden keine initialen Werte von Strukturmerkmalen wie z.B. Attributen gesetzt, das Objekt erhält keine Links ☑ 3.4.5.1 ☑ 3.4.5.2

(Exemplar einer Assoziation), und es wird kein Verhalten ausgeführt. Es können mit dieser Aktion keine Linkobjekte (Exemplare von Assoziationsklassen) erzeugt werden.

Die *CreateObjectAction* hat keine spezielle Notation.

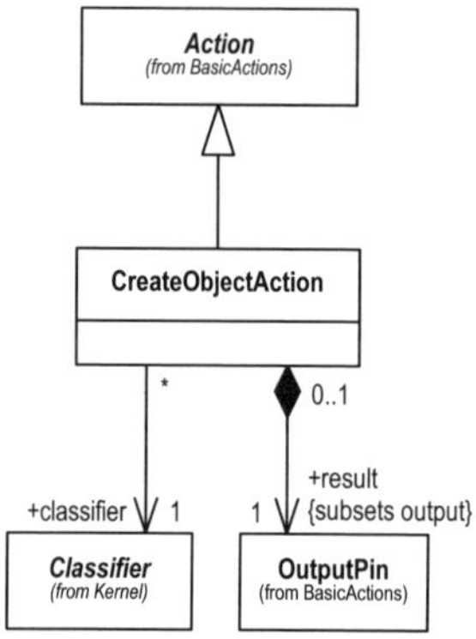

Abb. 3-73: Metamodell *CreateObjectAction*

☑ 3.4.5.3 Die *DestroyObjectAction* zerstört das Objekt, das ihr am Eingabepin übergeben wird. Die Aktion hat keine Rückgabewerte.

☑ 3.4.5.4 Die beiden Eigenschaften *isDestroyLinks* und *isDestroyOwnedObjects* steuern das Verhalten bei der Zerstörung des Objektes. Wenn *isDestroyLinks* auf *false* gesetzt ist (Standardeinstellung), werden Links, an denen das Objekt beteiligt ist, nicht mit zerstört. Wenn es auf *true* gesetzt ist, werden auch alle Links zerstört.

☑ 3.4.5.5 Entsprechend werden Objekte, die das zu zerstörende Objekt besitzt, nicht mit zerstört, wenn *isDestroyOwnedObjects* auf *false* gesetzt ist (Standardeinstellung). Wird der Wert auf *true* gesetzt, so werden Objekte zerstört, die das aktuelle Objekt per Komposition besitzt.

Im Gegensatz zur *CreateObjectAction* kann die *DestroyObjectAction* Linkobjekte verarbeiten. Die Semantik entspricht in dem Fall der *DestroyLinkAction* (Kapitel 3.4.7).

Die *DestroyObjectAction* hat keine spezielle Notation.

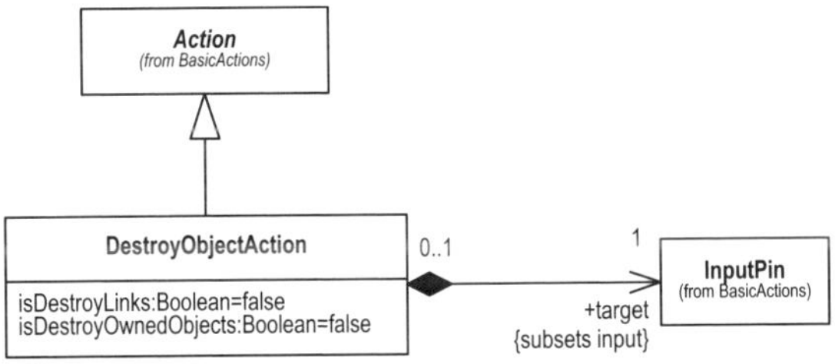

Abb. 3-74: Metamodell *DestroyObjectAction*

Die *TestIdentityAction* hat exakt zwei Eingabewerte. An den beiden Eingabepins werden Objekte übergeben, und die *TestIdentityAction* prüft, ob die Objekte dieselbe Identität haben. Das boolesche Ergebnis wird am Ausgabepin zur Verfügung gestellt. ☑ 3.4.5.6

Die *TestIdentityAction* hat keine spezielle Notation.

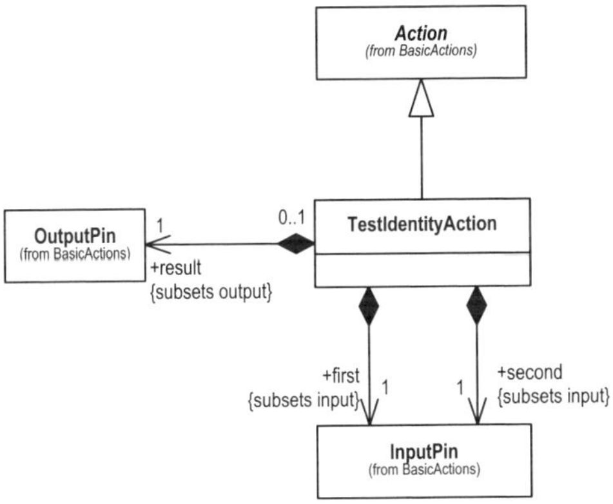

Abb. 3-75: Metamodell *TestIdentityAction*

Die *ReadSelfAction* liefert das Objekt, in dessen Kontext sich die Aktion befindet. Jede Aktion ist Teil einer Aktivität. Die Aktivität kann einem Classifier zugeordnet sein (*host classifier*), beispielsweise als Rumpf einer Methode oder Teil eines Zustandsautomaten. ☑ 3.4.5.7

ReadSelfAction liefert das Classifier-Objekt, sofern vorhanden. Anderenfalls liefert sie das Aktivitätsobjekt. Eine Aktivität ist ein spezielles Verhalten (*Behavior*) und das wiederum eine spezielle Klasse. ☑ 3.4.5.8 Verhalten: Fundamental

Die *ReadSelfAction* hat keine spezielle Notation.

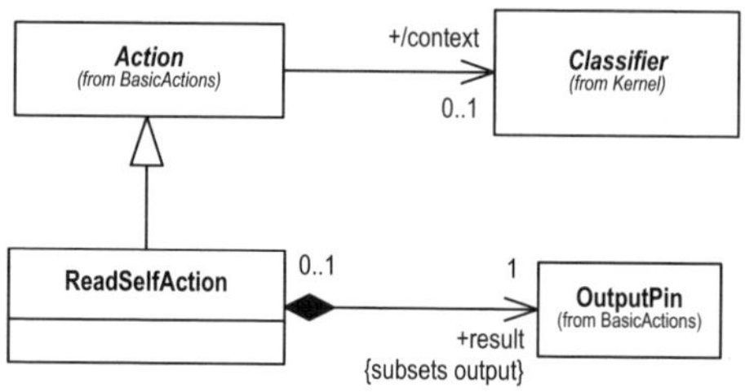

Abb. 3-76: Metamodell *ReadSelfAction*

Checkliste Objektaktion:

- ☑ 3.4.5.1: Nennen Sie die Eigenschaften der *CreateObjectAction*.
- ☑ 3.4.5.2: Erläutern Sie die Nebeneffekte beim Erzeugen eines Objektes mit der *CreateObjectAction*.
- ☑ 3.4.5.3: Nennen Sie die Eigenschaften der *DestroyObjectAction*.
- ☑ 3.4.5.4: Erläutern Sie das Standardverhalten beim Zerstören von Objekten mit der *DestroyObjectAction*.
- ☑ 3.4.5.5: Welche Bedeutung hat die Komposition bzw. Aggregation bei der *DestroyObjectAction?*
- ☑ 3.4.5.6: Nennen Sie die Eigenschaften der *TestIdentityAction*.
- ☑ 3.4.5.7: Nennen Sie die Eigenschaften der *ReadSelfAction*.
- ☑ 3.4.5.8: Nennen Sie die Arten der Objekte, die von der *ReadSelfAction* zurückgegeben werden.

Metamodell

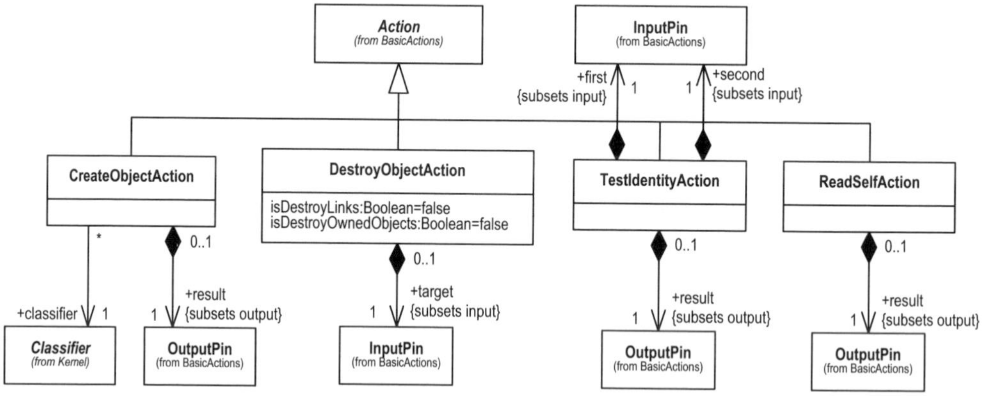

Abb. 3-77: Metamodell Objektaktion

3.4.6 Strukturmerkmalaktion (*StructuralFeatureAction*)

Strukturmerkmalaktionen lesen, schreiben und löschen Werte von Strukturmerkmalen (*StructuralFeature*).

Definition

Die Strukturmerkmalaktion (*StructuralFeatureAction*) ist eine abstrakte Oberklasse. Sie beschreibt Aktionen, die auf statischen Strukturen von Classifiern operieren.

Die *ReadStructuralFeatureAction* liest den Wert eines Strukturmerkmales.

Die *WriteStructuralFeatureAction* ist abstrakte Oberklasse für Aktionen, die Werte von Strukturmerkmalen verändern.

Die *AddStructuralFeatureValueAction* ist eine Aktion, die einem Strukturmerkmal Werte hinzufügt.

Die *RemoveStructuralFeatureValueAction* entfernt einen Wert eines Strukturmerkmales.

Die *ClearStructuralFeatureAction* löscht alle Werte eines Strukturmerkmales.

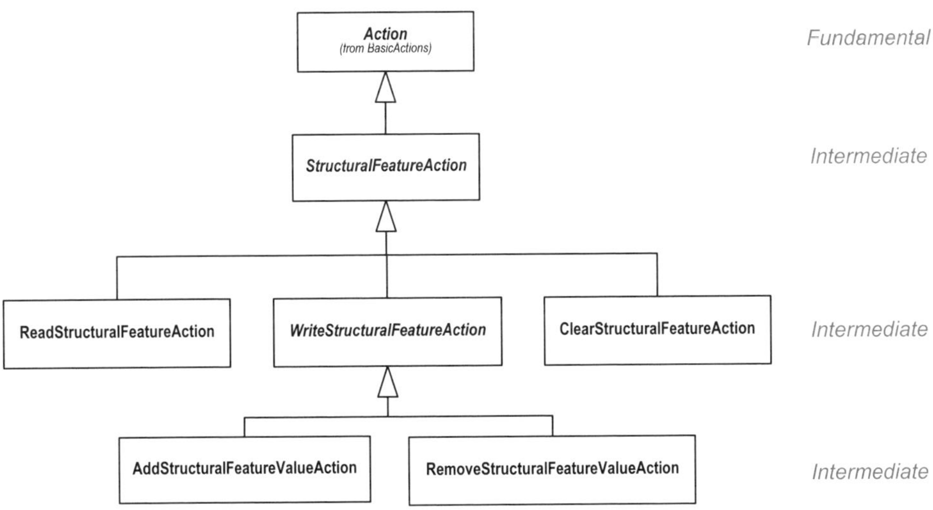

Abb. 3-78: Einordnung Strukturmerkmalaktionen (*StructuralFeatureAction*)

Notation und Semantik

☑ 3.4.6.1

Die abstrakte Klasse *StructuralFeatureAction* vereint die Gemeinsamkeiten der Strukturmerkmalaktionen. Das Strukturmerkmal (*StructuralFeature*) wird direkt mit der Aktion spezifiziert. Das Objekt, das dieses Strukturmerkmal besitzt, wird am Eingabepin übergeben. Nicht erlaubt bzw. undefiniert ist das Verhalten für statische Strukturmerkmale und Strukturmerkmale, die für die Aktion nicht sichtbar sind.

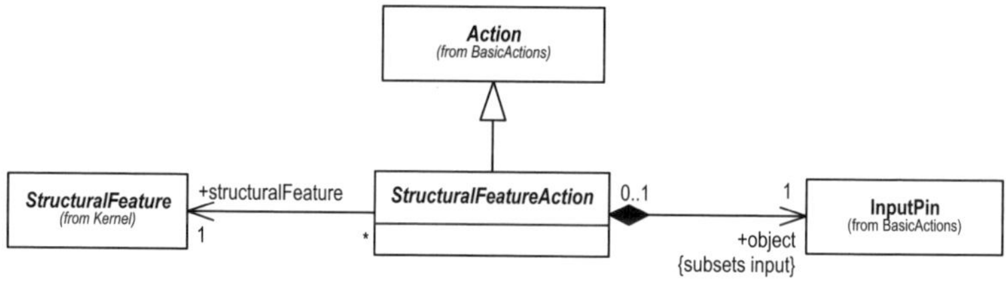

Abb. 3-79: Metamodell *StructuralFeatureAction*

☑ 3.4.6.2 Multiplizitätselement: Fundamental

Die *ReadStructuralFeatureAction* ist eine konkrete Spezialisierung der *StructuralFeatureAction*. Diese Aktion liefert den Wert des spezifizierten Strukturmerkmales. Ein Strukturmerkmal kann mehrere Werte haben, denn es ist unter anderem auch ein spezielles Multiplizitätselement (*Multiplicity-Element*) (Abb. 3-80).

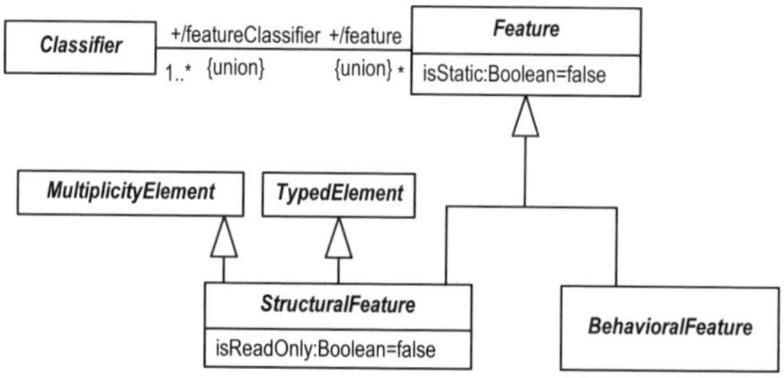

Abb. 3-80: Metamodell Strukturmerkmal (*StructuralFeature*)

Die Multiplizität des Strukturmerkmales muss mit der Multiplizität des Ausgabepins der *ReadStructuralFeatureAction* übereinstimmen.

Die *ReadStructuralFeatureAction* hat keine spezielle Notation.

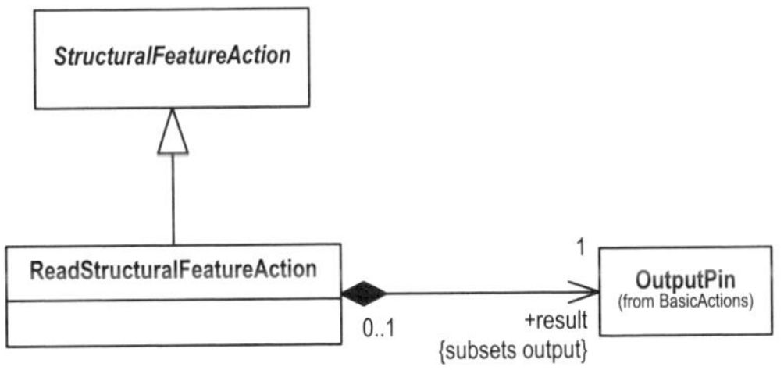

Abb. 3-81: Metamodell *ReadStructuralFeatureAction*

Die *WriteStructuralFeatureAction* ist abstrakte Basisklasse für Aktionen, die einzelne Werte eines Strukturmerkmales schreiben oder löschen. Der Wert, der verändert werden soll, wird am Eingabepin bereitgestellt. Die Multiplizität des Eingabepins muss 1 sein und der Typ dem Typ des Strukturmerkmales entsprechen. ☑ 3.4.6.3

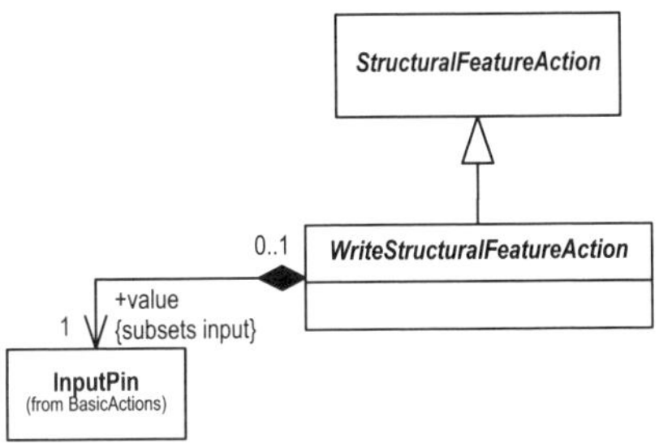

Abb. 3-82: Metamodell *WriteStructuralFeatureAction*

Die *AddStructuralFeatureValueAction* ist eine konkrete *WriteStructuralFeatureAction*. Sie schreibt einen Wert in das spezifizierte Strukturmerkmal. Da ein Strukturmerkmal mehrere (geordnete) Werte enthalten kann, besteht die Möglichkeit, die Einfügeposition anzugeben. Sie wird über ein Eingabepin der *AddStructuralFeatureValueAction* übergeben. ☑ 3.4.6.4

Die boolesche Eigenschaft *isReplaceAll* der Aktion spezifiziert, ob vor dem Einfügen des neuen Wertes die bestehenden Werte gelöscht werden sollen.

Die *AddStructuralFeatureValueAction* hat keine spezielle Notation.

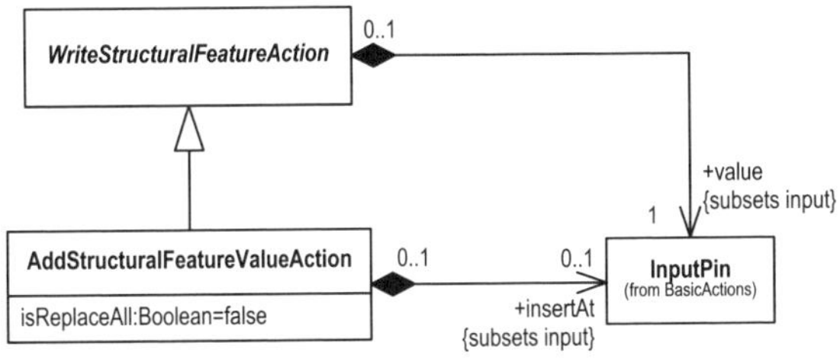

Abb. 3-83: Metamodell *AddStructuralFeatureAction*

Die *RemoveStructuralFeatureValueAction* entfernt einen Wert des spezifizierten Strukturmerkmales. Anders als bei der *ClearStructuralFeatureActi-* ☑ 3.4.6.5 ☑ 3.4.6.6

on, die alle Werte löscht, wird hier nur der am Eingabepin angegebene Wert entfernt. Beim Entfernen des Wertes kann die untere Multiplizität verletzt werden. Diese wird von der Aktion nicht berücksichtigt.

{bag}: Fundamental

Strukturmerkmale können mehrere geordnete Werte enthalten. In diesem Fall kann am Eingabepin die Position des zu entfernenden Wertes angegeben werden. Die boolesche Eigenschaft *isRemoveDuplicates* gibt zusätzlich an, ob alle Werte entfernt werden sollen, sofern der spezifizierte Wert mehrfach vorkommt (Stichwort *{bag}*).

Die *RemoveStructuralFeatureValueAction* hat keine spezielle Notation.

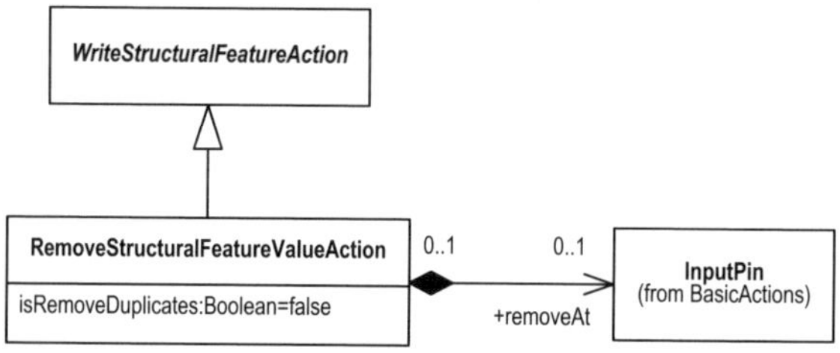

Abb. 3-84: Metamodell *RemoveStructuralFeatureAction*

☑ 3.4.6.7

Die *ClearStructuralFeatureAction* entfernt alle Werte des spezifizierten Strukturmerkmales. Wenn das Strukturmerkmal ein Assoziationsende ist, dann gilt die Semantik der *ClearAssociationAction* (Kapitel 3.4.7).

Alle Werte des Strukturmerkmales werden gelöscht, auch wenn damit eventuell die Angabe einer minimal definierten Multiplizität verletzt wird.

Wie jede Aktion ist auch die *ClearStructuralFeatureAction* atomar. Auch beim Löschen mehrerer Werte gibt es keine Zwischenzustände.

Die *ClearStructuralFeatureAction* hat keine spezielle Notation.

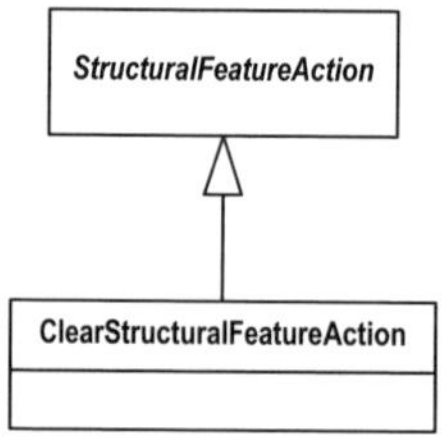

Abb. 3-85: Metamodell *ClearStructuralFeatureAction*

Checkliste Strukurmerkmalaktionen:

☑ 3.4.6.1: Nennen Sie die Eigenschaften der Strukturmerkmalaktion (*StructuralFeatureAction*).

☑ 3.4.6.2: Nennen Sie die Eigenschaften der *ReadStructuralFeatureAction*.

☑ 3.4.6.3: Nennen Sie die Eigenschaften und konkrete Unterklassen der *WriteStructuralFeatureAction*.

☑ 3.4.6.4: Nennen Sie die Eigenschaften der *AddStructuralFeatureValueAction*.

☑ 3.4.6.5: Nennen Sie die Eigenschaften der *RemoveStructuralFeatureValueAction*.

☑ 3.4.6.6: Erläutern Sie den Unterschied zwischen der *ClearStructuralFeatureAction* und der *RemoveStructuralFeatureValueAction*.

☑ 3.4.6.7: Nennen Sie die Eigenschaften der *ClearStructuralFeatureAction*.

Metamodell

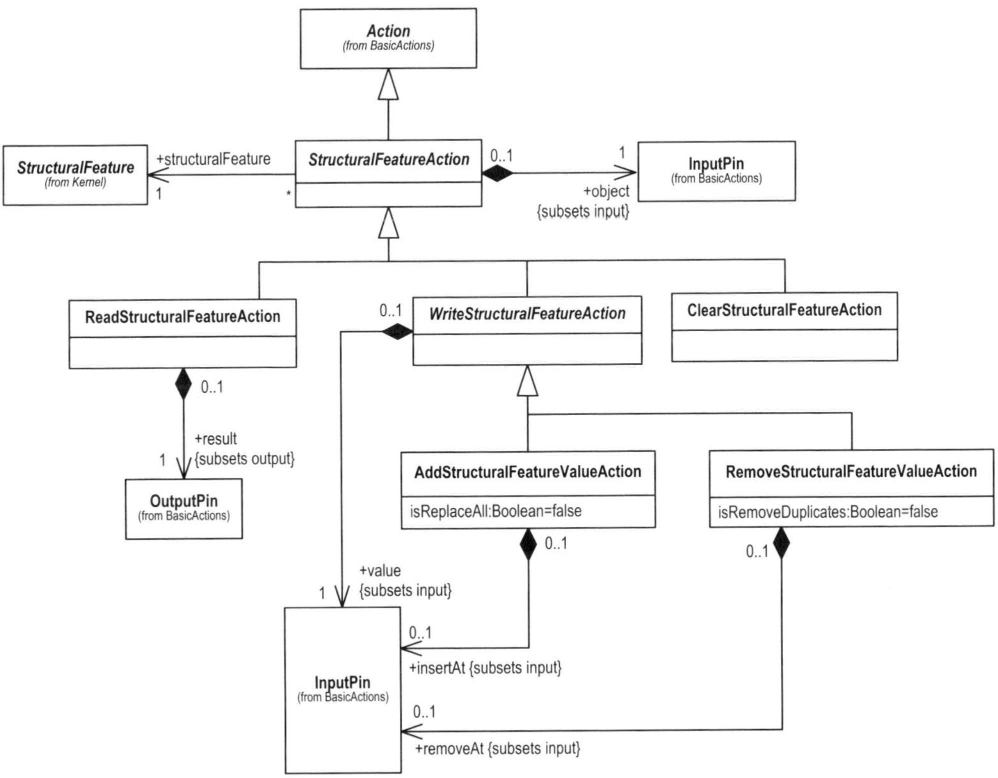

Abb. 3-86: Metamodell Strukturaktionen (*StructuralFeatureAction*)

3.4.7 Linkaktion (*LinkAction*)

Linkaktionen lesen, schreiben, erzeugen und zerstören Links, d.h. Exemplare von Assoziationen.

Definition

Die Linkaktion *(LinkAction)* ist abstrakte Oberklasse für Aktionen, die Links anhand der Objekte am Linkende und der Qualifizierer identifizieren.

LinkEndData ist keine Aktion, sondern ein Element, um Links zu identifizieren.

Die *ReadLinkAction* navigiert entlang einer Assoziation und gibt das Objekt am anderen Linkende zurück.

Die *WriteLinkAction* ist abstrakte Oberklasse für Aktionen, die Links schreiben oder zerstören.

Die *CreateLinkAction* ist eine Aktion, die Links erzeugt.

Die *DestroyLinkAction* ist eine Aktion, die Links oder Linkobjekte (Exemplare von Assoziationsklassen) zerstört.

LinkEndCreationData ist keine Aktion, sondern ein Element, um Links zu identifizieren und um geordnete Assoziationen beim Erzeugen neuer Links zu unterstützen.

LinkEndDestructionData ist ähnlich *LinkEndCreationData*, nur statt zum Erzeugen dient sie dem Zerstören von Links.

Die *ClearAssociationAction* löscht alle Links einer spezifizierten Assoziation, an der das angegebene Objekt beteiligt ist. Linkobjekte werden ebenfalls gelöscht.

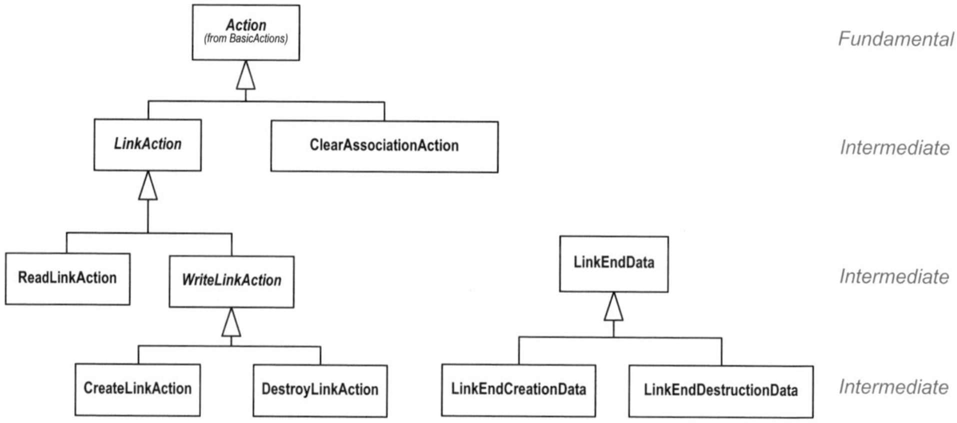

Abb. 3-87: Einordnung Linkaktionen (*LinkAction*)

Notation und Semantik

Die Linkaktion (*LinkAction*) ist abstrakte Basisklasse für Aktionen, die Links anhand der Objekte an den Linkenden identifiziert. Linkaktionen erzeugen, zerstören, schreiben oder lesen Links. ☑ 3.4.7.1

Links sind keine Objekte, die beispielsweise an Eingabepins übergeben werden können. Daher müssen sie auf eine andere Art und Weise identifiziert werden. Das geschieht über die Objekte, die mit dem Link verbunden sind. Nun genügt es nicht, nur die Objekte anzugeben. Beispielsweise können zwei Objekte mehrere Links untereinander haben (Abb. 3-88). Um ein Linkende eindeutig zu identifizieren, definiert die UML 2 die Metaklasse *LinkEndData*. Das ist keine Aktion, sondern nur eine Struktur, die ein Linkende eindeutig beschreibt.

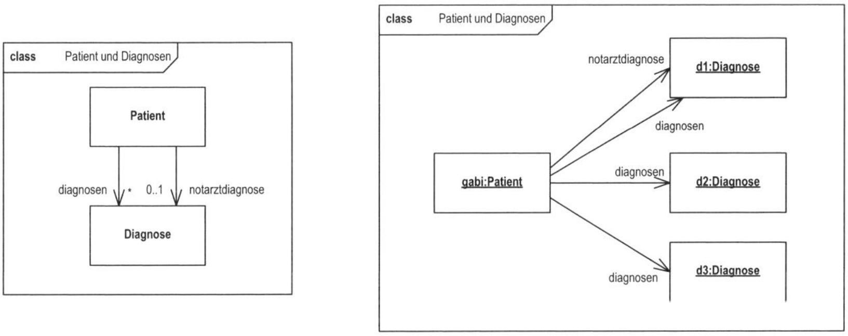

Abb. 3-88: Beispiel Klassen- und Objektdiagramm eines Krankenhausinformationssystems

LinkEndData ist von Element abgeleitet, d.h., es erbt keine besonderen Eigenschaften von seinen Basisklassen. Die Art des Objektes am Linkende wird über die Assoziation zur Eigenschaft (*Property*) spezifiziert, z.B. *notarztdiagnose* oder *diagnosen* in Abb. 3-88. Das Objekt selbst wird am Eingabepin *value* übergeben (Abb. 3-89), z.B. *d1* oder *d2* in Abb. 3-88. ☑ 3.4.7.2

Eine Linkaktion hat entsprechend zur Assoziation mindestens zwei *LinkEndData*. Es sind aber beliebig viele möglich, was sich auf mehrgliedrige Assoziationen bezieht.

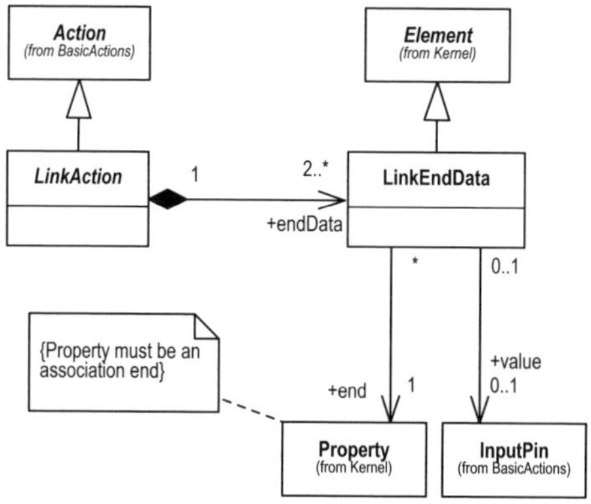

Abb. 3-89: Metamodell Linkaktion (*LinkAction*) und *LinkEndData*

☑ 3.4.7.3 Die *ReadLinkAction* ist eine konkrete Linkaktion, die das Objekt an einem Linkende zurückgibt. Beide Linkenden werden mittels *LinkEndData* spezifiziert. Aber nur für ein *LinkEndData* wird am Eingabepin ein Objekt übergeben. *ReadLinkAction* gibt dann das Objekt am anderen Ende am Ausgabepin zurück. Das Ende, das nicht vollständig spezifiziert ist, wird auch *open end* genannt.

Die *ReadLinkAction* hat keine spezielle Notation.

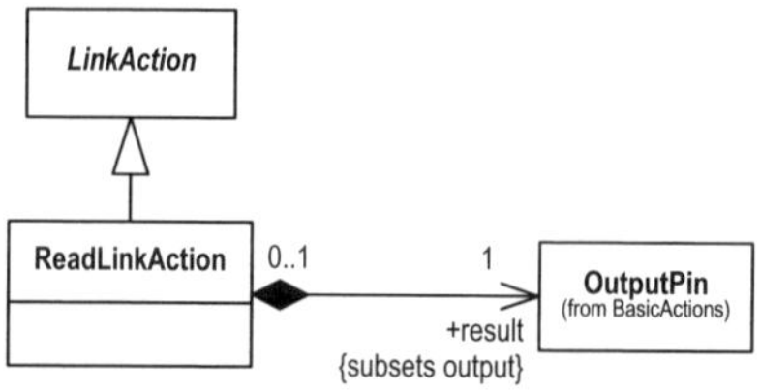

Abb. 3-90: Metamodell *ReadLinkAction*

☑ 3.4.7.4 Die *WriteLinkAction* ist abstrakte Basisklasse für Linkaktionen, die Links erzeugen oder zerstören. Wie Sie dem Metamodell in Abb. 3-91 leicht entnehmen können, ist die *WriteLinkAction* mehr oder weniger nur ein Begriff und definiert keine neuen Eigenschaften. Es wird nur eine Zusicherung (*Constraint*) in Form eines OCL[10]-Ausdruckes definiert. Jedes *LinkEndData* muss genau einen Eingabepin haben, d.h., bzgl. Multiplizität des Assoziationsendes *value* in Abb. 3-89 ist nur die obere Grenze 1 für *WriteLinkActions* erlaubt.

[10] OCL – Object Constraint Language: Formale Zusicherungssprache für Objektnetzwerke; Bestandteil der Advanced-Zertifizierung.

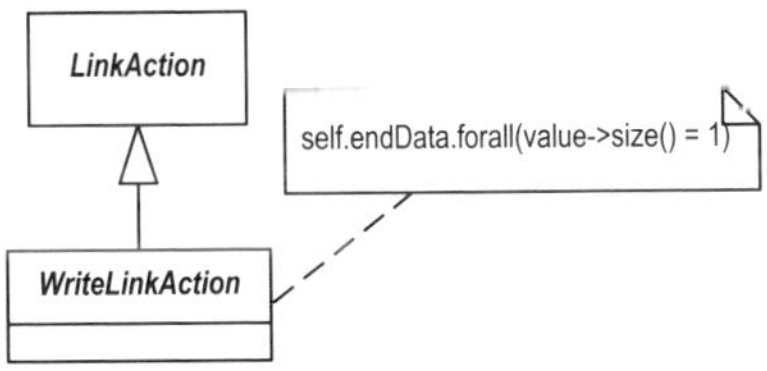

Abb. 3-91: Metamodell *WriteLinkAction*

Die *CreateLinkAction* ist eine spezielle *WriteLinkAction*, die einen Link erzeugt. Es können auch Linkobjekte, d.h. Exemplare von Assoziationsklassen, erzeugt werden. Die Aktion hat keinen Rückgabewert. ☑ 3.4.7.5

Die *CreateLinkAction* verwendet *LinkEndCreationData*, eine Spezialisierung von *LinkEndData*, um geordnete Assoziationen zu unterstützen. *LinkEndCreationData* hat die zusätzliche Eigenschaft, die Einfügeposition zu spezifizieren. Ebenso kann mit *LinkEndCreationData* bestimmt werden, ob vor dem Erzeugen des Links bestehende Links gelöscht werden sollen (Eigenschaft *isReplaceAll*). Das Prinzip ist identisch zur *AddStructuralFeatureValueAction* (Kapitel 3.4.6). ☑ 3.4.7.6

Die *CreateLinkAction* hat keine spezielle Notation.

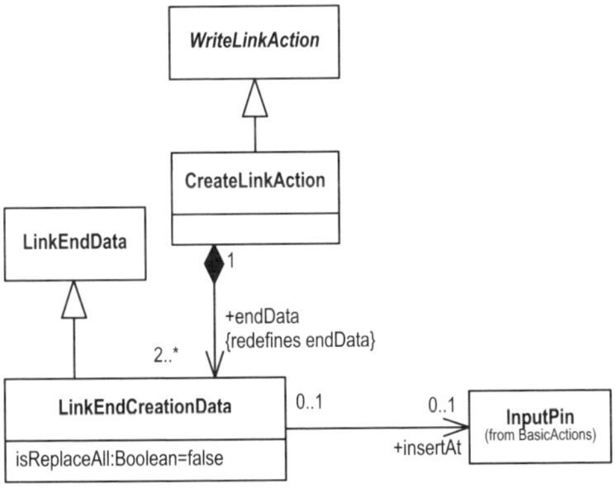

Abb. 3-92: Metamodell *CreateLinkAction* und *LinkEndCreationData*

Genauso wie *CreateLinkAction* das Konzept der *AddStructuralFeatureValueAction* übernommen hat, ist das Konzept der *DestroyLinkAction* vergleichbar mit *RemoveStructuralFeatureValueAction* (Kapitel 3.4.6). ☑ 3.4.7.7

Die *DestroyLinkAction* ist eine spezielle *WriteLinkAction*, die Links und Linkobjekte zerstört. Die von *LinkEndData* abgeleitete Klasse *LinkEndDestructionData* wird von der *DestroyLinkAction* zur Identifikation des Links verwendet. Neben der Identifikation kann bei mehrwertigen Links die genaue Löschposition spezifiziert werden (Assoziationsende *destroyAt*). Das Löschen von Duplikaten wird über die Eigenschaft *isRemoveDuplicates* gesteuert. ☑ 3.4.7.8 ☑ 3.4.7.9 DL1

Die *DestroyLinkAction* hat keine spezielle Notation.

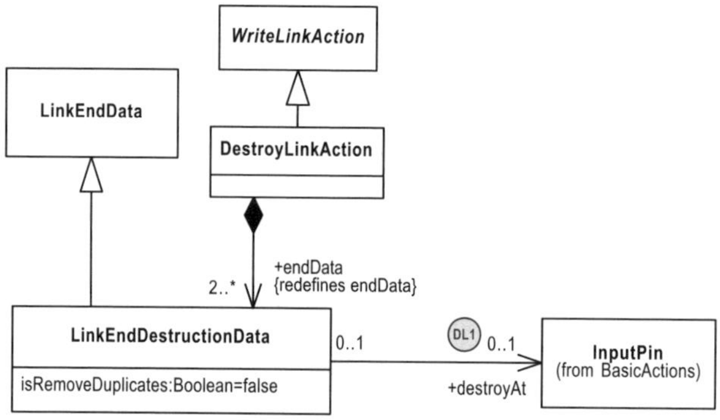

Abb. 3-93: Metamodell *DestroyLinkAction*

☑ 3.4.7.10
☑ 3.4.7.11

Damit haben wir alle Linkaktionen besprochen. Es gibt aber noch eine weitere Aktion in diesem Bereich, die zwar keine Linkaktion ist, aber dennoch hier aufgeführt wird. Die *ClearAssociationAction* löscht keine einzelnen Links, sondern alle Links, die zu einer spezifizierten Assoziation und einem am Eingabepin übergebenen Objekt gehören.

Das Konzept ist analog zur *ClearStructuralFeatureAction*. Es werden alle Links mit einer atomaren Aktion gelöscht. Es gibt keine Zwischenzustände.

Die *ClearAssociationAction* hat keine spezielle Notation.

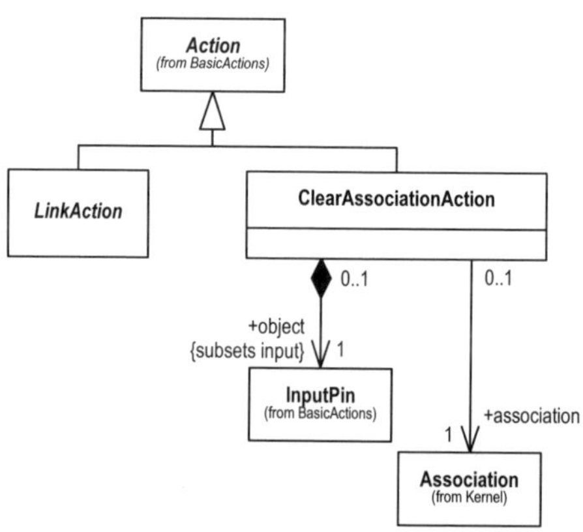

Abb. 3-94: Metamodell *ClearAssociationAction*

Checkliste Linkaktion:

☑ 3.4.7.1: Nennen Sie die Eigenschaften der Linkaktion (*LinkAction*).

☑ 3.4.7.2: Wie werden Links identifiziert?

☑ 3.4.7.3: Nennen Sie die Eigenschaften der *ReadLinkAction*.

☑ 3.4.7.4: Nennen Sie die Eigenschaften der *WriteLinkAction*.

☑ 3.4.7.5: Nennen Sie die Eigenschaften der *CreateLinkAction*.

☑ 3.4.7.6: Nennen Sie die Eigenschaften der Struktur *LinkEndCreationData*.

☑ 3.4.7.7: Erläutern Sie das Konzept zum Hinzufügen bzw. Löschen eines Wertes.

☑ 3.4.7.8: Nennen Sie die Eigenschaften der Struktur *LinkEndDestructionData*.

☑ 3.4.7.9: Nennen Sie die Eigenschaften der *DestroyLinkAction*.

☑ 3.4.7.10: Nennen Sie die Eigenschaften der *ClearAssociationAction*.

☑ 3.4.7.11: Erläutern Sie den Unterschied der *ClearAssociationAction* zur *DestroyLink-Action*.

Metamodell

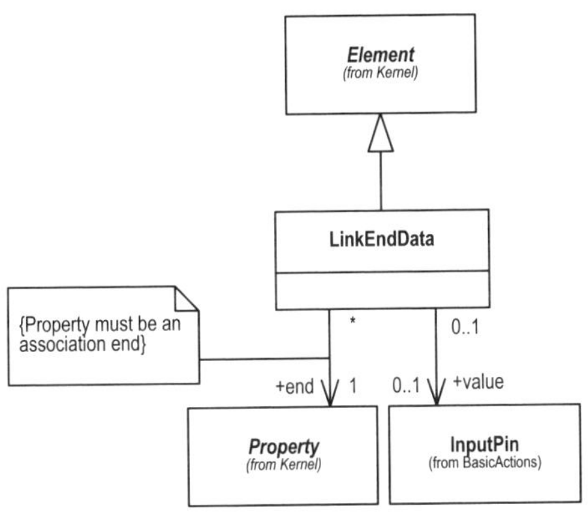

Abb. 3-95: Metamodell Linkidentifikation

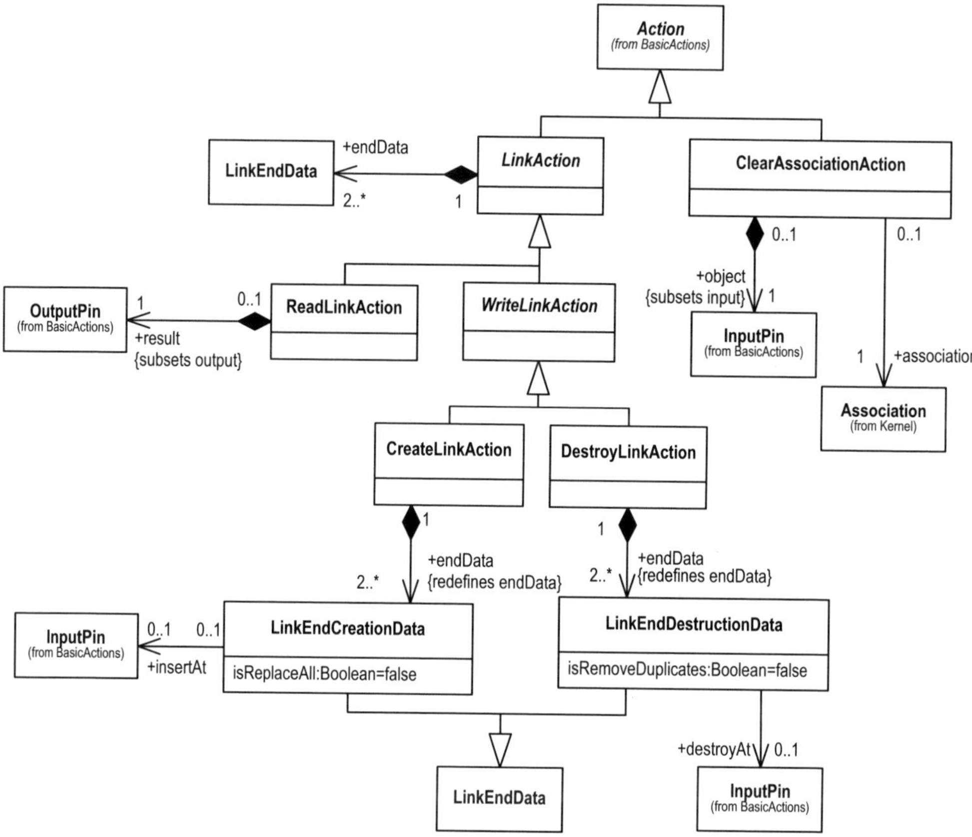

Abb. 3-96: Metamodell Linkaktionen und *ClearAssociationAction*

3.4.8 Variablenaktion (*VariableAction*)

Mit Variable ist nicht die gewöhnliche lokale Variable einer Operation gemeint. Es geht hier um die Variable im Kontext von Strukturknoten der Aktivitätsdiagramme (Kapitel 3.5.5)[11]. Auf Variablen können Aktionen innerhalb eines Strukturknotens gemeinsam zugreifen. Dabei kommt es zu einem indirekten Datenaustausch im Gegensatz zum Objektfluss, der Daten direkt austauscht. ☑ 3.4.8.1

Definition

Die Variablenaktion (*VariableAction*) ist abstrakte Oberklasse für Aktionen, die Variablen lesen, schreiben und löschen.

Die *ReadVariableAction* liest den Inhalt der spezifizierten Variablen.

Die *WriteVariableAction* ist abstrakte Oberklasse für Aktionen, die Variablenwerte schreiben oder löschen.

Die *AddVariableValueAction* fügt einer Variablen einen Wert hinzu.

Die *RemoveVariableValueAction* entfernt einen spezifizierten Wert aus einer Variablen.

Die *ClearVariableAction* löscht alle Werte einer Variablen.

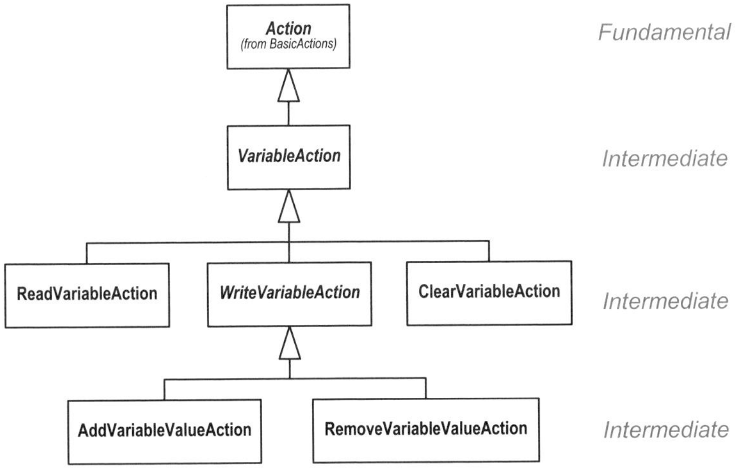

Abb. 3-97: Einordnung Variablenaktionen (*VariableAction*)

[11] Sofern das Aktivitätsdiagramm die Implementierung einer Operation ist, handelt es sich bei der Variablen in gewissem Sinne doch um die aus Programmiersprachen bekannte lokale Variable innerhalb einer Operation.

Notation und Semantik

☑ 3.4.8.2 Die Variablenaktion (*VariableAction*) ist abstrakte Oberklasse für Aktionen, die eine statisch spezifizierte Variable lesen, schreiben oder löschen.

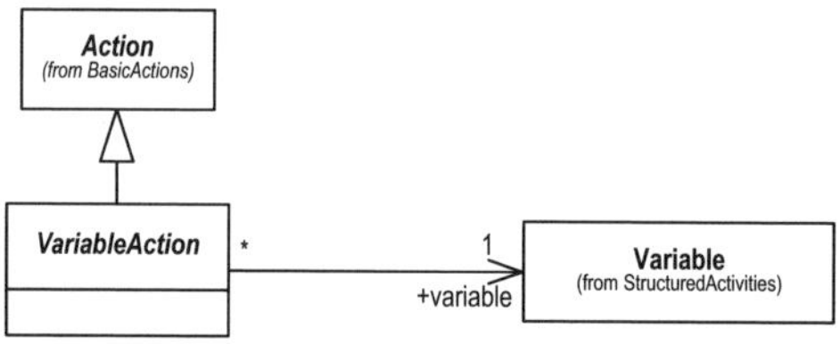

Abb. 3-98: Metamodell Variablenaktion (*VariableAction*)

☑ 3.4.8.3 Die *ReadVariableAction* ist eine konkrete *VariableAction*, die die Werte der spezifizierten Variablen ausliest und am Ausgabepin zurückgibt. Ebenso wie Strukturmerkmale (*StructuralFeature*) können auch Variablen mehrwertig sein. Die Ordnung der zurückgegebenen Werte entspricht der Speicherung in der Variablen.

Die *ReadVariableAction* hat keine spezielle Notation.

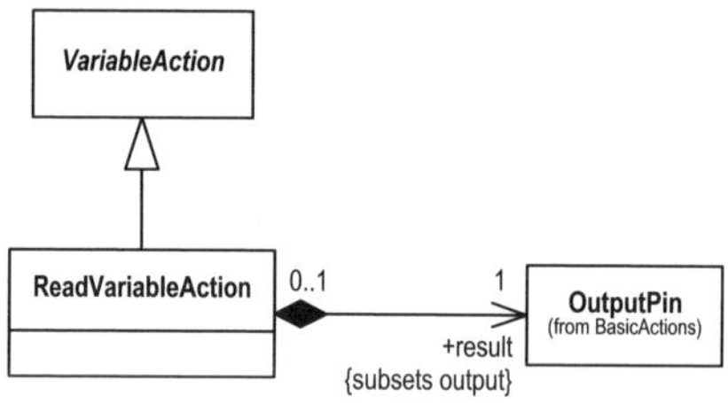

Abb. 3-99: Metamodell *ReadVariableAction*

☑ 3.4.8.4 Die *WriteVariableAction* ist abstrakte Basisklasse für Variablenaktionen, die
☑ 3.4.8.5 einzelne Variablenwerte schreiben oder löschen. Sie werden bemerken, dass sich hier das Konzept der Struktur- und Linkaktionen wiederholt (Kapitel 3.4.6 und 3.4.7).

Die *WriteVariableAction* spezifiziert einen Eingabepin, an dem der Wert übergeben wird, der geschrieben bzw. gelöscht werden soll.

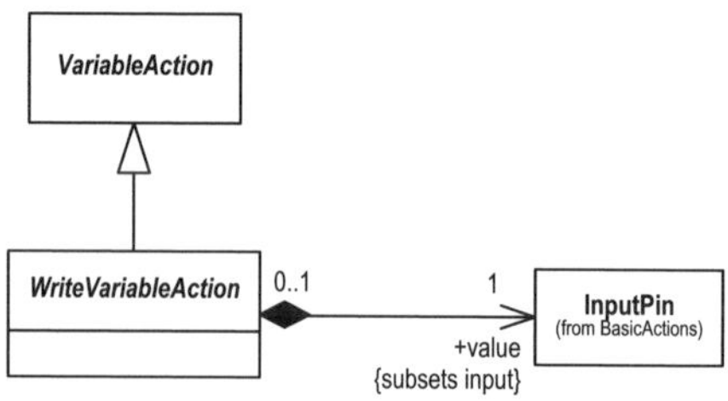

Abb. 3-100: Metamodell *WriteVariableAction*

Die *AddVariableValueAction* ist eine spezielle *WriteVariableAction*, die den am Eingabepin übergebenen Wert in der spezifizierten Variablen speichert. ☑ 3.4.8.6

Bei mehrwertigen Variablen kann die Einfügeposition über den Eingabepin spezifiziert werden (Assoziationsende *insertAt*). Des Weiteren kann angegeben werden, ob vor dem Einfügen bestehende Werte gelöscht werden sollen (Eigenschaft *isReplaceAll*). (AV1) (AV2)

Die *AddVariableValueAction* hat keine spezielle Notation.

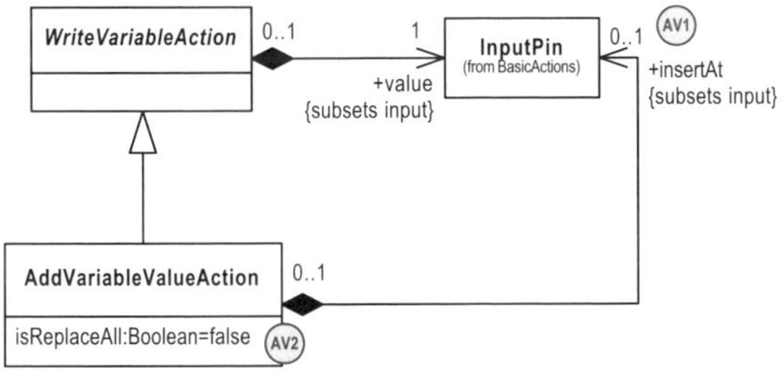

Abb. 3-101: Metamodell *AddVariableAction*

Die *RemoveVariableValueAction* löscht den angegebenen Wert einer Variablen. ☑ 3.4.8.7

Bei mehrwertigen Variablen kann die Löschposition am Eingabepin als positive ganze Zahl übergeben werden. Die Eigenschaft *isRemoveDuplicates* gibt an, ob auch Duplikate gelöscht werden sollen. (RV1)

Die *RemoveVariableAction* hat keine spezielle Notation.

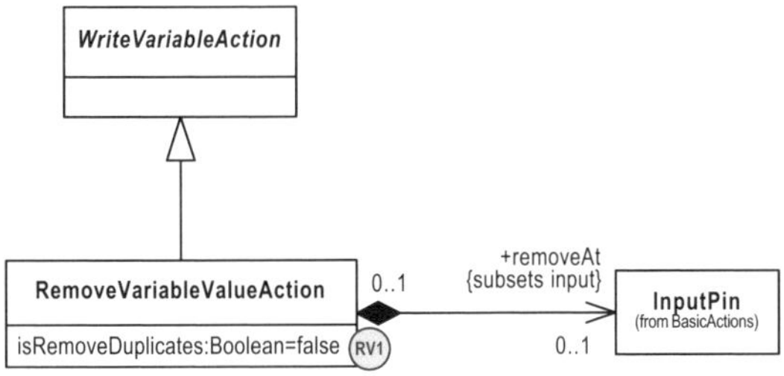

Abb. 3-102 Metamodell *RemoveVariableValueAction*

☑ 3.4.8.8
☑ 3.4.8.9

Die *ClearVariableAction* löscht ähnlich der *ClearStructuralFeatureAction* (Kapitel 3.4.6) und *ClearAssociationAction* (Kapitel 3.4.7) alle Werte der spezifizierten Variablen. Ein einzelner Wert wird mit der *RemoveVariableValueAction* gelöscht.

Die *ClearVariableAction* hat keine spezielle Notation.

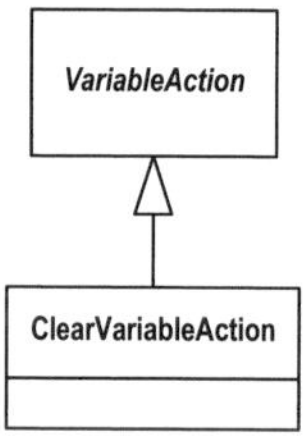

Abb. 3-103: Metamodell *ClearVariableAction*

Checkliste Variablenaktion:

☑ 3.4.8.1: Auf welche Variable beziehen sich die Variablenaktionen (*VariableAction*)?

☑ 3.4.8.2: Nennen Sie die Eigenschaften der Variablenaktion (*VariableAction*).

☑ 3.4.8.3: Nennen Sie die Eigenschaften der *ReadVariableAction*.

☑ 3.4.8.4: Nennen Sie die Eigenschaften der *WriteVariableAction*.

☑ 3.4.8.5: Nennen Sie die konkreten Unterklassen der *WriteVariableAction*.

☑ 3.4.8.6: Nennen Sie die Eigenschaften der *AddVariableValueAction*.

☑ 3.4.8.7: Nennen Sie die Eigenschaften der *RemoveVariableValueAction*.

☑ 3.4.8.8: Nennen Sie die Eigenschaften der *ClearVariableAction*.

☑ 3.4.8.9: Erläutern Sie den Unterschied zwischen der *RemoveVariableValueAction* und der *ClearVariableAction*.

Metamodell

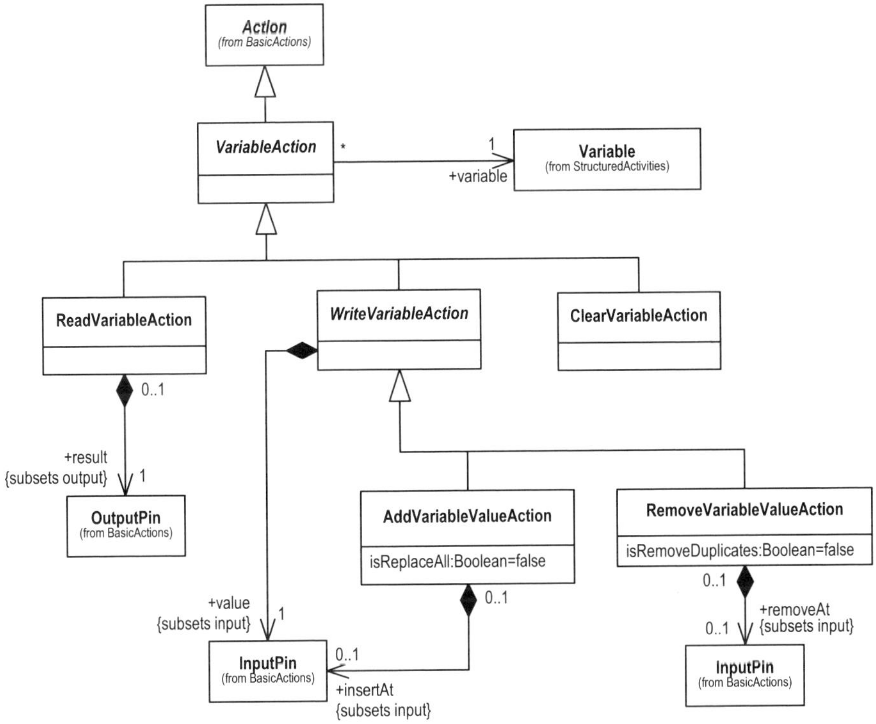

Abb. 3-104: Metamodell Variablenaktion

3.4.9 Sonstige Aktionen

Im Paket *IntermediateActions* gibt es einen Bereich mit Aktionen, die keinem bestimmten Thema zugeordnet sind (*miscellaneous actions*).

Definition

Die *ValueSpecificationAction* wertet eine Wertespezifikation (*ValueSpecification*) aus.

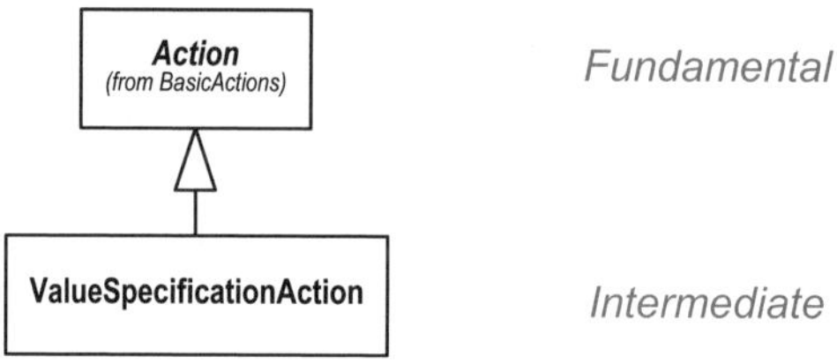

Abb. 3-105: Einordnung sonstige Aktionen

Notation und Semantik

☑ 3.4.9.1 Wertespezifikation: Fundamental

Die Wertespezifikation (*ValueSpecification*) wird ausgewertet, sobald die Aktion aktiviert wird. Das Ergebnis wird am Ausgabepin (*OutputPin*) zurückgegeben.

Die *ValueSpecificationAction* hat keine spezielle Notation.

Checkliste Sonstige Aktionen:

☑ 3.4.9.1: Nennen Sie die Eigenschaften der *ValueSpecificationAction*.

Metamodell

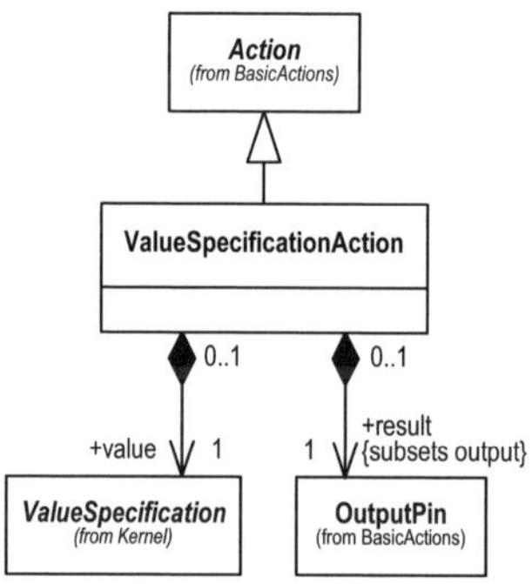

Abb. 3-106: Metamodell sonstige Aktionen

3.5 Aktivitätsdiagramme

In diesem Kapitel widmen wir uns einer Diagrammform zur Modellierung von Abläufen. Die Aktivitätsdiagramme der UML 1.x werden in den unterschiedlichsten Bereichen eingesetzt: von der Geschäftsprozessmodellierung [Oestereich2004c], dem Systems-Engineering [Weilkiens2006] über die Anforderungsanalyse bis hin zu Algorithmen. Hierbei hat man viel Erfahrung mit dem UML-spezifischen Diagramm gesammelt. Insbesondere wurden Probleme erkannt und Grenzen ausgelotet. Diese Erkenntnisse sind in die Aktivitätsdiagramme der UML 2 eingeflossen.

Das Aktivitätsmodell ist erheblich überarbeitet worden. Während beispielsweise die Aktivitäten der UML 1.x eine spezielle Form der Zustandsautomaten sind, haben die Aktivitäten der UML 2 keine Beziehung mehr zu den Zustandsautomaten. Sie entsprechen viel mehr der Semantik der Petrinetze und unterstützen wesentlich besser die Ablaufsemantik.

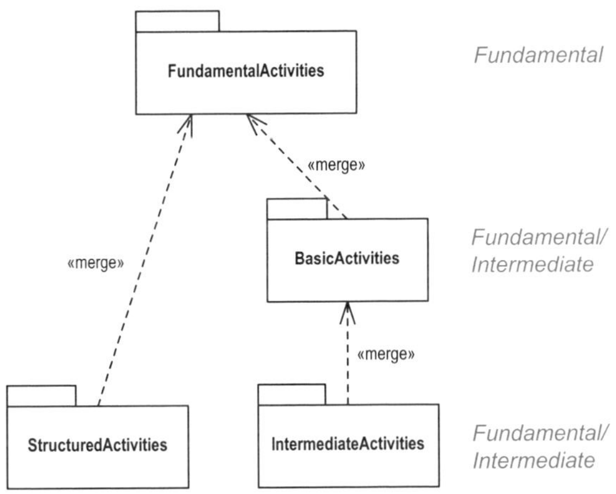

Abb. 3-107: Paketstruktur Aktivitätsdiagramme (*activity diagram*)

3.5.1 Prüfungsthemen

Die Pakete *BasicActivities* und *IntermediateActivities* enthalten Elemente, die auch Bestandteil der Fundamental-Zertifizierung sind.

Folgende Themen werden im Intermediate-Test behandelt:

- Objektknoten (*ObjectNode*)
- Kontrollknoten (*ControlNode*)
- Partition (*ActivityPartition*)
- Strukturknoten (*StructuredActivityNode*)
- Entscheidungsknoten (*ConditionalNode*), Schleifenknoten (*LoopNode*)
- Ausnahmebehandlung (*ExceptionHandler*)

Der Prüfungsanteil beträgt insgesamt 15 Prozent.

3.5.2 Objektknoten (*ObjectNode*)

Pin, Aktivitätsparameterknoten: Fundamental

Der Objektknoten ist abstrakte Oberklasse für mehrere konkrete Knoten. Der Pin (*Pin*) und der Aktivitätsparameterknoten (*ActivityParameterNode*) sind beispielsweise konkrete Objektknoten, die bereits Bestandteil der Fundamental-Zertifizierung sind. In diesem Kapitel wird ein weiterer konkreter Objektknoten besprochen: der Zentralpuffer (*CentralBufferNode*).

Definition

Ein Zentralpuffer (*CentralBufferNode*) ist ein spezieller Objektknoten, der nicht mit einer Aktion oder einer Aktivität verbunden ist.

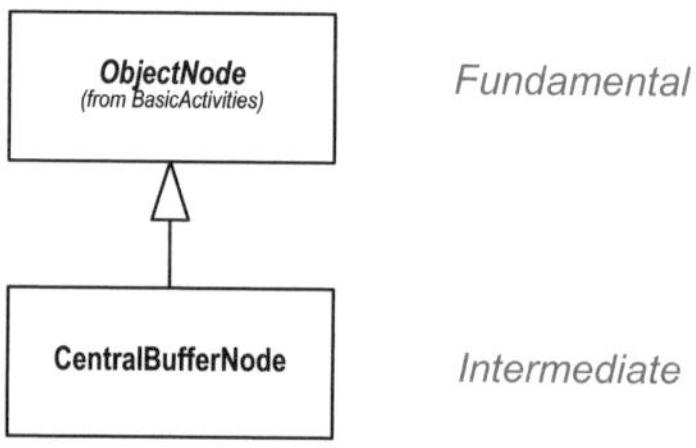

Abb. 3-108: Einordnung Zentralpuffer (*CentralBufferNode*)

Notation und Semantik

☑ 3.5.2.1

Alle Objektknoten (*ObjectNode*) haben eine Pufferfunktionalität. Pins (*Pin*) und Aktivitätsparameterknoten (*ActivityParameterNode*) sind spezielle Objektknoten (*ObjectNode*), die direkt mit einer Aktion bzw. Aktivität verbunden sind. Ein Zentralpuffer (*CentralBufferNode*) ist nur mit anderen Objektknoten oder Kontrollknoten (*ControlNode*) verbunden.

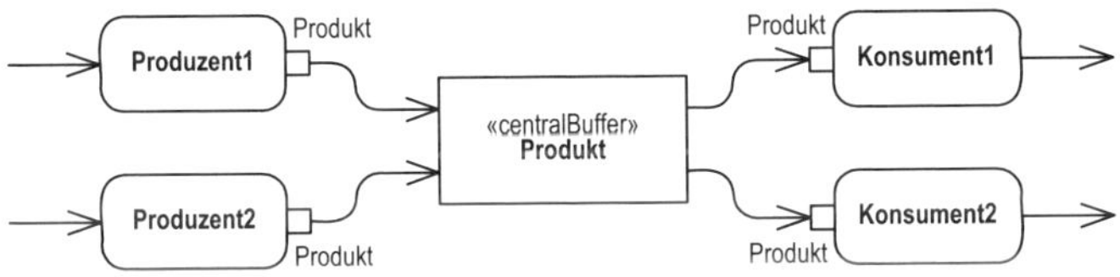

Abb. 3-109: Beispiel Zentralpuffer

In Abb. 3-109 sehen Sie ein Ablaufmuster mit zwei Produzenten und zwei Konsumenten. Die Produzenten erzeugen jeweils Produkte, die von den Konsumenten gebraucht werden. Hier kann der Zentralpuffer gut eingesetzt werden, um die beiden zu entkoppeln. Die Produzenten liefern ihre Produkte im Zentralpuffer ab und die Konsumenten bedienen sich aus dem Zentralpuffer.

Die ein- und ausgehenden Kanten eines Zentralpuffers haben Oder-Semantik. Damit kann ein Produzent jederzeit ein Produkt dort abliefern. Umgekehrt kann jederzeit ein Konsument unabhängig von den anderen Konsumenten ein Produkt aus dem Zentralpuffer erhalten. Das Token fließt vom Zentralpuffer zum Konsumenten, sobald der Konsument bereit ist, das Token aufzunehmen. Sollten in Abb. 3-109 beide Konsumenten gleichzeitig bereit sein, Tokens aufzunehmen, ist es undefiniert, wer das „Rennen“ gewinnt. ☑ 3.5.2.2

Der Zentralpuffer wird als Rechteck mit Schlüsselwort *centralBuffer* notiert. Unterhalb des Schlüsselwortes steht der Name der Objekt-Token, die der Knoten aufnehmen kann. Der Name wird wie bei einem Pin notiert.

Checkliste Zentralpuffer:

☑ 3.5.2.1: Nennen Sie die Eigenschaften eines Zentralpuffers (*CentralBufferNode*).

☑ 3.5.2.2: Erläutern Sie die Token-Fluss-Semantik beim Zentralpuffer (*CentralBufferNode*).

Metamodell

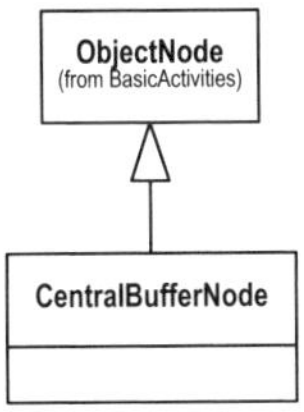

Abb. 3-110: Metamodell Zentralpuffer (*CentralBufferNode*)

3.5.3 Kontrollknoten (*ControlNode*)

Die Kontrollknoten sind auch Teil der Fundamental-Zertifizierung. Konkret werden dort der Startknoten (*InitialNode*), der Endknoten (*ActivityFinalNode*), die Entscheidung (*DecisionNode*) und die Zusammenführung (*MergeNode*) behandelt. In der Intermediate-Zertifizierung wird diese Liste erweitert um das Splitting (*ForkNode*), die Synchronisation (*JoinNode*) und das Ablaufende (*FlowFinalNode*).

Definition

Das Splitting (*ForkNode*) ist ein spezieller Kontrollknoten, der einen eingehenden Kontroll- oder Objektfluss in mehrere ausgehende Kontroll- oder Objektflüsse aufsplittet.

Die Synchronisation (*JoinNode*) ist ein spezieller Kontrollknoten, der mehrere eingehende Kontroll- oder Objektflüsse synchronisiert und genau einen ausgehenden Kontroll- oder Objektfluss hat.

Das Ablaufende (*FlowFinalNode*) ist ein spezieller Kontrollknoten, der einen Ablauf beendet. Jedes eintreffende Token wird zerstört.

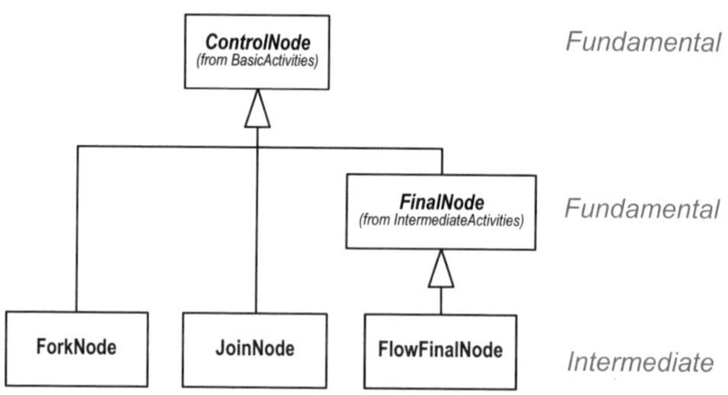

Abb. 3-111: Einordnung Splitting (*ForkNode*), Synchronisation (*JoinNode*) und Ablaufende (*FlowFinalNode*)

Notation und Semantik

☑ 3.5.3.1 Abb. 3-112 zeigt ein Splitting (*ForkNode*), das einen eingehenden Kontrollfluss in zwei ausgehende Kontrollflüsse aufsplittet. Genauer gesagt wird das eingehende Kontroll-Token kopiert und an jeder ausgehenden Kante wird ein Kontroll-Token zur Verfügung gestellt.

Das Splitting wird als schwarzer Balken mit einer eingehenden und mehreren ausgehenden Kanten notiert.

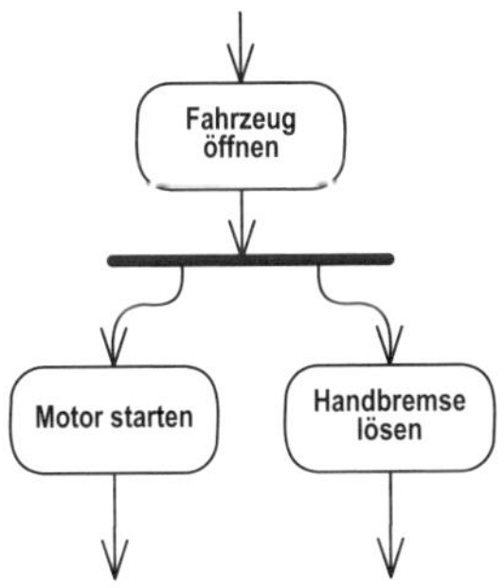

Abb. 3-112: Beispiel Splitting (*ForkNode*)

Abb. 3-113 zeigt ein Splitting mit Objektfluss. Nach der allgemeinen Ablaufsemantik gilt, dass ein Token erst weitergeleitet wird, wenn alle Kanten und Zielknoten bereit sind. Zusätzlich gilt, dass ein Token nicht an einem Kontrollknoten warten darf. Diese Regeln führen zu einem Konflikt mit der Semantik eines Splittings, dass die ausgehenden Abläufe unabhängig voneinander sind. In Abb. 3-113 kann die Bedingung *[Mietwagen notwendig]* das gesamte Splitting blockieren. Daher gibt es zwei Ausnahmen zur allgemeinen Ablaufsemantik: ☑ 3.5.3.2

1. Damit eine Bedingung (*Guard*), die zu *false* ausgewertet wird, nicht das gesamte Splitting blockiert, wird an der betroffenen Kante kein Token zur Verfügung gestellt. Alle anderen Kanten werden aber bedient. In Abb. 3-113 wird in diesem Fall kein Mietwagen, aber Hotel und Flug gebucht.

2. Normalerweise könnte das Splitting Objekt-Token auch nicht weiterleiten, wenn ein Zielknoten nicht bereit ist, das Objekt-Token aufzunehmen. In diesem Fall wartet das Objekt-Token der betroffenen Kante am Splitting. Das ist eine Ausnahme von der allgemeinen Regel, dass ein Token nicht an einem Kontrollknoten warten darf. Alle anderen Kanten werden bedient. Das wartende Objekt-Token geht nicht verloren, sondern wird nach FIFO-Semantik an den Zielknoten weitergeleitet, sobald dieser bereit ist.

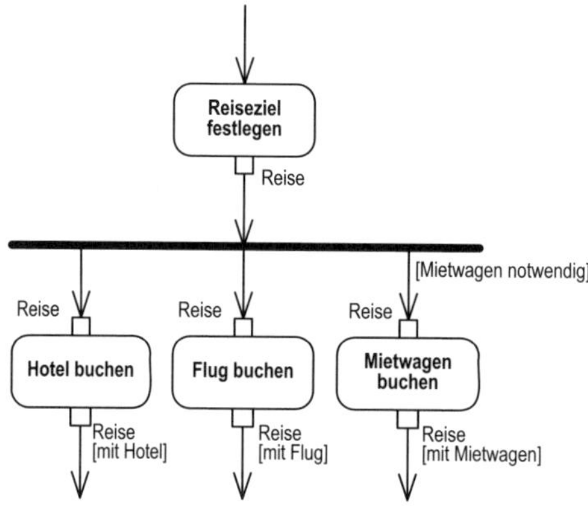

Abb. 3-113: Beispiel Splitting (*ForkNode*) mit Objektfluss

☑ 3.5.3.3 Zusammenführung: Fundamental

☑ 3.5.3.4

Die Synchronisation (*JoinNode*) hat mehrere eingehende Kanten und eine ausgehende Kante. Im Gegensatz zur Zusammenführung (*MergeNode*) werden die Abläufe nach folgenden drei Regeln synchronisiert:

1. An allen eingehenden Kanten müssen Token zur Verfügung stehen, damit die Synchronisation an der ausgehenden Kante Token bereitstellt.

2. Wenn alle eingehenden Token Kontroll-Token sind, wird an der ausgehenden Kante genau ein Kontroll-Token zur Verfügung gestellt.

3. Wenn an den eingehenden Kanten Objekt- und Kontroll-Token eintreffen, werden nur die Objekt-Token weitergeleitet. Die Weiterleitung geschieht in derselben Reihenfolge, in der sie an der Synchronisation eintreffen. Sofern mehrere Objekt-Token auf dasselbe Objekt verweisen, werden diese zu einem Objekt-Token zusammengefasst.

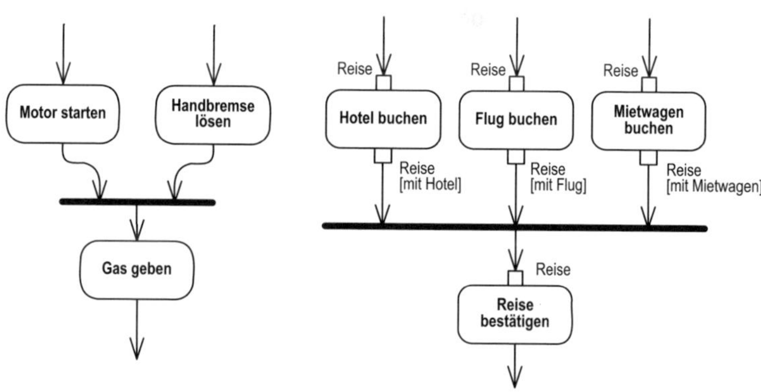

Abb. 3-114: Aktivitätsausschnitt mit Synchronisation (*JoinNode*)

Die Synchronisation wird als schwarzer Balken mit mehreren eingehenden und einer ausgehenden Kante notiert.

Es ist zulässig, im Diagramm direkt aufeinander folgendes Splitting und Synchronisation (bzw. umgekehrt) nur als einen schwarzen Balken mit mehreren eingehenden und ausgehenden Kanten zu zeichnen. Im Modell sind es aber weiterhin zwei Kontrollknoten.

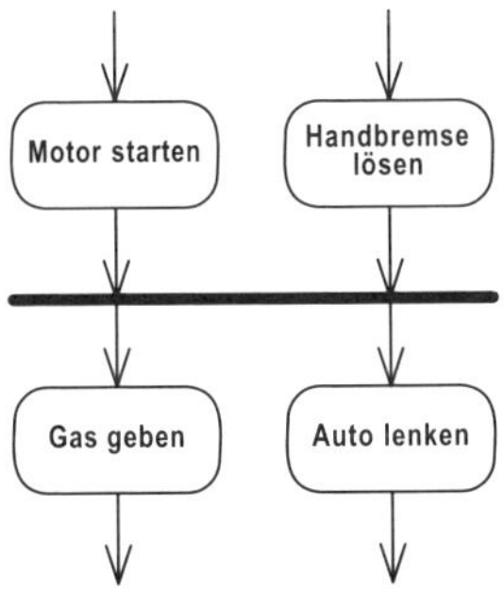

Abb. 3-115: Splitting und Synchronisation mit einem Symbol

Das Ablaufende (*FlowFinalNode*) beendet einen einzelnen Ablauf. Anders als der Endknoten (*ActivityFinalNode*), der beim Eintreffen eines Tokens die gesamte Aktivität beendet, wird beim Ablaufende nur das eintreffende Token zerstört. Alle anderen Token in der Aktivität werden dadurch nicht beeinflusst. ☑ 3.5.3.5

Wenn das letzte Token einer Aktivität ein Ablaufende erreicht, wird die gesamte Aktivität beendet.

Das Ablaufende wird als Kreis mit Kreuz notiert.

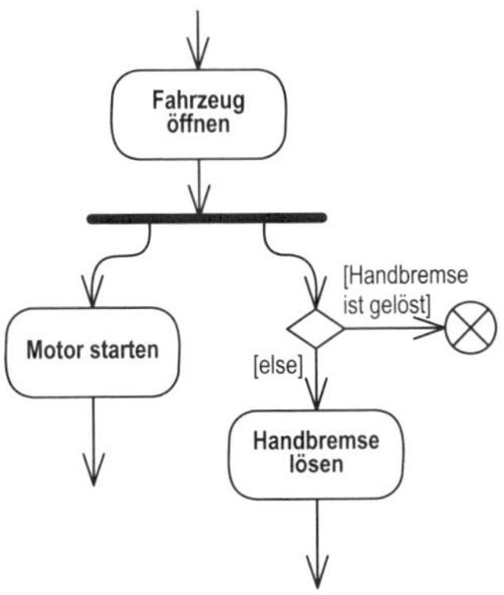

Abb. 3-116: Aktivitätsausschnitt mit Ablaufende (*FlowFinalNode*)

Checkliste Kontrollknoten:

☑ 3.5.3.1: Nennen Sie die Eigenschaften eines Splittings (*ForkNode*). Wie viele Token fließen nach dem Splitting (*ForkNode*)?

☑ 3.5.3.2: Erläutern Sie die Token-Fluss-Semantik beim Splitting (*ForkNode*).

☑ 3.5.3.3: Nennen Sie die Eigenschaften einer Synchronisation (*JoinNode*).

☑ 3.5.3.4: Erläutern Sie die Token-Fluss-Semantik bei der Synchronisation (*JoinNode*). Wie viele Token fließen nach einer Synchronisation (*JoinNode*)?

☑ 3.5.3.5: Nennen Sie die Eigenschaften eines Ablaufendes (*FlowFinalNode*).

Metamodell

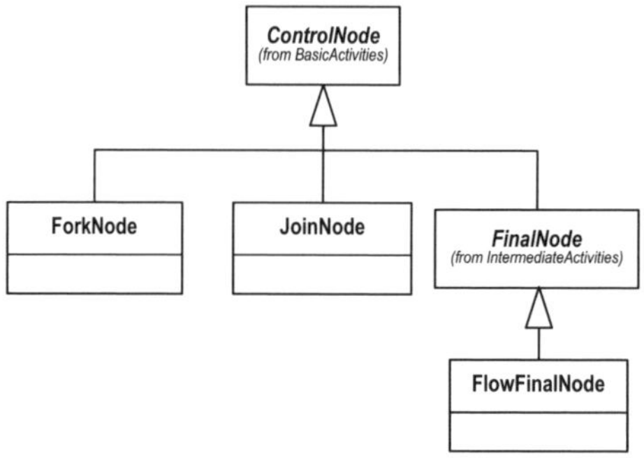

Abb. 3-117: Metamodell Kontrollknoten (*ControlNode*)

3.5.4 Partition (*ActivityPartition*)

Definition

Die Aktivitätsgruppe (*ActivityGroup*) ist ein abstraktes Element, das eine Menge von Knoten und Kanten einer Aktivität gruppiert.

Die Partition (*ActivityPartition*) ist eine konkrete Aktivitätsgruppe.

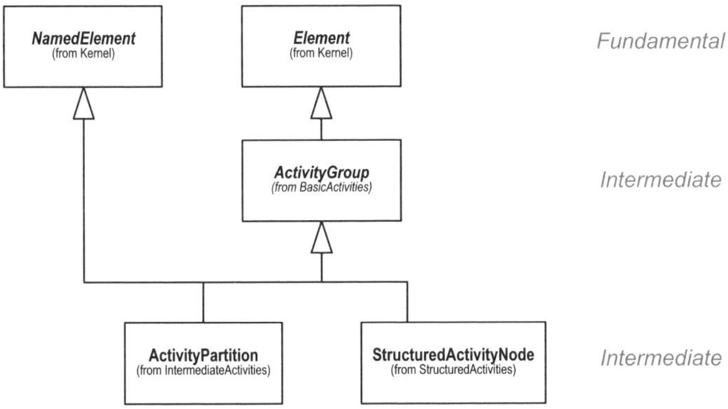

Abb. 3-118: Überblick Partition

Notation und Semantik

Die Aktivitätsgruppe (*ActivityGroup*) ist abstrakt und kann somit nicht direkt verwendet werden. Es gibt keine Notation. ☑ 3.5.4.1

Aktivitätsgruppen dürfen verschachtelt werden, d.h., eine Aktivitätsgruppe kann Aktivitätsgruppen enthalten.

Die Knoten und Kanten in der Aktivitätsgruppe müssen alle derselben Aktivität gehören. Sie dürfen Teil mehrerer Aktivitätsgruppen sein, wenn die Aktivitätsgruppen keine Ober- bzw. Untergruppen zueinander sind.

Eine Partition (*ActivityPartition*) ist eine Spezialisierung von Aktivitätsgruppe und benennbarem Element (*NamedElement*). Letzteres ist wichtig, um der Partition einen Namen geben zu können. Eine Eigenschaft, die die Aktivitätsgruppe nicht hat. ☑ 3.5.4.2

Die Partition wird als Rechteck mit einem Namensbereich und einem Bereich für die enthaltenen Knoten und Kanten notiert. Die meist vertikale Ausrichtung ist nicht zwingend erforderlich.

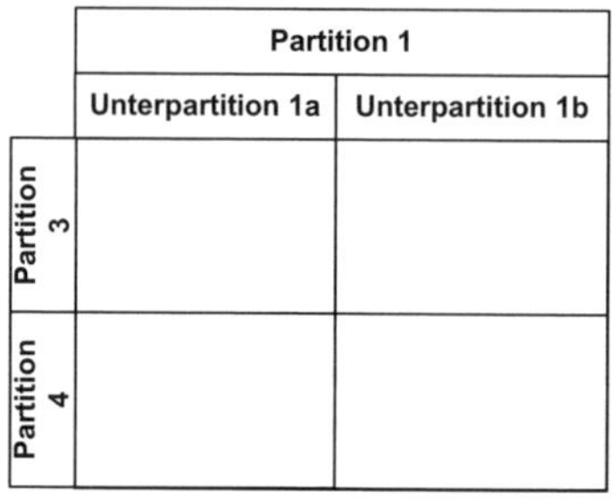

Abb. 3-119 : Notation Partition (*ActivityPartition*)

Eine Partition kann Unterpartitionen besitzen. Damit ist es möglich, hierarchische Strukturen zu modellieren. Anders als bei der Aktivitätsgruppe dürfen sich Knoten und Kanten nicht in mehreren Partitionen gleichzeitig befinden. Eine Ausnahme ist die Dimensionseigenschaft (siehe unten).

AP1 Das gemeinsame Kriterium zur Bildung der Partitionen kann explizit modelliert werden (Assoziationsende *represents*). Assoziiert wird die abstrakte Basisklasse Element. Somit kann also jedes Modellelement der UML Gruppierungskriterium einer Partition sein.

Im Diagramm kann das Element in einem eigenen Bereich oberhalb des Partitionsnamens notiert werden. Zusätzlich wird als Schlüsselwort der Name der zugehörigen Metaklasse angegeben.

Die Eigenschaft, außerhalb des Fokus der Partitionierung zu liegen, ist ein besonderes Gruppierungskriterium. Die entsprechende Partition wird mit *«external»* gekennzeichnet. Das kann beispielsweise eingesetzt werden, um mit einer Aktivität den Ablauf eines Anwendungsfalles zu modellieren. Die mit *«external»* gekennzeichnete Partition enthält dann die Aktionen der Akteure.

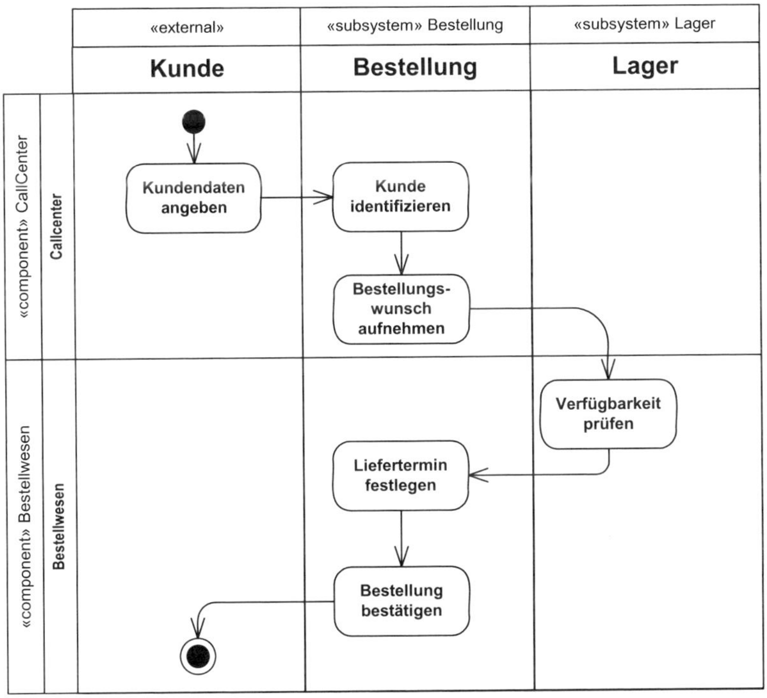

Abb. 3-120: Beispiel Partition

Eine Partition kann eine Dimension haben. Solch eine Partition darf keine Unterpartition sein. Sie steht orthogonal auf den obersten Partitionen, die keine Dimensionseigenschaft besitzen. In Abb. 3-120 haben die Partitionen, die nach Komponenten gruppiert sind, eine Dimension.

Knoten und Kanten dürfen als Ausnahme zur allgemeinen Regel in mehreren Partitionen enthalten sein, wenn sie in unterschiedlichen Dimensionen liegen.

Die Bahnen einer Partition sind eine erhebliche Einschränkung der Freiheit im Layout eines Aktivitätsdiagramms. Es ist daher auch eine alternative Notation möglich, die diese Restriktion nicht mit sich bringt. Der Name der Partition wird in runden Klammern oberhalb des Aktionsnamens notiert. Verschachtelte Partitionen sind mit zwei Doppelpunkten getrennt, Dimensionen werden mit Komma getrennt (Abb. 3-121).

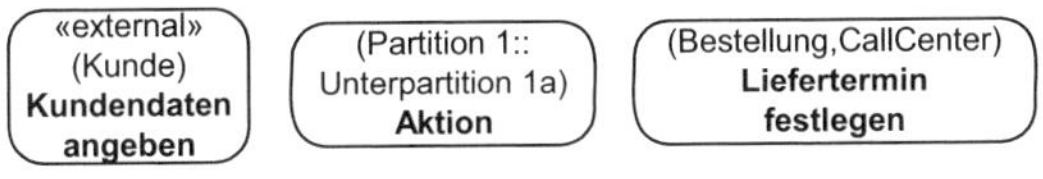

Abb. 3-121: Alternative Notation einer Partition

Checkliste Aktivitätsgruppe:

☑ 3.5.4.1: Nennen Sie die Eigenschaften einer Aktivitätsgruppe (*ActivityGroup*).

☑ 3.5.4.2: Nennen Sie die Eigenschaften einer Partition (*ActivityPartition*). Worauf bezieht sich eine Partition (*ActivityPartition*)?

Metamodell

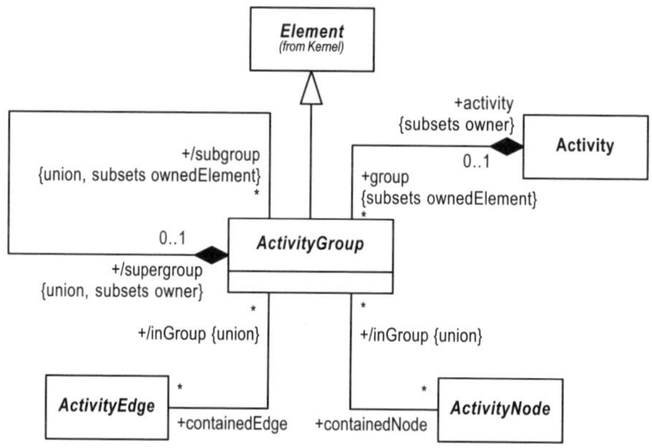

Abb. 3-122: Metamodell Aktivitätsgruppe (*ActivityGroup*)

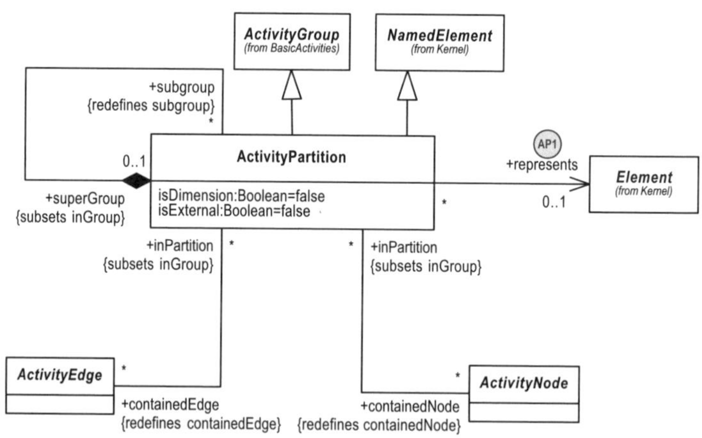

Abb. 3-123: Metamodell Partition (*ActivityPartition*)

3.5.5 Strukturknoten (*StructuredActivityNode*)

Definition

Der Strukturknoten (*StructuredActivityNode*) ist ein ausführbarer Knoten (*ExecutableNode*) und eine Aktivitätsgruppe (*ActivityGroup*), d.h., er enthält weitere Knoten und Kanten. Die enthaltenen Elemente dürfen in keinem anderen Strukturknoten vorkommen.

Die Variable (*Variable*) gehört zu einem Strukturknoten und enthält Werte, auf die alle Aktionen des Strukturknotens zugreifen können.

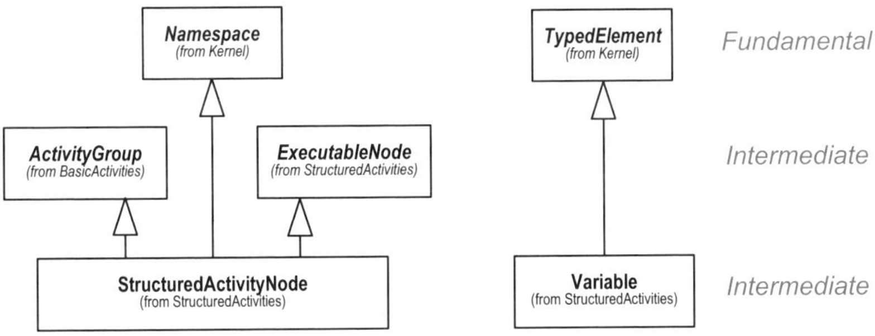

Abb. 3-124: Einordnung Strukturknoten (*StructuredActivityNode*) und Variable (*Variable*)

Notation und Semantik

Im Gegensatz zur einzelnen Aktion, die ein atomarer ausführbarer Knoten ist, stellt der Strukturknoten (*StructuredActivityNode*) eine nicht atomare ausführbare Gruppe von Aktionen dar. ☑ 3.5.5.1

Der Strukturknoten ist vergleichbar mit einer Operation in einer Programmiersprache, die einzelne Aktion entspricht dann einer einzelnen Anweisung in der Operation. Ebenso wie Programmiersprachenoperationen lokale Variablen besitzen können, lassen sich auch innerhalb eines Strukturknotens Variablen definieren (siehe unten).

Start- und Endknoten: Fundamental

Ein Strukturknoten kann Start- und Endknoten enthalten (*InitialNode*, *ActivityFinalNode*). Im Kontext eines Strukturknotens beginnt der Kontrollfluss an einem Startknoten erst, wenn der Strukturknoten ausgeführt wird. Der Endknoten beendet im Kontext eines Strukturknotens nicht die gesamte Aktivität, sondern nur den Strukturknoten.

Die Angabe von Start- und Endknoten ist nicht zwingend erforderlich. Wenn der Strukturknoten aufgerufen wird, startet der Ablauf innerhalb des Strukturknotens an allen Knoten, die keine eingehenden Kanten haben. Umgekehrt gilt dann Entsprechendes für den Endknoten.

Innerhalb eines Strukturknotens wird kein Ablauf gestartet, bevor nicht der Strukturknoten ausgeführt wird.

M1

☑ 3.5.5.2

Typisierbares Element: Fundamental

Eine Variable (*Variable*) ist ein typisierbares Element (*TypedElement*), auf das alle Aktionen des zugehörigen Strukturknotens zugreifen können. Ein expliziter Datenaustausch über Objektfluss ist dann nicht erforderlich. Die Variable gehört zu einem Strukturknoten.

Der Strukturknoten wird als gestricheltes Rechteck mit abgerundeten Ecken notiert. Im oberen Bereich stehen das Schlüsselwort «*structured*» und der Name des Strukturknotens. Im übrigen Bereich werden die enthaltenen Knoten und Kanten notiert.

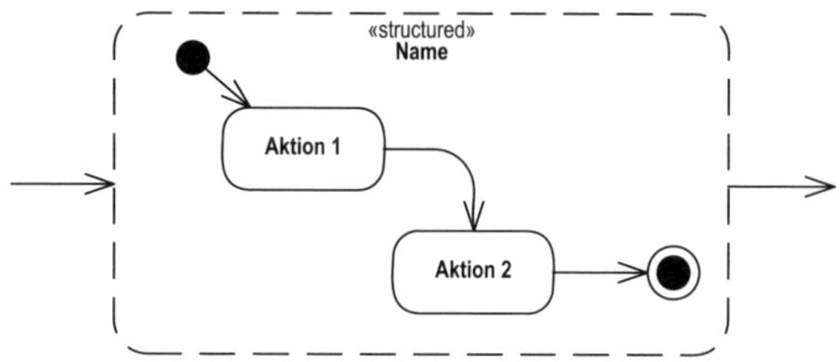

Abb. 3-125: Notation Strukturknoten (*StructuredActivityNode*)

Checkliste Strukturknoten:

☑ 3.5.5.1: Nennen Sie die Eigenschaften des Strukturknotens (*StructuredActivityNode*).

☑ 3.5.5.2: Nennen Sie die Eigenschaften der Variablen (*Variable*). Zu wem gehört die Variable (*Variable*)?

Metamodell

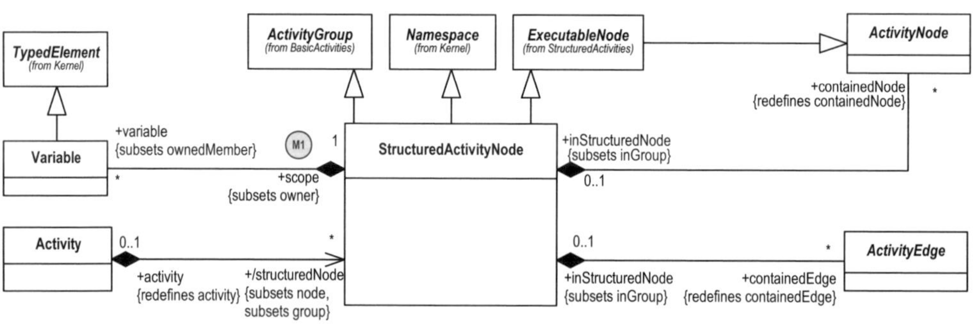

Abb. 3-126: Metamodell Strukturknoten (*StructuredActivityNode*)

3.5.6 Entscheidungsknoten, Schleifenknoten, Sequenzknoten

Verzweigungen, Schleifen und Sequenzen sind weit verbreitete Muster in Abläufen. Der Entscheidungs-, der Schleifen- und der Sequenzknoten bieten hierfür eine Struktur, um diese Muster kompakt und übersichtlich in einer Aktivität auszudrücken.

Definition

Der Entscheidungsknoten (*ConditionalNode*) ist ein spezieller Strukturknoten (*StructuredActivityNode*), der der *if-then-else*-Semantik entspricht.

Die bedingte Verzweigung (*Clause*) besteht aus einem Test und einem Rumpf *(Body)*, der ausgeführt wird, wenn der Test *true* ergibt.

Der Schleifenknoten (*LoopNode*) ist ein spezieller Strukturknoten (*StructuredActivityNode*), der die *while*- bzw. *do-while*-Semantik abbildet.

Der Sequenzknoten (*SequenceNode*) führt ausführbare Knoten (*ExecutableNode*) der Reihenfolge nach aus.

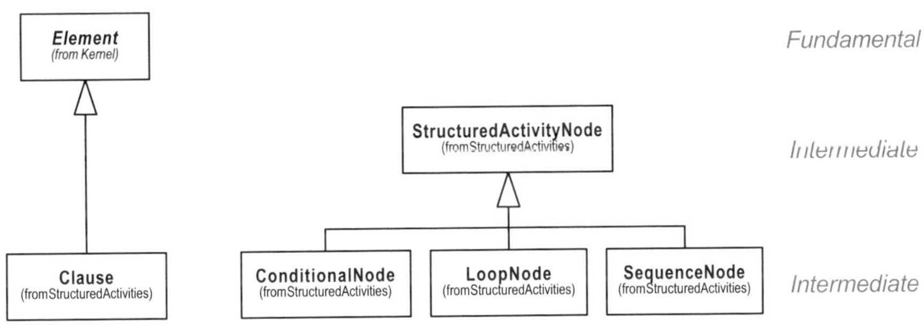

Abb. 3-127: Einordnung Entscheidungsknoten (*ConditionalNode*), bedingte Verzweigung (*Clause*), Schleifenknoten (*LoopNode*) und Sequenzknoten (*SequenceNode*)

Notation und Semantik

Die bedingte Verzweigung (*Clause*) gruppiert eine Menge von Knoten, die in zwei Kategorien unterteilt sind: die Test- und die Rumpfknoten. ☑ 3.5.6.1

Die Testknoten führen gemeinsam einen Test mit booleschem Ergebnis aus. Einer der Testknoten muss einen Ausgabepin besitzen, der das Testergebnis aufnimmt (*Decider*). Wenn das Testergebnis *true* ist, werden die Rumpfknoten ausgeführt. Der Ablauf beginnt an all den Knoten, die keine eingehenden Kanten haben (*front end nodes*), und endet in den Knoten, die keine ausgehenden Kanten haben (*back end nodes*).

Der Entscheidungsknoten (*ConditionalNode*) besitzt eine Menge von Verzweigungen. Wenn die Laufzeitumgebung des Aktivitätsmodells es erlaubt, können alle Tests der Verzweigungen parallel ausgeführt werden. Der Ablauf ist dann nicht deterministisch, wenn mehrere Tests das Ergebnis *true* ☑ 3.5.6.2

SA1 ergeben. Um das zu verhindern, können die bedingten Verzweigungen geordnet werden (Assoziationsenden *predecessorClause* und *successorClause*).

Eine besondere bedingte Verzweigung ist die *else*-Verzweigung. Sie ist Nachfolger aller anderen Verzweigungen eines Entscheidungsknotens und ihr Test ergibt immer *true*.

SA2 Die Eigenschaft *isAssured=true* sichert zu, dass mindestens ein Test mit *true* ausgewertet wird. Die Eigenschaft *isDeterminate=true* sichert zu, dass bei nebenläufigen Auswertungen der Testbereiche nur maximal ein Rumpf zur Ausführung kommt.

Der Entscheidungsknoten wird als gestricheltes Rechteck mit abgerundeten Ecken notiert. Die Notation erbt er vom Strukturknoten[12].

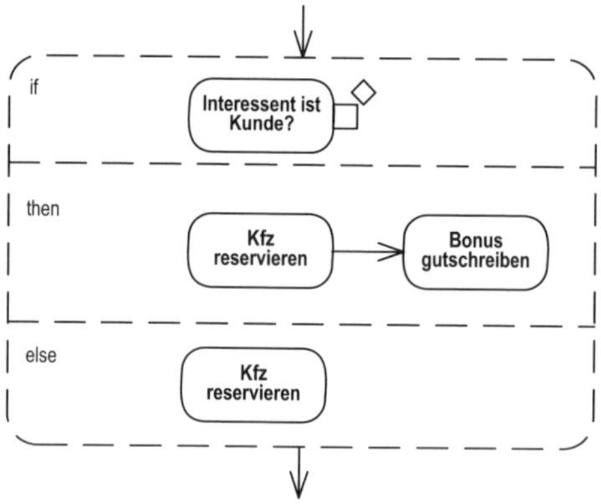

Abb. 3-128: Notation und Beispiel Entscheidungsknoten (*ConditionalNode*)

☑ 3.5.6.3 Der Schleifenknoten (*LoopNode*) ist wie der Entscheidungsknoten (*ConditionalNode*) ein spezieller Strukturknoten (*StructuredActivityNode*). Entsprechend der Semantik einer Schleife setzt der Knoten sich aus folgenden drei Bereichen zusammen: Initialisierung, Test und Rumpf.

Alle drei Bereiche werden jeweils durch eine Menge von Knoten repräsentiert. Ein Knoten im Testbereich muss einen Ausgabepin besitzen, der das boolesche Testergebnis aufnimmt (*Decider*).

☑ 3.5.6.4 Bei der Ausführung eines Schleifenknotens wird zunächst der Initialisierungsbereich ausgeführt. Wenn die Eigenschaft *isTestedFirst* auf *true* gesetzt ist (*while-do*-Semantik), wird als Nächstes der Test durchgeführt. Wenn das
SA3 Testergebnis *true* ist, wird der Rumpf ausgeführt. Danach wieder der Test usw., bis der Test *false* ergibt.

Die Ausführungsreihenfolge Test – Rumpf wird umgekehrt, wenn die Eigenschaft *isTestedFirst* auf *false* gesetzt ist (*do-while*-Semantik).

[12] In der UML-Spezifikation ist für den Entscheidungsknoten keine offizielle Notation definiert.

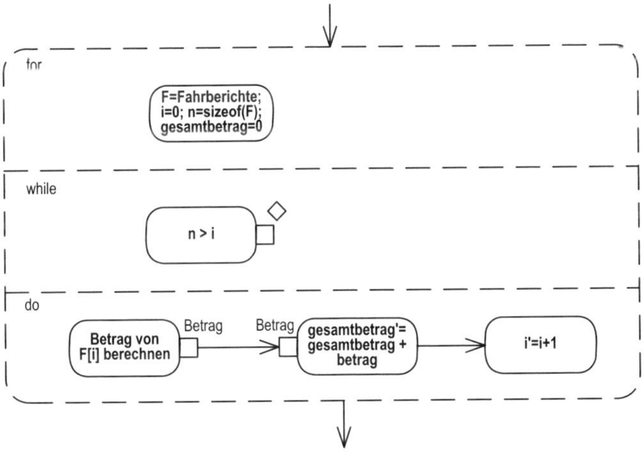

Abb. 3-129: Notation und Beispiel Schleifenknoten (*LoopNode*)

Der Sequenzknoten (*SequenceNode*) verweist auf eine geordnete Liste von ausführbaren Knoten (*ExecutableNode*). Wenn der Sequenzknoten aktiviert wird, werden die ausführbaren Knoten gemäß der Ordnung der Reihe nach ausgeführt. Wenn die Knoten mit Kontroll- oder Objektflüssen verbunden sind, müssen die damit verknüpften Bedingungen erfüllt sein, damit ein Knoten ausgeführt werden kann. ☑ 3.5.6.5

Checkliste Entscheidungsknoten, Schleifenknoten, Sequenzknoten:

☑ 3.5.6.1: Nennen Sie die Eigenschaften der bedingten Verzweigung (*Clause*).

☑ 3.5.6.2: Nennen Sie die Eigenschaften des Entscheidungsknotens (*ConditionalNode*).

☑ 3.5.6.3: Nennen Sie die Eigenschaften des Schleifenknotens (*LoopNode*).

☑ 3.5.6.4: Wie wird beim Schleifenknoten (*LoopNode*) zwischen der *do-while-* und der *while-do-*Semantik unterschieden?

☑ 3.5.6.5: Nennen Sie die Eigenschaften des Sequenzknotens (*SequenceNode*).

Metamodell

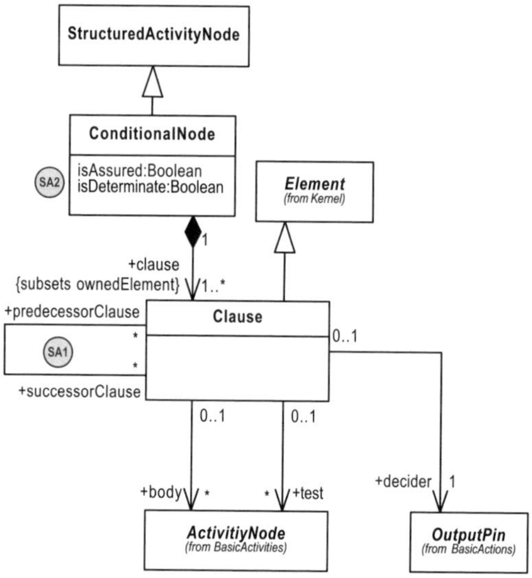

Abb. 3-130: Metamodell Entscheidungsknoten (*ConditionalNode*)

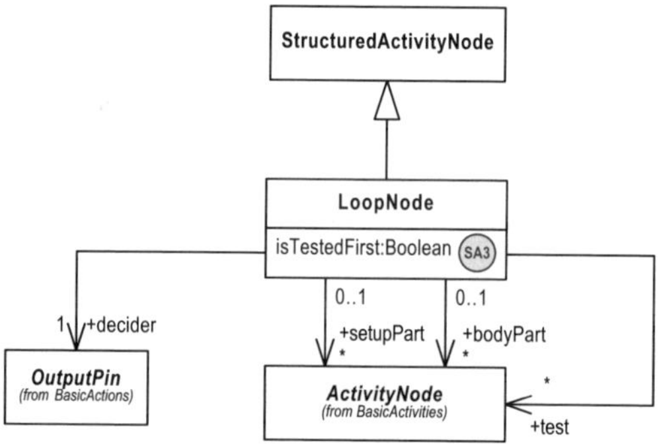

Abb. 3-131: Metamodell Schleifenknoten (*LoopNode*)

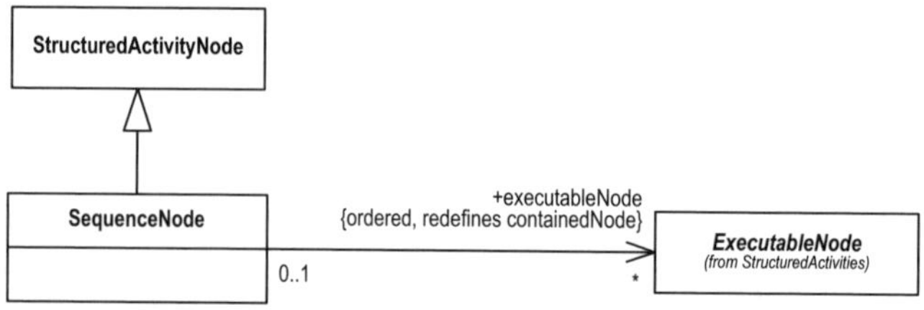

Abb. 3-132: Metamodell Sequenzknoten (*SequenceNode*)

3.5.7 Ausnahmebehandlung (*ExceptionHandler*)

Definition

Die Ausnahmebehandlung (*ExceptionHandler*) spezifiziert einen ausführbaren Knoten *(ExecutableNode)*, der aufgerufen wird, wenn in einem geschützten ausführbaren Knoten *(ExecutableNode)* eine Ausnahme (*Exception*) auftritt.

Der ausführbare Knoten (*ExecutableNode*) ist abstrakte Basisklasse für Knoten, die ausgeführt werden können. Der Knoten kann von einer Ausnahmebehandlung geschützt werden.

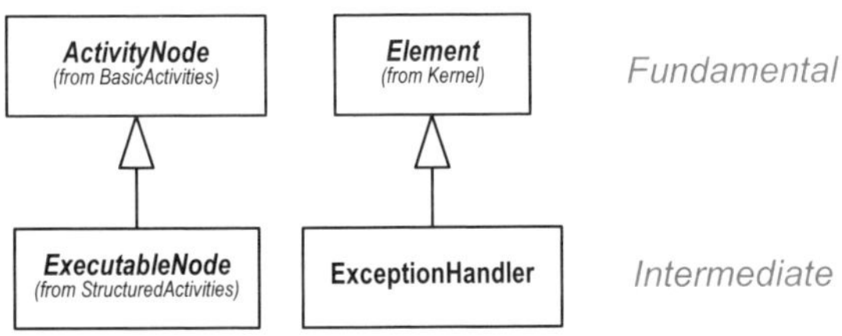

Abb. 3-133: Einordnung Ausnahmebehandlung (*ExceptionHandler*) und ausführbarer Knoten (*ExecutableNode*)

Notation und Semantik

Der ausführbare Knoten (*ExecutableNode*) ist abstrakte Basisklasse für Knoten, die ausgeführt werden können.

Ein ausführbarer Knoten kann mehrere Ausnahmebehandlungen (*ExeceptionHandler*) besitzen. Die Ausnahmebehandlung spezifiziert einen oder mehrere Ausnahmetypen, die von ihm „gefangen" und behandelt werden können. ☑ 3.5.7.1

Das „geworfene" Ausnahmeobjekt ist Eingangsinformation des ausführbaren Knotens, der die Ausnahmebehandlung durchführt (Assoziationsende *handlerBody*). Der Knoten hat neben der Kante, über die das Ausnahmeobjekt kommt, keine weiteren eingehenden und keine ausgehenden Kanten. Die Rückgabewerte müssen den Rückgabewerten des geschützten Knotens entsprechen. (Ex1)

Der Ablauf einer Ausnahmebehandlung ist in Abb. 3-134 dargestellt: Der geschützte Knoten *Kfz reservieren* wird ausgeführt, eine Ausnahme tritt auf, und die Ausnahmebehandlung *Datenbankfehler bearbeiten* wird gestartet. Nach Ausführung der Ausnahmebehandlung geht der Ablauf entlang der Kante *A* mit einem Objekt-Token *Reservierung* weiter. Die Reservierung ist in diesem Fall Rückgabewert der Ausnahmebehandlung. ☑ 3.5.7.2

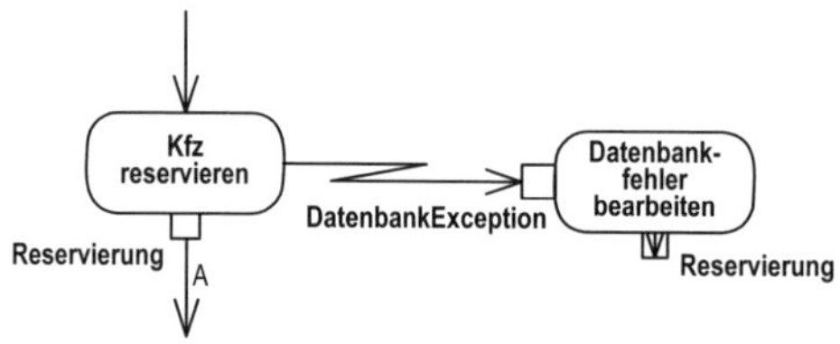

Abb. 3-134: Notation und Beispiel Ausnahmebehandlung (*ExceptionHandler*)

Eine Ausnahmebehandlung wird als ausführbarer Knoten mit einem blitzförmigen eingehenden Objektfluss und Eingabepin für das Ausnahmeobjekt notiert.

Checkliste Ausnahmebehandlung:

☑ 3.5.7.1: Nennen Sie die Eigenschaften einer Ausnahmebehandlung (*Exception-Handler*). Was wird durch eine Ausnahmebehandlung geschützt?

☑ 3.5.7.2: Erläutern Sie den Ablauf einer Ausnahmebehandlung (*ExceptionHandler*).

Metamodell

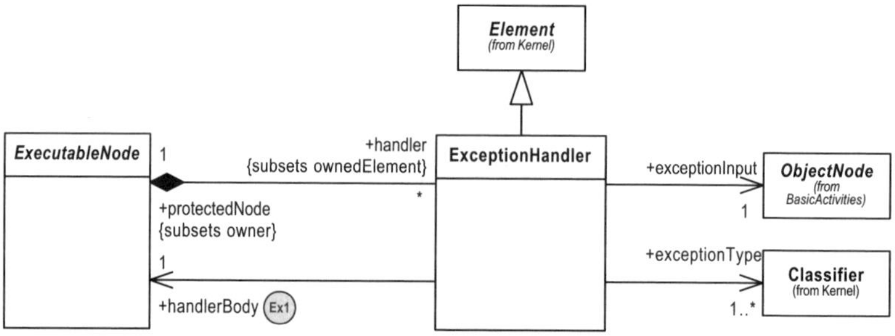

Abb. 3-135: Metamodell Ausnahmebehandlung (*ExceptionHandler*)

3.6 Interaktionsdiagramme

In diesem Kapitel widmen wir uns einer dynamischen Diagrammform, die eine Interaktion zwischen ausgewählten Elementen darstellt. Der bekannteste Kandidat eines Interaktionsdiagramms (*interaction diagram*) ist das Sequenzdiagramm (*sequence diagram*). Es gibt auch noch das Kommunikationsdiagramm (*communication diagram*) – in UML 1.x noch Kollaborationsdiagramm (*collaboration diagram*) genannt – und die in UML 2 neu aufgenommenen Diagrammformen Zeitdiagramm (*timing diagram*) und Interaktionsübersichtsdiagramm (*interaction overview diagram*).

Sequenz-, Kommunikations- und Zeitdiagramme sind unterschiedliche Sichten auf dasselbe Modell. Das Interaktionsmodell steht im Fokus der Zertifizierung, weniger die jeweilige Notation.

Das Interaktionsübersichtsdiagramm ist eher ein Aktivitätsdiagramm, das einzelne Interaktionsmodelle in eine logische Reihenfolge bringt.

In der Prüfung werden hauptsächlich Sequenzdiagramme verwendet. Auf die anderen Diagrammformen des Interaktionsmodells gehen wir am Ende dieses Kapitels kurz ein.

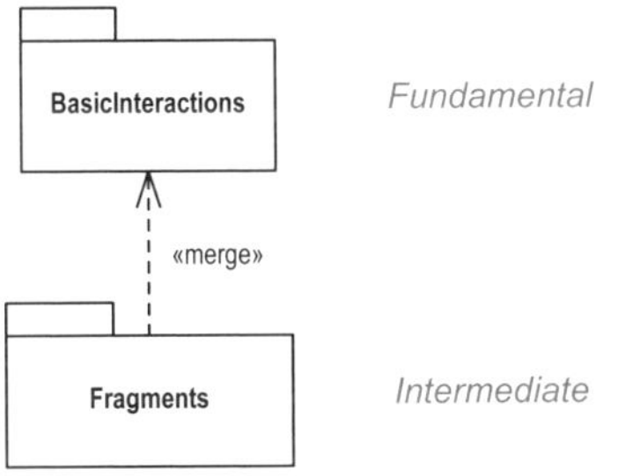

Abb. 3-136: Paketstruktur Interaktionsdiagramme (*interaction diagram*)

3.6.1 Prüfungsthemen

Die Grundlagen der Interaktionsmodellierung sind Bestandteil der Prüfungsthemen der Fundamental-Zertifizierung. Sie werden bei der Intermediate-Zertifizierung nicht direkt gefragt, aber als Grundlage vorausgesetzt.

Folgende Themen werden im Intermediate-Test behandelt:

- Interaktionsreferenz (*InteractionUse*)
- Interaktionsoperation (*CombinedFragment*)
- Verknüpfungspunkt (*Gate*)

Der Prüfungsanteil beträgt insgesamt 15 Prozent.

3.6.2 Interaktionsreferenz (*InteractionUse*)

Sofern Sie schon einmal mit den Sequenzdiagrammen der UML 1.x gearbeitet haben, kennen Sie das Problem, dass selbst einfache Sachverhalte zu sehr großen Diagrammen führen können. Den Sequenzdiagrammen der UML 1.x fehlt es an Dekompositionsmechanismen.

Die UML 2 zeichnet sich insgesamt u.a. dadurch aus, dass die Möglichkeiten der Dekomposition von Modellen deutlich verbessert worden ist. Im Bereich der Interaktionsmodelle sind hierzu die Interaktionsreferenz (*InteractionUse*[13]) und die Lebensliniendekomposition (*PartDecomposition*) eingeführt worden.

Definition

Die Interaktionsreferenz (*InteractionUse*) ist ein Verweis auf eine Interaktion. Das Modell ist so gestaltet, dass der Verweis durch die referenzierte Interaktion substituiert werden könnte.

Die Lebensliniendekomposition (*PartDecomposition*) beschreibt die internen Interaktionen einer Lebenslinie relativ zu der Interaktion, in der sich die Lebenslinie befindet.

[13] In der Zertifizierung wird auch der Begriff *InteractionOccurrence* verwendet.

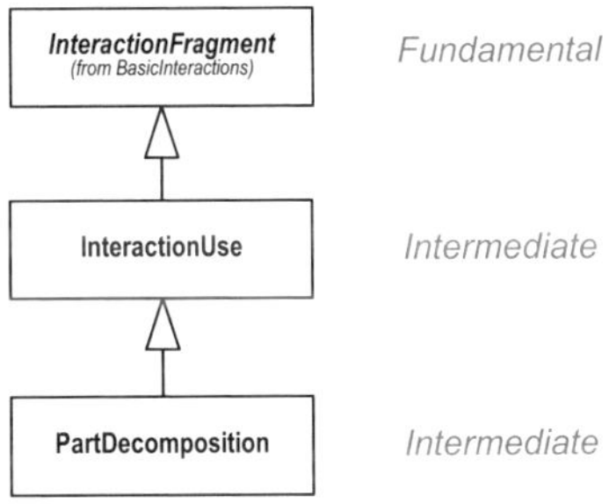

Abb. 3-137: Einordnung Interaktionsreferenz (*InteractionUse*) und Lebensliniendekomposition (*PartDecomposition*)

Notation und Semantik

Mit Hilfe der Interaktionsreferenz (*InteractionUse*) können Teile von Interaktionen aus einem Sequenzdiagramm in einem eigenen Sequenzdiagramm beschrieben werden. In den Sequenzdiagrammen, in denen das Interaktionsfragment vorkommt, wird mit der Interaktionsreferenz nur noch darauf verwiesen. ☑ 3.6.2.1

Die Verkleinerung der Sequenzdiagramme auf überschaubare Größen ist nur ein Vorteil der Interaktionsreferenz. Noch wesentlicher ist die Tatsache, dass auf eine Interaktion in mehreren Sequenzdiagrammen verwiesen werden kann. Dadurch können Redundanzen, also die wiederholte Beschreibung einer Interaktion, vermieden werden.

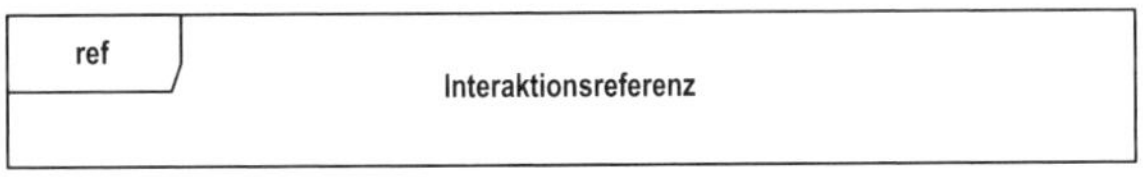

Abb. 3-138: Notation Interaktionsreferenz (*InteractionUse*)

Die Interaktionsreferenz wird wie ein kombiniertes Fragment (*CombinedFragment*) mit Interaktionsoperator *ref* notiert. Im Rahmen steht der Referenzverweis in der Syntax: Kombiniertes Fragment: Fundamental

```
[attribut=][kollaborationsanwendung.]interaktion['('argumente')']
[:rückgabewert]
```

wobei Folgendes gilt:

- `attribut` ist das Attribut einer Instanz, auf das eine der Lebenslinien verweist, z.B. *s.status* in Abb. 3-139.
- `kollaborationsanwendung` ist der Name einer Kollaborationsanwendung (*CollaborationUse*), die Lebenslinien der Interaktion bindet.
- `interaktion` ist der Name der Interaktion, auf die verwiesen wird. Das ist eine Pflichtangabe.
- `argumente` sind Parameter, die der referenzierten Interaktion übergeben werden. Eine Interaktion ist ein spezielles Verhalten (*Behavior*) und hat somit Ein- und Ausgangswerte sowie Rückgabewerte, die in `attribut`

geschrieben werden. Die Syntax der Argumente ist eine kommaseparierte Liste, wobei ein Eintrag in der Syntax

```
<eingabeargument> | out <ausgabeargument>
```

angegeben wird.

- `rückgabewert` ist der Wert, den die referenzierte Interaktion zurückgibt. Der Wert wird in `attribut` geschrieben.

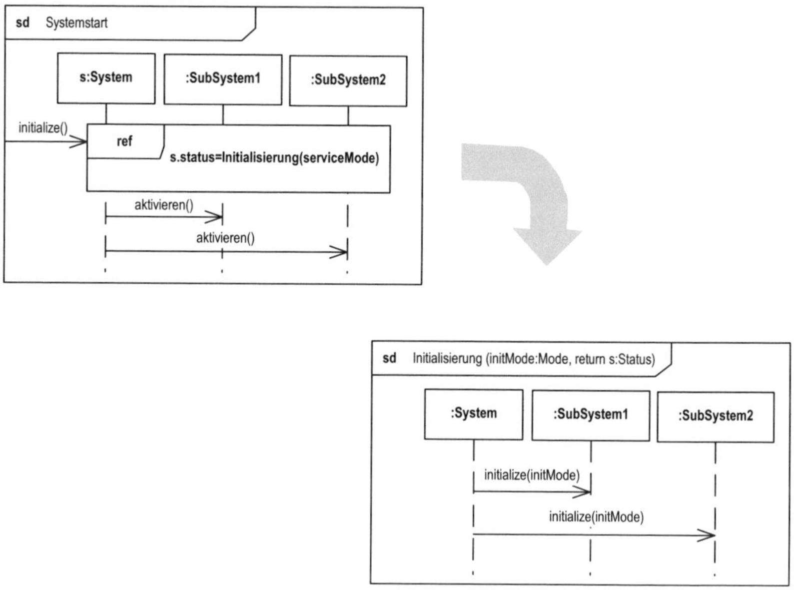

Abb. 3-139: Beispiel Interaktionsreferenz (*InteractionUse*)

☑ 3.6.2.2 Neben der Interaktionsreferenz gibt es noch einen weiteren Dekompositionsmechanismus. Auch eine einzelne Lebenslinie kann dekomponiert werden (*PartDecomposition*). Es ist eine Art Hineinzoomen in die Lebenslinie. Im Kopf der Lebenslinie wird unterhalb des Namens der Verweis notiert. Die Syntax lautet:

```
ref <interaktion> [strict]
```

Abb. 3-140 zeigt ein Beispiel für eine Lebensliniendekomposition. Die referenzierte Interaktion *Subsystem-Initialisierung* gehört zum *Subsystem1*. Die realisierenden Classifier des Subsystems sind im Komponentendiagramm dargestellt.

Das Sequenzdiagramm *Subsystem-Initialisierung* enthält eine weitere Lebensliniendekomposition. Diesmal wird nicht auf eine andere Interaktion referenziert, sondern die Dekomposition unmittelbar dargestellt. *Komponente XY* wird von zwei Klassen *A* und *B* realisiert, deren Interaktion im Diagramm zu sehen ist.

Der optionale Zusatz *strict* gibt bei inneren Dekompositionen an, dass alle Elemente auf den inneren Lebenslinien einer strikten Ordnung unterliegen (Interaktionsoperator *strict*, Kapitel 3.6.3).

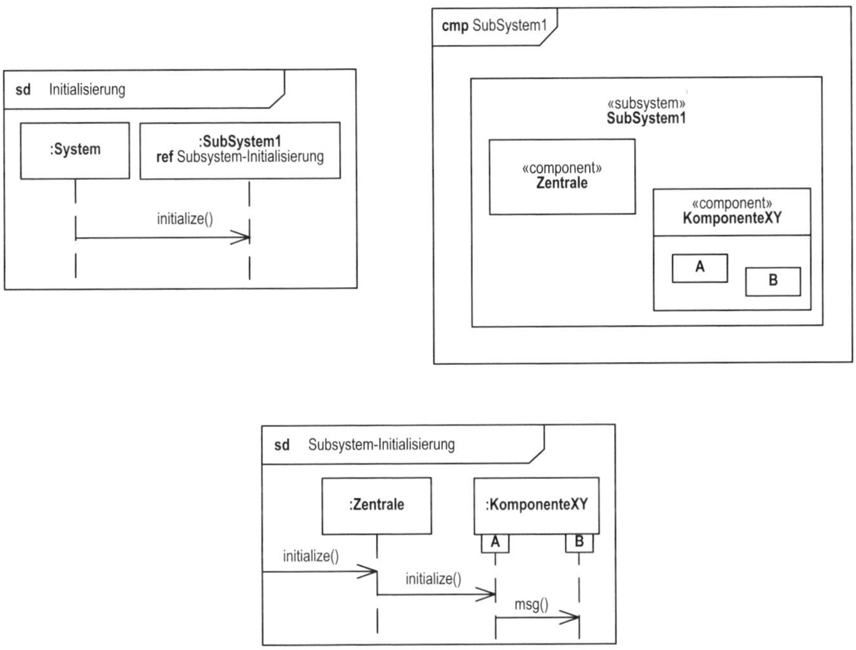

Abb. 3-140: Beispiel Lebensliniendekomposition (*PartDecomposition*)

Checkliste Interaktionsreferenz:

☑ 3.6.2.1: Nennen Sie die Eigenschaften der Interaktionsreferenz (*InteractionUse*).

☑ 3.6.2.2: Nennen Sie die Eigenschaften der Lebensliniendekomposition (*PartDecomposition*).

Metamodell

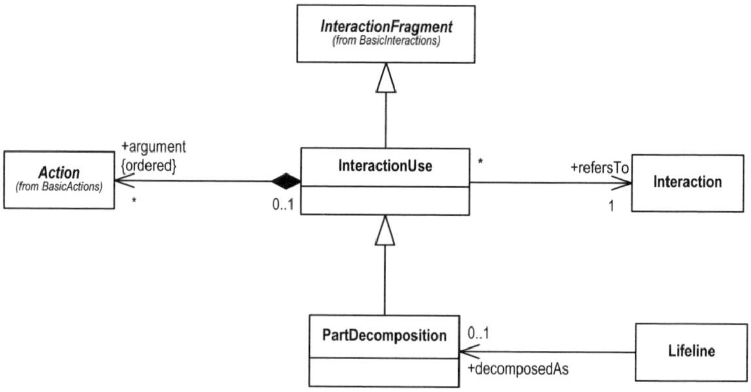

Abb. 3-141: Metamodell Interaktionsreferenz (*InteractionUse*)

3.6.3 Interaktionsoperation (*CombinedFragment*)

Sequenzdiagramme repräsentieren ein konkretes Szenario, d.h. eine Interaktion ausgewählter Elemente in einer begrenzten Situation. In der Regel wird man Schleifen oder bedingte Verzweigungen nicht benötigen. Dennoch ist manchmal der Bedarf vorhanden, z.B. um ähnliche Abläufe in einer Interaktion zu modellieren. In UML 1.x sind derartige Konstrukte zwar möglich, aber sie sind nicht sehr aussagekräftig und führen leicht zu Missverständnissen. In UML 2 ist dieser Bereich erheblich verbessert und sogar noch erweitert worden. Sie können nun beispielsweise auch parallele oder ungültige Abläufe modellieren.

Definition

Das kombinierte Fragment (*CombinedFragment*) ist ein spezielles Interaktionsfragment, das einen Ausdruck von Interaktionsfragmenten beschreibt. Der Ausdruck besitzt einen Interaktionsoperator (*InteractionOperator*), Interaktionsoperanden (*InteractionOperand*) und gegebenenfalls eine Interaktionsbedingung (*InteractionConstraint*).

Die Fortsetzungsmarke (*Continuation*) markiert die Fortsetzung eines bedingten kombinierten Fragmentes.

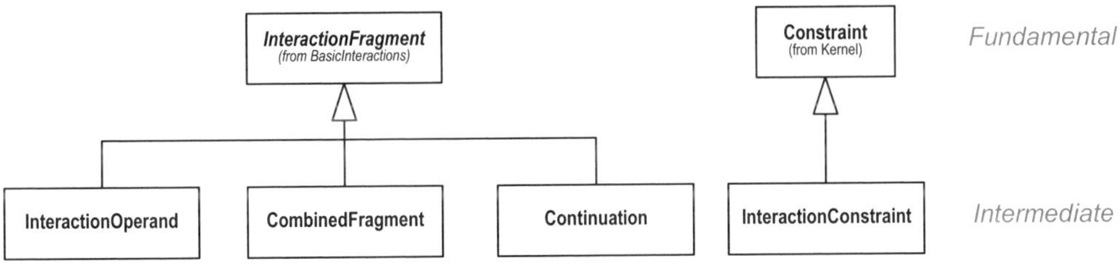

Abb. 3-142: Einordnung kombiniertes Fragment (*CombinedFragment*), Interaktionsoperand (*InteractionOperand*), Interaktionsbedingung (*InteractionConstraint*) und Fortsetzungsmarke (*Continuation*)

Notation und Semantik

Die Operanden eines kombinierten Fragmentes (*CombinedFragment*) sind Interaktionsfragmente (*InteractionFragment*) – in der Regel eine Menge von Nachrichten zwischen Lebenslinien. Die Interaktionsoperatoren (*InteractionOperator*) bewirken die bedingte Ausführung eines Operanden, Schleifen, parallele Ausführung und weitere Ablaufvarianten. ☑ 3.6.3.1

Ein kombiniertes Fragment (*CombinedFragment*) wird ähnlich wie ein Diagrammrahmen notiert: ein Rechteck mit durchgezogenen Linien und einem kleinen Pentagon in der linken oberen Ecke. Im Pentagon wird der Interaktionsoperator (*InteractionOperator*) vermerkt. Die Interaktionsoperanden (*InteractionOperand*) werden durch gestrichelte Linien getrennt. Je nach Operator wird auch eine Interaktionsbedingung (*InteractionConstraint*) angegeben. Die Bedingung wird rechts vom Operator außerhalb des Pentagons notiert.

Sende- und Empfangsereignisse: Fundamental

Bevor wir uns die einzelnen Operatoren näher ansehen, machen wir einen kurzen Rückblick auf ein Thema aus der Fundamental-Zertifizierung, das für die Operatoren von Bedeutung ist. Wenn Sie die Fundamental-Zertifizierung schon abgeschlossen haben, erinnern Sie sich sicherlich an die Abfolgen der Sende- und Empfangsereignisse (*EventOccurrence*). Bei einer Nachricht (*Message*) treten in der Regel zwei Ereignisse auf: ein Sende- und ein Empfangsereignis. Die Reihenfolge ist logischerweise, dass das Sendeereignis vor dem Empfangsereignis auftritt. Die Semantik einer Interaktion ist gegeben durch ein Paar [P, I], wobei P die Menge der gültigen Abfolgen und I die Menge der ungültigen Abfolgen darstellt. Eine Abfolge ist eine geordnete Liste auftretender Ereignisse. Beispielsweise sind <p!,p*,q!,r!,r*,q*> und <p!,r!,p*,q!,r*,q*> gültige Abfolgen in Abb. 3-143.

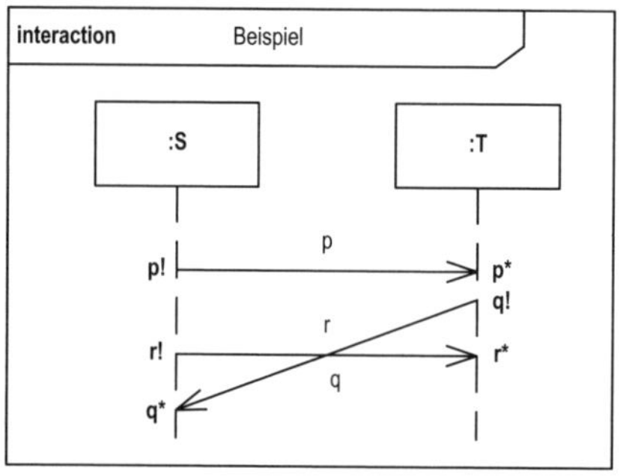

Abb. 3-143: Sende- und Empfangsereignisse

Es gibt insgesamt 12 verschiedene Interaktionsoperatoren, die in der Aufzählungsklasse (*Enumeration*) *InteractionOperator* aufgeführt sind.

Abb. 3-144: Aufzählungsklasse Interaktionsoperatoren

Interaktionsoperationen	
alt, opt, break	Bedingte Abläufe
seq, strict, par	Ereignisreihenfolgen
loop	Schleife
critical, neg, assert, consider, ignore	Erlaubte bzw. nicht erlaubte, ignorierte und kritische Abläufe

Im Folgenden werden wir die Operatoren näher erläutern.

☑ 3.6.3.2 Bedingte Abläufe werden mit dem Interaktionsoperator *alt* beschrieben. Die Operanden sind mit Bedingungen versehen (*Guard*). Operanden mit einer Bedingung, die zu *true* ausgewertet wird, werden ausgeführt. Wenn keine Bedingung vorhanden ist, wird implizit *true* als Ergebnis angenommen. Mindestens ein Operand des Fragmentes wird ausgewählt.

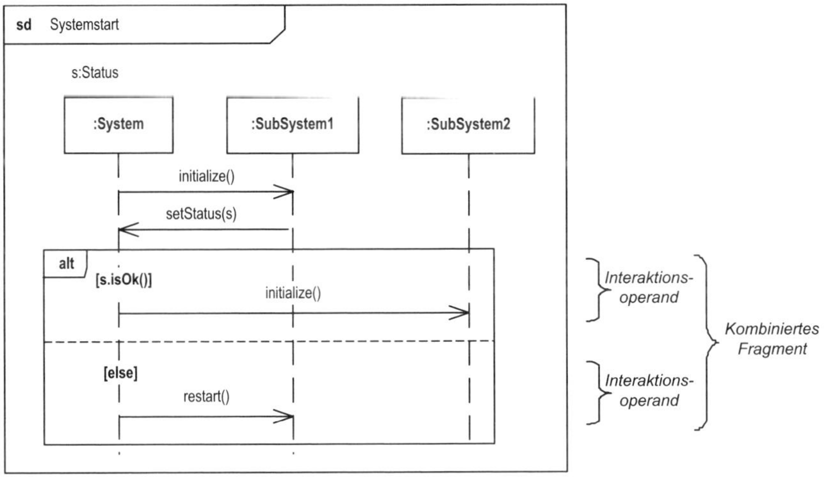

Abb. 3-145: Beispiel Interaktionsoperator *alt*

Der Interaktionsoperator *opt* ist semantisch äquivalent zum Operator *alt* mit der Einschränkung, dass nur ein Operand zulässig ist. ☑ 3.6.3.3

Ähnlich zu *opt* ist der Interaktionsoperator *break*. Der Unterschied besteht darin, dass die umschließende Interaktion beendet wird, wenn der *break*-Operand durchlaufen worden ist. In Abb. 3-146 wird der *initialize()*-Aufruf nicht ausgeführt, wenn der *break*-Operand durchlaufen wird. ☑ 3.6.3.4

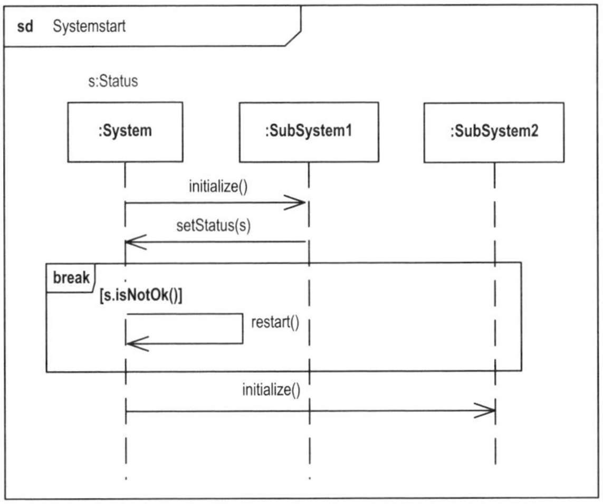

Abb. 3-146: Beispiel Interaktionsoperator *break*

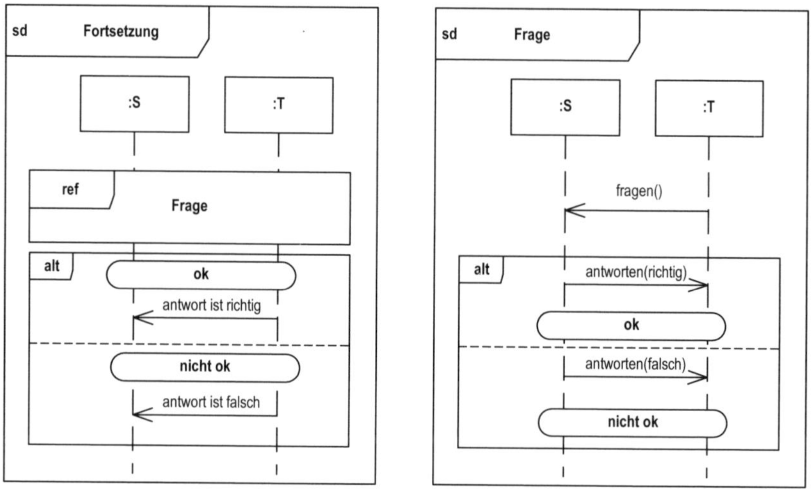

Abb. 3-147: Beispiel Fortsetzungsmarke (*Continuation*)

☑ 3.6.3.5

Fortsetzungsmarken (*Continuation*) sind nur in Verbindung mit bedingten Fragmenten und loser Ordnung (*weak sequencing*) von Bedeutung. Sie stehen entweder am Ende eines Interaktionsfragmentes (Eigenschaft *setting=true*) oder am Anfang (*setting=false*). Erreicht ein Ablauf eine Fortsetzungsmarke am Ende eines Fragmentes, wird der Ablauf an der gleichnamigen Fortsetzungsmarke zu Beginn eines Fragmentes fortgesetzt.

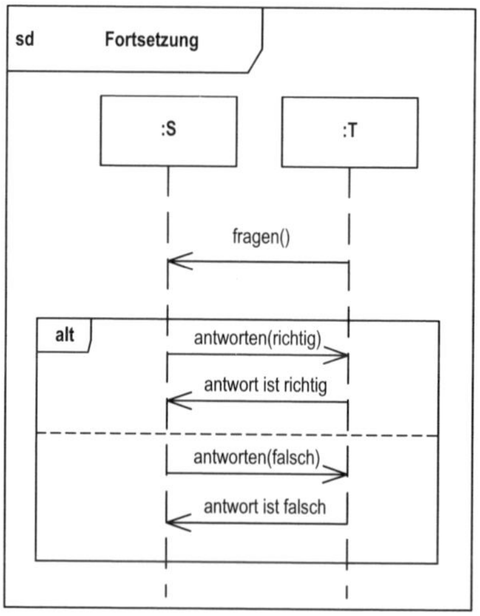

Abb. 3-148: Interpretation der Fortsetzungsmarken aus Abb. 3-147

Zustandsinvariante: Fundamental

Die Fortsetzungsmarke wird wie ein Zustand notiert, liegt aber über mehrere Lebenslinien. Ein Zustand (*StateInvariant*) liegt immer nur auf einer Lebenslinie.

Ein paralleles Fragment wird durch den Interaktionsoperator *par* gekennzeichnet. Die Interaktionsoperanden sind Abläufe, die parallel ablaufen. Das heißt, die Ereignisabfolge zwischen den Operanden ist beliebig. ☑ 3.6.3.6

In Abb. 3-149 kann die Nachricht p jederzeit während der Nachrichten q, r und t gesendet werden. Gültige Ereignisabfolgen sind beispielsweise <p!,p*,t!,t*,q!,r!,r*,q*> und <r!,p!,t!,t*,q!,r*,q*,p*>.

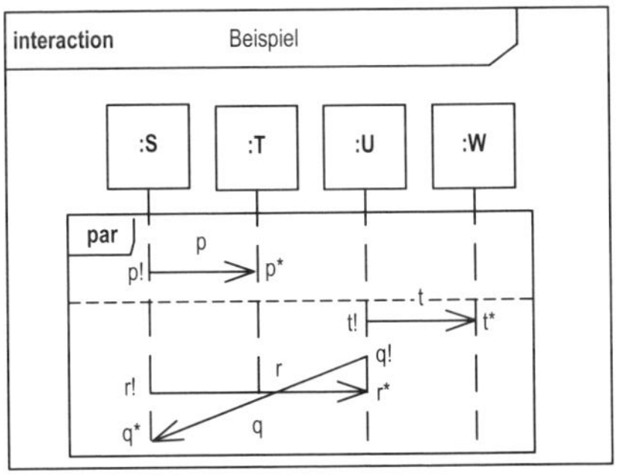

Abb. 3-149: Beispiel Interaktionsoperator *par*

Wenn sich im parallelen Fragment nur eine Lebenslinie befindet, wird dies als Koregion (*coregion*) bezeichnet. In diesem Fall ändert sich die Notation, da die Darstellung als kombiniertes Fragment zu überladen wirkt. Eine Koregion wird auf der Lebenslinie mit eckigen Klammern notiert. Alle Interaktionsfragmente innerhalb der Klammern entsprechen jeweils einem Operanden. ☑ 3.6.3.7

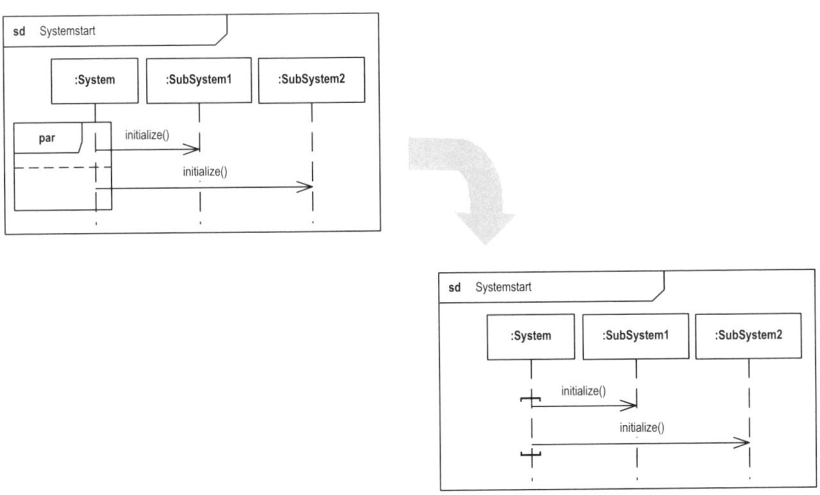

Abb. 3-150: Beispiel Koregion (*coregion*)

☑ 3.6.3.8 Die lose Ordnung (*weak sequencing*) ist ein Fragment mit Interaktionsoperator *seq* und beliebig vielen Operanden. Es gibt drei Regeln, die die Ordnung zwischen den Sende- und Empfangsereignissen definieren:

1. Die Reihenfolge der Ereignisse in einem Operanden ist fest.
2. Ereignisse in verschiedenen Operanden auf verschiedenen Lebenslinien haben keine definierte Reihenfolge.
3. Ereignisse in verschiedenen Operanden auf derselben Lebenslinie haben die Reihenfolge der Operanden.

Die lose Ordnung ist also ähnlich zum parallelen Fragment mit der zusätzlichen Eigenschaft, dass die Ereignisse entlang einer Lebenslinie geordnet sind. Gültige Abläufe in Abb. 3-151 sind beispielsweise <p!,p*,t!,t*,q!,r!,r*,q*> und <p!,t!,t*,p*,q!,r!,r*,q*>.

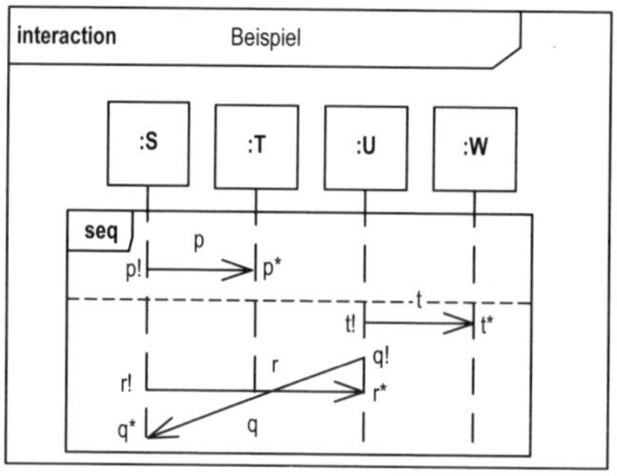

Abb. 3-151: Beispiel Interaktionsoperator *seq*

☑ 3.6.3.9 Ein Fragment mit strengerer Ordnung als der Interaktionsoperator *seq* definiert die strikte Ordnung (*strict sequencing*). Der Interaktionsoperator ist *strict*. Die vertikale Position eines Ereignisses unabhängig von der Lebenslinie bestimmt die Reihenfolge. In Abb. 3-152 ist <p!,p*,t!,t*,q!,r!,r*,q*> eine gültige Abfolge.

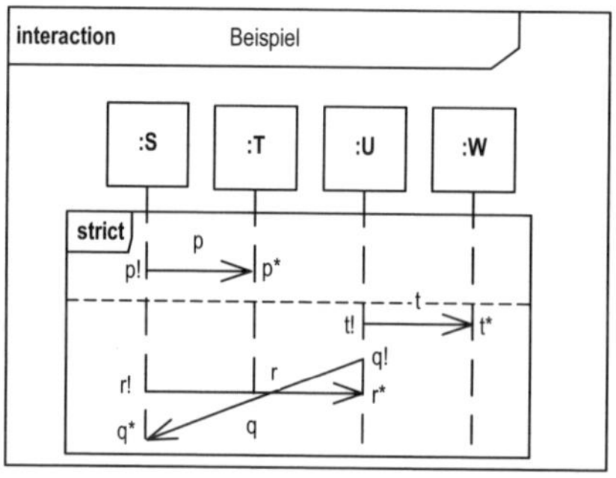

Abb. 3-152: Beispiel Interaktionsoperator *strict*

Eine Schleife wird durch den Interaktionsoperator *loop* spezifiziert. Es können die minimale und die maximale Anzahl der Schleifendurchläufe sowie eine Abbruchbedingung angegeben werden. ☑ 3.6.3.10

Die Schleife wird mindestens *<min>* Mal ausgeführt. Optional kann eine Bedingung angegeben werden, die nach *<min>* Ausführungen bei jedem Durchlauf ausgewertet wird und zum Abbruch führen kann. Maximal werden *<max>* Schleifendurchläufe ausgeführt. Wenn *<max>* nicht angegeben wird, ist *<min>*=*<max>*. Sind *<min>* und *<max>* nicht angegeben, ist *<min>*=0 und *<max>*=*, also unendlich. Die Schleife kann dann nur durch die Abbruchbedingung beendet werden. ☑ 3.6.3.11

Einxe Schleife hat nur einen Operanden.

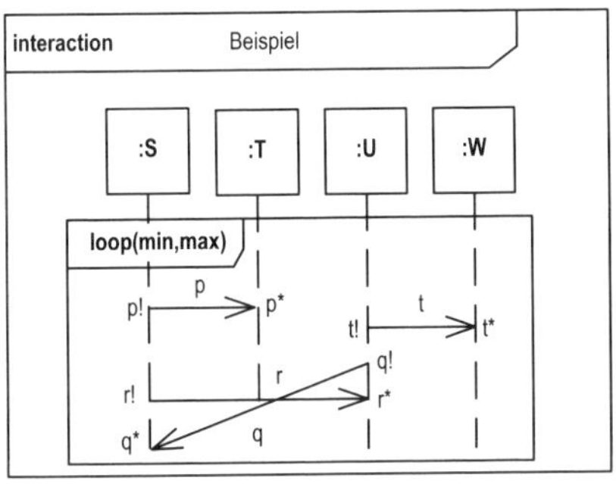

Abb. 3-153: Beispiel Interaktionsoperator *loop*

Das kritische Fragment wird durch den Interaktionsoperator *critical* spezifiziert. Der im Fragment beschriebene Ablauf ist atomar und muss vollständig durchlaufen worden sein, bevor neue Nachrichten akzeptiert werden können. Ein kritisches Fragment definiert eine Ereignisabfolge, die durch keine anderen Ereignisse unterbrochen werden kann. In Abb. 3-154 ist <p!,r!,q!,r*,q*,p*,t!,t*> eine gültige Abfolge, <p!,r!,t!,t*,q!,r*,q*,p*> ist eine ungültige Abfolge. ☑ 3.6.3.12

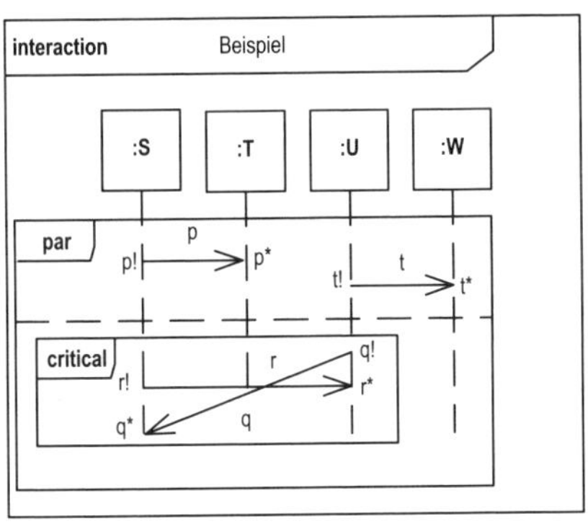

Abb. 3-154: Beispiel Interaktionsoperator *critical*

☑ 3.6.3.13 Ein Fragment mit dem Interaktionsoperator *neg* spezifiziert eine ungültige Abfolge von Sende- und Empfangsereignissen. In der Regel beschreibt man nur die gültigen Abfolgen. Die Semantik einer Interaktion definiert sich aber durch das Paar (P, I), wobei P die Menge der gültigen und I die Menge der ungültigen Abfolgen ist. Die UML bietet mit dem Interaktionsoperator *neg* die Möglichkeit, auch die ungültigen Abfolgen zu definieren. Ein negiertes Fragment hat nur einen Operanden.

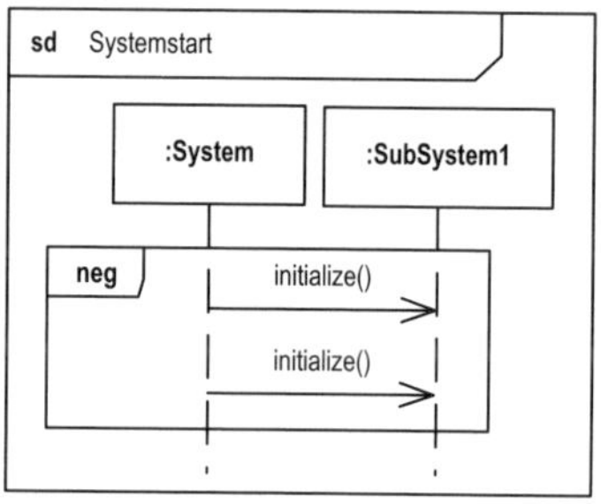

Abb. 3-155: Beispiel Interaktionsoperator *neg*

☑ 3.6.3.14 Da wir uns schon mit den unerwünschten Dingen auseinander setzen, können wir uns an dieser Stelle auch dem Interaktionsoperator *ignore* widmen. Direkt hinter dem Interaktionsoperator wird in geschweiften Klammern die Liste der Nachrichten angegeben, die im zugehörigen Fragment ignoriert werden. Das heißt, sie dürfen auftreten, haben aber keinerlei Auswirkungen.

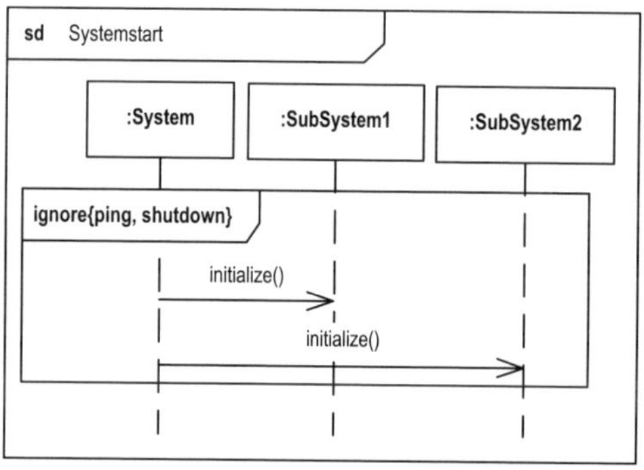

Abb. 3-156: Beispiel Interaktionsoperator *ignore*

☑ 3.6.3.15 Umgekehrt können auf gleiche Weise mit dem Interaktionsoperator *consider* Nachrichten angegeben werden, die beachtet werden müssen. Alle Nachrichten, die nicht in der Liste des *consider*-Operators auftauchen, sind automatisch zu ignorieren (siehe Interaktionsoperator *ignore*).

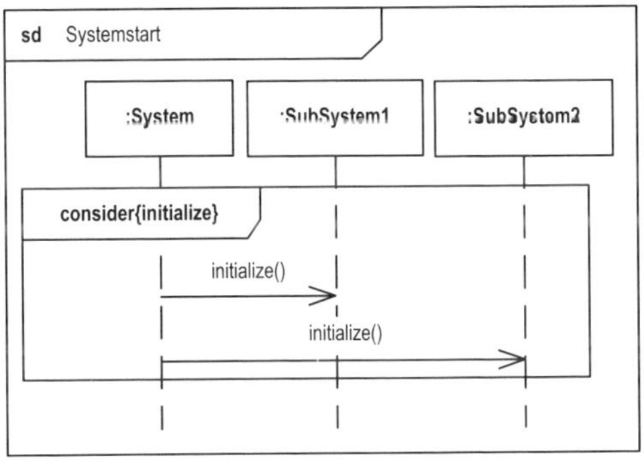

Abb. 3-157: Beispiel Interaktionsoperator *consider*

Eine Interaktion beschreibt eine begrenzte Situation zwischen ausgewählten Elementen. Es ist nicht erforderlich, alle Nachrichten innerhalb des Szenarios zu modellieren. Andererseits ist es eine wichtige Information, dass eine Interaktion vollständig ist. Dies wird durch den Interaktionsoperator *assert* kenntlich gemacht, der zeigt, dass es in dem Fragment keine anderen gültigen Abläufe gibt. ☑ 3.6.3.16

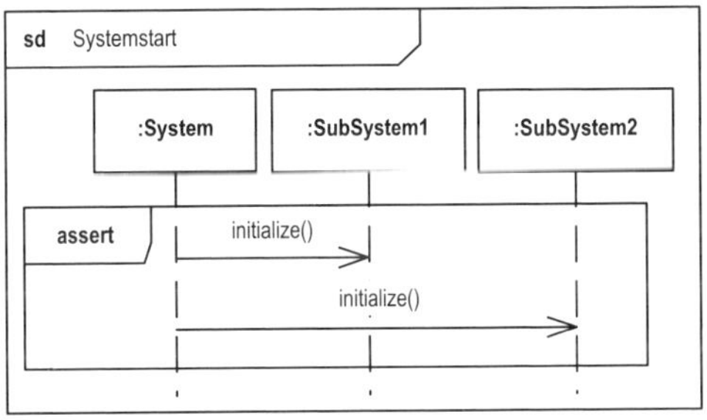

Abb. 3-158: Beispiel Interaktionsoperator *assert*

Checkliste Kombiniertes Fragment:

☑ 3.6.3.1: Nennen Sie die Eigenschaften des kombinierten Fragments (*CombinedFragment*).

☑ 3.6.3.2: Nennen Sie die Eigenschaften des Interaktionsoperators *alt*.

☑ 3.6.3.3: Nennen Sie die Eigenschaften des Interaktionsoperators *opt*. Wie unterscheidet er sich zum Interaktionsoperator *alt*?

☑ 3.6.3.4: Nennen Sie die Eigenschaften des Interaktionsoperators *break*. Wie unterscheidet er sich zum Interaktionsoperator *opt*?

☑ 3.6.3.5: Nennen Sie die Eigenschaften der Fortsetzungsmarke (*Continuation*).

☑ 3.6.3.6: Nennen Sie die Eigenschaften des Interaktionsoperators *par*.

☑ 3.6.3.7: Nennen Sie die Eigenschaften der Koregion (*coregion*). Welchen Bezug gibt es zum Interaktionsoperator *par*?

☑ 3.6.3.8: Nennen Sie die Eigenschaften des Interaktionsoperators *seq*.

☑ 3.6.3.9: Nennen Sie die Eigenschaften des Interaktionsoperators *strict*. Was ist der Unterschied zum Interaktionsoperator *seq*?

☑ 3.6.3.10: Nennen Sie die Eigenschaften des Interaktionsoperators *loop*. Wie wird eine Schleife spezifiziert?

☑ 3.6.3.11: Wie verhält sich die Schleife (*loop*), wenn kein *min* oder *max* angegeben wird?

☑ 3.6.3.12: Nennen Sie die Eigenschaften des Interaktionsoperators *critical*.

☑ 3.6.3.13: Nennen Sie die Eigenschaften des Interaktionsoperators *neg*.

☑ 3.6.3.14: Nennen Sie die Eigenschaften des Interaktionsoperators *ignore*.

☑ 3.6.3.15: Nennen Sie die Eigenschaften des Interaktionsoperators *consider*.

☑ 3.6.3.16: Nennen Sie die Eigenschaften des Interaktionsoperators *assert*.

Metamodell

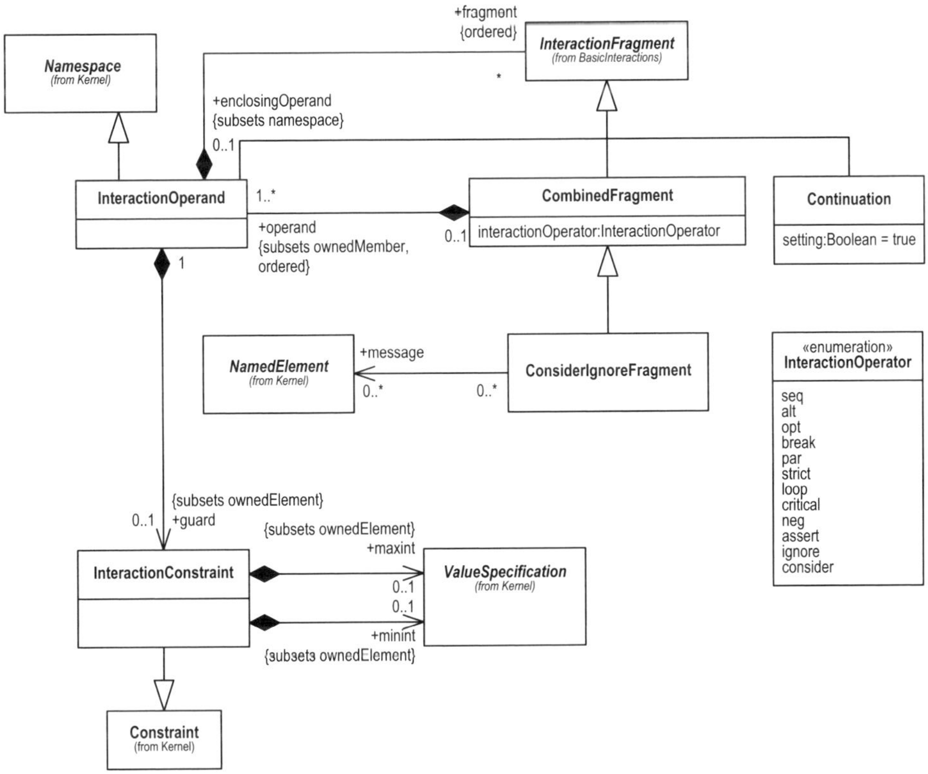

Abb. 3-159: Metamodell kombiniertes Fragment (*CombinedFragment*)

3.6.4 Verknüpfungspunkt (*Gate*)

Definition

Der Verknüpfungspunkt (*Gate*) verbindet eine Nachricht außerhalb eines Interaktionsfragmentes mit einer Nachricht innerhalb des Fragmentes.

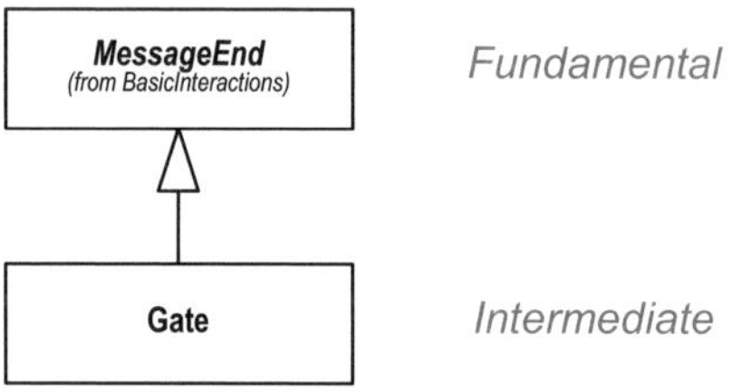

Abb. 3-160: Einordnung Verknüpfungspunkt (*Gate*)

Notation und Semantik

Betrachten Sie die Darstellung in Abb. 3-161. Sie zeigt eine geläufige Notation in Sequenzdiagrammen: Eine Nachricht (*Message*) beginnt am Diagrammrahmen und endet an einer Interaktionsreferenz (*InteractionUse*).

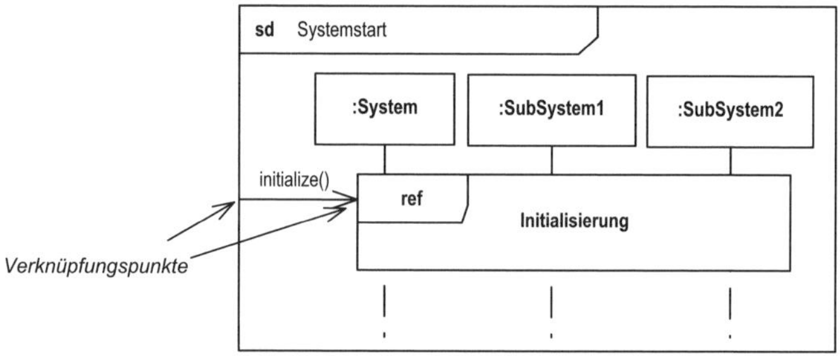

Abb. 3-161: Beispiel Verknüpfungspunkt (*Gate*)

Im Diagramm ist diese Darstellung durchaus verständlich. Das Diagramm ist ein Abbild eines Modells, in dem die Nachricht *initialize()* spezifiziert ist. Aber was steht im Modell als Ausgangs- und Zielpunkt der Nachricht?

☑ 3.6.4.1 Die Endpunkte einer Nachricht sind ganz allgemein im Modell als Nachrichtenendpunkte (*MessageEnd*) abgebildet. Der Verknüpfungspunkt (*Gate*) ist ein spezieller Nachrichtenendpunkt, der Nachrichten außerhalb eines Interaktionsfragmentes (*InteractionFragment*) mit einer Nachricht innerhalb des Fragmentes verbindet.

Ein Verknüpfungspunkt kann zu einer Interaktion (*formalGate*), einem kombinierten Fragment (*cfragmentGate*) oder zu einem Interaktionsverweis (*actualGate*) gehören.

Der Verknüpfungspunkt wird als Punkt auf dem Rahmen notiert. Er ist also nicht explizit sichtbar. Es ist möglich, dem Punkt einen Namen zu geben, der neben dem Punkt im Diagramm angezeigt wird. ☑ 3.6.4.2

Checkliste Verknüpfungspunkt:

☑ 3.6.4.1: Nennen Sie die Eigenschaften des Verknüpfungspunktes (*Gate*).

☑ 3.6.4.2: Beschreiben Sie die Notation eines Verknüpfungspunktes (*Gate*).

Metamodell

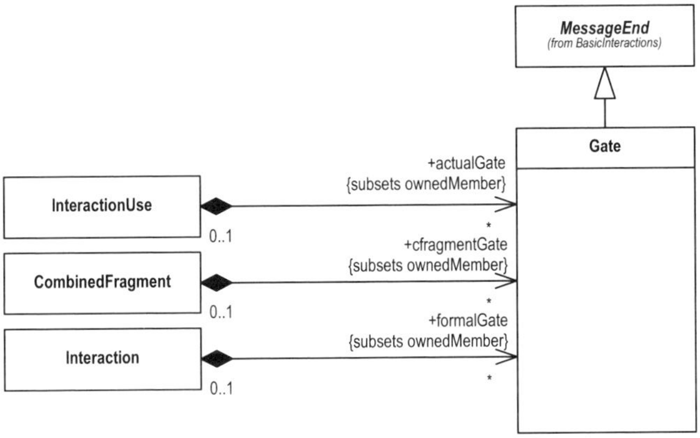

Abb. 3-162: Metamodell Verknüpfungspunkt (*Gate*)

3.7 Zustandsdiagramme

In diesem Kapitel widmen wir uns einer elementaren Diagrammform der Informatik. Die Zustandsdiagramme (*state machine diagram*) basieren auf der Theorie der endlichen Automaten. David Harel hat die Grundlagen für ihre Verwendung in der (Software-)Systementwicklung gelegt [Harel1987].

Die UML 2 enthält in diesem Bereich keine grundlegenden Änderungen gegenüber der UML 1.x. Wenn Sie also mit den Zustandsdiagrammen der UML 1.x vertraut sind, werden Ihnen die Konzepte in diesem Kapitel bekannt sein.

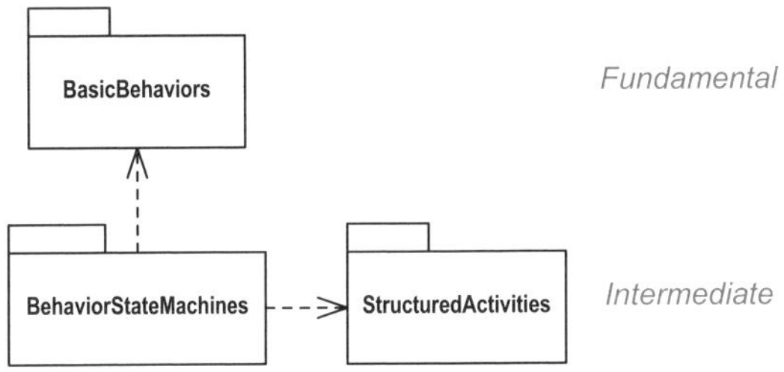

Abb. 3-163: Paketstruktur Zustandsautomaten (*StateMachine*)

3.7.1 Prüfungsthemen

Folgende Themen werden im Intermediate-Test behandelt:

- Zustandsautomat (*StateMachine*)
- Zustand, Transition (*State, Transition*)
- Pseudozustand (*Pseudostate*)

Der Prüfungsanteil beträgt insgesamt 15 Prozent.

Aus didaktischen Gründen spiegelt sich die von der OMG vorgegebene Aufteilung der Prüfungsthemen in diesem Kapitel nicht in den Unterkapiteln wider. Das Thema Zustandsdiagramme wird vollständig im folgenden Abschnitt behandelt.

3.7.2 Zustandsautomat (*StateMachine*)

Definition

Der Zustandsautomat (*StateMachine*) ist ein spezielles Verhalten (*Behavior*). Er ist ein Graph aus Knoten, die mit gerichteten Kanten verbunden sind. Die Knoten sind Zustände (*State*) bzw. Pseudozustände (*Pseudostate*) und die Kanten sind Transitionen (*Transition*).

Der Zustand (*State*) beschreibt eine Systemsituation, in der eine Invariante gültig ist.

Der Endzustand (*FinalState*) ist ein spezieller Zustand, der anzeigt, dass die umfassende Region beendet ist.

Der Pseudozustand (*Pseudostate*) ist ein transienter Knoten in einem Zustandsautomaten.

Der Verbindungspunkt (*ConnectionPointReference*) repräsentiert spezielle Ein- und Ausgänge eines Zustandes.

Der Zustandsknoten (*Vertex*) ist Basisklasse aller Knoten in einem Zustandsautomaten.

Die Transition (*Transition*) ist eine gerichtete Beziehung zwischen einem Quell- und einem Zielvertex.

Die Region (*Region*) ist Container für Transitionen und Zustandsknoten.

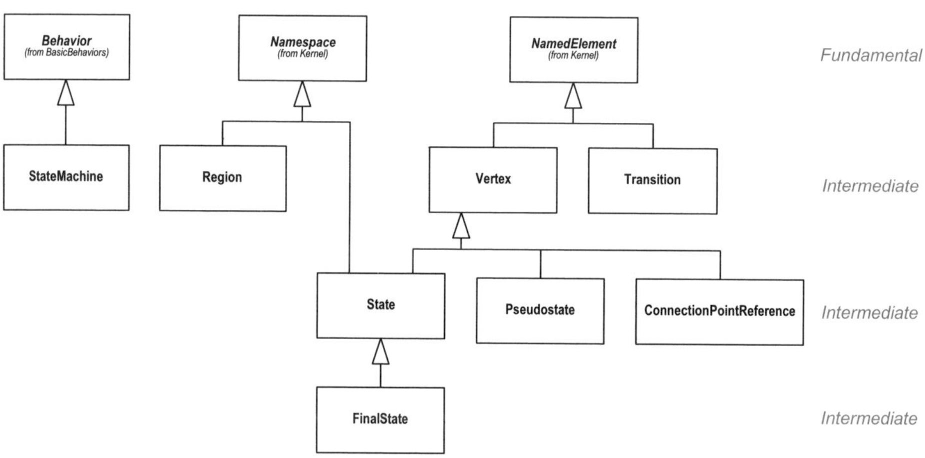

Abb. 3-164: Einordnung Zustandsautomat (*StateMachine*)

Notation und Semantik

In Abb. 3-165 ist ein einfacher Zustandsautomat (*StateMachine*) *Tageszeit* mit einem Diagrammrahmen[14] dargestellt. Er besteht aus einer einzigen Region mit einem Startzustand (*initial state; Pseudostate*), zwei einfachen Zuständen Tag und Nacht (*simple state*), einem Endzustand (*FinalState*) sowie vier Transitionen (*Transition*). ☑ 3.7.2.1

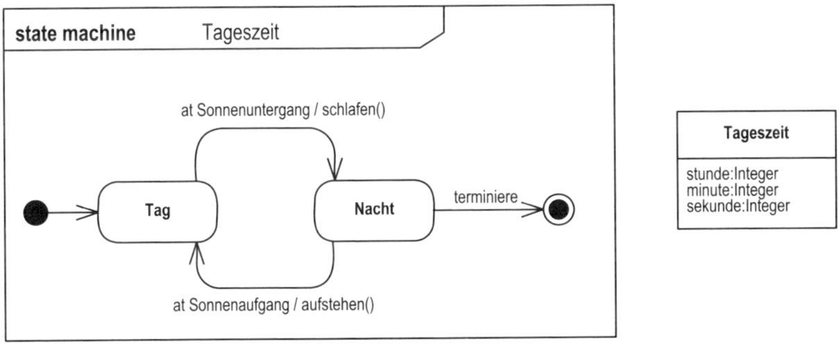

Abb. 3-165: Einfacher Zustandsautomat *Tageszeit* und zugehörige Klasse

Da Verhalten (*Behavior*) eine spezielle Klasse (*Class*) ist, ist der Zustandsautomat als eine Spezialisierung von Verhalten u.a. auch spezialisierbar (*Generalization*). Geerbte Zustände und Transitionen werden im spezialisierten Zustandsdiagramm gestrichelt notiert, sofern sie nicht verändert werden (Redefinition). Im Diagrammkopf eines spezialisierten Zustandsdiagramms wird *{extended}* hinter dem Diagrammnamen angegeben. Mögliche Redefinitionen bei der Generalisierung von Zustandsautomaten sind in Abb. 3-184 dargestellt. Redefinition: Fundamental

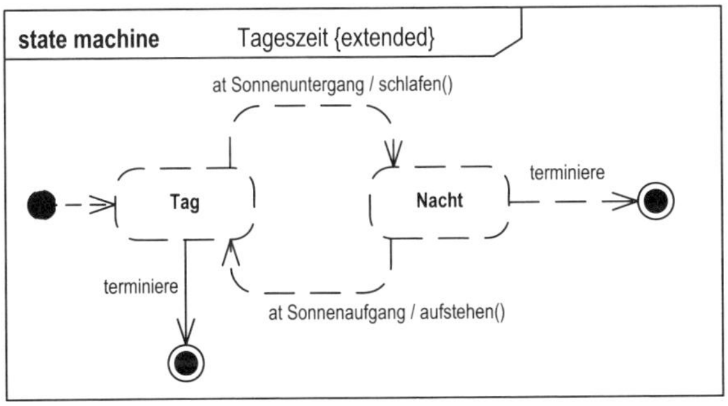

Abb. 3-166: Generalisierung von Zustandsautomaten[15]

Zu einem Zustandsautomaten gehört ein Ereignispool. Von dort gelangen Ereignisse zum Zustandsautomaten und können Transitionen auslösen. Hierbei gilt die so genannte *run-to-completion*-Semantik. Das heißt, es wird ☑ 3.7.2.2

[14] Wie Sie leicht erkennen können, wurde die Welt am Tag erschaffen. Der Weltuntergang kann nur nachts stattfinden.
[15] Jetzt kann der Weltuntergang auch tagsüber stattfinden.

erst ein Ereignis aus dem Ereignispool genommen, wenn die Bearbeitung des vorherigen Ereignisses vollständig abgeschlossen worden ist.

Benennbares Element: Fundamental

☑ 3.7.2.3

Zustände und Pseudozustände sind in der abstrakten Oberklasse Zustandsknoten (*Vertex*) vereint. Ein Zustandsknoten ist Teil einer Region und ist mit ein- bzw. ausgehenden Transitionen verbunden. Die Oberklasse ist das benennbare Element (*NamedElement*). Es werden also keine besonderen weiteren Eigenschaften geerbt.

☑ 3.7.2.4

☑ 3.7.2.5

Ein Zustand (*State*) repräsentiert eine messbare Wertekonfiguration[16] des modellierten Elementes. Im Gegensatz dazu stellt ein Pseudozustand (*Pseudostate*) keine Wertekonfiguration dar.

Es werden vier Arten von Zuständen unterschieden:

- **Einfacher Zustand** (*simple state*): enthält keine Region
- **Zusammengesetzter Zustand** (*composite state*): enthält mindestens eine Region
- **Orthogonaler Zustand** (*orthogonal state*): enthält mindestens zwei Regionen
- **Zustand mit Unterautomat** (*submachine state*): enthält einen Zustandsautomaten

Die Art des Zustandes wird in den abgeleiteten Attributen *isSimple*, *isComposite*, *isOrthogonal* und *isSubmachineState* festgehalten.

Ein Zustand wird als Rechteck mit abgerundeten Ecken notiert. Optional kann ein Zustand Abteilungen (*compartment*) für zusätzliche Informationen enthalten (Abb. 3-167).

Die Zustände im Zustandsautomat Tageszeit in Abb. 3-165 sind einfache Zustände (*simple state*).

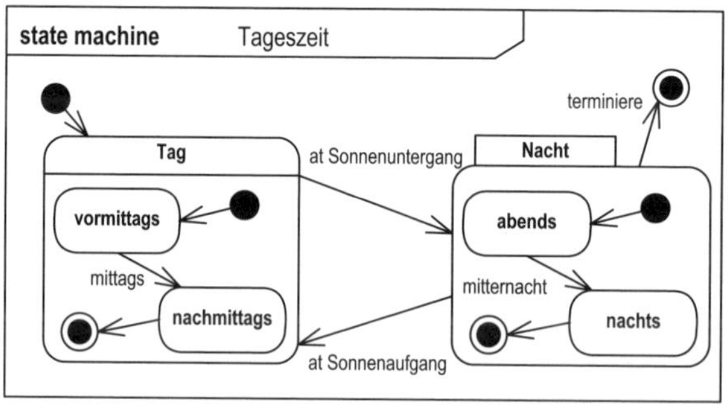

Abb. 3-167: Zustandsautomat *Tageszeit* mit zusammengesetztem Zustand

[16] Wertekonfiguration bedeutet eine Menge möglicher Kombinationen von Werten der Struktureigenschaften (*StructuralFeature*). Beispielsweise stunde=16, minute=23, sekunde=42 für ein Objekt der Klasse Tageszeit aus Abb. 3-165.

In Abb. 3-167 enthält der Zustand *Nacht* keine und der Zustand *Tag* genau eine Region. *Tag* ist also ein zusammengesetzter Zustand (*composite state*). Die Details eines zusammengesetzten Zustandes können auch ausgeblendet werden. Er wird dann wie ein einfacher Zustand mit einem speziellen Symbol in der rechten unteren Ecke dargestellt. Ein Beispiel finden Sie in Abb. 3-168.

Abb. 3-168 zeigt auch einen orthogonalen Zustand (*orthogonal state*) *Klima*. Orthogonal bedeutet, dass die Regionen unabhängig voneinander sind. Man spricht auch von parallelen oder nebenläufigen Regionen (*parallel, concurrent*). Der Zustand *Klima* befindet sich gleichzeitig in drei Unterzuständen, z.B. *Tag*, *kalt* und *regnerisch*. Orthogonale Regionen werden mit einer gestrichelten Linie voneinander getrennt. Als aufmerksamer Leser ist Ihnen sicherlich schon aufgefallen, dass ein orthogonaler Zustand insbesondere auch ein zusammengesetzter Zustand ist.

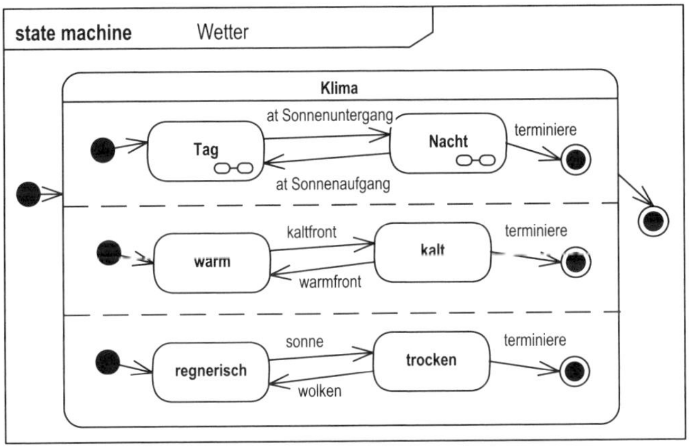

Abb. 3-168: Zustandsautomat *Wetter* mit orthogonalem Zustand

Ein wenig merkwürdig mag zunächst die vierte und letzte Zustandsart erscheinen: ein Zustand mit Unterautomat. Was ist der Unterschied zum zusammengesetzten Zustand? Beide sind Zustände, die im Detail wieder Unterzustände und Transitionen besitzen. Prinzipiell sind sie auch identisch. Der Zustand mit Unterautomat wird benötigt, wenn man einen bestehenden Zustandsautomaten wiederverwenden möchte. Das ist mit einem zusammengesetzten Zustand nicht möglich.

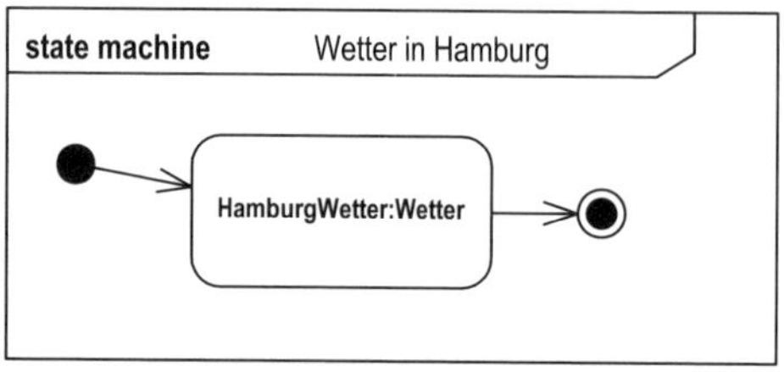

Abb. 3-169: Zustand mit Unterautomat

In Abb. 3-169 wird der Zustandsautomat *Wetter* aus Abb. 3-168 im Zustand *HamburgWetter* wiederverwendet. Die Syntax lautet:

```
<name des Zustandes> : <name des Zustandsautomaten>
```

Verhalten: Fundamental ☑ 3.7.2.6

Ein Zustand kann internes Verhalten (*Behavior*) besitzen. Es werden drei Verhaltenskategorien unterschieden:

- **Eintrittsverhalten** (*entry behavior*): Das Eintrittsverhalten wird unmittelbar nach dem Eintritt in den Zustand ausgeführt.
- **Austrittsverhalten** (*exit behavior*): Das Austrittsverhalten wird unmittelbar vor dem Austritt aus dem Zustand ausgeführt.
- **Zustandsverhalten** (*do behavior*): Das Zustandsverhalten wird ausgeführt, während der Zustand aktiv ist.

Das interne Verhalten wird in einer eigenen Abteilung (*compartment*) im Zustandssymbol dargestellt (Abb. 3-170).

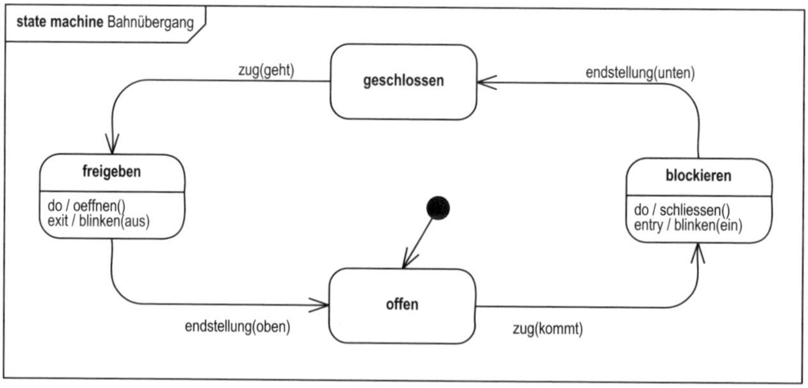

Abb. 3-170: Zustände mit internem Verhalten

☑ 3.7.2.7

Der Endzustand (*FinalState*) ist ein spezieller Zustand. Beachten Sie, dass er kein Pseudozustand (*Pseudostate*) wie beispielsweise der Startzustand (*initial state*) ist. Wenn ein Endzustand erreicht wird, wird die zugehörige, umfassende Region verlassen.

Ein Endzustand hat keine ausgehenden Transitionen, kein internes Verhalten (*entry*, *exit* und *do*) und kann keine Regionen besitzen.

Die Transitionen (*Transition*) spezifizieren den Übergang von einem Zustand zu einem anderen Zustand. Der Zustandsübergang kann durch die Angabe eines Auslösers (*Trigger*), einer Bedingung (*Guard*) und eines Effektes (*effect*; *BasicBehavior::Activity*) näher spezifiziert werden. Wenn keine Auslöser angegeben werden, wird der Zustandsübergang sofort ausgelöst, sobald das Zustandsverhalten (*do behavior*) beendet bzw. die Endzustände innerer Regionen erreicht worden sind. In Abb. 3-168 „feuert" beispielsweise die aus dem Zustand *Klima* führende Transition, sobald die Endzustände der drei inneren Regionen erreicht sind. Eine solche Transition wird auch als Abschlusstransition (*completion transition*) bezeichnet. ☑ 3.7.2.8 ☑ 3.7.2.17

Die UML kennt vier Arten von Ereignissen (*Event*), die eine Transition auslösen können: ☑ 3.7.2.9

1. **Aufrufereignis** (*CallEvent*)
2. **Änderungsereignis** (*ChangeEvent*)
3. **Signalereignis** (*SignalEvent*)
4. **Zeitereignis** (*TimeEvent*)

Das Zeitereignis (*TimeEvent*) wird im Kontext der Zustandsautomaten um eine Eigenschaft erweitert. Das relative Zeitereignis (Schlüsselwort *after*) wird ausgelöst, wenn der Zustand, vom dem die zugehörige Transition ausgeht, eine spezifizierte Zeit aktiv gewesen ist (Abb. 3-171).

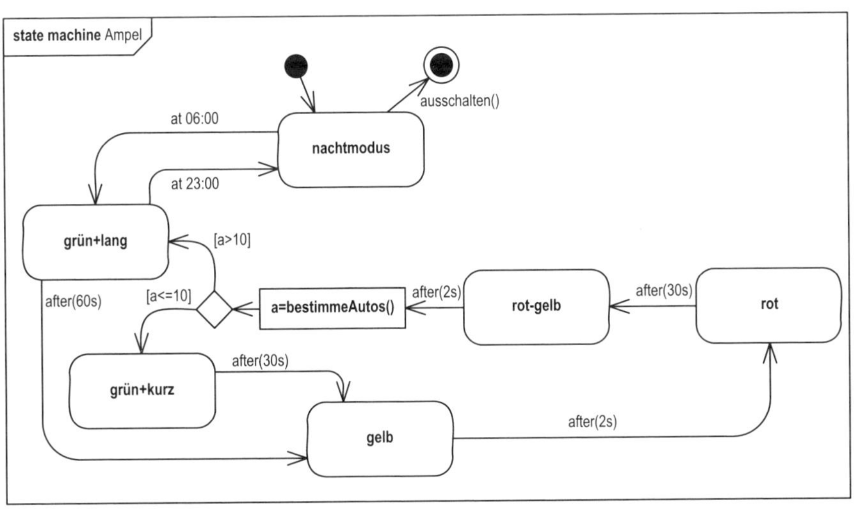

Abb. 3-171: Transition mit Effekt

Die Transitionsbedingung (*Guard*) wird ausgewertet, wenn der Auslöser (*Trigger*) aktiviert geworden ist bzw. wenn keiner vorhanden ist. Die Transition führt nur zum Zustandsübergang, wenn die Bedingung wahr ist.

Der Effekt (*effect*) ist eine Aktivität, die beim Zustandsübergang ausgeführt wird. Die Aktivität bzw. Aktionssequenz kann nach dem Auslöser mit einem Schrägstrich getrennt notiert werden oder innerhalb eines Rechteckes (Abb. 3-171). Aktionen, die Signale senden bzw. empfangen, können mit den entsprechenden Symbolen aus Abschnitt 3.4.3 dargestellt werden.

Ähnlich wie bei Zuständen wird zwischen einfachen und zusammengesetzten Transitionen (*compound transition*) unterschieden. Eine einfache Transition verbindet direkt zwei Zustände miteinander. Eine zusammengesetzte Transition besteht aus mehreren Transitionen, die einen Zustand mit einem anderen Zustand über einen oder mehrere Pseudozustände verbinden (Abb. 3-172).

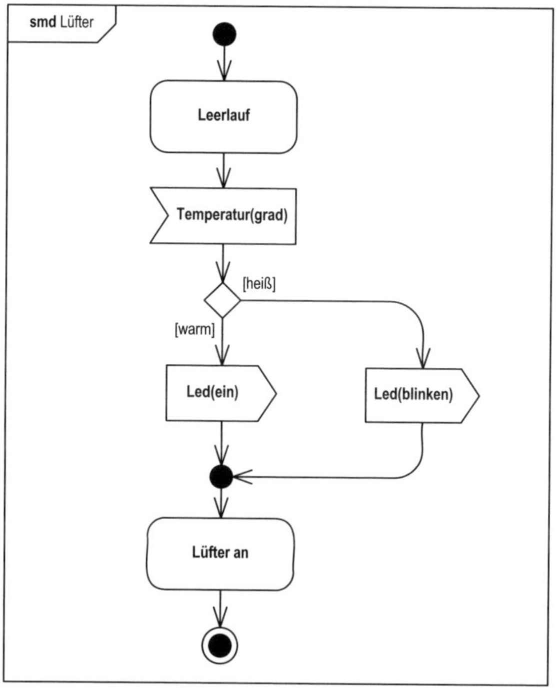

Abb. 3-172: Beispiel für Effekte

Eine weitere Klassifizierung von Transitionen finden Sie in der Aufzählungsklasse (*Enumeration*) *TransitionKind.* Es gibt interne, externe und lokale Transitionen.

Eine interne Transition findet innerhalb eines Zustandes statt, d.h., die durch den Zustand spezifizierte Wertekonfiguration wird nicht verändert. Interne Transitionen werden wie interne Aktivitäten innerhalb des Zustandes notiert.

Beachten Sie den Unterschied der internen Transitionen zu rekursiven Transitionen, also Transitionen, deren Zielzustand gleich dem Startzustand ist. Bei einer rekursiven Transition (links in Abb. 3-173) werden die Eintritts- und Austrittsverhalten ausgeführt. Das ist bei der internen Transition (rechts in Abb. 3-173) nicht der Fall.

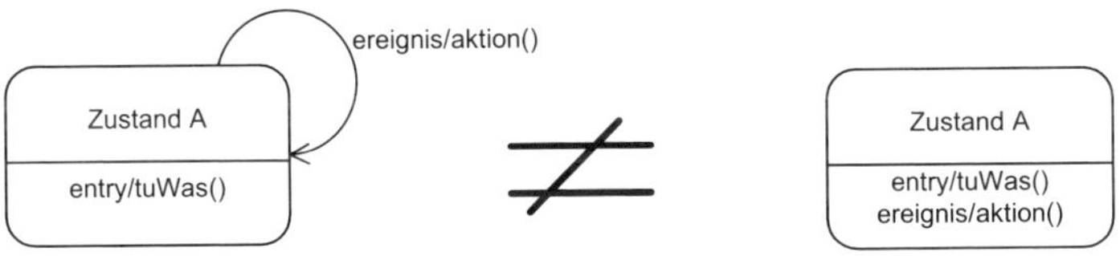

Abb. 3-173: Rekursive vs. interne Transition

Wir kommen nun abschließend zu den schon vielfach erwähnten Pseudozuständen (*Pseudostate*). Es werden insgesamt zehn Pseudozustände unterschieden (siehe Aufzählungsklasse *PseudostateKind*):

- Startzustand (*initial state*)
- Tiefe Historisierung (*deep history*)
- Flache Historisierung (*shallow history*)
- Synchronisation (*join*)
- Splitting (*fork*)
- Statische Verzweigung (*junction*)
- Dynamische Verzweigung (*choice*)
- Ausgangspunkt (*exit point*)
- Eingangspunkt (*entry point*)
- Terminierung (*terminate*)

Der Startzustand (*initial state*) kennzeichnet den Startpunkt einer Region. Er hat nur eine ausgehende Transition, die zum Standardzustand der Region führt. ☑ 3.7.2.10

Es gibt zwei Arten von Historisierungszuständen (*history state*): die flache Historisierung (*shallow history*) und die tiefe Historisierung (*deep history*). Um die Historisierung zu verstehen, betrachten wir zunächst den Zustandsautomaten eines Fönes, der noch keine Historisierung enthält (Abb. 3-174). Sobald der Fön eingeschaltet wird, springt er in die Standardzustandskonfiguration *kalt* und *schwach*. Sofern man keine besonderen Anforderungen an seine Haare hat, wird man den Fön von *schwach* auf *stark* und von *kalt* auf *heiß* schalten. Nach vollendeter Haartrocknung wird der Fön wieder ausgeschaltet. Beim nächsten Einschalten ist der Fön wieder in der Standardzustandskonfiguration *schwach* und *kalt*. Sie müssen ihn also wieder „mühselig“ auf *stark* und *heiß* stellen. Beim dritten, vierten oder fünften Mal be- ☑ 3.7.2.11

schleicht einen das Gefühl, dass der Fön nicht alltagstauglich ist. Zumindest im Modell lässt sich dieser Umstand durch eine Historisierung verbessern.

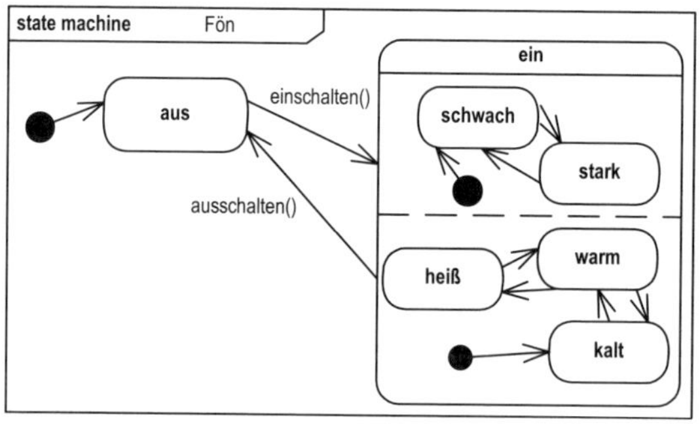

Abb. 3-174: Zustandsautomat *Fön*

In Abb. 3-175 ist unmittelbar nach dem Startzustand ein „Bushaltestellensymbol" eingefügt worden. Das ist die Notation für die flache Historisierung (*shallow history*). Alternativ kann die Historisierung auch frei eingezeichnet werden, ohne dass sie mit Transitionen verbunden wird (Abb. 3-176). Wenn Sie nun den Fön das erste Mal benutzen, werden Sie keinen Unterschied bemerken. Die flache Historisierung bewirkt aber, dass immer der letzte aktive Unterzustand der zugehörigen Region gespeichert wird. Wenn der Fön nun ein zweites Mal eingeschaltet wird, dann wird beim Durchlaufen der flachen Historisierung der zuletzt aktive Zustand gelesen und direkt aktiviert. Das heißt, der Fön springt beim zweiten Einschalten sofort in die Konfiguration *schwach* und *heiß*.

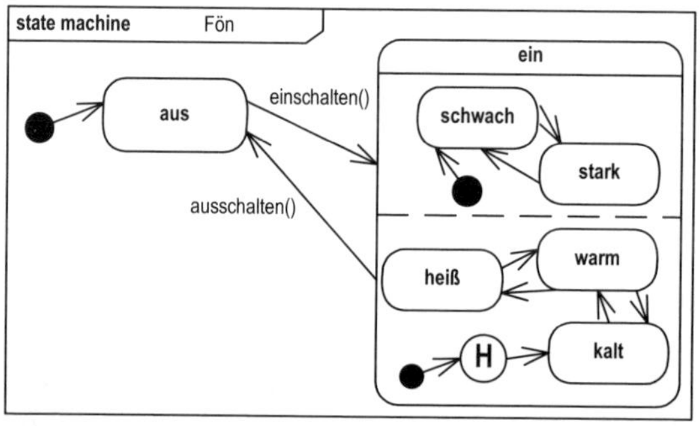

Abb. 3-175: Zustandsautomat *Fön* mit flacher Historisierung

Die tiefe Historisierung (*deep history*) hat gegenüber der flachen Historisierung einen „tieferen" Effekt. Zur Erläuterung erweitern wir unseren Fön um die Unterzustände *normal* und *extrem* des Zustandes *heiß*. Die flache Historisierung bewirkt wie oben beschrieben, dass beim Wiedereinschalten der Zustand *heiß* aktiviert wird, d.h., in der inneren Region von *heiß* wird der Zustand *normal* aktiv. Wenn aber die tiefe Historisierung wie in Abb. 3-176 verwendet wird, wird auch in den Unterzuständen die zuletzt aktive Zustandskonfiguration wieder hergestellt. Der Fön springt also beispielsweise nach dem Einschalten unmittelbar in die Zustandskonfiguration *schwach* und *heiß/extrem*.

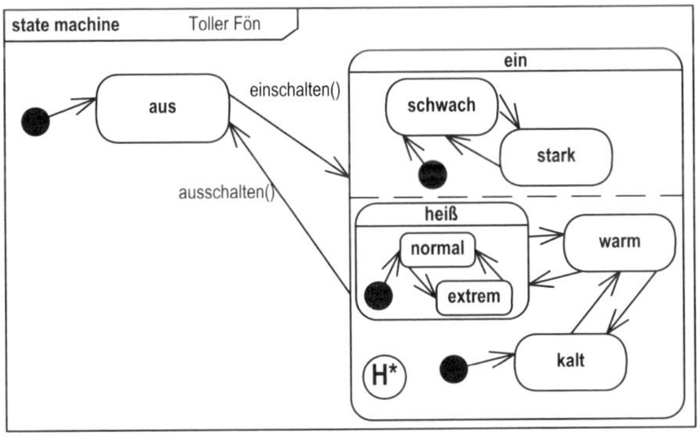

Abb. 3-176: Zustandsautomat *Fön* mit tiefer Historisierung

Die Verzweigung (*junction; static conditional branch*) ist ein Pseudozustand, der mehrere Transitionen zu einem Pfad zusammensetzt. Es können mehrere eingehende Transitionen zusammengeführt oder Transitionen in mehrere ausgehende Transitionen verzweigt werden. Die statische Verzweigung hat keine weitere Semantik. Die Notation der Verzweigung ist ein schwarzer Kreis (Abb. 3-172). ☑ 3.7.2.12

Die Entscheidung (*choice; dynamic conditional branch*) unterscheidet sich von der Verzweigung darin, dass die Bedingungen auf Basis von Werten ausgewertet werden können, die erst beim Zustandsübergang ermittelt werden (Abb. 3-171, Abb. 3-172). Außerdem wird die Entscheidung nicht zum Zusammenführen von Transitionen verwendet. Die Notation der Entscheidung ist die Raute wie im Aktivitätsdiagramm. ☑ 3.7.2.13

Die Terminierung (*terminate*) beendet das Verhalten, das der Zustandsautomat beschreibt, ohne dass der modellierte Classifier eine neue Wertekonfiguration annimmt. Ansonsten wäre es keine Terminierung, sondern ein echter neuer Zustand, der Endzustand (*FinalState*). Die Terminierung wird als Kreuz ohne umschließenden Kreis oder Rechteck notiert (Abb. 3-177). ☑ 3.7.2.14

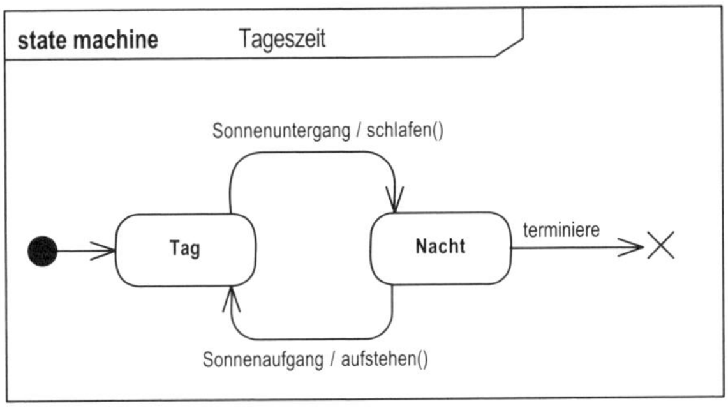

Abb. 3-177: Zustandsautomat mit Terminierung (*Terminate*)

☑ 3.7.2.15 Das Splitting (*fork*) hat eine eingehende Transition und mehrere ausgehende Transitionen, die zu unterschiedlichen, orthogonal aufeinander stehenden Zuständen führen. Das heißt, alle Zielzustände werden aktiviert. Die ausgehenden Transitionen dürfen keine Bedingungen (*Guard*) und keine Auslöser (*Trigger*) besitzen.

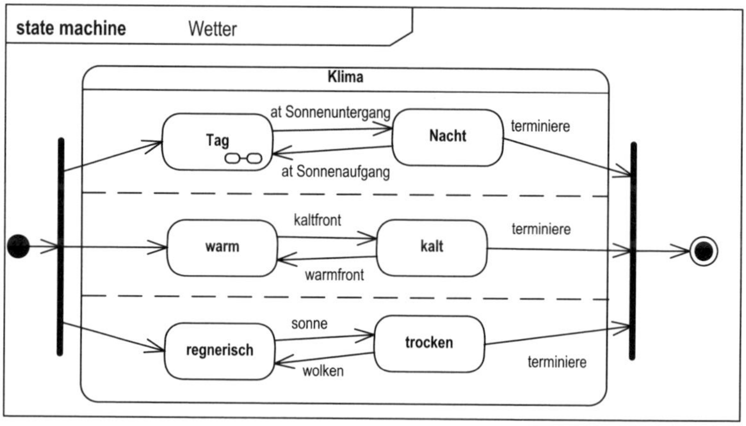

Abb. 3-178: Beispiel Splitting (*fork*) und Synchronisation (*join*)

Die Synchronisation (*join*) hat umgekehrt mehrere eingehende Transitionen, die von orthogonal aufeinander stehenden Zuständen kommen, und eine ausgehende Transition.

Das Splitting und die Synchronisation werden beide als ausgefüllte Balken notiert. Sie unterscheiden sich im Kontext der ein- und ausgehenden Transitionen.

☑ 3.7.2.16 Der Eingangspunkt (*entry point*) beschreibt einen Eingangspunkt eines Zustandsautomaten. Vom Eingangspunkt aus führt eine Transition zu einem Zustand in jede Region des Zustandsautomaten.

Der Ausgangspunkt (*exit point*) beendet einen Zustandsautomaten. Erreicht eine Transition in einer beliebigen Region des Zustandsautomaten einen Ausgangspunkt, wird der Zustandsautomat beendet und die vom Ausgangspunkt ausgehende Transition aktiviert.

Der Eingangspunkt wird als weißer Kreis, der Ausgangspunkt als Kreis mit Kreuz notiert. In Abb. 3-179 und Abb. 3-180 ist jeweils ein Beispiel mit Innen- und mit Außensicht des Zustands dargestellt.

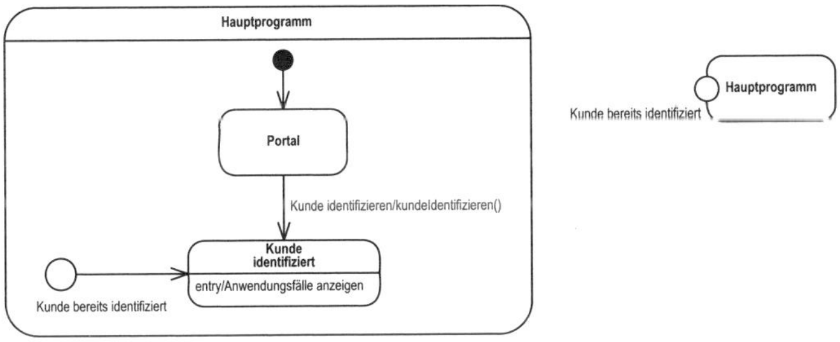

Abb. 3-179: Beispiel Eingangspunkt

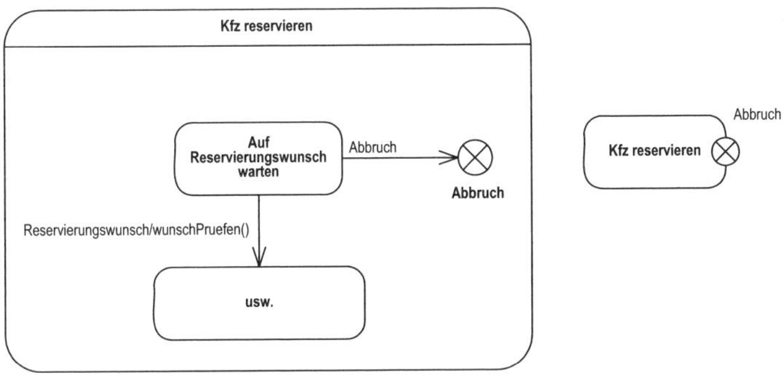

Abb. 3-180: Beispiel Ausgangspunkt

Alternativ kann der Eingangs- bzw. Ausgangspunkt auch an der Transition als Text notiert werden (Abb. 3-181). Die Syntax ist:

```
'( via' name ')'
```

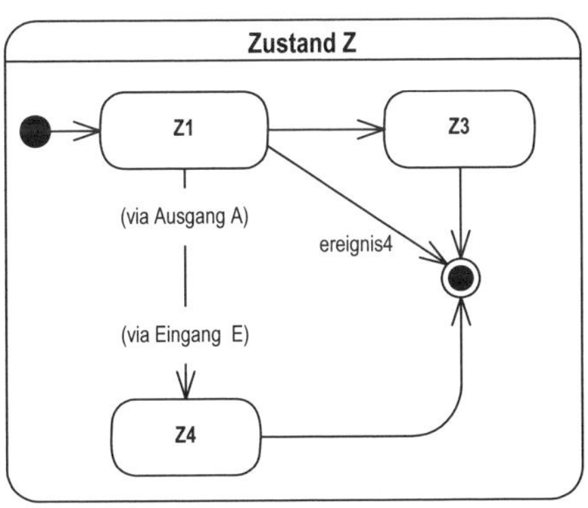

Abb. 3-181: Alternative Notation für Eingangs- und Ausgangspunkte

Der Protokollautomat (*ProtocolStateMachine*) ist ein spezieller Zustandsautomat, der das Protokoll eines Classifiers beschreibt, d.h. die zulässige Aufrufreihenfolge der Operationen in Abhängigkeit vom Zustand des Classifiers (Abb. 3-182). Die Notation der Transitionen in einem Protokollautomaten hat eine andere Bedeutung:

```
[Vorbedingung] Operation / Nachbedingung
```

Das tiefere Verständnis der Protokollautomaten ist erst Thema der Advanced-Zertifizierung.

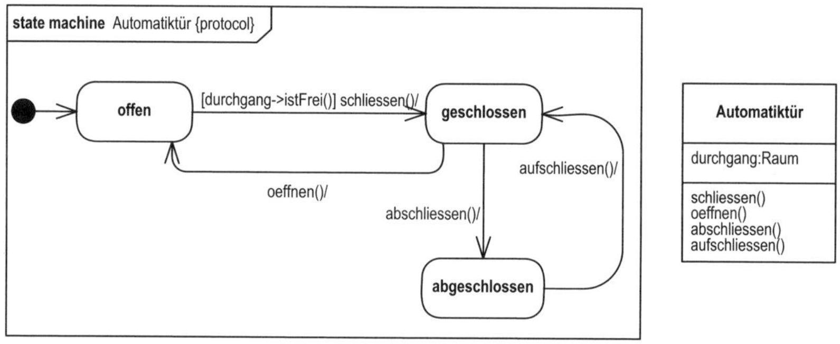

Abb. 3-182: Beispiel Protokollautomat

Checkliste Zustandsautomat:

☑ 3.7.2.1: Erläutern Sie den Aufbau eines Zustandsautomaten (*StateMachine*).

☑ 3.7.2.2: Erläutern Sie die *run-to-completion*-Semantik.

☑ 3.7.2.3: Nennen Sie die Eigenschaften des Zustandsknotens (*Vertex*).

☑ 3.7.2.4: Nennen Sie die Eigenschaften und unterschiedlichen Arten von Zuständen (*State*).

☑ 3.7.2.5: Erläutern Sie den Unterschied von Pseudozustand (*Pseudostate*) und Zustand (*State*).

☑ 3.7.2.6: Erläutern Sie das interne Verhalten eines Zustandes.

☑ 3.7.2.7: Nennen Sie die Eigenschaften des Endzustandes (*FinalState*).

☑ 3.7.2.8: Nennen Sie die Eigenschaften der Transition (*Transition*).

☑ 3.7.2.9: Erläutern Sie die möglichen Auslöser (*Trigger*) an einer Transition (*Transition*).

☑ 3.7.2.10: Erläutern Sie die Funktionalität des Startzustandes (*initial state*).

☑ 3.7.2.11: Erläutern Sie die Funktionalität der Historisierung (*history state*). Was ist der Unterschied zwischen tiefer (*deep*) und flacher (*shallow*) Historisierung?

☑ 3.7.2.12: Erläutern Sie die Funktionalität der statischen Verzweigung (*junction*).

☑ 3.7.2.13: Erläutern Sie die Funktionalität der Entscheidung (*choice*).

☑ 3.7.2.14: Erläutern Sie den Unterschied von Endzustand (*FinalState*) und Terminierung (*terminate*).

☑ 3.7.2.15: Erläutern Sie die Funktionalität des Splittings (*fork*) und der Synchronisation (*join*).

☑ 3.7.2.16: Erläutern Sie die Funktionalität der Ein- und Ausgangspunkte (*entry, exit point*).

☑ 3.7.2.17: Was ist eine Abschlusstransition (*completion transition*)?

Metamodell

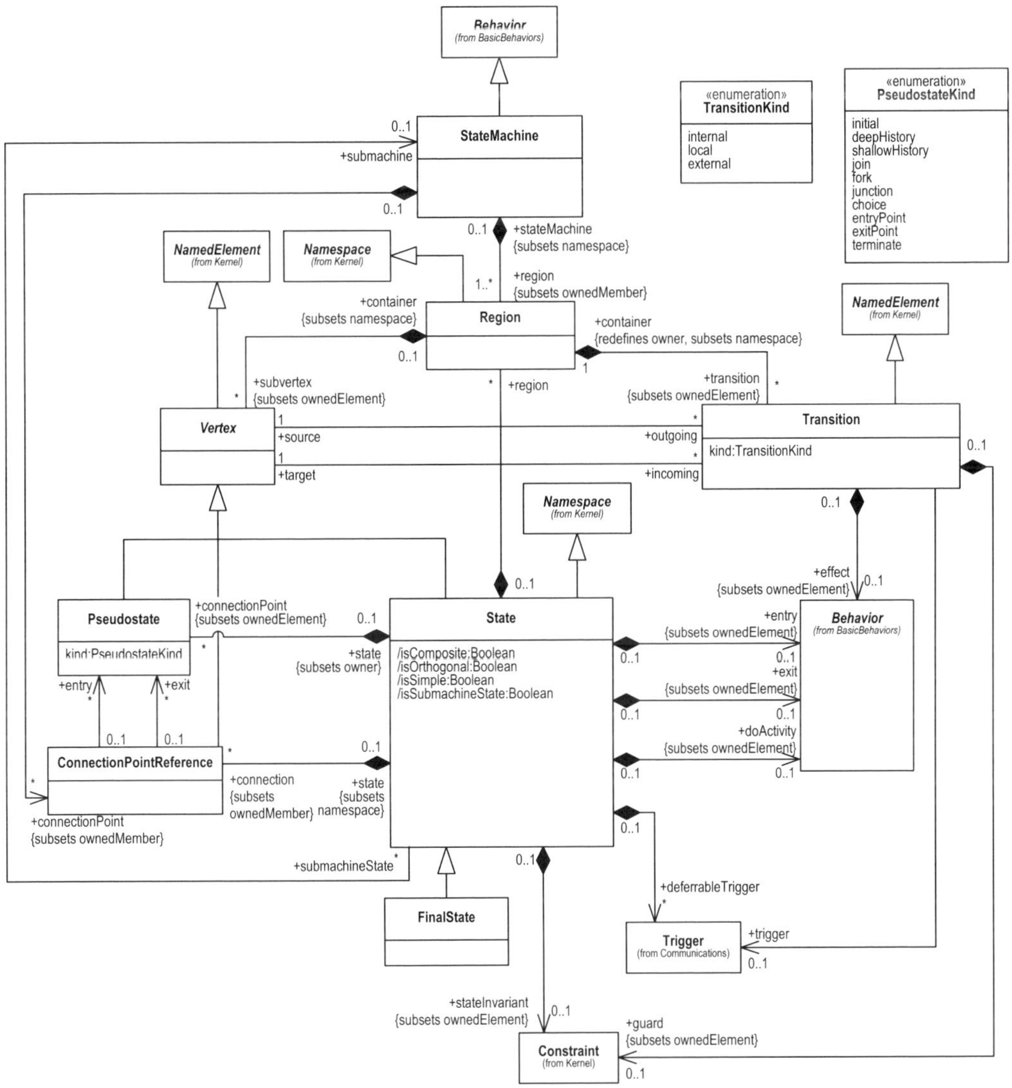

Abb. 3-183: Metamodell Zustandsautomat (*StateMachine*)

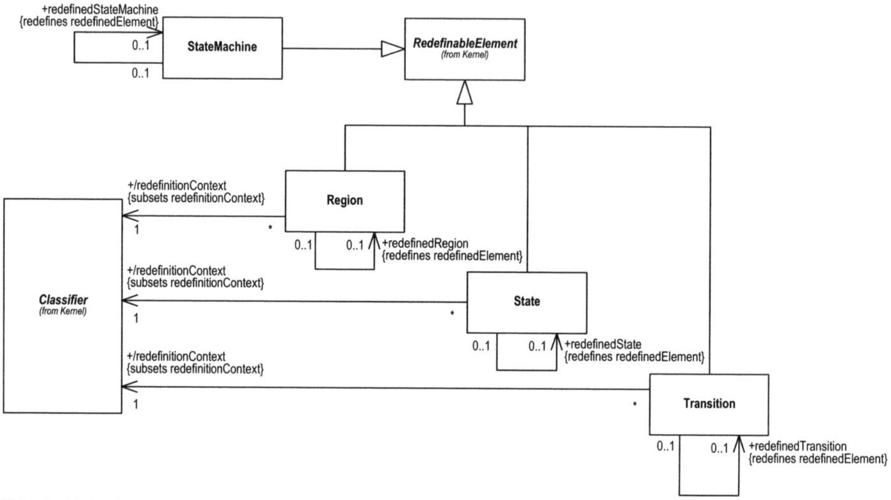

Abb. 3-184: Metamodell Zustandsautomaten Redefinition

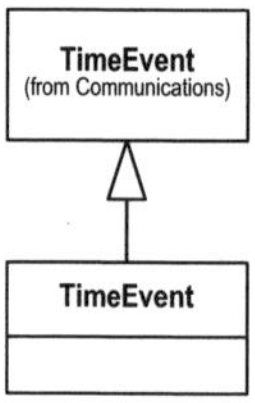

Abb. 3-185: Metamodell Zeitereignis (*TimeEvent*)

3.8 Einsatz- und Verteilungsdiagramme

In diesem Kapitel widmen wir uns dem Einsatz- und Verteilungsdiagramm (*deployment diagram*), das sich mit der Modellierung der Hardware-Topologie und der Verteilung (*Deployment*) auseinander setzt.

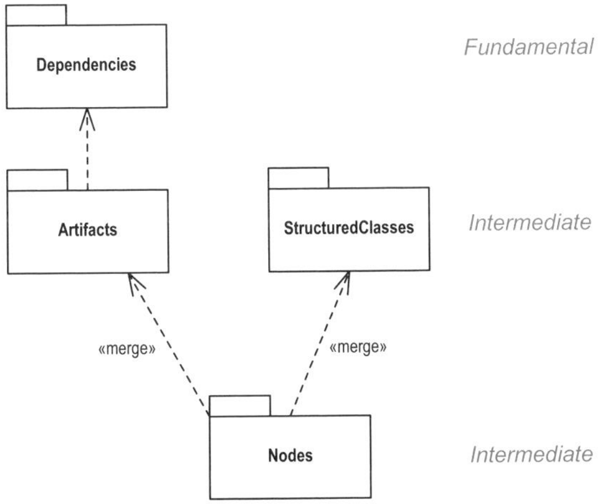

Abb. 3-186: Paketstruktur Einsatz- und Verteilungsdiagramm (*deployment diagram*)

3.8.1 Prüfungsthemen

Die Prüfungsthemen des Intermediate-Tests decken die Beschreibung der Hardware-Topologie ab. Die detaillierte Beschreibung der Softwareverteilung (*Deployment*) ist Bestandteil der Prüfungsthemen der Advanced-Zertifizierung.

Folgende Themen werden im Intermediate-Test behandelt:

- Artefakt (*Artifact*)
- Knoten (*Node*)

Der Prüfungsanteil beträgt insgesamt 5 Prozent.

3.8.2 Artefakt (*Artifact*)

Definition

Ein Artefakt (*Artifact*) repräsentiert eine physikalische Informationseinheit, die während des Entwicklungsprozesses erstellt bzw. benötigt wird.

Eine Manifestation (*Manifestation*) verbindet ein Modellelement mit einem Artefakt. Das Artefakt ist die physikalische Manifestation des Modellelementes.

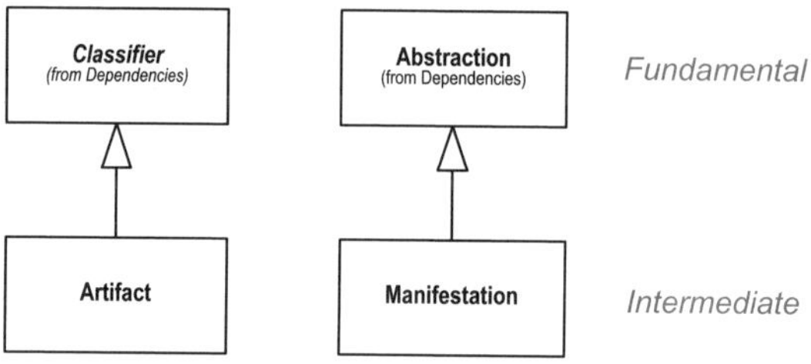

Abb. 3-187: Einordnung Artefakt (*Artifact*) und Manifestation (*Manifestation*)

Notation und Semantik

☑ 3.8.2.1

In der Regel repräsentiert ein Artefakt (*Artifact*) eine Datei. Unter einer physikalischen Informationseinheit kann beispielsweise aber auch eine Datenbanktabelle oder E-Mail verstanden werden. Die Liste der von der UML vordefinierten Standardstereotypen führt Stereotypen auf, die Artefakte kategorisieren:

Stereotyp	UML-Element	Beschreibung
«document»	Artefakt *(Artifact)*	Eine Datei, die keinen Quellcode enthält und nicht ausführbar ist.
«file»	Artefakt *(Artifact)*	Eine physikalische Datei
«library»	Artefakt *(Artifact)*	Eine statische oder dynamische Softwarebibliothek in Form einer Datei
«source»	Artefakt *(Artifact)*	Eine Datei, die Quellcode enthält und kompiliert werden kann.

Abb. 3-188: Artefakt-Stereotypen der UML

Classifier, Generalisierung: Fundamental

Ein Artefakt ist ein spezieller Classifier und erbt somit die Eigenschaften, Attribute und Operationen besitzen zu können. Außerdem können Artefakte generalisiert werden (*Generalization*).

Vom Classifier erbt das Artefakt auch die Notation. Als Zusatz kann in der rechten oberen Ecke des Rechteckes ein Dokumentensymbol notiert werden.

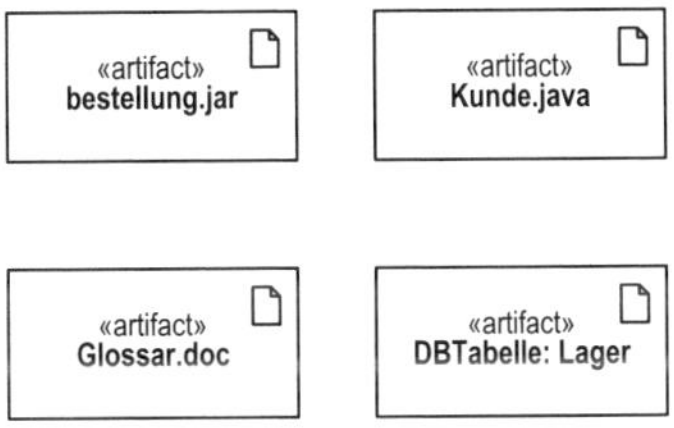

Abb. 3-189: Notation und Beispiele für Artefakte

Die Manifestation (*Manifestation*) ist eine spezielle Abstraktionsbeziehung (*Abstraction*) von einem Artefakt zu einem paketierbaren Modellelement (*PackageableElement*). Das Modellelement kennt nicht seine physikalische Repräsentation.

☑ 3.8.2.2
☑ 3.8.2.3
☑ 3.8.2.4
Paketierbares Element, Abstraktion: Fundamental

Eine Manifestation wird als gestrichelter Pfeil mit dem Schlüsselwort «*manifest*» dargestellt. Das manifestierte Artefakt kann auch in der Tabellennotation der Komponente aufgeführt werden.

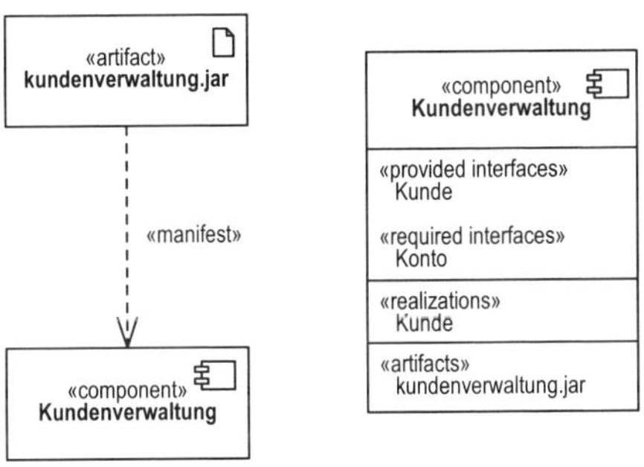

Abb. 3-190: Notation und Beispiel für Manifestation

Checkliste Artefakt:

☑ 3.8.2.1: Nennen Sie die Eigenschaften des Artefaktes (*Artifact*).

☑ 3.8.2.2: Nennen Sie die Eigenschaften der Manifestation (*Manifestation*).

☑ 3.8.2.3: Erläutern Sie den Zusammenhang von Artefakt (*Artifact*) und paketierbarem Element (*PackageableElement*).

☑ 3.8.2.4: Erläutern Sie die Modellierungsrichtung der Manifestation (*Manifestation*).

Metamodell

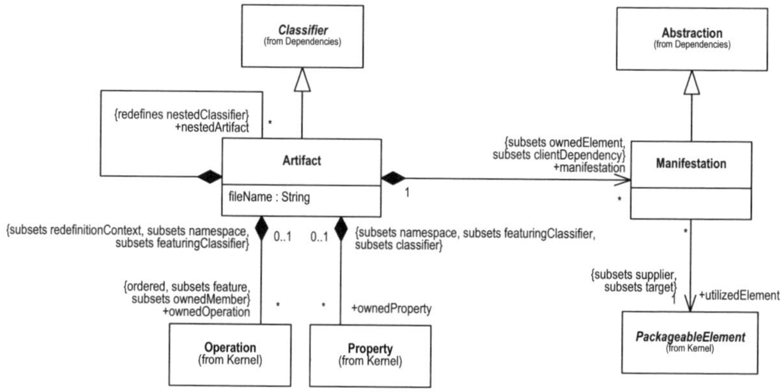

Abb. 3-191: Metamodell Artefakte

3.8.3 Knoten (*Node*)

☑ 3.8.3.1 Das Verteilungsdiagramm schlägt die Brücke vom logischen Modell in die physikalische Umgebung, die das modellierte System ausführt. Ein logisches Modellelement kann durch ein Artefakt manifestiert werden. Das Artefakt wird wiederum einem Knoten zugewiesen (*Deployment*). Die detaillierte Spezifikation der Softwareverteilung ist Bestandteil der Prüfungsthemen der Advanced-Zertifizierung (Stichwort: *DeploymentSpecification*).

Definition

Der Knoten (*Node*) ist eine physikalische Prozessoreinheit, auf der Artefakte ausgeführt werden können.

Die Laufzeitumgebung (*ExecutionEnvironment*) ist ein spezieller Knoten, der Komponenten eine Laufzeitumgebung zur Verfügung stellt.

Das Gerät (*Device*) ist ein spezieller Knoten, der ein physikalisches Gerät repräsentiert, auf dem Artefakte ausgeführt werden können.

Der Kommunikationspfad (*CommunicationPath*) ist eine spezielle Assoziation, die eine Kommunikationsbeziehung zwischen Knoten spezifiziert.

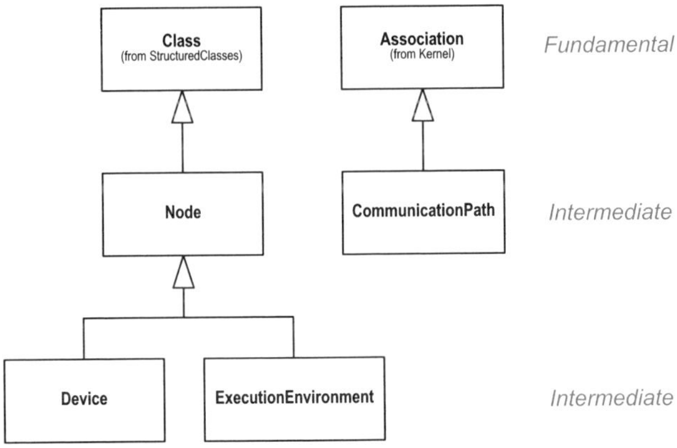

Abb. 3-192: Einordnung Knoten (*Node*), Gerät (*Device*), Laufzeitumgebung (*ExecutionEnvironment*) und Kommunikationspfad (*CommunicationPath*)

Notation und Semantik

Der Knoten ist ein konkretes Modellelement, dient aber auch als Oberbegriff für Spezialisierungen wie Gerät (*Device*) und Laufzeitumgebung (*Execution-Environment*). Sie werden wie Knoten mit Schlüsselwort «*device*» bzw. «*executionEnvironment*» notiert. Weitere Kategorien können mit benutzerspezifischen Stereotypen definiert werden. Die UML gibt hier keine Standardstereotypen vor. ☑ 3.8.3.2 ☑ 3.8.3.3

Da Knoten spezielle Klassen sind, kann für ihre Modellierung u.a. auch die Generalisierungsbeziehung verwendet werden (*Generalization*).

Der Kommunikationspfad (*CommunicationPath*) verbindet Knoten, die hierüber miteinander kommunizieren. Es handelt sich hier um eine spezielle Assoziation. Entsprechend sind beispielsweise die Angaben von Multiplizitäten möglich. ☑ 3.8.3.4

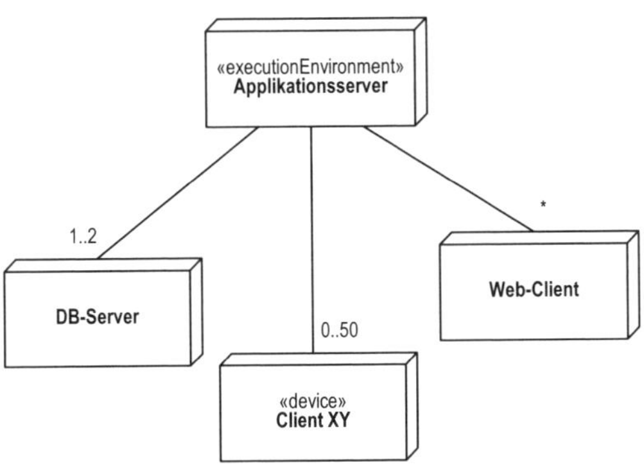

Abb. 3-193: Beispiel Verteilungsdiagram (*deployment diagram*)

Die Softwareverteilung (*Deployment*) ordnet Artefakte Knoten zu, auf denen sie ausgeführt werden. Die Beziehung wird als gestrichelter Pfeil mit Schlüsselwort *«deploy»* vom Artefakt zum Knoten gezeichnet. Alternativ kann das Artefakt auch direkt innerhalb des entsprechenden Knotensymbols notiert werden (Abb. 3-194).

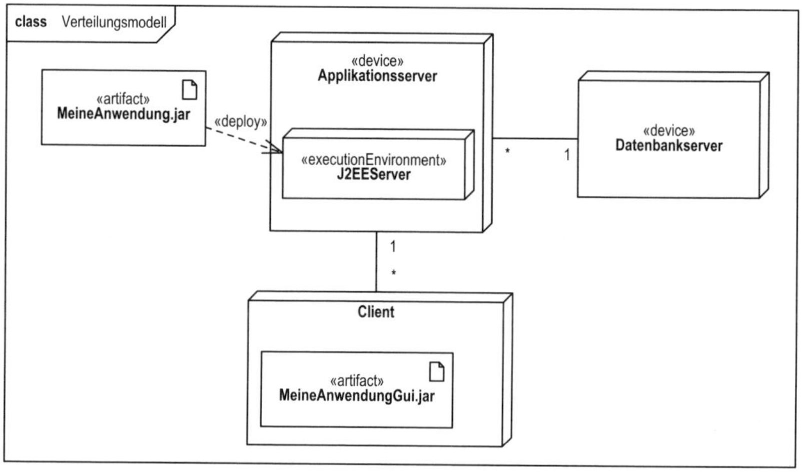

Abb. 3-194: Beispiel Softwareverteilung (*Deployment*)

Checkliste Knoten:

☑ 3.8.3.1: Was bedeutet Verteilung (*Deployment*)?

☑ 3.8.3.2: Nennen Sie die Eigenschaften und den Zweck eines Knotens (*Node*).

☑ 3.8.3.3: Benennen Sie Unterklassen des Knotens (*Node*) und ihre Bedeutung.

☑ 3.8.3.4: Erläutern Sie, wie Knoten (*Node*) miteinander kommunizieren können.

Metamodell

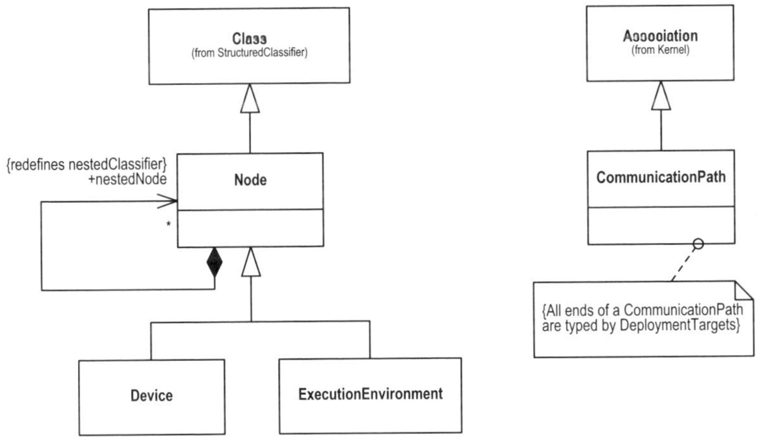

Abb. 3-195: Metamodell Knoten

3.9 Profile & Stereotypen

In diesem Kapitel widmen wir uns einem leichtgewichtigen Erweiterungsmechanismus der UML. Leichtgewichtig (*second class extension*) deshalb, weil es keine echte Erweiterung des Metamodells ist. Es werden keine neuen Metaklassen definiert. Unter einem Profil (*Profile*) versteht man eine Menge von Stereotypen. Ein Stereotyp erweitert das Vokabular der UML um ein weiteres Element. Die Erweiterung geschieht kontrolliert, so dass die UML nicht willkürlich in jede beliebige Richtung erweitert werden kann, was dem Standardisierungsgedanken widersprechen würde.

In UML 1.1 war der Erweiterungsmechanismus noch relativ unpräzise in dem Sinne, dass die Erweiterungen nur auf Basis des primitiven Datentyps *String* erfolgen konnten. In UML 2.0 können für die erweiternden Elemente beliebige Datenstrukturen verwendet werden. Umfangreichere und präzisere Modellerweiterungen sind somit möglich.

Die Einbettung der Profile in die Strukturen des Metamodells zeigt die Paketstruktur in Abb. 3-196.

Um den Stereotypmechanismus zu verstehen, werfen wir einen Blick auf die 4-Schichten-Architektur der UML (Abb. 3-197). Die UML ist in der Ebene M2 definiert. In der darüber liegenden Ebene M3 werden die Elemente definiert, die benötigt werden, um das UML-Metamodell (ein reines Klassenmodell) auf Ebene M2 beschreiben zu können. Die Ebene M1 repräsentiert das UML-Modell des Anwenders.

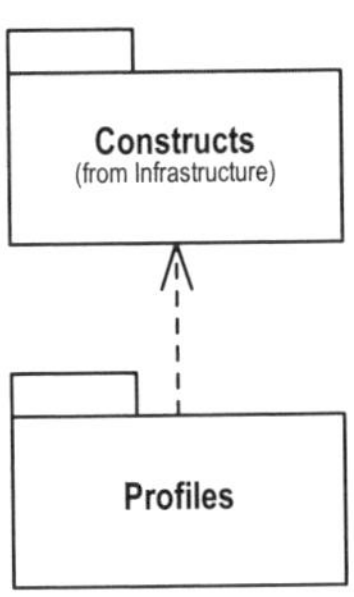

Abb. 3-196: Paketstruktur Profile (*Profile*)

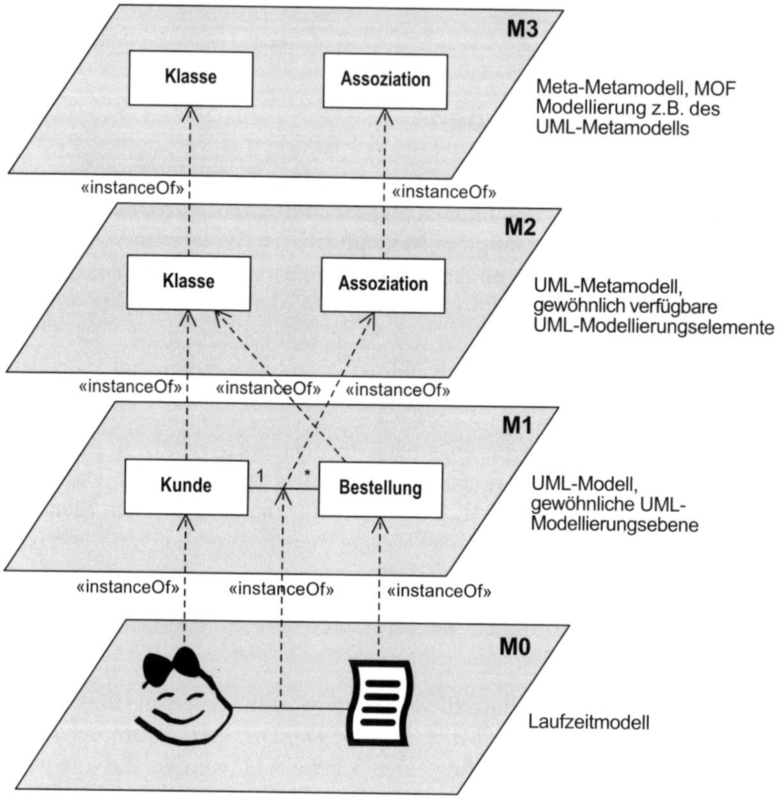

Abb. 3-197: 4-Schichten-Architektur der UML

Der Stereotypmechanismus ist deshalb besonders, da er in mehreren Ebenen agiert. Er ist in Ebene M3 definiert, um Elemente auf Ebene M2 zu erweitern. Er ist aber auch in Ebene M2 definiert, damit auf Ebene M1 neue anwenderspezifische Stereotypen spezifiziert werden können.

Es ist nicht verwunderlich, wenn Sie jetzt irritiert sind. Stereotypen sorgen regelmäßig selbst in den Arbeitsgruppen der UML-Spezifikation für Missverständnisse und ausgedehnte Diskussionen. Aber seien Sie beruhigt. Auf den folgenden Seiten werden Sie eine verständliche Erklärung des Erweiterungsmechanismus finden.

3.9.1 Prüfungsthemen

Folgende Themen werden im Intermediate-Test behandelt:

- Stereotyp, Stereotyperweiterung (*Stereotype, Extension*)
- Profil, Profilanwendung (*Profile, ProfileApplication*)

Der Prüfungsanteil beträgt insgesamt 10 Prozent.

3.9.2 Stereotyp (*Stereotype*)

Definition

Ein Stereotyp (*Stereotype*) beschreibt die Erweiterung einer oder mehrerer bestehender Metaklassen. Damit können plattform- oder domänenspezifische Informationen und Notationen in die Modellierungssprache integriert werden.

Die Klasse (*Class*) wird im Kontext der Stereotypen um eine abgeleitete Assoziation zur Stereotyperweiterung (*Extension*) ergänzt.

Die Stereotyperweiterung *(Extension)* beschreibt, dass Eigenschaften einer Metaklasse durch ein Stereotyp erweitert werden. Es ist eine spezielle binäre Assoziation.

Das Erweiterungsende (*ExtensionEnd*) verbindet eine Stereotyperweiterung mit einem Stereotyp.

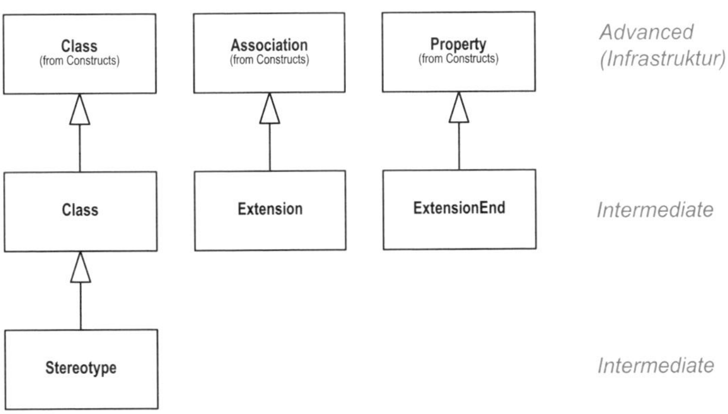

Abb. 3-198: Einordnung Stereotyp (*Stereotype*), Klasse (*Class*), Stereotyperweiterung (*Extension*) und Erweiterungsende (*ExtensionEnd*)

Notation und Semantik

In Fachkreisen kursiert gelegentlich die Meinung, dass Stereotypen das UML-Metamodell durch Generalisierung erweitern. Die gängige Aussage „Stereotyp XY erweitert ..." führt einen gedanklich auch in diese Richtung (Abb. 3-199).

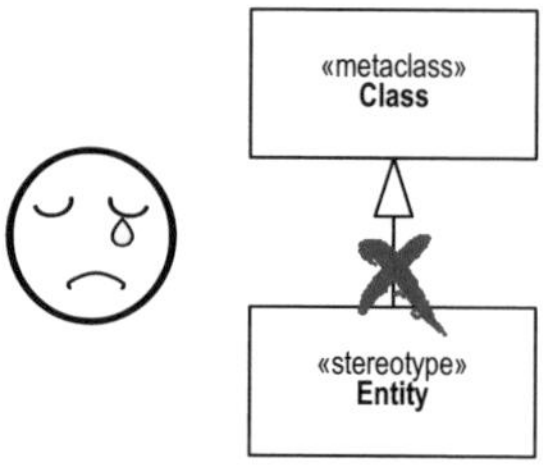

Abb. 3-199: Fehlerhafte Interpretation der Stereotyperweiterung

Das ist falsch. Die Stereotyperweiterung findet nicht durch eine Generalisierungsbeziehung im Metamodell statt. Es wird insbesondere auch kein neues Metamodellelement angelegt. Vielmehr werden einer bestehenden Metaklasse Informationen hinzugefügt. Daher auch der Name „Stereo-Typ".

Die hinzugefügten Informationen können weitere Eigenschaften auf Modellebene und Zusicherungen (*Constraints*) sein. Die Zusicherungen dürfen nur ergänzen. Bestehende Zusicherungen der erweiternden Metaklasse dürfen nicht überschrieben bzw. annuliert werden.

☑ 3.9.2.1 Ein Stereotyp (*Stereotype*) ist eine spezielle Klasse, d.h., es kann sowohl Attribute als auch Operationen besitzen. Die Werte der Stereotypattribute
☑ 3.9.2.2 werden auch als *Tagged Values* bezeichnet. Die Bezeichnung ist verbreitet, da *TaggedValue* in der UML 1.x noch eine eigene Metaklasse gewesen ist.

Stereotypen können wie jeder Classifier auch generalisiert werden. Hierbei gilt jedoch die Regel, dass ein Stereotyp nur wiederum Stereotypen generalisieren bzw. spezialisieren darf und keine anderen Classifier (z.B. Abb. 3-200).

Die Eigenschaft *isRequired* der Stereotypanwendung spezifiziert, ob ein Exemplar eines Stereotyps immer mit einem Exemplar der erweiterten Metaklasse verbunden ist (*isRequired=true*).

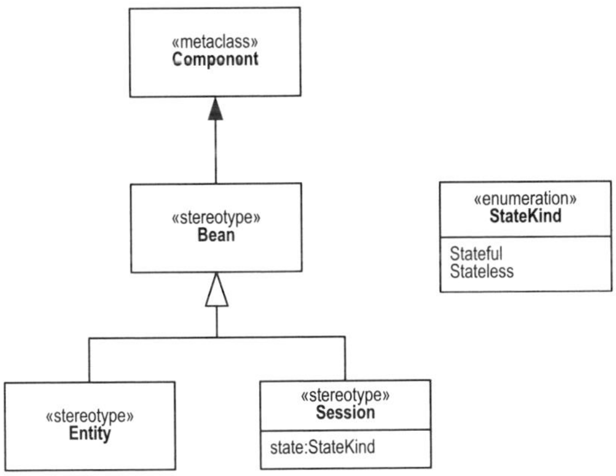

Abb. 3-200: Beispielstereotypen für EJB (aus [UML2.0])

Die Stereotyperweiterung *(Extension)* ist eine spezielle Assoziation, die ein Stereotyp mit der Metaklasse verbindet, die durch das Stereotyp erweitert wird. Beachten Sie, dass die Metaklasse *Class* in Abb. 3-203 nicht die Klasse *Class* aus der Metaebene M2, sondern aus der Metaebene M3 (Abb. 3-197) ist. Somit kann jedes UML-Element – und eben nicht nur Klassen – durch Stereotypen erweitert werden. ☑ 3.9.2.3

In Abb. 3-201 sehen Sie einen Auszug des UML-Datenmodells – auch Repository genannt –, das die Stereotypanwendung an einem Anwendungsfall beschreibt.

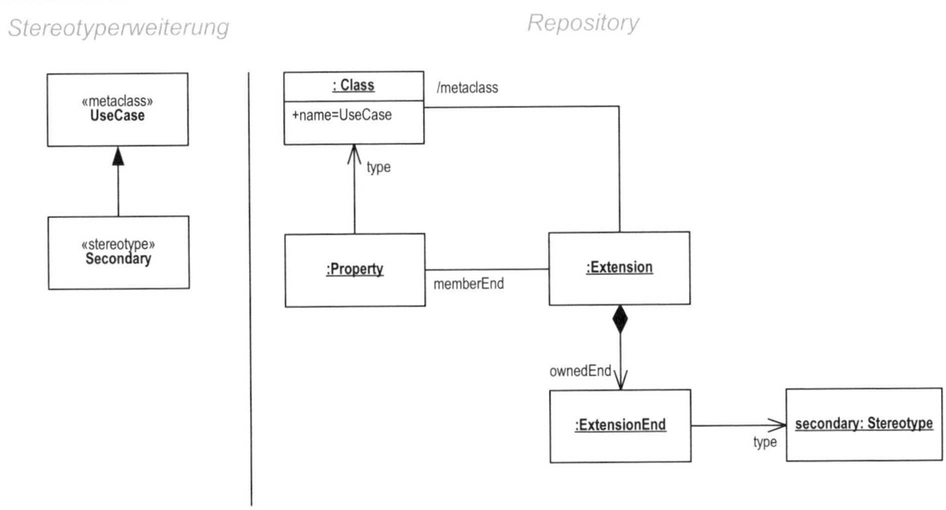

Abb. 3-201: Repository Stereotyperweiterung

Ein stereotypisiertes Modellelement kann unterschiedlich dargestellt werden. In der textuellen Notation steht der Name des Stereotyps in Guillemets[17] neben oder über dem Namen des Modellelements. Sind mehrere Stereotypen vergeben, werden die Namen mit Kommas getrennt. Alternativ kann ein Stereotyp auch ein eigenes Symbol definieren, das anstelle des Originalsymbols oder in Kombination verwendet wird.

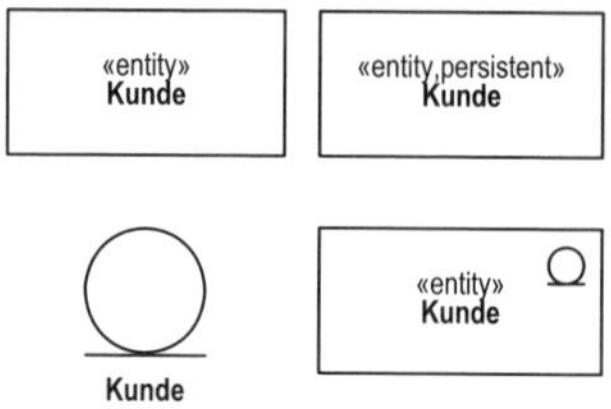

Abb. 3-202: Notation von Stereotypen

Checkliste Stereotyp:

☑ 3.9.2.1: Nennen Sie die Eigenschaften des Stereotyps (*Stereotype*).

☑ 3.9.2.2: Können Stereotypen (*Stereotype*) Attribute haben? Dürfen sie generalisiert werden?

☑ 3.9.2.3: Nennen Sie die Eigenschaften der Stereotyperweiterung (*Extension*).

[17] französische Anführungszeichen

Metamodell

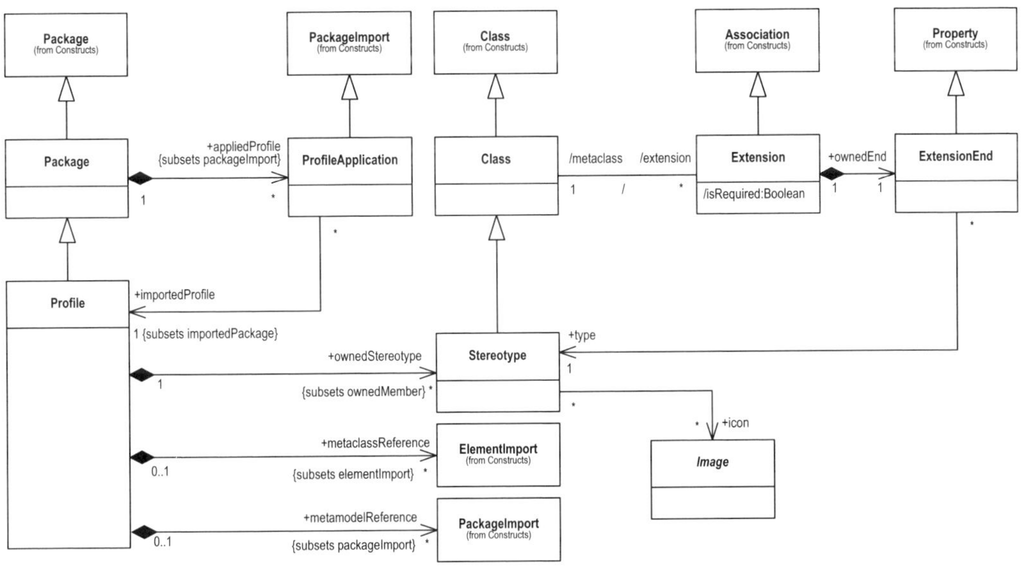

Abb. 3-203: Metamodell Stereotyp

3.9.3 Profil (*Profile*)

Definition

Das Profil *(Profile)* ist ein spezielles Paket (*Package*), das ein referenziertes Metamodell mit Stereotypen erweitert. Die Stereotypen gehören zum Profil.

Das Paket (*Package*) wird im Kontext der Profile erweitert, um Profilanwendungen (*ProfileApplication*) besitzen zu können.

Die Profilanwendung *(ProfileApplication)* ist eine Beziehung von einem Paket zu einem Profil und ermöglicht die Verwendung der Stereotypen aus dem Profil an Modellelementen des Quellpaketes.

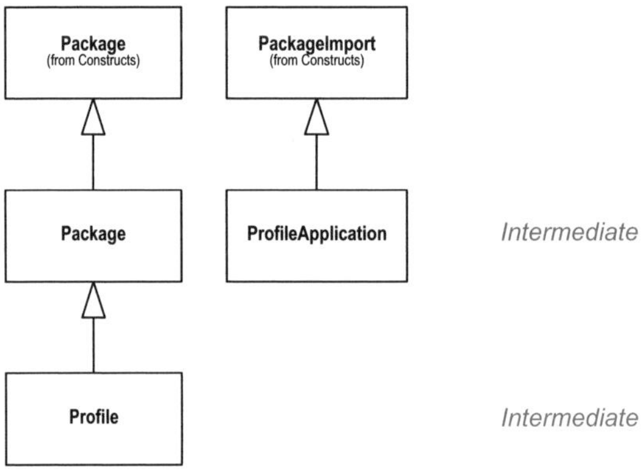

Abb. 3-204: Einordnung Profil (*Profile*), Paket (*Package*) und Profilanwendung (*Profile-Application*)

Notation und Semantik

Ein Stereotyp kommt selten allein. Domänenspezifische Erweiterungen der UML bestehen in der Regel aus einer Vielzahl von Stereotypen. Beispielsweise werden zur Geschäftsprozessmodellierung mit der UML Stereotypen wie «*business use case*» oder «*business process*» benötigt.

☑ 3.9.3.1 Eine zusammengehörige Gruppe von Stereotypen ist ein Profil (*Profile*). Es ist ein spezielles Paket, in dem die Stereotypen enthalten sind. Das Profil wird wie ein Paket mit dem Schlüsselwort «*profile*» notiert.

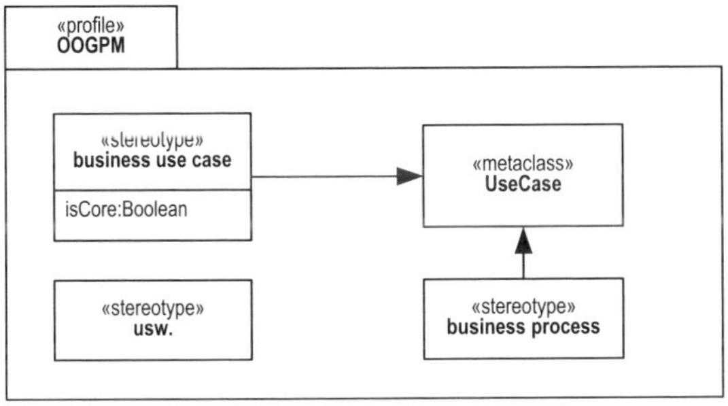

Abb. 3-205: Beispielprofil zur Geschäftsprozessmodellierung (Ausschnitt)

Die Profilanwendung (*ProfileApplication*) importiert die Stereotypen eines Profils in ein Paket und ermöglicht so die Verwendung der Stereotypen an Modellelementen in dem Paket. Die Assoziation von *Profile* zu *ElementImport* referenziert Modellelemente, die von Stereotypen des Profils erweitert werden. Ebenso referenziert die Assoziation von *Profile* zu *PackageImport* Pakete, die Modellelemente enthalten, die von Stereotypen des Profils erweitert werden. ☑ 3.9.3.2

Die Profilanwendung wird als gestrichelter Pfeil in Richtung des Profils mit dem Schlüsselwort «*apply*» notiert.

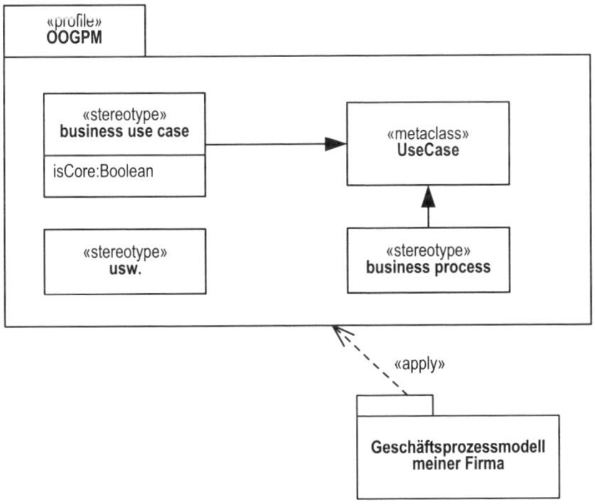

Abb. 3-206: Beispiel Profilanwendung (*ProfileApplication*)

Checkliste Profil:

☑ 3.9.3.1: Nennen Sie die Basisklasse und die Eigenschaften eines Profils (*Profile*).

☑ 3.9.3.2: Beschreiben Sie, wie ein Profil (*Profile*) angewendet wird.

Metamodell

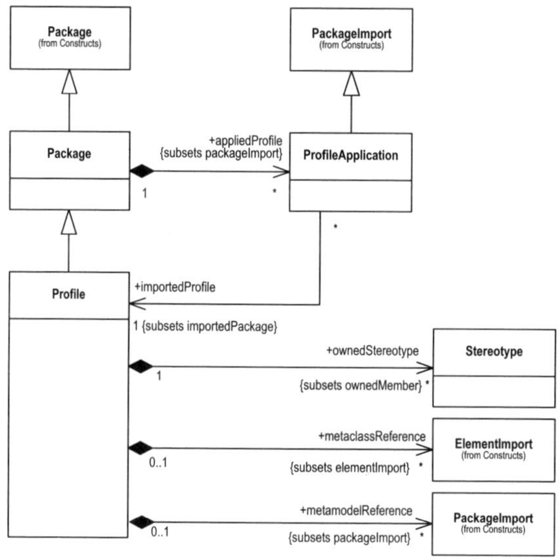

Abb. 3-207: Metamodell Profil

3.10 Standardstereotypen

In diesem Kapitel widmen wir uns den von der UML vordefinierten Standardstereotypen. Im Anhang der UML-Spezifikation [UML2.0] werden mehrere Stereotypen definiert. Die Liste ist in drei Sektionen – entsprechend den Konformitätsbereichen (*compliance points*) – unterteilt: *Basic*, *Intermediate* und *Complete*.

3.10.1 Prüfungsthemen

Anders als die Basic-Standardstereotypen, die Bestandteil der Prüfungsthemen der Fundamental-Zertifizierung sind, gehören die Intermediate-Standardstereotypen offiziell nicht zu den Prüfungsthemen der Intermediate-Zertifizierung. Die Liste ist aber mit 10 Stereotypen überschaubar und einige wie z.B. «subsystem» sind im Kontext der anderen Prüfungsthemen von Bedeutung.

Stereotyp	UML-Element	Beschreibung
«document»	Artefakt *(Artifact)*	Eine Datei, die keinen Quellcode enthält und nicht ausführbar ist.
«file»	Artefakt *(Artifact)*	Eine physikalische Datei (aber z.B. keine E-Mail oder Datenbanktabelle)
«library»	Artefakt *(Artifact)*	Eine statische oder dynamische Softwarebibliothek in Form einer Datei
«source»	Artefakt *(Artifact)*	Eine Datei, die Quellcode enthält und kompiliert werden kann.
«realization»	Classifier *(Classifier)*	Ein Classifier, der Implementierung enthält und in der Regel eine Spezifikation realisiert (siehe «specification»).
«specification»	Classifier (Classifier)	Ein Classifier, der keine Implementierung enthält und nur eine Spezifikation darstellt. Ein solcher Classifier wird in der Regel von einem «realization»-Classifier implementiert bzw. realisiert.
«entity»	Komponente *(Component)*	Eine Komponente, die persistente Daten enthält.
«process»	Komponente *(Component)*	Eine Komponente, die nicht persistente Vorgänge (Transaktionen) enthält.
«service»	Komponente *(Component)*	Eine Komponente, die zustandslos ist und Funktionen anbietet.

3.10.1.1

Stereotyp	UML-Element	Beschreibung
«subsystem»	Komponente *(Component)*	Eine spezielle Komponente zur hierarchischen Dekomposition eines großen Systems. Ein Subsystem kann in einen Spezifikations- und Realisierungsbereich unterteilt werden (siehe auch Kapitel 3.2.2).

3.10.1.2

Checkliste Standardstereotypen:

☑ 3.10.1.1: Erläutern Sie den Zusammenhang zwischen den Stereotypen «specification» und «realization».

☑ 3.10.1.2: Beschreiben Sie die Verwendung des Stereotyps «subsystem».

4

OCUP Advanced

4.1 Vorbereitung

UML vollständig

Die Themen der Advanced-Zertifizierung schließen die verbliebenen Lücken, so dass insgesamt die drei Zertifizierungsstufen die UML-Spezifikationen nahezu vollständig abdecken.

Warum ist dieses Kapitel so dünn?

Sie wundern sich wahrscheinlich, dass dieses Kapitel zur Advanced-Vorbereitung so dünn ist. Es ist in der Tat nicht möglich, auf den wenigen Seiten die Inhalte der Prüfung vollständig zu erläutern. Wenn Sie bis hierher gekommen sind und nun die Advanced-Zertifizierung in Angriff nehmen wollen, dann brauchen Sie nur noch ein Vorbereitungsbuch: die Spezifikation selbst.

Mit dem Wissen der Fundamental- und der Intermediate-Prüfungsthemen sind Sie problemlos in der Lage, die Spezifikation zu lesen. Viele zusätzliche Hilfestellungen werden Sie jetzt nicht mehr benötigen. Wir möchten Sie daher im Folgenden nur mit einigen Tipps bei Ihrem Vorhaben unterstützen.

Advanced ist nicht schwer

Ebenso wie Fundamental nicht gleichbedeutend mit einfach und Einsteiger ist – wie Sie sicherlich bemerkt haben –, steht Advanced nicht für schwer und fortgeschritten. Zu den Prüfungsthemen gehört beispielsweise der Informationsfluss (*InformationFlow*), der leicht verständlich ist. Konstrukte wie die Klassifikationstypen (*PowerType*) sind etwas kniffliger, vor allem da sie in der Praxis der Softwareentwicklung selten eingesetzt werden und die Anschauung bzw. Übung fehlt. Sie werden in der Spezifikation aber mit guten Beispielen erläutert.

58 Fragen in 90 Minuten

Die Themen der Advanced-Zertifizierung sind sehr vielfältig und decken viele unterschiedliche Bereiche der UML ab. Sie erhalten 58 Fragen, für die Sie 90 Minuten Zeit haben. Zum Bestehen der Prüfung sind 29 korrekte Antworten – also exakt 50 Prozent – notwendig. Im Einzelnen gibt die Coverage-Map folgende Themen und Abdeckung vor:

- 5% Klassendiagramm (*class diagram*)
- 10% Kompositionsstrukturdiagramm (*composite structure diagram*)
- 5% Komponentendiagramm (*component diagram*)
- 10% Aktionsmodellierung (*action modeling*)
- 15% Aktivitätsdiagramm (*activity diagram*)
- 15% Verteilungsdiagramm (*deployment diagram*)
- 10% Zustandsdiagramm (*state machine diagram*)
- 10% Sonstige fortgeschrittene Konstrukte
- 10% UML-Spracharchitektur
- 10% *Object Constraint Language* (OCL)

Wir werden kurz die offizielle Coverage-Map der Advanced-Zertifizierung durchgehen und Ihnen Hinweise zu den einzelnen Punkten geben (*http://www.omg.org/uml-certification/UML_Exams_Coverage_Map.pdf*).

4.2 Klassendiagramme

Folgende Themen sind Bestandteil der Advanced-Zertifizierung:

- Assoziationsklasse (*AssociationClass*)
- Generalisierungsmenge (*GeneralizationSet*)
- Klassifikationstyp (*PowerType*)

Der Anteil dieser Themen an der gesamten Prüfung beträgt 5 Prozent.

Die meisten Konzepte der Klassendiagramme werden in den beiden ersten Zertifizierungsstufen erfragt. In der Advanced-Zertifizierung haben sie daher nur einen geringen Anteil.

Ein Thema sind die Assoziationsklassen (*AssociationClass*). Lösen Sie sich von dem Gedanken, dass Assoziationen nur eine Darstellung für Attribute sind. Das ist lediglich die Interpretation in den gängigen Programmiersprachen. Das Konzept der Assoziation in der UML ist umfassender. Eine direkte Abbildung in ein Programmiersprachenkonstrukt ist nicht möglich. Am ehesten können Sie die Assoziation mit einer Tabelle vergleichen, die zusammenhängende Objekte in einer Zeile aufführt. Es spricht nichts dagegen, dieser Tabelle weitere Eigenschaften zu geben, um die Beziehung näher zu beschreiben. Hierfür wird die Assoziationsklasse eingesetzt.

Klassifikationstypen (*PowerType*) können ebenfalls nicht direkt in eine Programmiersprache abgebildet werden. Sie sind zugegebenermaßen nicht trivial. Ein Klassifikationstyp ist eine Klasse, deren Instanzen Unterklassen einer anderen Klasse sind. Alles klar? In der Spezifikation finden Sie anschauliche Beispiele hierzu.

4.3 Kompositionsstrukturdiagramme

Folgende Themen sind Bestandteil der Advanced-Zertifizierung:

- Kollaboration (*Collaboration*)
- Kollaborationsanwendung (*CollaborationUse*[18])

Der Anteil dieser Themen an der gesamten Prüfung beträgt 10 Prozent.

Das Modellelement Kollaboration (*Collaboration*) hat es bereits in der UML 1.x gegeben. Für die UML 2.0 ist das Konzept in den Bereich der Kompositionsstrukturdiagramme integriert worden. Entgegen der Coverage-Map wird das Element auch in der Intermediate-Zertifizierung gefragt (siehe Kap. 3.1.6).

[18] In der Zertifizierung wird auch der Begriff *CollaborationOccurrence* verwendet.

4.4 Komponentendiagramme

Folgende Themen sind Bestandteil der Advanced-Zertifizierung:

- Komponente mit Paketeigenschaft (*packaging component*)

Der Anteil dieser Themen an der gesamten Prüfung beträgt 5 Prozent.

Komponenten können paketierbare Elemente (*PackageableElement*) enthalten und haben somit zusätzlich eine ähnliche Semantik wie Pakete. Bisher waren die Elemente, die das Verhalten der Komponente umsetzen, nicht Teil der Komponente, sondern hatten eine Realisierungsbeziehung zu ihr (siehe Kap. 3.2.2).

PackageableElement: Fundamental

4.5 Aktionsmodellierung

Folgende Themen sind Bestandteil der Advanced-Zertifizierung:

- *Accept event actions*
- *Object actions*
- *Link identifications*
- *Read link actions*
- *Write link actions*
- *Raise exception actions*

Der Anteil dieser Themen an der gesamten Prüfung beträgt 10 Prozent.

In der Advanced-Zertifizierung werden die nach der Intermediate-Stufe verbliebenen Aktionen geprüft. Hierzu gehören beispielsweise Aktionen zum Empfangen von Signalen oder Werfen von Ausnahmeobjekten (Exception).

4.6 Aktivitätsdiagramme

Folgende Themen sind Bestandteil der Advanced-Zertifizierung:

- Aktivität (*Activity*)
- Zusicherung (*Constraint*)
- Objektfluss (*ObjectFlow*)
- Objektknoten (*ObjectNode*)
- Datenspeicher (*DataStoreNode*)
- Parametergruppe (*ParameterSet*)
- Kontrollknoten (*ControlNode*)
- Unterbrechbarer Aktivitätsbereich (*InterruptibleActivityRegion*)
- Strukturknoten (*StructuredActivityNode*)
- Ausnahmebehandlung (*ExceptionHandler*)
- Mengenbearbeitung (*ExpansionRegion*)
- Weitere Aktivitätskonzepte

Der Anteil dieser Themen an der gesamten Prüfung beträgt 15 Prozent.

Die Aktivitäten der UML 2.0 bieten sehr umfangreiche Modellierungsmöglichkeiten an. So enthält die Advanced-Zertifizierung noch etliche interessante Elemente wie beispielsweise den unterbrechbaren Aktivitätsbereich (*InterruptibleActivityRegion*), die Mengenbearbeitung (*ExpansionRegion*) und die Parametergruppe (*ParameterSet*). Sie sind leicht verständlich und werden gut in der Spezifikation beschrieben.

4.7 Verteilungsdiagramme

Folgende Themen sind Bestandteil der Advanced-Zertifizierung:

- Verteilung (*Deployment*)
- Verteilungsspezifikation (*DeploymentSpecification*)

Der Anteil dieser Themen an der gesamten Prüfung beträgt 15 Prozent.

Die Verteilungsdiagramme werden zum größten Teil in der Intermediate-Stufe abgedeckt. Die Advanced-Stufe behandelt das Konzept der Verteilung (*Deployment*) und die zugehörige Spezifikation (*DeploymentSpecification*). Obwohl es so nicht in der Coverage-Map angegeben wird, ist die Verteilung teilweise auch Thema der Intermediate-Zertifizierung.

4.8 Zustandsdiagramme

Folgende Themen sind Bestandteil der Advanced-Zertifizierung:

- Protokollautomat (*ProtocolStateMachine*)
- Zusicherung in Protokollautomaten (*Constraint*)

Der Anteil dieser Themen an der gesamten Prüfung beträgt 10 Prozent.

Die UML 2.0 führt das neue Konzept der Protokollautomaten ein. Dies sind spezielle Zustandsautomaten, die das Protokoll eines *Classifiers*, d.h. die erlaubte Aufruffolge der Verhaltensmerkmale (*BehavioralFeature*) abhängig vom Zustand, spezifiziert. Auch hier weicht die Realität etwas von der Coverage-Map ab. Die Protokollautomaten werden auch in der Intermediate-Zertifizierung erfragt.

4.9 Sonstige Elemente

Folgende Themen sind Bestandteil der Advanced-Zertifizierung:

- Information, Informationsfluss (*InformationItem, InformationFlow*)
- Modell (*Model*)
- Schablone (*Template, TemplateParameter*)

Der Anteil dieser Themen an der gesamten Prüfung beträgt 10 Prozent.

In diesen Bereich fallen Elemente, die keiner speziellen Diagrammform zugeordnet werden können. Es sind Querschnittselemente, die im Metamodell im Paket *AuxiliaryConstruct* abgelegt sind. Hier befinden sich auch Profile und Stereotypen (Kap. 3.9).

Zu den Querschnittselementen gehört beispielsweise der Informationsfluss (*InformationFlow*), der eine Form der Datenflussmodellierung (strukturierte Analyse) erlaubt. Das Element ist neu in der UML 2.0. Obwohl es – vor allem in der Analyse – sehr hilfreich ist, führt es bisher eher ein Schattendasein und ist wenig bekannt.

Das Schablonenkonzept erlaubt die Modellierung parametrisierbarer Klassen, wie sie von Bibliotheken der Programmiersprache C++ bekannt sind (*Standard Template Library (STL)*). Es können neben Klassen auch andere Modellelemente parametrisiert werden.

4.10 Spracharchitektur

Folgende Themen sind Bestandteil der Advanced-Zertifizierung:

- UML 2.0-Spracharchitektur
- Bibliotheksinfrastruktur
- Beziehung zu weiteren MDA-Standards
- Integration OCL in der Architektur
- Diagrammaustauschformat

Der Anteil dieser Themen an der gesamten Prüfung beträgt 10 Prozent.

Hier geht es erstmals im Zertifizierungsprogramm unmittelbar um die Architektur der UML selbst und nicht um die beschriebenen Modellelemente. Beachten Sie, dass auch nicht die UML-Superstructure, sondern die UML-Infrastructure gefragt ist. Das ist ein anderes Dokument, das Sie ebenfalls kostenlos von den Internetseiten der OMG herunterladen können: *http://www.omg.org/technology/documents/formal/uml.htm*.

Für die Zertifizierung ist wie bei der Superstructure nicht die aktuellste Version der Infrastructure gültig, sondern der Stand von Ende 2003. Bisher sind aber auch hier nur geringfügige Änderungen vorgenommen worden.

Wichtig sind in diesem Bereich u.a. die Paketstruktur des Metamodells und die Zusammenhänge zwischen *Infrastructure* und *Superstructure*.

4.11 Object Constraint Language (OCL)

Folgende Themen sind Bestandteil der Advanced-Zertifizierung:

- Sprachbeschreibung OCL
- Abstrakte und konkrete Syntax
- Semantik
- OCL-Standardbibliothek
- OCL-Ausdrücke in UML-Modellen
- Weitere OCL-Konzepte

Der Anteil dieser Themen an der gesamten Prüfung beträgt 10 Prozent.

Die OCL ist eine eigene Sprache, die im Kontext der UML definiert wird. In der UML 1.x war sie noch innerhalb der UML-Spezifikation beschrieben, die auch nur aus einem Dokument besteht. Mit der UML 2.0 gibt es insgesamt vier Spezifikationsdokumente, und eines davon ist OCL. Sie können es kostenlos von den Seiten der OMG herunterladen:
http://www.omg.org/technology/documents/formal/uml.htm.

Das Dokument ist recht umfangreich (>200 Seiten). Sie können aber beruhigt wieder ausatmen. Es sind nur die grundlegenden Konzepte gefragt, auf die gezielt in der Coverage-Map verwiesen wird.

Wenn Sie bisher keine Erfahrungen mit OCL haben, empfehlen wir Ihnen das Buch *The Object Constraint Language* von Jos Warmer und Anneke Klepper [Warmer2003]. Die Autoren sind maßgeblich an der Entwicklung von OCL beteiligt und geben Ihnen Informationen aus erster Hand. Das Buch ist wesentlich verständlicher als die Spezifikation, die beispielsweise jede Menge BNF[19]-Definitionen enthält.

[19] Backus-Naur-Form

5

Anhang

5.1 Englische Definitionen (Fundmental)

Die Definitionen stammen aus den UML 2.0-Spezifikationen [UML2.0] bzw. [UML2.0zert].

Abstraction (Dependencies)
An abstraction is a relationship that relates two elements or sets of elements that represent the same concept at different levels of abstraction or from different viewpoints. In the metamodel, an Abstraction is a Dependency in which there is a mapping between the supplier and the client.

Action (BasicActivities)
An action is an executable activity node that is the fundamental unit of executable functionality in an activity, as opposed to control and data flow among actions.

Activity (BasicActivities)
An activity is the specification of parameterized behavior as the coordinated sequencing of subordinate units whose individual elements are actions.

ActivityEdge (BasicActivities)
An activity edge is an abstract class for directed connections between two activity nodes.

ActivitiyFinalNode (BasicActivities)
An activity final node is a final node that stops all flows in an activity.

ActivityNode (BasicActivities)
An activity node is an abstract class for points in the flow of an activity connected by edges.

ActivityParameterNode (BasicActivities)
An activity parameter node is an object node for inputs and outputs to activities.

Actor (UseCases)
An actor specifies a role played by a user or any other system that interacts with the subject.

Association (Kernel)
An association describes a set of tuples whose values refer to typed instances. An instance of an association is called a link.

Behavior (BasicBehaviors)
Behavior is a specification of how its context classifier changes state over time.

BehavioralFeature (Kernel)
A behavioral feature is a feature of a classifier that specifies an aspect of the behavior of its instances.

BehavioredClassifier (BasicBehaviors)
A classifier can have behavior specifications defined in its namespace. One of these may specify the behavior of the classifier itself.

Class (Kernel)
A class describes a set of objects that share the same specifications of features, constraints, and semantics.

Classifier (Kernel)
A classifier is a classification of instances, it describes a set of instances that have features in common.

Comment (Kernel)
A comment is a textual annotation that can be attached to a set of elements.

Constraint (Kernel)
A constraint is a condition or restriction expressed in natural language text or in a machine readable language for the purpose of declaring some of the semantics of an element.

ControlFlow (BasicActivities)
A control flow is an edge that starts an activity node after the previous one is finished.

ControlNode (BasicActivities)
A control node is an abstract activity node that coordinates flows in an activity.

DataType (Kernel)
A data type is a type whose instances are identified only by their value. A DataType may contain attributes to support the modeling of structured data types.

DecisionNode (BasicActivities)
A decision node is a control node that chooses between outgoing flows.

Dependency (Dependencies)
A dependency is a relationship that signifies that a single or a set of model elements requires other model elements for their specification or implementation. This means that the complete semantics of the depending elements is either semantically or structurally dependent on the definition of the supplier element(s).

DirectedRelationship (Kernel)
A directed relationship represents a relationship between a collection of source model elements and a collection of target model elements.

Element (Kernel)
An element is a constituent of a model. As such, it has the capability of owning other elements.

ElementImport (Kernel)
An element import identifies an element in another package, and allows the element to be referenced using its name without a qualifier.

Enumeration (Kernel)
An enumeration is a data type whose values are enumerated in the model as enumeration literals.

EnumerationLiteral (Kernel)
An enumeration literal is a user-defined data value for an enumeration.

EventOccurrence (Interactions)
EventOccurrences represents moments in time to which Actions are associated. An EventOccurrence is the basic semantic unit of Interactions.
Hinweis: Dieses Element ist in der finalen UML 2.0-Spezifikation [UML2.0] in das Konzept MessageEvent übertragen worden.

ExecutableNode (Kernel)
An executable node is an abstract class for activity nodes that may be executed. It is used as an attachment point for exceptionhandlers.

ExecutionOccurrence (Interactions)
An ExecutionOccurrence is an instantiation of a unit of behavior within the Lifeline.
Hinweis: Dieses Element ist in der finalen UML 2.0-Spezifikation [UML2.0] umbenannt worden in ExecutionSpecification.

Extend (UseCases)
A relationship from an extending use case to an extended use case that specifies how and when the behavior defined in the extending use case can be inserted into the behavior defined in the extended use case.

ExtensionPoint (UseCases)
An extension point identifies a point in the behavior of a use case where that behavior can be extended by the behavior of some other (extending) use case, as specified by an extend relationship.

Expression (Kernel)
An expression is a structured tree of symbols that denotes a (possibly empty) set of values when evaluated in a context.

Feature (Kernel)
A feature declares a behavioral or structural characteristic of instances of classifiers.

FinalNode (BasicActivities)
A final node is an abstract control node at which a flow in an activity stops.

Generalization (Kernel)
A generalization is a taxonomic relationship between a more general classifier and a more specific classifier. Each instance of the specific classifier is also an indirect instance of the general classifier. Thus, the specific classifier inherits the features of the more general classifier.

GeneralOrdering (Interactions)
A GeneralOrdering represents a binary relation between two OccurrenceSpecifications, to describe that one OccurrenceSpecification must occur before the other in a valid trace.

Implementation (Interfaces)
An Implementation is a specialized Realization relationship between a Classifier and an Interface. The implementation relationship signifies that the realizing classifier conforms to the contract specified by the interface.
Hinweis: Dieses Element ist in der finalen UML 2.0-Spezifikation [UML2.0] umbenannt worden in InterfaceRealization.

Include (UseCases)
An include relationship defines that a use case contains the behavior defined in another use case.

InitialNode (BasicActivities)
An initial node is a control node at which flow starts when the activity is invoked.

InputPin (BasicActivities)
Input pins are object nodes that receive values from other actions through object flows.

InstanceSpecification (Kernel)
An instance specification is a model element that represents an instance in a modeled system.

InstanceValue (Kernel)
An instance value is a value specification that identifies an instance.

Interaction (Interactions)
An interaction is a unit of behavior that focuses on the observable exchange of information between ConnectableElements.

InteractionFragment (Interactions)
InteractionFragment is an abstract notion of the most general interaction unit. An interaction fragment is a piece of an interaction. Each interaction fragment is conceptually like an interaction by itself.

Interface (Interfaces)
An interface is a kind of classifier that represents a declaration of a set of coherent public features and obligations. An interface specifies a contract; any instance of a classifier that realizes the interface must fulfill that contract.

Lifeline (Interactions)
A lifeline represents an individual participant in the Interaction.

LiteralSpecification (Kernel)
A literal specification identifies a literal constant being modeled.

MergeNode (BasicActivities)
A merge node is a control node that brings together multiple alternate flows. It is not used to synchronize concurrent lows but to accept one among several alternate flows.

Message (Interactions)
A Message defines a particular communication between Lifelines of an Interaction.

MessageEnd (Interactions)
A MessageEnd is an abstract NamedElement that represents what can occur at the end of a Message.

MultiplicityElement (Kernel)
A multiplicity is a definition of an inclusive interval of non-negative integers beginning with a lower bound and ending with a (possibly infinite) upper bound. A multiplicity element embeds this information to specify the allowable cardinalities for an instantiation of this element.

NamedElement (Kernel)
A named element is an element in a model that may have a name.

Namespace (Kernel)
A namespace is an element in a model that contains a set of named elements that can be identified by name.

ObjectFlow (BasicActivities)
An object flow is an activity edge that can have objects or data passing along it.

ObjectNode (BasicActivities)
An object node is an abstract activity node that is part of defining object flow in an activity.

OpaqueExpression (Kernel)
An opaque expression is an uninterpreted textual statement that denotes a (possibly empty) set of values when evaluated in a context.

Operation (Kernel)
An operation is a behavioral feature of a classifier that specifies the name, type, parameters, and constraints for invoking an associated behavior.

OutputPin (BasicActivities)
Output pins are object nodes that deliver values to other actions through object flows.

Package (Kernel)
A package is used to group elements, and provides a namespace for the grouped elements.

PackageableElement (Kernel)
A packageable element indicates a named element that may be owned directly by a package.

PackageImport (Kernel)
A package import is a relationship that allows the use of unqualified names to refer to package members from other namespaces.

PackageMerge (Kernel)
A package merge defines how the contents of one package are extended by the contents of another package.

Parameter (Kernel)
A parameter is a specification of an argument used to pass information into or out of an invocation of a behavioral feature.

Permission (Dependencies)
A Permission signifies granting of access rights from the supplier model element to a client model element.
Hinweis: Dieses Element ist in der finalen UML 2.0-Spezifikation [UML2.0] nicht mehr enthalten.

Pin (BasicActivities)
A pin is an object node for inputs and outputs to actions.

PrimitiveType (Kernel)
A primitive type defines a predefined data type, without any relevant substructure (i.e., it has no parts). A primitive datatype may have an algebra and operations defined outside of UML, for example, mathematically.

Property (Kernel)
A property is a structural feature. A property related to a classifier by ownedAttribute represents an attribute, and it may also represent an association end. It relates an instance of the class to a value or collection of values of the type of the attribute. A property related to an Association by memberEnd or its specializations represents an end of the association. The type of property is the type of the end of the association.

Realization (Dependencies)
Realization is a specialized abstraction relationship between two sets of model elements, one representing a specification (the supplier) and the other represents an implementation of the latter (the client).

RedefinableElement (Kernel)
A redefinable element is an element that, when defined in the context of a classifier, can be redefined more specifically or differently in the context of another classifier that specializes (directly or indirectly) the context classifier.

Relationship (Kernel)
Relationship is an abstract concept that specifies some kind of relationship between elements.

Slot (Kernel)
A slot specifies that an entity modeled by an instance specification has a value or values for a specific structural feature.

StateInvariant (Interactions)
A StateInvariant is a runtime constraint on the participants of the interaction. It may be used to specify a variety of different kinds of constraints, such as values of attributes or variables, internal or external states, and so on.

Stop (Interactions)

A Stop is an EventOccurrence that defines the termination of the instance specified by the Lifeline on which the Stop occurs.

Hinweis: Dieses Element ist in der finalen UML 2.0-Spezifikation [UML2.0] umbenannt worden in DestructionEvent.

StructuralFeature (Kernel)

A structural feature is a typed feature of a classifier that specifies the structure of instances of the classifier.

Substitution (Kernel)

A substitution is a relationship between two classifiers which signifies that the substituting Classifier complies with the contract specified by the contract classifier.

Type (Kernel)

A type constrains the values represented by a typed element.

TypedElement (Kernel)

A typed element has a type.

Usage (Dependencies)

A usage is a relationship in which one element requires another element (or set of elements) for its full implementation or operation. In the metamodel, a Usage is a Dependency in which the client requires the presence of the supplier.

UseCase (UseCases)

A use case is the specification of a set of actions performed by a system, which yields an observable result that is, typically, of value for one or more actors or other stakeholders of the system.

ValuePin (BasicActivities)

A value pin is an input pin that provides a value to an action that does not come from an incoming object flow edge.

ValueSpecification (Kernel)

A value specification is the specification of a (possibly empty) set of instances, including both objects and data values.

5.2 Englische Definitionen (Intermediate)

Die Definitionen stammen aus den UML 2.0-Spezifikationen [UML2.0] bzw. [UML2.0zert].

ActivityGroup (BasicActivities)
An activity group is an abstract class for defining sets of nodes and edges in an activity.

ActivityPartition (IntermediateActivities)
An activity partition is a kind of activity group for identifying actions that have some characteristic in common.

AddStructuralFeatureValueAction (IntermediateActions)
AddStructuralFeatureValueAction is a write structural feature action for adding values to a structural feature.

AddVariableValueAction (StructuredActions)
AddVariableValueAction is a write variable action for adding values to a variable.

ApplyFunctionAction
ApplyFunctionAction is an action that invokes a primitive predefined function that computes output values based only on the input values and the function.
Hinweis: Dieses Element ist in der finalen UML 2.0-Spezifikation (formal/05-07-04) durch die OpaqueAction ersetzt worden.

Artifact (Artifacts)
An artifact is the specification of a physical piece of information that is used or produced by a software development process, or by deployment and operation of a system.

BroadcastSignalAction (IntermediateActions)
BroadcastSignalAction is an action that transmits a signal instance to all the potential target objects in the system, which may cause the firing of a state machine transitions or the execution of associated activities of a target object.

CallAction (BasicActions)
CallAction is an abstract class for actions that invoke behavior and receive return values.

CallBehaviorAction (BasicActions)
CallBehaviorAction is a call action that invokes a behavior directly rather than invoking a behavioral feature that, in turn, results in the invocation of that behavior.

CallOperationAction (BasicActions)
CallOperationAction is an action that transmits an operation call request to the target object, where it may cause the invocation of associated behavior.

CentralBufferNode (IntermediateActivities)
A central buffer node is an object node for managing flows from multiple sources and destinations.

Clause (StructuredActivities)
A clause is an element that represents a single branch of a conditional construct, including a test and a body section.

ClearAssociationAction (IntermediateActions)
ClearAssociationAction is an action that destroys all links of an association in which a particular object participates.

ClearStructuralFeatureAction (IntermediateActions)

ClearStructuralFeatureAction is a structural feature action that removes all values of a structural feature.

ClearVariableAction (StructuredActions)

ClearVariableAction is a variable action that removes all values of a variable.

Collaboration (Collaborations)

A collaboration describes a structure of collaborating elements (roles), each performing a specialized function, which collectively accomplish some desired functionality.

CollaborationOccurrence (Collaborations)

A collaboration occurrence represents the application of the pattern described by a collaboration to a specific situation involving specific classes or instances playing the roles of the collaboration.

Hinweis:

Dieses Element ist in der finalen UML 2.0-Spezifikation (formal/05-07-04) umbenannt worden
in CollaborationUse.

CombinedFragment (Fragments)

A combined fragment defines an expression of interaction fragments. A combined fragment is defined by an interaction operator and corresponding interaction operands.

CommunicationPath (Nodes)

A communication path is an association between two DeploymentTargets, through which they are able to exchange signals and messages.

Component (Components)

A component represents a modular part of a system that encapsulates its contents and whose manifestation is replaceable within its environment.

ConditionalNode (StructuredActivities)

A conditional node is a structured activity node that represents an exclusive choice among some number of alternatives.

ConnectableElement (InternalStructures)

A ConnectableElement is an abstract metaclass representing a set of instances that are owned by a containing classifier instance.

ConnectionPointReference (BehaviorStateMachines)

A connection point reference represents a usage (as part of a submachine state) of an entry/exit point defined in the statemachine reference by the submachine state.

Connector (InternalStructures)

Specifies a link that enables communication between two or more instances. This link may be an instance of an association, or it may represent the possibility of the instances being able to communicate because their identities are known by virtue of being passed in as parameters, held in variables, created during the execution of a behavior, or because the communicating instances are the same instance.

ConnectorEnd (InternalStructures)

A connector end is an endpoint of a connector, which attaches the connector to a connectable element.

Continuation (Fragments)

A Continuation is a syntactic way to define continuations of different branches of an Alternative CombinedFragment. Continuation is intuitively similar to labels representing intermediate points in a flow of control.

CreateLinkAction (IntermediateActions)
CreateLinkAction is a write link action for creating links.

CreateObjectAction (IntermediateActions)
CreateObjectAction is an action that creates an object that conforms to a statically specified classifier and puts it on an output pin at runtime.

DestroyLinkAction (IntermediateActions)
DestroyLinkAction is a write link action that destroys links and link objects.

DestroyObjectAction (IntermediateActions)
DestroyObjectAction is an action that destroys objects.

Device (Nodes)
A Device is a physical computational resource with processing capability upon which artifacts may be deployed for execution.

EncapsulatedClassifier (Ports)
Extends a classifier with the ability to own ports as specific and type checked interaction points.

ExceptionHandler (ExtraStructuredActivities)
An exception handler is an element that specifies a body to execute in case the specified exception occurs during the execution of the protected node.

ExecutableNode (StructuredActivities)
An executable node is an abstract class for activity nodes that may be executed. It is used as an attachment point for exception handlers.

ExecutionEnvironment (Nodes)
An ExecutionEnvironment is a node that offers an execution environment for specific types of components that are deployed on it in the form of executable artifacts.

Extension (Profiles)
An extension is used to indicate that the properties of a metaclass are extended through a stereotype, and gives the ability to flexibly add (and later remove) stereotypes to classes.

ExtensionEnd (Profiles)
An extension end is used to tie an extension to a stereotype when extending a metaclass.

FinalState (BehaviorStateMachines)
A special kind of state signifying that the enclosing region is completed.

FlowFinalNode (IntermediateActivities)
A flow final node is a final node that terminates a flow.

ForkNode (IntermediateActivities)
A fork node is a control node that splits a flow into multiple concurrent flows.

Gate (Fragments)
A Gate is a connection point for relating a Message outside an InteractionFragment with a Message inside the InteractionFragment.

InteractionConstraint (Fragments)
An InteractionConstraint is a boolean expression that guards an operand in a CombinedFragment.

InteractionOccurrence (Fragments)

An InteractionOccurrence refers to an Interaction. The InteractionOccurrence is a shorthand for copying the contents of the referred Interaction where the InteractionOccurrence is.

Hinweis: Dieses Element ist in der finalen UML 2.0-Spezifikation (formal/05-07-04) umbenannt worden in InteractionUse.

InteractionOperand (Fragments)

An InteractionOperand is contained in a CombinedFragment. An InteractionOperand represents one operand of the expression given by the enclosing CombinedFragment.

InteractionOperator (Fragments)

Interaction Operator is an enumeration designating the different kinds of operators of CombinedFragments.

InvocationAction (BasicActions)

Invocation is an abstract class for the various actions that invoke behavior.

JoinNode (IntermediateActivities)

A join node is a control node that synchronizes multiple flows.

LinkAction (IntermediateActions)

LinkAction is an abstract class for all link actions that identify their links by the objects at the ends of the links and by the qualifiers at ends of the links.

LinkEndCreationData (IntermediateActions)

LinkEndCreationData is not an action. It is an element that identifies links. It identifies one end of a link to be created by CreateLinkAction.

LinkEndData (IntermediateActions)

LinkEndData is not an action. It is an element that identifies links.

LinkEndDestructionData (IntermediateActions)

LinkEndDestructionData is not an action. It is an element that identifies links. It identifies one end of a link to be destroyed by DestroyLinkAction.

LoopNode (StructuredActivities)

A loop node is a structured activity node that represents a loop with setup, test, and body sections.

Manifestation (Artifacts)

A manifestation is the concrete physical rendering of one or more model elements by an artifact.

Node (Nodes)

A node is computational resource upon which artifacts may be deployed for execution.

PartDecomposition (Fragments)

PartDecomposition is a description of the internal interactions of one Lifeline relative to an Interaction.

Port (Ports)

A port is a structural feature of a classifier that specifies a distinct interaction point between that classifier and its environment or between the (behavior of the) classifier and its internal parts.

PrimitiveFunction
PrimitiveFunction is not an action. It is the signature of a function that produces output values from input values for use with ApplyFunctionAction.
Hinweis: Dieses Element ist in der finalen UML 2.0-Spezifikation (formal/05-07-04) durch das Konzept der OpaqueAction ersetzt worden.

Profile (Profiles)
A profile defines limited extensions to a reference metamodel with the purpose of adapting the metamodel to a specific platform or domain.

ProfileApplication (Profiles)
A profile application is used to show which profiles have been applied to a package.

ProtocolStateMachine (ProtocolStateMachines)
A protocol state machine is always defined in the context of a classifier. It specifies which operations of the classifier can be called in which state and under which condition, thus specifying the allowed call sequences on the classifier's operations.

Pseudostate (BehaviorStateMachines)
A pseudostate is an abstraction that encompasses different types of transient vertices in the state machine graph.

ReadLinkAction (IntermediateActions)
ReadLinkAction is a link action that navigates across associations to retrieve objects on one end.

ReadSelfAction (IntermediateActions)
ReadSelfAction is an action that retrieves the host object of an action.

ReadStructuralFeatureAction (IntermediateActions)
ReadStructuralFeatureAction is a structural feature action that retrieves the values of a structural feature.

ReadVariableAction (StructuredActions)
ReadVariableAction is a variable action that retrieves the values of a variable.

Region (BehaviorStateMachines)
A region is an orthogonal part of either a composite state or a state machine. It contains states and transitions.

RemoveStructuralFeatureValueAction (IntermediateActions)
RemoveStructuralFeatureValueAction is a write structural feature action that removes values from structural features.

RemoveVariableValueAction (StructuredActions)
RemoveVariableValueAction is a write variable action that removes values from variables.

SendObjectAction (IntermediateActions)
SendObjectAction is an action that transmits an object to the target object, where it may invoke behavior such as the firing of state machine transitions or the execution of an activity.

SendSignalAction (BasicActions)
SendSignalAction is an action that creates a signal instance from its inputs, and transmits it to the target object, where it may cause the firing of a state machine transition or the execution of an activity.

State (BehaviorStateMachines)
A state models a situation during which some (usually implicit) invariant condition holds.

StateMachine (BehaviorStateMachines)
State machines can be used to express the behavior of part of a system. Behavior is modeled as a traversal of a graph of state nodes interconnected by one or more joined transition arcs that are triggered by the dispatching of series of (event) occurrences. During this traversal, the state machine executes a series of activities associated with various elements of the state machine.

Stereotype (Profiles)
A stereotype defines how an existing metaclass may be extended, and enables the use of platform or domain specific terminology or notation in place of, or in addition to, the ones used for the extended metaclass.

StructuralFeatureAction (IntermediateActions)
StructuralFeatureAction is an abstract class for all structural feature actions.

StructuredActivityNode (StructuredActivities)
A structured activity node is an executable activity node that may have an expansion into subordinate nodes as an ActivityGroup.

StructuredClassifier (InternalStructures)
A structured classifier is an abstract metaclass that represents any classifier whose behavior can be fully or partly described by the collaboration of owned or referenced instances.

TestIdentityAction (IntermediateActions)
TestIdentityAction is an action that tests if two values are identical objects.

Transition (BehaviorStateMachines)
A transition is a directed relationship between a source vertex and a target vertex.

Variable (StructuredActivities)
Variables are elements for passing data between actions indirectly.

VariableAction (StructuredActions)
VariableAction is an abstract class for actions that operate on a statically specified variable.

Vertex (BehaviorStateMachines)
A vertex is an abstraction of a node in a state machine graph.

WriteLinkAction (IntermediateActions)
WriteLinkAction is an abstract class for link actions that create and destroy links.

WriteStructuralFeatureAction (IntermediateActions)
WriteStructuralFeatureAction is an abstract class for structural feature actions that change structural feature values.

WriteVariableAction (StructuredActions)
WriteVariableAction is an abstract class for variable actions that change variable values.

5.3 Taxonomien

Das Metamodell der UML ist in der Spezifikation über viele Diagramme verstreut. Das einzelne Diagramm konzentriert sich jeweils auf die wesentlichen Informationen für eine kleine Menge von Modellelementen. Das Gesamtbild geht dabei leicht verloren.

In diesem Kapitel präsentieren wir einige Diagramme, die die taxonomischen Beziehungen zwischen Modellelementen aufzeigen. Sie haben nicht den Anspruch auf Vollständigkeit. Das Ziel ist, Ihnen einen Überblick über die Zusammenhänge der Modellelemente zu verschaffen.

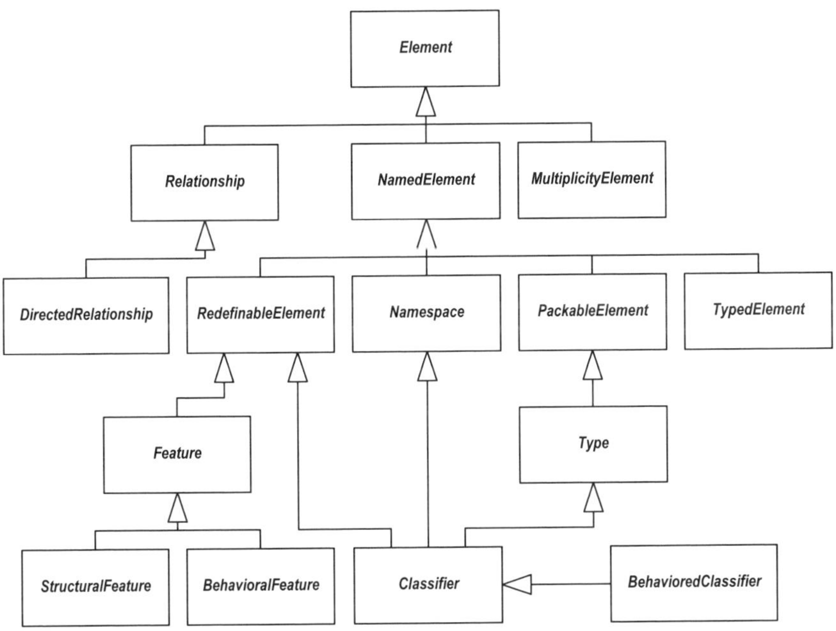

Abb. 5-1: Abstrakte Basisklassen

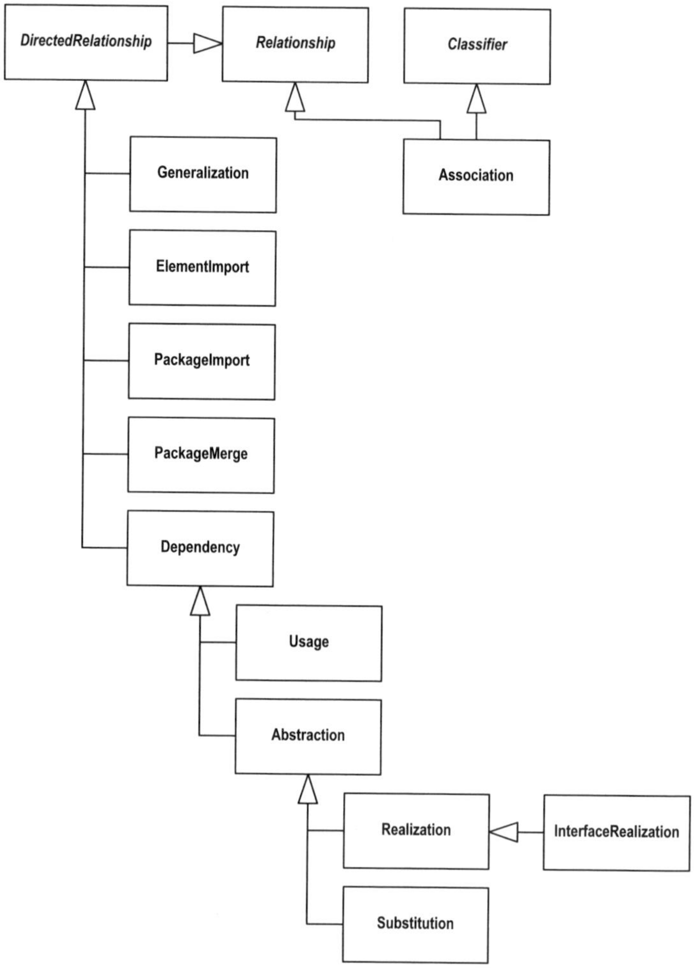

Abb. 5-2: Konkrete Beziehungen

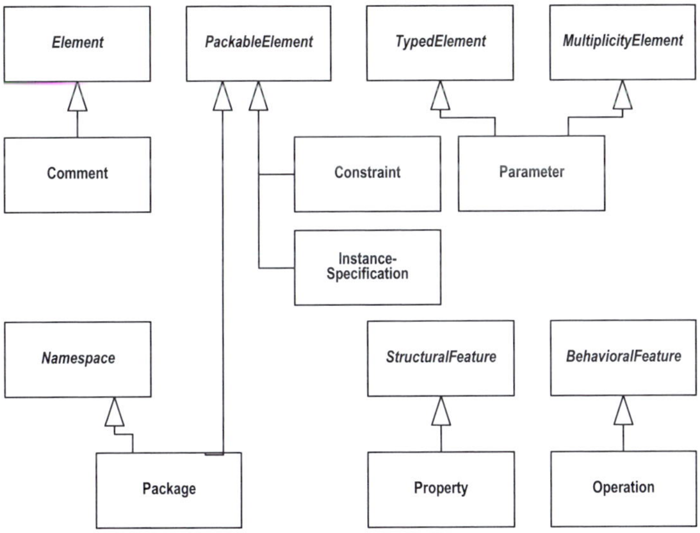

Abb. 5-3: Konkrete Elemente

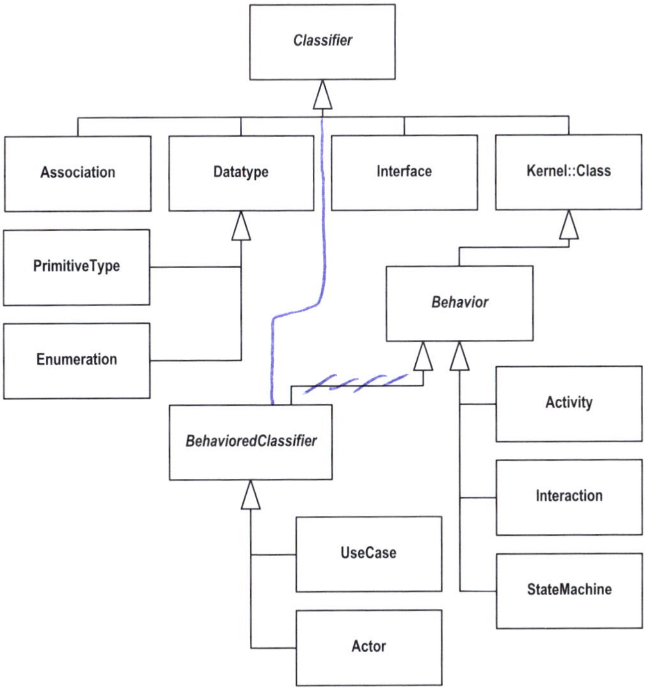

Abb. 5-4: Classifier

5.4 Übungsfragen (Fundamental)

Die folgenden Übungsfragen zeigen einige typische Fragen aus der Zertifizierung (Fundamental-Stufe). Natürlich handelt es sich hier nicht um die Originalfragen.

In der wirklichen Prüfung erfahren Sie zu jeder Frage die Anzahl der richtigen Antworten.

1. Which of the following diagram types are defined in UML?
   a) Composite Structure Diagram
   b) Message Sequence Charts
   c) Data Flow Diagram
   d) Activity Diagram

2. The Use Case Diagram is a...
   a) Behavior Diagram
   b) Interaction Diagram
   c) Structure Diagram
   d) Context Diagram
   e) Requirements Diagram

3. What is a Relationship (select the best answer)?
   a) Relationship is an abstract concept that specifies some kind of relationship between elements.
   b) Relationship is an arrow between two elements.
   c) Relationship is an abstract concept that specifies some kind of relationship between one or two elements.
   d) Relationship defines an association between elements.

4. Which of the following statements about DataTypes are correct?
   a) A DataType has no attributes.
   b) A DataType has no operations.
   c) Instances of a DataType are different even if their attribute values are equal.
   d) A DataType is a specialized Class.
   e) An instance of a DataType has no identity.

5. Which PrimitiveTypes are defined in UML?
   a) Boolean
   b) Integer
   c) Real
   d) UnlimitedNatural
   e) Double
   f) String

6. Which one is the correct notation for the PrimitiveType Integer?
   a)

   b) No notation.

   c)

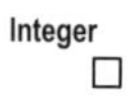

   d) Integer

7. Which of the following statements are correct?

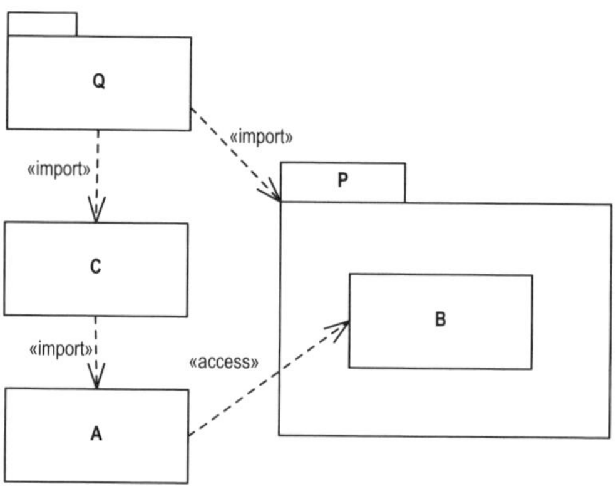

   a) Import relationship between Q and P is an ElementImport
   b) B is known in Q
   c) B is known in A
   d) B is known in C
   e) P is known in C
   f) It's possible to define an alias at the import relationship between Q and P

8. Which of the following are valid multiplicities?
   a) 0,1
   b) *
   c) 0..*
   d) 23..42
   e) 9..1
   f) 1
   g) –5..0

9. Which properties can be defined by a MultiplicityElement?
   a) Lower and upper value
   b) Iterator
   c) Ordering

10. What is a Constraint (select the best answer)?
   a) An expression that is always true.
   b) A condition expressed in natural language text or in a machine readable language for the purpose of declaring some of the semantics of an element.
   c) A structured tree of symbols that denotes a (possibly empty) set of values when evaluated in a context.
   d) A Boolean expression that restricts the values of an attribute.

11. Which of the following statements about an InstanceSpecification are true?
   a) InstanceSpecification is an object.
   b) InstanceSpecification represents an instance in a modeled system.
   c) InstanceSpecification represents an entity at a point in time.
   d) InstanceSpecification has a set of slots that contain the values of the structural features.

12. Which of the following elements may be annotated by a comment?
   a) Class
   b) Operation
   c) Diagram
   d) Comment
   e) Association

13. A StructuralFeature is a specialized...
   a) NamedElement
   b) SuspectElement
   c) PackageableElement
   d) TypedElement
   e) Element
   f) Namespace

14. A Class is a specialized…
   a) NamedElement
   b) SuspectElement
   c) PackageableElement
   d) TypedElement
   e) Element
   f) Namespace

15. Which of the following statements are true?
   a) A NamedElement is a specialized PackageableElement.
   b) A PackageableElement is a specialized NamedElement.
   c) A TypedElement is a specialized NamedElement.
   d) A Element is a specialized NamedElement.
   e) A PackageableElement is a specialized TypedElement.

16. What is a BehavioredClassifier?
    a) A classifier that can have operations.
    b) A classifier that behavior is described by a state machine.
    c) A classfier that can have behavior specifications in its namespace.
    d) A classifier that classifies instances that have operations in common.

17. A Generalization is a relationship between… (more than one correct answers)
    a) Classifier
    b) UseCases
    c) an Actor and an UseCase
    d) DataTypes

18. The instance of an Association is called...
    a) Object
    b) Link
    c) LinkObject
    d) LinkSpecification
    e) ObjectLink

19. Which of the following statements about Dependency relationships are true?
    a) A change in the supplier requires an update of the client.
    b) The client is incomplete without the supplier.
    c) The client sends data to the supplier.
    d) The supplier sends data to the client.
    e) The client requires the supplier for its specification or implementation.

20. Which of the following statements about Usage relationships are true?
    a) A change in the supplier requires an update of the client.
    b) The client is incomplete without the supplier.
    c) The client requires the supplier for its implementation.
    d) The supplier sends data to the client.
    e) The client requires the supplier for its specification or implementation.

21. Which shows following interface configuration?

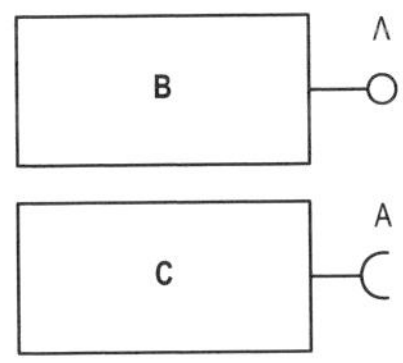

a)

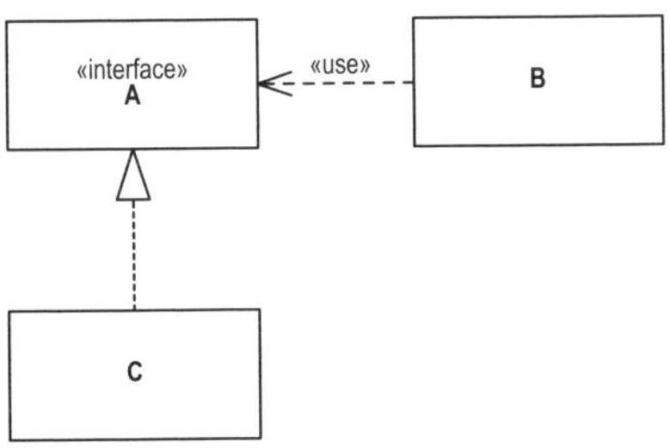

b)

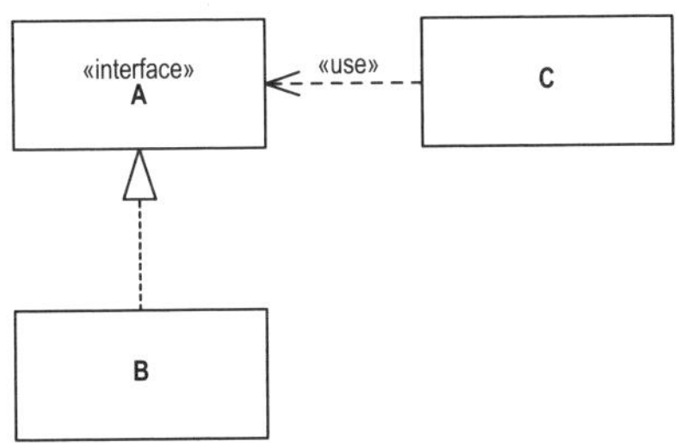

c)

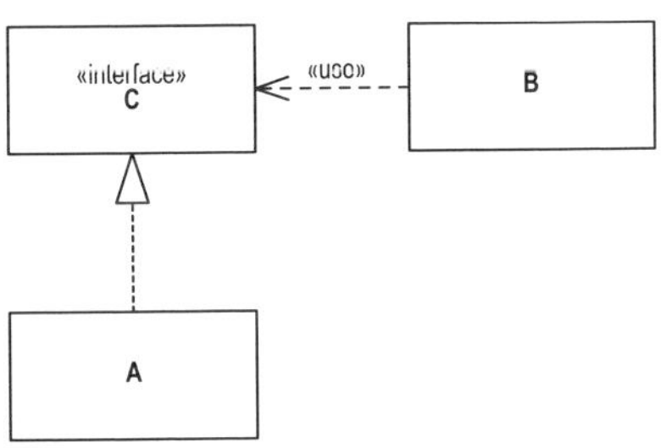

d)

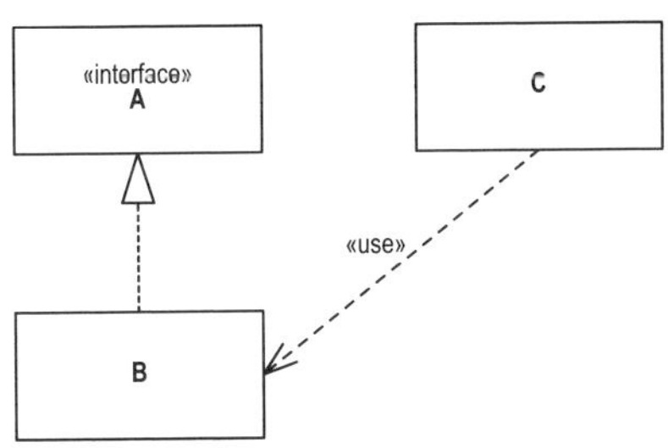

22. What kind of ActivityNodes are defined in UML?
    a) ObjectNode
    b) SleepNode
    c) SuspendNode
    d) ControlNode

23. An Activity has an ActivityFinalNode with two incoming edges. When does the activity terminate?
    a) One token arrives at the ActivityFinalNode.
    b) Two tokens arrive at the ActivityFinalNode.
    c) The terminate condition evaluates to true.
    d) The user has pressed the stop button.

24. A Token...
    a) is a label in the activity diagram.
    b) contains an object or locus of control and present in the activity diagram at a particular node.
    c) is a state that is valid while an activity is active.
    d) is a condition to trigger activity edges.

25. A MergeNode has three incoming edges. Which of the following statements are true?
    a) The MergeNode maps the incoming edges to one or more outgoing edges.
    b) The MergeNode waits for tokens at all incoming edges and offers a token to the outgoing edge.
    c) The MergeNode offers all tokens from the incoming edges to the outgoing edge.
    d) The MergeNode offers tokens to outgoing edges depending on a condition.

26. An Interaction is...
    a) a communication between two objects.
    b) a call of an operation.
    c) a unit of behavior.
    d) a set of messages.
    e) described by a sequence diagram.

27. A Message in an Interaction could be...
    a) asynchronous
    b) concurrent
    c) synchronous
    d) Iterative

28. A Message in an Interaction...
    a) is a call of an operation.
    b) defines a communication between lifelines.
    c) must be defined in an interface.
    d) executes an action for sending a signal.

29. What kind of events can occur in an Interaction?
    a) send events
    b) receive events
    c) flow events
    d) destruction events
    e) creation events
    f) decision events

30. The GeneralOrdering relationship…
   a) defines an order between two or more message events.
   b) is a special call of an operation
   c) defines an order between lifelines.
   d) defines an order between two message events.

31. Which traces are valid for the interaction shown below?

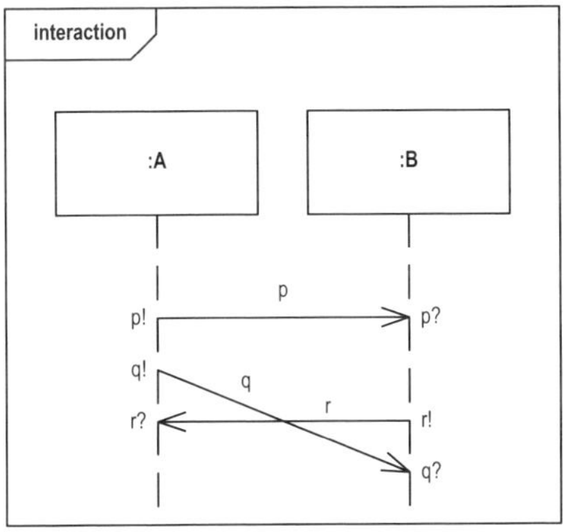

   a) <p!,p?,q!,r?,r!,q?>
   b) <p!,q!,r?,p?,r!,q?>
   c) <p!,p?,q!,r!,r?,q?>
   d) <p!,p?,r!,q!,r?,q?>
   e) <p?,r!,q?,p!,q!,r?>
   f) <p!,r!,p?,q!,r?,q?>

32. What describes a UseCase best?
   a) A UseCase is a ordered list of actions.
   b) A UseCase is the specification of a set of actions performed by a system.
   c) A UseCase describes an interaction between a user and a system.
   d) A UseCase is a specialized operation.

33. What describes an Actor best?
   a) An Actor is an user of the system.
   b) An Actor is an user or any other system that interacts with the subject.
   c) An Actor specifies a role played by an user or any other system that interacts with the subject.
   d) An Actor is an object that may execute its own behavior without requiring method invocation.

34. A Include relationship is a specialized…
   a) Dependency
   b) DirectedRelationship
   c) Relationship
   d) Association
   e) Element

Lösung

Frage	Richtige Antworten
1	a,d
2	a
3	a
4	e
5	a, b, d, f
6	a
7	b, c
8	b, c, d, f
9	a, c
10	b
11	b, c, d
12	a, b, d, e
13	a, d, e
14	a, c, e, f
15	b, c
16	c
17	a, b, d
18	b
19	b, e
20	b, c
21	b
22	a, d
23	a
24	b
25	c
26	c, e
27	a, c
28	b
29	a, b, d, e
30	d
31	c, d
32	b
33	c
34	b, c, e

5.5 Übersetzungen

Immer wieder kommt es zu Auseinandersetzungen darüber, wie die „richtigen" Übersetzungen der englischen Originalbegriffe lauten. Während „class" noch zweifelsfrei übersetzt werden kann, sind „deployment diagram" und „stakeholder" nicht mehr so einfach einzudeutschen. Es stellt sich sogar die Frage, ob überhaupt deutsche Begriffe notwendig sind.

Solange Informatiker unter sich sind, werden häufig die Originalbegriffe benutzt. Bei den Anwendern handelt es sich gewöhnlich jedoch um Nicht-Informatiker, beispielsweise um Versicherungsexperten oder Mitarbeiter in einer anderen Fachabteilung. Um die Kommunikation mit dieser Gruppe möglichst fehlerarm zu führen, sollte deren Sprache verwendet und Informatik-Fachjargon vermieden werden. „Anwendungsfall" ist auf Anhieb leichter zu verstehen als „use case".

Dass Informatiker untereinander häufig die Orginalbegriffe verwenden, ist weniger problematisch, wenngleich auch hier berücksichtigt werden muss, dass Begriffe nicht nur abstrakt *verstanden* werden müssen, sie müssen auch *gefühlt* werden, d.h. spontan das richtige innere Bild auslösen. Solange Informatiker für sich die Begriffe immer noch gedanklich übersetzen müssen, ist die Kommunikation nicht optimal. Das ist meistens jedoch nur eine Frage der Zeit – d.h., die Übersetzung wird allmählich automatisiert, der Originalbegriff verbindet sich dann sofort mit dem richtigen inneren Bild.

Etwas anders stellt sich das Problem für deutschsprachige Publikationen dar. Gewöhnlich findet hier keine Kommunikation zwischen gleichwertigen Partnern statt wie vielleicht im Projektalltag zwischen Informatikern. Hier werden vorrangig Informationen transportiert, die für den Leser neu sind – das Lernen und Verstehen steht im Vordergrund. Der Autor kann nicht davon ausgehen, dass der Empfänger der Information den gleichen Kontext und ein vergleichbares Hintergrundwissen hat. Deshalb sind treffende und einheitliche Übersetzungen für Fachbücher u.Ä. ein wichtiges Thema.

Die englischen Originalbegriffe sind hier von besonderer Bedeutung, da die OCUP-Prüfungsfragen in englischer Sprache gestellt werden.

In der folgenden Übersicht finden Sie alle wichtigen Originalbegriffe sowie Synonyme und die hier verwendete und gängige Übersetzung.

Original	Deutsch
abstraction	Abstraktionsbeziehung
action	Aktion
action state	Aktionszustand
activity	Aktivität
activity diagram	Aktivitätsdiagramm
activity edge	Aktivitätskante, Kante
activity final node	Endknoten
activity group	Aktivitätsgruppe
activity node	Aktivitätsknoten, Knoten
activity parameter node	Aktivitätsparameterknoten
activity partition	Partition
actor	Akteur
add structural feature value action	<keine Übersetzung>
add variable value action	<keine Übersetzung>
aggregation	Aggregation, Teile-Ganzes-Beziehung
any receive event	<keine Übersetzung>
artifact	(das) Artefakt, Ergebnis
assembly connector	Kompositionskonnektor
association	Assoziation
association class	Assoziationsklasse
association role	(Assoziations-)Rolle
attribute	Attribut
ball and socket	Stecker-Buchsen-Notation (Schnittstellen)
behavior	Verhalten
behavior diagram	Verhaltensdiagramm
bidirectional association	bidirektionale Assoziation, beidseitig gerichtete Assoziation
bound element	gebundenes Element
cardinality	Kardinalität
class	Klasse
class diagram	Klassendiagramm
clear structural feature action	<keine Übersetzung>
clear variable action	<keine Übersetzung>
collaboration	Kollaboration
collaboration use	Kollaborationsanwendung
combined fragment	kombiniertes Fragment
communication diagram	Kommunikationsdiagramm
communication path	Kommunikationspfad
compartment	Abteilung
component	Komponente
component diagram	Komponentendiagramm

Original	Deutsch
composite state	zusammengesetzter Zustand
composite structure diagram	Kompositionsstrukturdiagramm
composition	Komposition
compound transition	zusammengesetzte Transition
concurrent	nebenläufig
conditional node	Entscheidungsknoten
connectable element	Rolle
connection point reference	Verbindungspunkt
connector	Konnektor
connector end	Konnektorende
constraint	Einschränkung, Zusicherung
continuation	Fortsetzungsmarke
control edge	Ablaufkante
control flow	Ablaufkante
control node	Kontrollknoten
control token	Kontroll-Token
coregion	Koregion
create link action	<keine Übersetzung>
create object action	<keine Übersetzung>
duration interval	Zeitdauerintervall
duration observation action	Zeitdauermessung
decision	Entscheidung
dependency	Abhängigkeit
deployment diagram	Einsatz- und Verteilungsdiagramm
design model	Entwurfsmodell
device	Gerät
discriminator	Diskriminator, Unterscheidungsmerkmal
domain model	Problembereichsmodell
entry action	Eintrittsaktion
enumeration	Aufzählungsklasse
event	Ereignis
event occurrence	Ereignisauftritt
exception	Ausnahme
exception handler	Ausnahmebehandlung
executable node	ausführbarer Knoten
execution environment	Laufzeitumgebung
execution occurrence	Ausführungsfokus
exit action	Austrittsaktion
exit behavior	Austrittsverhalten
exit point	Ausgangspunkt
extension	Stereotyperweiterung

Original	Deutsch
feature	Feature, Merkmal
final state	Endzustand
flow final node	Ablaufende
focus of control	Ablauffokus
fork node	Splitting
generalization	Generalisierung
generalization set	Generalisierungsmenge
guard	Bedingung
initial node	Startknoten
initial state	Anfangszustand
input pin	Eingabepin
Instance	Exemplar (Instanz, Ausprägung)
instance specification	Instanzspezifikation
interaction	Interaktion
interaction diagram	Interaktionsdiagramm
interaction fragment	Interaktionsfragment
interaction operand	Interaktionsoperand
interaction operator	Interaktionsoperator
interaction overview diagram	Interaktionsübersichtsdiagramm
interaction use	Interaktionsreferenz
interface	Schnittstelle
interruptable activity region	unterbrechbarer Aktivitätsbereich
invocation action	Aufrufaktion
join node	Synchronisation
lifeline	Lebenslinie
link	Objektbeziehung
metaclass	Metaklasse
method	Methode
multiplicity, multiplicity element	Multiplizität, Multiplizitätselement
message	Nachricht, Botschaft
method	Methode
multiplicity	Multiplizität
navigability	Navigierbarkeit
node	Knoten
note	Notiz, Anmerkung
object	Objekt
object diagram	Objektdiagramm
object edge	Objektkante
object token	Objekt-Token
opaque action	<keine Übersetzung>
operation	Operation

Original	Deutsch
orthogonal state	orthogonaler Zustand, nebenläufiger Zustand
output pin	Ausgabepin
package	Paket
package diagram	Paketdiagramm
package merge	Paketzusammenführung
parameter	Parameter
part	Bestandteil, Teil
part decomposition	Lebensliniendekomposition
partition	Partition (Verantwortlichkeitsbereich)
pattern	Muster
pin	Pin
port	Port
power type	Klassifikationstyp
predecessor	Vorgänger, Voraussetzung
problem domain	Problembereich
profile	Profil
profile application	Profilanwendung
property	Eigenschaft
property string	Eigenschaftswort
protocol state machine	Protokollautomat
pseudo state	Pseudozustand
qualified association	qualifizierte Assoziation
qualifier	Qualifizierung
relationship	Beziehung
remove structural feature value action	<keine Übersetzung>
remove variable value action	<keine Übersetzung>
role	Rolle
role binding	Rollenbindung
realization dependency	Realisierungsbeziehung
refinement	Verfeinerung
scenario	Szenario
send signal action	<keine Übersetzung>
sequence diagram	Sequenzdiagramm
sequence node	Sequenzknoten
signal	Signal
signal event	Signalereignis
simple state	einfacher Zustand
stakeholder	Anforderungsbeitragender, Interessenhalter
state	Zustand
statechart diagram	Zustandsdiagramm
state invariant	Zustandsinvariante

Original	Deutsch
state machine	Zustandsautomat
state machine diagram	Zustandsdiagramm
stereotype	(das) Stereotyp
structural feature	Strukturmerkmal
structural feature action	Strukturmerkmalaktion
structure diagram	Strukturdiagramm
structured activity node	Strukturknoten
structured classifier	strukturierter Classifier
subclass	Unterklasse
substate	Unterzustand
subsystem	Subsystem
superclass	Oberklasse
swimlane	Partition, Verantwortlichkeitsbereich (Schwimmbahn)
tagged value	Stereotypattribut
template class	Template-Klasse, parametrisierbare Klasse
timing diagram	Zeitdiagramm
Token	Token
Transition	Transition, Übergang (Zustandsübergang)
Type	Typ
use case diagram	Anwendungsfalldiagramm
use case realization	Anwendungsfallrealisierung, Kollaboration
unidirectional association	(einseitig) gerichtete Assoziation
usage dependency	Verwendungsbeziehung
use case	Anwendungsfall, Use-Case
value specification	Wertespezifikation
value specification action	<keine Übersetzung>
variable	Variable
variable action	Variablenaktion
vertex	Zustandsknoten
Visibility	Sichtbarkeit
wait state	Wartezustand
write structural feature action	<keine Übersetzung>
write variable action	<keine Übersetzung>

Die folgenden englischen Allgemein- und Notationswörter werden in der Prüfung häufig benutzt und sollten bekannt sein, um die Fragen korrekt zu beantworten:

adornment	Anhängsel
angle brackets	Spitze Klammern: <>
arrowhead	Pfeilspitze
client	Klient; Quellelement (gerichtete Beziehungen)
colon	Doppelpunkt :
curly brackets	Geschweifte Klammern: {}
dashed line	Gestrichelte Linie
dotted line	Gepunktete Linie
double colon	Doppel-Doppelpunkt: ::
double quotes	Anführungszeichen: "
filled	ausgefüllt
guillements	Französische Anführungszeichen: «»
parenthesis	Runde Klammern: ()
single quotes	Einfache Anführungszeichen: '
solid line	Durchgezogene Linie
square brackets	Eckige Klammern: []
subject	Subjekt; Kontext (bei Anwendungsfällen)
supplier	Anbieter; Zielelement (gerichtete Beziehungen)
triangular arrowhead	Pfeilspitze in Dreiecksform (z.B. Generalisierung)
to convey	übertragen; übermitteln
to grant access	Zugriff gewähren (Berechtigungsbeziehung)

5.6 Literatur

Eine aktuelle und ggf. ausführlichere Bibliographie finden Sie unter *http://www.oose.de/pub_uml_biblio.htm.*

[Gamma2004]
Erich Gamma, Richard Helm, Ralph Johnson und John Vlissides: Entwurfsmuster, Addison-Wesley, 2004.

[Harel1987]
D. Harel: *Statecharts: A Visual Formalism for Complex Systems.* In: Science of Computer Programming 8, 1987, S. 231ff.

[Oestereich2004a]
B. Oestereich: *Objektorientierte Softwareentwicklung, Analyse und Design mit der UML 2.0.* Oldenbourg Wissenschaftsverlag, München 2004.

[Oestereich2004b]
B. Oestereich: *Die UML 2.0 Kurzreferenz für die Praxis – kurz, bündig, ballastfrei.* Oldenbourg Wissenschaftsverlag, München 2004.

[Oestereich2004c]
B. Oestereich, C. Weiss, C. Schröder, T. Weilkiens, A. Lenhard: *Objektorientierte Geschäftsprozessmodellierung mit der UML.* dpunkt.verlag, Heidelberg 2004.

[Warmer2003]
J. Warmer, A. Kleppe: *The Object Constraint Language.* Addison-Wesley, 2003.

[Weilkiens2006]
T. Weilkiens: *Systems Engineering mit SysML/UML.* dpunkt.verlag, Heidelberg 2006.

[UML1]
OMG: Unified Modeling Language, 2005, *http://www.omg.org/uml,* formal/04-07-02

[UML2.0]
OMG: Unified Modeling Language, 2005, *http://www.omg.org/uml,* formal/05-07-04

[UML2.0zert]
OMG: Unified Modeling Language, Adopted specification, 2003, *http://www.omg.org/uml,* ptc/03-08-02

[UML2.1]
OMG: Unified Modeling Language, 2006, *http://www.omg.org/uml,* ptc/06-01-02

[UML-oose]
Verschiedene Informationen zur UML: http://*www.oose.de/uml.*

5.7 Index